隋唐遼宋金元史論叢

中國社會科學院古代史研究所
隋唐五代十國史研究室
宋遼西夏金史研究室 編 第十一輯
元史研究室

上海古籍出版社

圖書在版編目(CIP)數據

隋唐遼宋金元史論叢.第十一輯/中國社會科學院历史所隋唐五代十國史研究室,宋遼西夏金史研究室,元史研究室編;雷聞,康鵬,張國旺主編.—上海:上海古籍出版社,2021.7
ISBN 978-7-5732-0005-1

Ⅰ.①隋… Ⅱ.①中… ②宋… ③元… ④雷… ⑤康… ⑥張… Ⅲ.①中國歷史-隋唐時代-文集②中國歷史-遼宋金元時代-文集 Ⅳ.①K240.7-53

中國版本圖書館CIP數據核字(2021)第139608號

隋唐遼宋金元史論叢(第十一輯)

中國社會科學院古代史研究所　隋唐五代十國史研究室　宋遼西夏金史研究室　元史研究室　編

雷　聞　康　鵬　張國旺　主編

上海古籍出版社出版發行

(上海瑞金二路272號　郵政編碼200020)

(1)網址：www.guji.com.cn
(2)E-mail：guji1@guji.com.cn
(3)易文網網址：www.ewen.co

上海惠敦印務科技有限公司印刷

開本787×1092　1/16　印張21.5　插頁2　字數364,000
2021年7月第1版　2021年7月第1次印刷
ISBN 978-7-5732-0005-1

K·3014　定價：98.00元

如有質量問題，請與承印公司聯繫

主　　　編：雷　聞　康　鵬（本輯執行主編）　張國旺

編輯部成員：（以漢語拼音爲序）

　　　　　　雷　博　林　鵠　劉子凡　羅　瑋　王　博
　　　　　　王　申　張曉慧　趙　洋

目　　録

東向西向的困惑：從祭祀的站位看禮秩的尊卑（續）
　　——《大唐開元禮》劄記之五　　　　　　　　　　　　　吴麗娱　7
唐代制敕文書起草者署名等問題淺析　　　　　　　　　　　黄正建　26
《天聖令》法律用詞與時代性比較
　　——以《雜令》爲中心　　　　　　　　　　　　　　　牛來穎　41
唐東都福唐觀略考　　　　　　　　　　　　　　　　　　　雷　聞　54
德政碑所見唐代頌政歌謡考論　　　　　　　　　　　　　　劉琴麗　60
《大唐故内命婦贈五品王氏墓誌》略考　　　　　　　　　　陳麗萍　70
唐代北庭軍鎮體系的發展
　　——敦煌 S.11453、S.11459 瀚海軍文書再探討　　　　劉子凡　77
隋唐秘書內外省補考
　　——《資治通鑑》劄記一則　　　　　　　　　　　　　趙　洋　87
捨宅故事與唐宋地方寺院寺史的建構
　　——以蘇州吴、長洲二縣寺院爲例　　　　　　　　　　沈國光　95
程頤、胡安國《春秋》異解析證　　　　　　　　　　　　　葛焕禮　114
寇準謀廢東宫考　　　　　　　　　　　　　　　　　　　　吴錚强　129
王安石罷相之謎　　　　　　　　　　　　　　　　　　　　林　鵠　138
鄭樵《通志二十略》的學術批判與精神關懷　　　　　　　　雷　博　170
自由市場存在嗎？
　　——從斯蒂文·沃格爾《市場治理術》説起　　　　　　王　申　179
"利之所在，害亦從生"：試論宋代乳香貿易的財政意義及影響　年慧龍　187
《宋會要·食貨類·酒麴雜録門》復原研究　　　　　　　　劉應莎　203

遼金元國家建構中的民族認同和國家認同
　　——以渤海人、契丹人爲例　　　　　　　　　　關樹東　219
宋人所記遼代地方區劃簡析　　　　　　　　　　　　康　鵬　231
全真教的經教觀　　　　　　　　　　　　　　　　　宋學立　239
落日餘暉
　　——花剌子模沙與蒙古夾擊下的哈剌契丹（上）
　　　　　　　　　　　　彭曉燕（Michal Biran）著，王蕊、曹流譯　247
從《蒙古襲來繪詞》看元朝征日本軍士民族成分
　　——兼論元朝東征回回軍及回回炮　　　　　　烏雲高娃　263
元代國家資産管理述論　　　　　　　　　　　　　　張國旺　272
程端禮經世致用思想探析　　　　　　　　　　　　　蔡春娟　310
元代鹵簿制度初探
　　——以元英宗行鹵簿爲中心　　　　　　　　　　鄭葉凡　316
元代巡按御史權力
　　——以糾察官吏、上書言事爲中心的考察　　　　展可鑫　334

Contents

Eastward or Westward: Ritual Hierarchy as Seen in Controversy Concerning the Standing Position in the Imperial Sacrifice; Kaiyuan Rite of the Tang Dynasty, Notes V *Wu Liyu* 7

A Brief Analysis on Signature of Drafters of Imperial Edicts in Tang Dynasty *Huang Zhengjian* 26

The Legal Words and the Comparison of Time in the Tiansheng Statutes *Niu Laiying* 41

On the Fu-tang Abbey in Luoyang City during the Tang Dynasty *Lei Wen* 54

Research on the Extolling Politics Ballads from the Monuments of Achievements *Liu Qinli* 60

The Study the Epitaph of Madam Wang as the Woman Conferred Fifth-rank Royal Title during of Tang Dynasty *Chen Liping* 70

The Development of Military System of Beiting in Tang Dynasty: Research on Dunhuang S. 11453 and S. 11459 Documents of Hanhai Army *Liu Zifan* 77

A Supplementary Interpretation of the Secretaries Inside and Outside the Sui and Tang Periods — A Note on the "Zizhitongjian" *Zhao Yang* 87

Tales of Mansion Donating and the Formation of History of Local Monasteries in Tang and Song Dynasties — A Case Study of the Monasteries in Wu and Changzhou counties in Suzhou *Shen Guoguang* 95

An Analysis of the Differences between Cheng Yi and Hu Anguo's Commentaries on the Spring and Autumn Annals *Ge Huanli* 114

A Textual Research of Kou Zhun's Plan to Abolish the Crown Prince *Wu Zhengqiang* 129

Why did Wang Anshi Step Down as the Prime Minister: A Mystery
　　　　　　　　　　　　　　　　　　　　　　　　Lin Hu　138

The Academic Criticism and Spiritual Care in Zhengqiao's Tongzhi'ershilue
　　　　　　　　　　　　　　　　　　　　　　　　Lei Bo　170

Do Free Markets Exist? A Review of Steven K. Vogel's New Book
　　Marketcraft: How Governments Make Markets Work　　*Wang Shen*　179

"Gains and Losses Follow with Each Other": The Financial Significance
　　and Influence of the Frankincense Trade in the Song Dynasty
　　　　　　　　　　　　　　　　　　　　　　　　Nian Huilong　187

A Study on the Restoration of Song Huiyao · Shihuo Lei · Jiuqu Zalu Men
　　　　　　　　　　　　　　　　　　　　　　　　Liu Yingsha　203

On Ethnic Identity and National Identity in the Process of Nation-
　　Building of the Liao Jin and Yuan Dynasties — Take Bohai and Khitay
　　for Examples　　　　　　　　　　　　　　　　*Guan Shudong*　219

A Brief Analysis on the Local Administrative Division in Liao Dynasty
　　from the Information of Song Dynasty　　　　　　*Kang Peng*　231

The View on the Scriptures of Quanzhen Daoism　　*Song Xueli*　239

The Fall: between the Khwārazm Shāh and the Mongols Ⅰ
　　　　　　　　　　　　　Michal Biran, Trans. Wang rui　Cao liu　247

A Analyze on the Ethnic Composition for the Soldiers in the Mongol
　　Invasions of Japan from Moko Shūrai Ekotoba (《蒙古襲來繪詞》) and
　　also about the Huihui Soldiers and Huihui Trebuchets in the Mongol
　　Eastward Expedition　　　　　　　　　　　　　*Wuyungaowa*　263

A Review of National Asset Management in Yuan Dynasty
　　　　　　　　　　　　　　　　　　　　　　　　Zhang Guowang　272

An Analysis of Cheng Duanli's Thought of Statecraft Ideology
　　　　　　　　　　　　　　　　　　　　　　　　Cai Chunjuan　310

Honor Guard (鹵簿) in the Yuan Dynasty: Centered on its Inplement by
　　the Emperor Yingzong　　　　　　　　　　　　*Zheng Yefan*　316

The Power of Itinerant Censor of Yuan Dynasty — Focus on Impeaching
　　Officials and Offering Advice to Emperors by Letters　*Zhan Kexin*　334

東向西向的困惑：從祭祀的站位看禮秩的尊卑（續）

——《大唐開元禮》劄記之五

吴麗娱

在《大唐開元禮》的吉禮祭祀部分，經常會遇到皇帝和其他祭祀官員的站位問題，禮秩尊卑由此體現，而這也是校勘中的一項難點和易出錯之處。筆者在本刊的第十輯中曾以相同的題目討論了圜丘諸儀和明堂祭祀中的站位方向，本篇是想結合校勘，就涉及這一問題的分祭五方帝、朝日夕月、禓祭百神、方丘神州、太社太廟、先農先蠶諸儀再作研討，以完成此項研究。[1]

一、四郊分祀五方帝、朝日夕月和臘日禓百神

五方帝和朝日、夕月在《開元禮》中分屬大祀和中祀，雖然等次不同，但均屬於天郊，性質相類，故這裏放在一個單元中討論。與之相類的還有禓祭百神，"百神"中雖然也含地祇，但由於以日、月爲首，故其祭祀及站位也與日、月同。

---

[1] 本篇引文爲筆者初步整理的校勘本，以日本静嘉堂藏本爲底本，長春圖書館藏天禄琳琅本（簡稱"長春本"）、文淵閣四庫全書本（簡稱"文淵閣本"）、國家圖書館藏李璋煜鈔本（簡稱"國圖本"）、臺灣圖書館藏葉恭綽舊藏清初鈔本（簡稱"臺圖本"）及清人校訂之洪氏公善堂本（簡稱"公善堂本"）爲參校本，並參以宋版《通典·開元禮纂類》，以下不再一一說明。

（一）四郊分祭五方帝

四郊分祭五方帝，即許敬宗所謂"四郊迎氣，存太微五帝之祀"[1]，也是《顯慶禮》關於五方帝獨祭保留下來的節目，故被"有其舉之，莫敢廢也"的《開元禮》吸收[2]。它的依據主要是《月令》四孟月及季夏土王日對五帝的分祭，如孟春有"立春之日，天子親帥三公、九卿、諸侯大夫，以迎春於東郊"，鄭玄釋爲"迎春，祭倉（蒼）帝靈威仰於東郊之兆也"之類。[3] 由於是五帝分祭，又有皇帝親祀與有司攝事之別，但基本程序是完全一樣的。

四郊分祭五方帝，與上述圜丘諸儀的祭祀程序和站位方向一致。這裏關注的仍是奠玉帛和進熟兩個主要程序。由於青、赤、黄、白、黑五帝均是設神座於"壇上北方，南向"，而配祀的太昊氏、祝融氏、后土氏、少昊氏、顓頊氏等五人帝均是設神座於壇上"東方，西向"。雖然還有其他陪祀神位設於壇下之不同方向，但以上述壇上諸神爲主要祭祀對象，所以皇帝或攝祭的太尉與圜丘諸儀的站位方向完全一樣。於是以青帝親祀卷爲例，其《奠玉帛》一儀便有：

> 皇帝升壇，北向立，樂止。太祝加玉於幣以授侍中，侍中奉玉幣東向進，皇帝搢鎮圭，受玉幣。……太常卿引皇帝進，北面跪奠於青帝靈威仰神座，俛伏，興。太常卿引皇帝少退，北向再拜訖，太常卿引皇帝立於西方，東向。又太祝以幣授侍中，侍中奉幣北向進。皇帝受幣，太常卿引皇帝進，東面跪奠於帝太昊氏神座，俛伏，興。太常卿引皇帝少退，東向再拜訖，登歌止。（下略）[4]

由於皇帝奠玉帛時，需要面向青帝和配帝，所以先是北向，跪奠於青帝靈威仰神座，完畢退後，再轉而向東，東向跪奠配帝神座。然後"東向再拜"後結束。期間向皇帝傳遞玉幣的侍中是先東向，再北向（見圖1、圖2）。

---

[1]《舊唐書》卷二一《禮儀志一》，中華書局，1975年，824頁。
[2]《大唐開元禮》卷一《序例上·神位》，影印洪氏公善堂本，民族出版社，2000年，14頁。
[3]《禮記正義》卷一四《月令》，《十三經注疏》，中華書局，1980年，1352—1355頁。
[4]《大唐開元禮》卷一二《皇帝立春祀青帝於東郊·奠玉帛》，可參見公善堂本87頁；文淵閣四庫全書本646册，上海古籍出版社，1987年，131—132頁，下引文同。

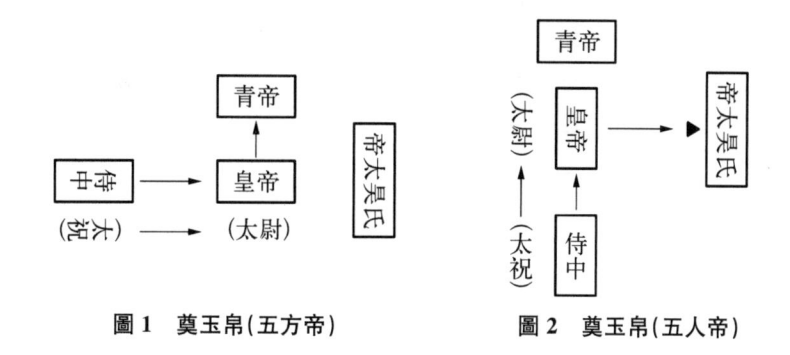

圖 1　奠玉帛(五方帝)　　　　**圖 2　奠玉帛(五人帝)**

以下則是《進熟》中的奠酒：

> 太常卿引皇帝詣青帝酒尊所，執尊者舉冪，侍中贊酌汎齊訖，壽和之樂作。太常卿引皇帝，進青帝靈威仰神座前，北面跪奠爵，俛伏，興。太常卿引皇帝少退，北向立，樂止。太祝持版進於神座之右，東面跪讀祝文曰，云云……訖，興，皇帝再拜。(下略)

> 太常卿引皇帝詣配帝酒尊所，執尊者舉冪，侍中取爵於坫，進，皇帝受爵。侍中贊酌汎齊訖，樂作。太常卿引皇帝進帝太昊氏神座前，東面跪奠爵，俛伏，興。太常卿引皇帝少退，東向立，樂止。太祝持版進於神座之左，北面跪讀祝文曰……訖，興，皇帝再拜。[1](下略)

這個奠酒同樣是向青帝和配帝的進獻，所以皇帝和侍中的方向與奠玉帛相同。另外讀祝版的太祝由於是向神座讀，但又不能與皇帝同向正面當神座而跪，所以祇能是在神座之側，且必須是以東、以北爲尊，所以便先是神座之右而面向東跪，後是神座之左而面向北跪(見圖3、圖4)。

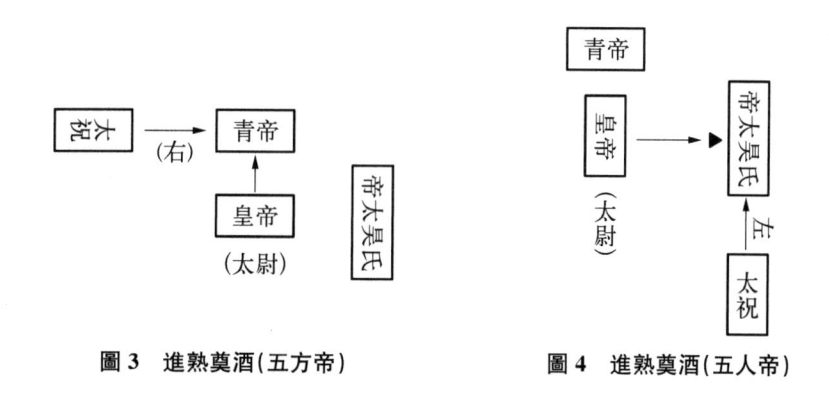

圖 3　進熟奠酒(五方帝)　　　　**圖 4　進熟奠酒(五人帝)**

---

[1]《大唐開元禮》卷一二《皇帝立春祀青帝於東郊·進熟》，公善堂本，88—89頁；文淵閣本，132—134頁，下同。

但是正與前圜丘各儀相同,下面賜福酒和授胙的方向與奠獻相反:

> 太常卿引皇帝進青帝神座前,北向立,樂作。太祝各以爵酌上尊福酒,合置一爵,一太祝持爵授侍中,侍中受爵西向進,皇帝再拜,受爵,跪,祭酒,啐酒,奠爵,俛伏,興。太祝各帥齋郎進俎。太祝跪減神前胙肉加於俎,興,以胙肉共置一俎上,太祝持俎以授司徒,司徒奉俎西向進,皇帝受以授左右,謁者引司徒降復位。皇帝跪,取爵,遂飲,卒爵。侍中受爵以授太祝,太祝受爵,復於坫。皇帝俛伏,興,再拜,樂止。太常卿引皇帝,樂作;皇帝降自南陛,還版位,西向立,樂止。文舞出,鼓柷,作舒和之樂,出訖,戛敔,樂止。武舞入,鼓柷,作舒和之樂,立定,戛敔,樂止。

這裏由於福酒、胙肉都是接受神賜,其中啐酒即祭畢飲福酒,胙肉則是皇帝先接受再交付臣下(以下還應由祀官分配)。在此過程中,侍中、司徒是代表神向皇帝傳授,方向上是以尊向卑。所以雖然神位和皇帝的位置沒有變,皇帝仍是北向立或跪拜,但侍中、司徒卻是"西向",而非像奠玉幣那樣自東向進給皇帝,方向、意義是相反的(見圖5)。

在皇帝完成以上"初獻"的程序後,須由太尉和光禄卿分別完成"亞獻"和"終獻"。二者的程序完全重複皇帝。也即他們要以同樣的站位和方向向五方帝及配祀的五人帝行禮。以下的郊廟祭社等儀也都要履行相同的程序。

由於祭祀五方帝的各卷,無論皇帝親祀抑或有司攝事,基本的程序無差,所以以此爲準檢視各卷,可以發現進熟中的"太祝持版進於神座之左,北面跪讀祝文"一句,卷一五祀赤帝有司攝事、卷一六祀黃帝皇帝親祀,諸本"左"或作"右";"太祝減神前胙肉加於俎,以胙肉共置一俎上,太祝持俎西向授太尉,太尉受以授齋郎"一句,卷一三祀青帝有司攝事、卷一五祀赤帝有司攝事、卷一七祀黃帝有司攝事,卷一九祀白帝有司攝事,卷二一祀黑帝有司攝事,諸本"西向"均作"東向"。静嘉堂本還有幾卷是改"右"爲"左"的,可見諸本原來訛誤甚多,但公善堂本多作了修正,有些也在朱紹頤校勘記中有所説明,應當參考。

(二) 春分朝日、秋分夕月和臘日蜡百神

《開元禮》中《春分朝日於東郊》和《秋分夕月於西郊》是相對的兩種儀目,其

中日、月又被稱爲大明、夜明。而儀目中出現的祭祀時間、地點是根據能夠觀察到的日、月運行的自然樣態和規律決定的。二儀等級相當，祭祀程序、方式基本一致。而根據儀目中關於二者所在位置"設大明神座於壇上北方，南向，席以藁秸"，"設夜明神座於壇上北方，南向，席以藁秸"來看[1]，也全然相同，且無配帝和其他神祇陪祀，所以文字相對簡單，沒有懸念。

而祭祀的規格雖較昊天和五方帝爲低，但作爲主祀對象，程序其實是一樣的。如以朝日爲例，其奠玉帛仍是"太祝加玉於幣以授侍中，侍中奉玉幣東向進，皇帝搢鎮圭，受玉幣"，"太常卿引皇帝進，北面跪奠於大明神座，俛伏，興。太常卿引皇帝少退，北向再拜訖，登歌止"，最終在太常卿的引領下"皇帝降自南陛，還版位，西向立，樂止"。[2] 同樣進熟的過程也是"太常卿引皇帝進大明神座前，北面跪，奠爵，俛伏，興。太常卿引皇帝少退，北向立，樂止"。然後"太祝持版進於神座之右，東面跪讀祝文"，完畢後皇帝再拜。既而受胙和獻福酒，則是"太祝以爵酌上尊福酒，授侍中，侍中受爵西向進，皇帝再拜，受爵，跪，祭酒，啐酒，奠爵，俛伏，興"，"太祝減神前胙肉加於俎，太祝持俎以授司徒，司徒奉俎西向進，皇帝受以授左右，謁者引司徒降復位。皇帝跪取爵，遂飲，卒爵"，最後也是皇帝降自南陛，還版位，西向立，樂止。[3] 即皇帝奠酒及接受福酒和胙肉，過程與五方帝各卷同。對夕月的祭祀與朝日完全相同。

至於《臘日蜡百神於南郊》一儀，雖然需要祭祀的神靈衆多，但皇帝或者攝祀的太尉僅有主神日、月。二神座均設於壇上，"大明於北方少東，夜明於大明之西，俱南向，席皆以藁秸"[4]。其他諸神也按不同位置各於其方。但同樣的程序皇帝或太尉要重複兩次。如奠玉帛先大明，後夜明，都是"侍中奉玉幣東向進"，皇帝奉玉幣後"北面跪奠於"神座前，完畢後還版位西向立。[5]

進熟奠酒的程序也是重復二次，皇帝分別向二神奠酒，祝版由太祝分別讀於神座之旁。但由於位置的原因，東邊的大明，太祝"持版進於神座之左，西面跪讀祝文"，西邊的夜明，太祝卻是"持版進於神座之右，東面跪讀祝文"（見圖6）。但飲福和受胙卻是併爲一次進行。當西邊的夜明奠酒、讀版完畢之後，就

---

[1]《大唐開元禮》卷二四《皇帝春分朝日於東郊·陳設》，卷二六《皇帝秋分夕月於西郊·陳設》，可參公善堂本148、155頁，文淵閣本205、214頁。

[2]《大唐開元禮》卷二四《皇帝春分朝日於東郊·奠玉帛》，公善堂本149頁，文淵閣本206頁。

[3]《大唐開元禮》卷二四《皇帝春分朝日於東郊·進熟》，公善堂本150頁，文淵閣本207—208頁。

[4]《大唐開元禮》卷二二《皇帝臘日蜡百神於南郊·陳設》，公善堂本135頁，文淵閣本190頁。

[5]《大唐開元禮》卷二二《皇帝臘日蜡百神於南郊·奠玉帛》，公善堂本136—137頁，文淵閣本190—192頁。

要由"太常卿引皇帝少東,當兩座間[1],北向立",也即使皇帝回到兩座中間的位置,以使飲福和受胙共同完成[2]。所以相對而言,朝日、夕月及"臘日䄄百神"的祭祀大體蕭規曹隨,與五方帝的祭祀和站位方向變化不大。

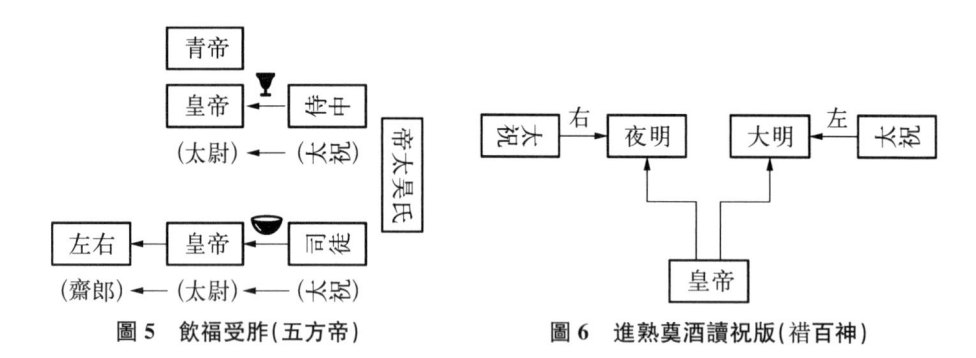

圖5　飲福受胙(五方帝)　　　　圖6　進熟奠酒讀祝版(䄄百神)

二、夏至祭方丘和孟冬祭神州

《夏至祭方丘(后土禮同)》和《孟冬祭神州於北郊》是《開元禮》的兩種祭地之儀,祭方丘即祭皇地祇,在《貞觀禮》禮中,相對於祭天中的昊天上帝和感生帝(五方帝),皇地祇和神州也是並列的存在,即《隋書·禮儀志》所謂"祭地之數,一歲有二"[3]。而祭祀地點的方丘對應圜丘,北郊則對應南郊。《顯慶禮》實行郊丘合一,在取消感生帝和南郊的同時,也取消了神州和北郊。但高宗乾封以後,神州又予以恢復。《開元禮》折中《貞觀》《顯慶》二禮,且奉"有其舉之"之義,故二儀均收在内。直到唐後期的祭祀名目中,仍有"(五月)夏至日,祭皇地祇於方丘"和"(十月)祭神州地祇於北郊"。[4]

不過,就名稱而言,《開元禮》的"夏至祭方丘"似並不完整,正確的説法似應當是"夏至祭皇地祇於方丘"。這裏取消皇地祇卻保留方丘,題目被簡化。爲何如此?推測是由於《開元禮》已遵《顯慶禮》,郊天取消感生帝(明堂是五方帝)而獨祀昊天,且行郊丘合一,圜丘即南郊。故所有郊天儀地點均作"圜丘",原來在

---

[1] 引皇帝少東當兩座間"少"字原無,底本補。國圖本、文淵閣本同。北宋本《通典》(第五册)卷一一〇《皇帝臘日䄄百神於南郊》(中華書局,2008年,87頁)"少東"作"少退","間"作"前"。公善堂本作"少退東"。按夜明在大明西,皇帝拜奠夜明後須回到二者中間的位置,故言"少東"合理。
[2] 《大唐開元禮》卷二二《皇帝臘日䄄百神於南郊·進熟》,公善堂本137—139頁,文淵閣本192—193頁。
[3] 《隋書》卷六《禮儀志一》,點校本二十四史修訂本,中華書局,2019年,121頁。
[4] 《唐會要》卷二三《緣祀裁制》,上海古籍出版社,1991年,515—516頁。

南郊的祈穀儀也不例外。不過迎氣諸儀分祀五方帝仍寫作南郊。而冬至祀昊天上帝就寫作"冬至祀圜丘",可能是行天神合祭的大祀之故。同樣皇地祇的祭祀也是地神合祭的大祀,其名與"冬至祀圜丘"對應,所以稱爲"夏至祭方丘"。且同樣是郊丘合一,北郊即方丘,二者乃王肅所謂"異名同實"耳。

皇地祇與神州同屬大祀,既並列爲最高等級的地神,在祭祀的方式和程序上便基本一致,只是神州無其他地神陪祀,規模要小得多。在站位的方向上,二儀也完全相同。如《冬至祀圜丘》,由於主祀的皇地祇和配帝高祖分別是"壇上北方,南向"和"(壇上)東方,西向"[1],所以皇帝和太尉、以及讀版太祝及負責傳遞事務的祭官都與郊天和五方帝、日月等儀站位方向相同,而以北以東爲尊。孟冬祭神州主祀爲神州地祇而配帝改爲太宗,但在祭祀的站位方向上同樣可比照郊天各儀,在奠玉帛和進熟等儀節上也略無差別,這裏僅以奠玉帛二圖示意而無須贅論(見圖7、圖8)。

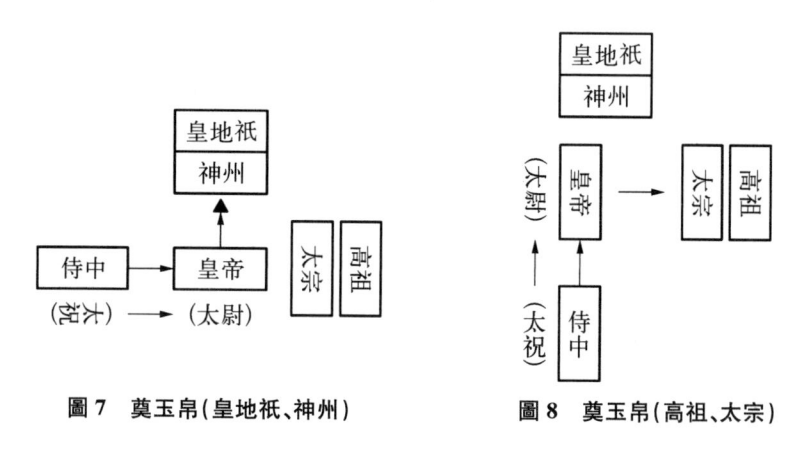

图7 奠玉帛(皇地祇、神州)　　图8 奠玉帛(高祖、太宗)

但涉及此問題也發現有個別錯誤。例如《夏至祭方丘·奠玉帛》在皇帝向在北方的皇地祇奠幣完成後,應當是"太常卿引皇帝立於西方,東向"[2],因爲這個時候要轉而向在東方的配帝奠幣。但親祀和攝儀兩卷靜嘉堂本、國圖本、臺圖本、文淵閣本與長春本原文都是"立於東方、西向"。祇是靜嘉堂本、國圖本和公善堂本已經自正,應是從《通典·皇帝夏至祭方丘》而改之。攝儀本處也完全相同,故校勘之際應有辨析。

雖然就奠玉帛和進熟二程序而言,《開元禮》諸本關係祭祀站位方向的錯誤很少,但在此之外,也出現了一個新的問題,即祭地二儀處理祭祀所奠玉幣祝版

---

[1]《大唐開元禮》卷二九《皇帝夏至祭方丘·陳設》,公善堂本,167頁;文淵閣本226頁。
[2]《大唐開元禮》卷二九《皇帝夏至祭方丘·奠玉帛》,公善堂本169頁。

饌物等的瘞壇和皇帝觀看的"望瘞位"所在方向。這裏祭地二儀處理方式與郊天不同。因爲郊天各儀均是採用"燔於燎壇之上"的做法,但在《貞觀》《顯慶》二禮是有祭祀后燔與前燔之分。故玄宗封禪時大臣有所爭論,反對許敬宗所説周人尚臭,先焚以迎神的説法,最終決定后燔。《開元禮》郊天各卷都有"郊社令積柴於燎壇",並説明"其壇於神壇之景地,內壝之外"[1]。景乃丙字避諱,意指祭壇之南。這個"神壇之景地",有些卷也作"樂懸之南"或者"神壇之左"。樂懸一般也在神壇的南邊,"神壇之左"則是神壇之東,也就是柴壇須設於神壇南方或東方,而且已是外圍之地。但是《通典》也有版本將"景地"寫作"壬地",壬方位在北,兩者完全相反,所以四庫館臣曾就此提出"未知誰屬"的疑問。[2]

於此館臣恐未及細思,因爲這裏還有皇帝觀看的位置問題。同節規定前祀一日奉禮"設望燎位,當柴壇之北,南向",也就是説,皇帝望燎是在柴壇的北邊,但一定又是神壇之南(見圖9)。這一點是由風向所決定的。因爲風從西北來,如果柴壇在西北,那麽一旦點燃很容易將煙火刮向人員衆多、放置着神座和各類器物的神壇,皇帝亦不能遠離神壇而站到柴壇之外。所以柴壇祇能在神壇南的景地而不是壬地,如此皇帝在柴壇之北向南觀望,才能既方便又保證安全。

但是祭地二儀處理廢棄用物方式不同。以下是《通典》和諸本《皇帝夏至祭方丘》的相關文字:

> 又爲瘞埳於壇之壬地內壝之外,方深取足容物,南出陛。前祭一日,奉禮……設望瘞("瘞"或訛作"燎",公善堂本從《通典》已正)位於壇之西南,當瘞埳北向[3]。

據此可知,祭方丘所用是瘞埳不是柴壇,祭神州也同之。瘞坎乃是地上用於掩埋、埋藏物品的坑穴,由於不用考慮風向問題,所以可以設在神壇的壬地即北邊。不過這裏有一問題,即皇帝觀看各類奠後物品的填埋是自南而北,則望瘞位應在瘞埳的南邊,比瘞埳更靠近神壇。但諸本包括《通典》在內,所說"位於壇之西南,當瘞埳北向"却不僅在瘞埳之南,且在神壇西南,試想這與瘞埳所在的壇北"壬地"根本是相對的兩個方向,中間隔着神壇,皇帝如何能"當瘞埳",又如何能不被遮擋,觀看瘞埋的情景呢?所以望瘞位於壇之西南的説法顯然是不合理的。但單純從版本校出發很難發現問題,且所有方丘、神州各卷均作"壬地",無論皇帝抑或

---

[1] 如《大唐開元禮》卷四《皇帝冬至祀圜丘·陳設》,公善堂本36頁。
[2] 《大唐開元禮》卷四《皇帝冬至祀圜丘·陳設》,文淵閣本69頁。
[3] 參見《大唐開元禮》卷二九《皇帝夏至祭方丘·陳設》,公善堂本166頁,文淵閣本225頁。並見北宋本《通典》(第5册)一一二,138頁。

太尉就望瘞位都是"北向立",而且"齋郎以俎載牲體稷黍飯爵酒各自其陛降壇北行,當瘞堉西行,以玉帛饌物置於堉"[1],也證明瘞堉在北邊這一點無誤。

那麼望瘞位的矛盾如何解決呢？諸本《夏至祭方丘有司攝事》,此句被改作"設望瘞位當瘞堉之南,北向"[2]。對比之下可知,"當瘞堉之南"是在瘞堉而不是神壇的南邊,仍是以南向北,但離得不遠,中間没有遮擋,方便直接觀望,符合事理,應當採用以正親祭。(見圖10)奇怪的是,諸本此句與上卷分明存在矛盾,但或者是《通典》的誤導,朱紹頤公善堂本校勘記未能就兩卷的不同加以辨析,才會出現如此不合邏輯的錯誤吧？

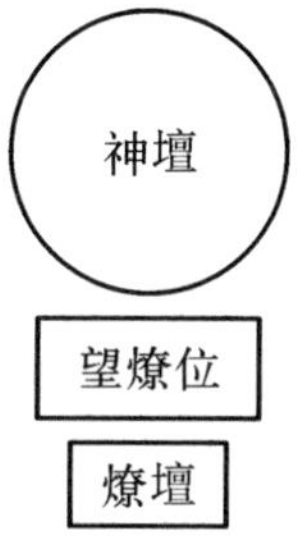

圖 9　燎壇與望燎位圖（郊天） 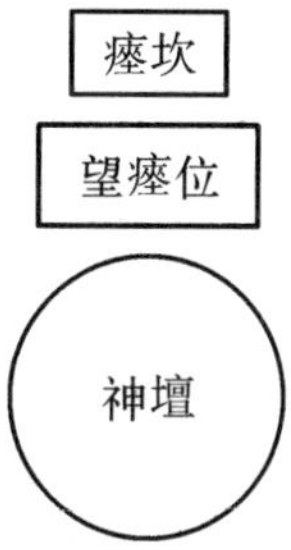　　圖 10　瘞坎與望瘞位（方丘神州）

這裏涉及祭後廢棄物的處理,還有一點補充。即一般情況下,柴壇和瘞堉針對祭祀天神、地祇的性質分别不會並設。但前面所説祫祭一儀,由於所祭既有天神也有地祇,所以須於東南和北部分設柴壇和瘞堉,以處理對象不同的兩類用物,届時皇帝僅需到事先設立的望燎位觀燎即可。其兩者的設置和運用也可分參日、月儀及方丘、神州儀,即不一一列叙了。

三、太社與太廟

《仲春仲秋上戊祭太社》是關於社稷的祭祀,而與天地同樣是採取壇祭,由奠玉幣和進熟兩部分組成。但《時享於太廟》《祫享於太廟》和《禘享於太廟》是關於宗廟的時祭與合祭,與郊、社類型不同。祇是遠古的社祭雖説是爲祈求農業豐收,但涉及國家和王侯擁有的土地,與家族是分不開的,所以社稷與宗廟從來並列,《周禮》國都之下有"左祖右社"的規制,故這裏也將它們並爲一組討論。

---

[1] 參見《大唐開元禮》卷三〇《夏至祭方丘有司攝事·進熟》,公善堂本172頁,文淵閣本231頁。
[2] 參見《大唐開元禮》卷三〇《夏至祭方丘有司攝事·陳設》,公善堂本174頁,文淵閣本233—234頁。

（一）仲春仲秋上戊祭太社

對社稷禮仍行壇祭。但有社壇和稷壇的分別。二壇的主神分別是太社、太稷，配神分別是后土和后稷。以下便是《皇帝仲春仲秋上戊祭太社》的壇上設置：

> 設太社、太稷神座各於壇上近南，北向。設后土氏神座於太社神座之左，后稷氏神座於太稷神座之左，俱東向，席皆以莞。設神位各於座首。[1]

根據這樣的安排，可以知道社稷神座在壇上的位置恰恰與天、地祭祀的方向相反。也就是說，主神的位置是坐南朝北，而配神的位置則是坐西朝東。這裏設"后土氏神座於太社神座之左"的"左"，靜嘉堂本、公善堂本及宋本《通典》均作"右"，但長春本、國圖本、臺圖本、文淵閣本均作"左"。下卷有司攝事也是如此。內中"左"顯然是對的，這是因爲太社神座與太稷神座皆北向，故后土氏與后稷氏作爲配神如在其左方，也即西邊，才能"俱東向"，否則便是一東一西了。[2]

祭奠時皇帝或太尉須先至社壇，再至稷壇。由於主神和配神方向與郊天地相反，所以影響奠玉帛和進熟的站位也發生變化（見圖11、圖12）。以下是親祀卷的奠玉帛，分見社壇的太社和后土以及稷壇的太稷與后稷：

> 皇帝詣太社壇升自北陛……皇帝升壇南向立，樂止。太祝加玉於幣以授侍中，侍中奉玉幣西向進，皇帝搢鎮珪，受玉帛。（下注文略）登歌，作肅和之樂，乃以應鐘之均。太常卿引皇帝進，南面跪奠於太社神座，俛伏，興。太常卿引皇帝少退，南向再拜訖。太常卿引皇帝立於東方，西向。又太祝以幣授侍中，侍中奉幣南向進，皇帝受幣。太常卿引皇帝進，西面跪奠於后土氏神座，俛伏，興。太常卿引皇帝少退，西向再拜訖，登歌止。（下略）
>
> 太常卿引皇帝降自北陛，樂作。太常卿引皇帝詣太稷壇，升自北陛，南向立，

---

[1]《大唐開元禮》卷三三《皇帝仲春仲秋上戊祭太社·陳設》，公善堂本189頁，文淵閣本252頁。
[2] 按：點校本《通典》卷七三《開元禮纂類·皇帝仲春仲秋上戊祭太社》注〔一五〕也疑"右"當作"左"，並加按語曰："太社神座北向，后土氏神座於其左，則東向爲內向。如於其右，則東向爲外向。后土氏既配神作主，其神座固不能側背太社而設也。"中華書局，1988年，2917頁。

樂止。太祝加玉於幣以授侍中,侍中奉玉帛西向進,皇帝受玉帛。登歌作,太常卿引皇帝進,南面跪奠於太稷神座,俛伏,興。太常卿引皇帝少退,南向再拜訖。太常卿引皇帝立於東方,西向。又太祝以幣授侍中,侍中奉幣南向進,皇帝受幣。太常卿引皇帝進,西面跪奠於后稷氏神座,俛伏,興。太常卿引皇帝少退,西向再拜訖,登歌止。太常卿引皇帝降自北陛,樂作,皇帝還版位,南向立,樂止。[1]

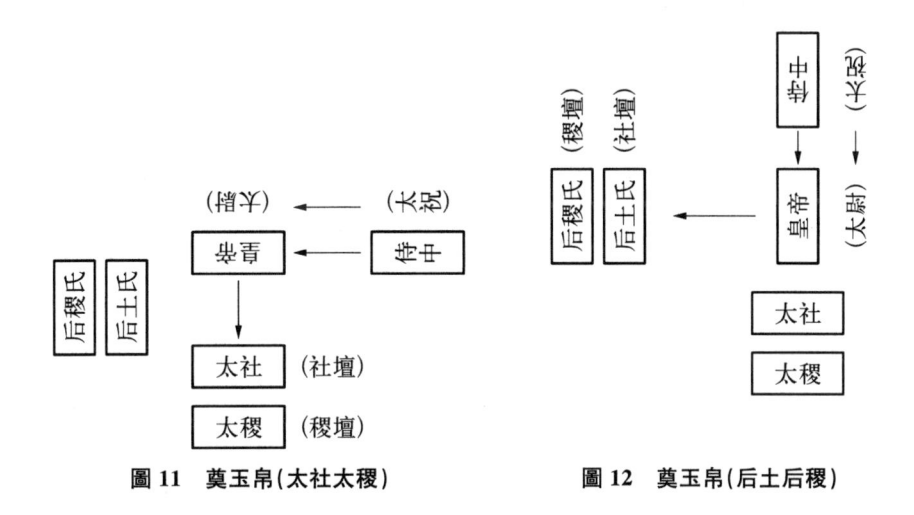

圖11 奠玉帛(太社太稷)　　圖12 奠玉帛(后土后稷)

可以看到,皇帝的站位、奠幣以及侍中的傳遞方向完全與郊天地相反。進熟也是如此,以下是奠酒時的站位,僅以太社和后土爲例,其初獻和亞獻分別爲:

> 太常卿引皇帝進太社神座前,南面跪,奠爵,俛伏,興。太常卿引皇帝少退,南向立,樂止。太祝持版進於神座之右,西面跪讀祝文。(下略)
> 太常卿引皇帝進后土氏神座前,西面跪,奠爵,俛伏,興。太常卿引皇帝少退,西向立,樂止。太祝持版進於神座之左,南面跪讀祝文。(下略)
> 謁者引太尉進太社神座前,南面跪,奠爵,興。謁者引太尉少退,南向再拜。(下略)
> 謁者引太尉進后土氏神座前,西面跪,奠爵,興。謁者引太尉少退,西向再拜訖。[2]

太稷和后稷的奠酒也是同樣的,於是郊天地時以北以東爲尊,就變成了以南以西爲尊(見圖13、圖14)。

---

[1]《大唐開元禮》卷三三《皇帝仲春仲秋上戊祭太社·奠玉帛》,公善堂本190頁,文淵閣本253—254頁。
[2]《大唐開元禮》卷三三《皇帝仲春仲秋上戊祭太社·進熟》,公善堂本191—193頁,文淵閣本254—256頁,下同。

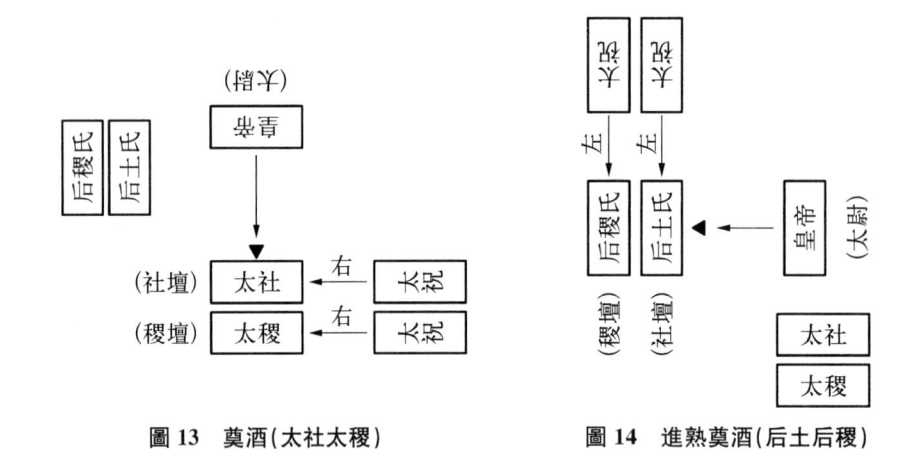

圖 13　奠酒（太社太稷）　　　　圖 14　進熟奠酒（后土后稷）

飲福和受胙也有相應變化：

> 太常卿引皇帝進太社神座前，南向立，樂作。太祝各以爵酌上罇福酒，合置一爵，一太祝持爵授侍中，侍中受爵東向進。皇帝再拜受爵，跪，祭酒，啐酒，奠爵，俛伏，興。太祝帥齋郎進俎。太祝減太社神座前三牲胙肉，各置一俎上。太祝以俎授司徒，司徒持俎東向以次進，皇帝每受，以授左右。皇帝跪取爵，遂飲，卒爵。

飲福和受胙的站位及傳遞方向也與前郊祀諸儀相反，整體的方向是以南、以西爲尊，所以作爲神賜的福酒和胙肉改爲"東向"授與皇帝，而皇帝也是"南向"面神（見圖 15）。這一點，不但皇帝的初獻，以及大臣的亞獻、終獻依樣爲之，稷壇的祭祀以及有司攝事卷也本此處理。而根據上述特點來檢勘，便不難發現及辨明原版本中的謬誤。如在皇帝親祀卷中，太尉亞獻面向太社神座的"南面"，靜嘉堂本、國圖本誤作"西向"，而面向后土的"西面跪奠爵"，靜嘉堂本、公善堂本竟從《通典》原本皆作"南向"或"南面"，今點校本《通典》已作了糾正。[1]

另外，有司攝事卷整理後的《奠玉帛》應當是：

> 謁者引太尉進，南面跪奠於太社神座，俛伏，興。謁者引太尉少退，南向再拜訖，謁者引太尉立於東方，西向。太祝以幣授太尉，太尉受幣。謁者引太尉進，西面跪奠於后土氏神座，興。謁者引太尉少退，西向再拜訖，登歌止。[2]

---

[1]《通典》卷一一三《皇帝仲春仲秋上戊祭太社·進熟》，2914 頁。
[2]《大唐開元禮》卷三四《仲春仲秋上戊祭太社有司攝事·奠玉帛》，公善堂本 195 頁，文淵閣本 259 頁。

18

這裏"南向再拜"下各本原脱"訖謁者引太尉立於東方西向"十二字。公善堂本參方丘、神州攝事儀補,但方向據親祀儀應與之相反。公善堂本卻未能注意這一問題,"立於東方,西向"仍作"立於西方,東向",是明顯的失誤。"西面跪奠於后土氏神座"之"西面",各本原作"東面"或"東向",下文之"西向"也誤作"東向",均據上卷親祀儀改。

另外,攝儀在《進熟》部分,初獻太尉、亞獻太常卿(終獻光禄卿略)先後進於太社神座前,"南向跪奠爵,興,謁者引太常卿少退,南向再拜訖",[1]静嘉堂本、國圖本、臺圖本後一"南向"作"西向",但長春本、公善堂本不誤,當據改。

社稷儀與方丘、神州對祭過的物品同用瘞埋法,因而還有瘞埳和望瘞位的設置問題。據親祀儀"又爲瘞埳二於南門之内,於稷壇西南,方深取足容物,北出陛"。並在祭前一日"又設望瘞位於西門之内,當瘞埳南向"[2](見圖16)。這樣看來,瘞埳是在社稷壇西南的位置。望瘞位可能更接近西門一些,但仍是在瘞埳的北方,從北向南觀望。整個瘞埳和望瘞位都是在神壇的南部或西南部,與方丘和神州儀位置和方向恰好相反。

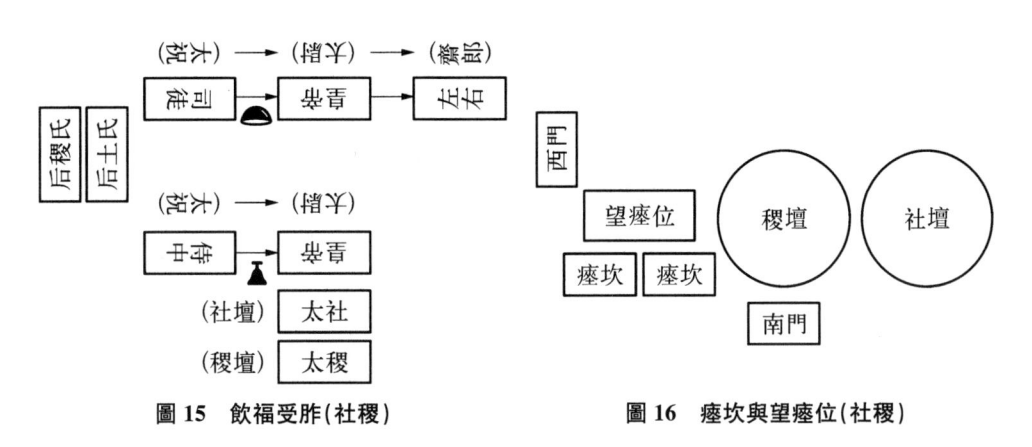

圖15 飲福受胙(社稷)　　圖16 瘞坎與望瘞位(社稷)

但是這裏有一個疑問,即攝儀將此作了簡化,僅寫作"又爲埋埳二於樂懸之北,方深取足容物,南出陛",望瘞位則未言[3]。"埋坎"當爲瘞埳之訛,公善堂本已正之。問題在於,社稷儀的樂懸與郊天地儀位置相反。《太社親祀儀·陳設》稱"前祭二日,太樂令設宫懸之樂於壇北",攝儀完全相同。如其如此,瘞埳當在壇北之北,與親祀卷就成了完全相反的方向,親祀和攝儀不應出現這樣的反差,而各本於此卻未有不同。造成這一問題的原因不詳,但瘞埳在樂懸之北的説法恐怕是錯誤的。

―――――――――
〔1〕《大唐開元禮》卷三四《仲春仲秋上戊祭太社有司攝事·進熟》,公善堂本196—197頁。
〔2〕《大唐開元禮》卷三三《皇帝仲春仲秋上戊祭太社·陳設》,公善堂本188頁,文淵閣本251頁。
〔3〕《大唐開元禮》卷三四《仲春仲秋上戊祭太社有司攝事·陳設》,公善堂本194頁,文淵閣本258頁。

（二）太廟時享與禘祫合祭

宗廟的祭享不同於以上郊、社祭祀，郊、社的奠玉帛和進熟被晨祼和饋食取代。祼乃以酒灌地享神，而饋食仍是以俎豆牲牢祭祖，並接受祖宗賜予的福酒胙肉。整個程序除無玉幣之獻，與郊社無太大差別。只是玄宗時已建立九廟，所以時享晨祼儀需要皇帝(或太尉)逐室進行。履行以下程序：

> 太常卿引皇帝詣獻祖尊彝所，執尊者舉冪，侍中贊酌鬱鬯。……太常卿引皇帝，入詣獻祖神座前，北面跪，以鬯祼地，奠之，俛伏，興。太常卿引皇帝出戶，北向再拜。訖，太常卿引皇帝次祼懿祖，次祼太祖，次祼代祖，次祼高祖，次祼太宗，次祼高宗，次祼中宗，次祼睿宗，並如上儀。[1]

從"北向再拜"可知，宗廟諸祖神座均在北，故仍是以北爲尊。不過與郊祀不同的是，宗廟每室均帝、后二人，所以饋食一儀，皇帝每入室，須分別奠獻。如獻祖：

> 太常卿引皇帝詣獻祖尊彝所，……太常卿引皇帝入詣獻祖神座前，北面跪奠爵，少東，俛伏，興。太常卿又引皇帝出，取爵於坫，酌醴齊訖，太常卿引入詣神座前，北面跪奠爵，少西，興。太常卿引皇帝出戶，北向立，樂止。太祝持版進於室戶外之右，東面跪讀祝文。（下略）[2]

也就是説，皇帝入室後應先帝再后，帝在東而后在西，室內的位置是以東爲尊。太祝跪讀祝文，同樣是以東爲尊(圖17)。另外受福酒時，"一太祝持爵授侍中，侍中受爵，北向進，皇帝再拜受爵，跪，祭酒，啐酒，奠爵，俛伏，興"。胙肉和盛着稷黍飯的籩豆也是由"升立於前楹間，北面東上"的司徒傳遞給皇帝，再交付左右。這裏福酒和胙肉的傳遞都是自南而北，與他儀的傳遞方式不同。下面將要討論的帝祫合祭二儀也是如此。是否由於宗廟型制造成不得而知，尚須進一步研究。

當初獻完畢後，再由太尉充當亞獻重複皇帝奠獻，兩次奠爵的動作。然後由"一太祝持爵進太尉之左，北面立"，將福酒授予太尉。最後，光禄卿"終獻如

---

[1]《大唐開元禮》卷三七《皇帝時享於太廟·晨祼》公善堂本207頁，文淵閣本273—274頁。
[2]《大唐開元禮》卷三七《皇帝時享於太廟·饋食》，公善堂本208頁，文淵閣本274—275頁。

亞獻之儀"。[1]

另外宗廟祭享用物的處理比較獨特,先是在行祼禮奠酒後,祝史、齋郎進奠毛血及肝膋等,結束後將其物移出,與蒿草、稷黍一起燔於鑪炭。同樣,饋食之初也將此類物品先祭後焚,而饋食之後"其祝版燔於齋坊"[2],並不採取設壇燔燎或瘞埳埋瘞之法,可能與宗廟自身的建置是廟室制度有關。

與時享相比,祫享或禘享的宗廟合祭之儀站位問題略爲複雜。這是因爲九廟神主須自室中移向戶外,神座按照昭穆排列而有方向之別:

> 布昭穆之座於戶外。自西序以東,皇八代祖獻祖宣皇帝、皇六代祖太祖景皇帝、皇高祖神堯皇帝、皇高宗天皇大帝座於北廂,南面;皇七代祖懿祖光皇帝、皇五代祖代祖元皇帝、皇曾祖太宗文武聖皇帝、皇伯考中宗孝和皇帝、皇考睿宗大聖真皇帝座於南廂,北面。[3]

然後在享廟的當天將神主帝后一一按序請出,置於神座之上。這樣皇帝或太尉祭奠時的站位方向也隨神主昭穆有別。如親享卷《晨祼》皇帝面向昭列的獻祖等須"北面跪",而面向穆列則是"南面跪",皆自西而東,依次而行。[4]《饋食》也是如此。皇帝面向昭位的諸祖是"北面跪"或"北向立"。並且祖在東,后在西,每一代是先帝再后,以北、東爲上。讀版則是"太祝持版進於神座之右,東面跪讀祝文"。但面向穆位的諸祖則是"南面跪"或"南面立",且祖西后東,以南、西爲上。所以進奠時也是先帝再后。讀版則是"太祝持版進於神座之右,西面跪讀祝文"[5](圖18)。方向完全相反,但同樣是一昭一穆,依次進行。

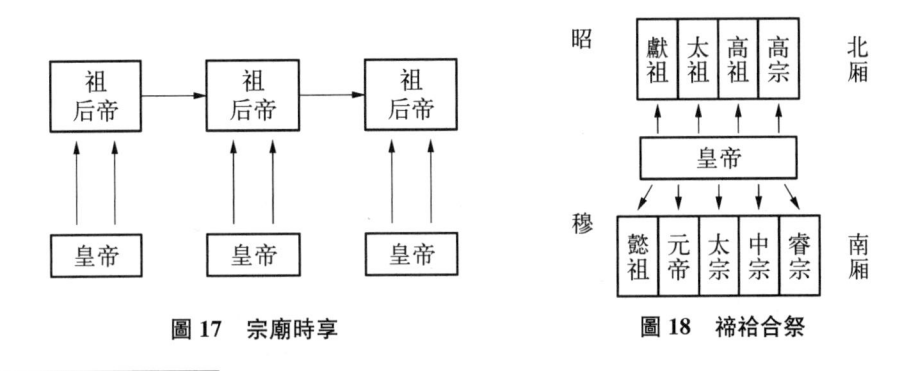

圖17 宗廟時享

圖18 禘祫合祭

---

[1]《大唐開元禮》卷三七《皇帝時享於太廟·饋食》,公善堂本211頁,文淵閣本278頁。
[2]《大唐開元禮》卷三七《皇帝時享於太廟·晨祼、饋食》,公善堂本207—208、212頁。文淵閣本274、279頁。
[3]《大唐開元禮》卷三九《皇帝祫享於太廟·陳設》,公善堂本222頁,文淵閣本292—293頁。
[4]《大唐開元禮》卷三九《皇帝祫享於太廟·晨祼》,公善堂本224—225頁,文淵閣本296頁
[5]《大唐開元禮》卷三九《皇帝祫享於太廟·饋食》,公善堂本226—227頁,文淵閣本298—299頁。

諸本饋食奠酒,静嘉堂本、公善堂諸本代祖下均脱高祖、太宗二祖文字,唯文淵閣本有之,推測是據攝儀或參上下文補之。國家圖書館所藏周字70A號敦煌寫本《大唐開元禮》殘片亦殘存文字11行。榮新江最初認爲所録是卷三七宗廟時享中饋食唐高祖文,並與洪氏公善堂本作了比定。但時享皇帝奠酒乃"酌醴齊",劉安志據内中"酌汎齊"的出現,確定爲卷三九祫享文字[1]。現以文淵閣本爲底本而參考殘卷補充二祖文字:

> 太常卿引皇帝詣高祖尊彝所,執尊者舉冪,侍中取爵於坫,進,皇帝受爵。侍中贊酌汎齊訖,大明之舞作。太常卿引皇帝進高祖神座前,北面跪奠爵,少東,俛伏,興。太常卿又引皇帝取爵於坫,酌汎齊訖,太常卿引皇帝進神座前,北面跪奠爵,少西,訖,興。太常卿引皇帝少退,北向立,樂止。太祝持版進於神座之右,東面跪讀祝文訖,興。皇帝再拜訖,又再拜。初讀祝文訖,樂作;太祝進奠版於神座,出,[2]還尊所;皇帝拜訖,樂止。
>
> 太常卿引皇帝詣太宗尊彝所,執尊者舉冪,侍中取爵於坫,進,皇帝受爵。侍中贊酌汎齊訖,崇德之舞作。太常卿引皇帝進太宗神座前,南面跪奠爵,少西,俛伏,興。太常卿又引皇帝取爵於坫,酌汎齊訖,太常卿引皇帝進神座前,南面跪奠爵,少東,訖,興。太常卿引皇帝少退,南向立,樂止。太祝持版進於神座之右,西面跪讀祝文訖,興。皇帝再拜訖,又再拜。初讀祝文訖,樂作;太祝進奠版於神座,出,還尊所;皇帝拜訖,樂止。[3]

內中對高祖"北面跪奠爵,少西,訖",太宗相對應爲"南面跪奠爵,少東,訖"。前一"訖"字和"少東訖"文淵閣本兩卷均無,但從上下文昭穆相反的規律均可補之。另外以此規律檢核攝儀,也恰巧在此兩祖處發現不少錯誤,如對高祖"北面跪奠爵,少東,俛伏,興",静嘉堂本"少東"訛作"少西";"北面跪奠爵,少西,訖,興","少西"訛作"少東";"東面跪讀祝文訖,興","東面"作"西面";而對太宗的"南面跪奠爵,少東,訖,興",則"少東"訛少西。並且無獨有偶,静嘉堂本的禘享攝儀也發生了幾乎相同的錯誤。這是因爲禘、祫享祭程序基本相同,則前後參照是可能的,故在閱讀和校勘中應當一一仔細核查。

禘、祫合祭的飲福、受胙,是比照時享進行的。且雖然對祖宗按昭穆分祭,

---

[1] 見榮新江《唐寫本〈唐律〉〈唐禮〉及其他》,《文獻》2009年第4期,3—11頁,復原文字見8頁。劉安志《關於〈大唐開元禮〉的性質及行用問題》,《中國史研究》2005年第3期,95—117頁,並收入氏著《新資料與中古文史論稿》,上海古籍出版社,2014年,3—35頁,整理復原文字見4—5頁。
[2] "出"字原無,參静嘉堂本、公善堂本親祀卷文例補,下"出"字同。
[3] 《大唐開元禮》卷三九《皇帝祫享於太廟・饋食》,文淵閣本298頁。

飲福、受胙卻共同進行，只有一次。故這裏對其中程序，不再加以重複。其中之站位方向，也可參看時享。

四、先農、先蠶及其他

《孟春吉亥享先農耕藉》和《季春吉巳享先蠶親桑》是分屬皇帝和皇后的二儀，在《開元禮》均規定爲中祀。二儀程式基本對等，同樣是設壇，卻依廟祭而無晨祼即直接進入饋享，但奠幣、奠酒兼而有之，做兩次完成。並且由於主、配神座分別設於壇之北方、東方，故帝、后祭享之方向同樣是以北、以東爲尊。如皇帝親享先農的奠幣是"皇帝升壇，北向立"，然後由侍中東向進幣於皇帝，而皇帝北面跪奠於神農氏神座。當皇帝北向再拜後，太常卿引皇帝又立於西方，東向，再由侍中北向進幣與皇帝，皇帝東面跪奠於后稷氏神座。[1]

同樣，奠酒也是也是皇帝分別向神農氏"北面跪奠爵"和后稷氏"東面跪奠爵"。而讀版則神農氏是"太祝持版進於神座之右，東面跪讀祝文"，后稷氏是"太祝持版進於神座之左，北面跪讀祝文"[2]，基本與郊天祭地的方向相同。皇后享先蠶祇有先蠶氏神座一座，也是"尚宮引皇后進神座前，北面跪奠爵，興。尚宮引皇后少退，北向立，樂止。尚儀持版進於神座之右，東面跪讀祝文"[3]，與先農祭神農氏一致。

另外先農、先蠶處理廢棄物品也是用瘞埋法。諸本及《通典》先農親祀皆作"又爲瘞埳於壇之壬地，内壇之外（公善堂本及攝儀作"外壇之内"），方深取足容物，南出陛"。[4]這裏"北向"無誤，因爲饋食禮結束後，皇帝被引至望瘞位就是"北向立"。但"設望瘞位於壇西南，當瘞埳北向"出了與方丘同樣的問題，即瘞埳若在壇之壬地即壇之北方，望瘞位怎麽可能在神壇西南而與之隔壇相望呢？所以"壇西南"的説法有誤，頗疑"西南"乃"西北"之訛，或者"壇"當作"瘞埳"，這樣壇與埳接近，皇帝觀望也比較方便和清楚（見圖19）。

皇后親蠶則瘞埳的設置相同，望瘞位則略有差。諸本作"設望瘞位於壇西

---

〔1〕《大唐開元禮》卷四六《皇帝孟春吉亥享先農耕藉・饋享》，公善堂本266—267頁，文淵閣本346頁。
〔2〕《大唐開元禮》卷四六《皇帝孟春吉亥享先農耕藉・饋享》，公善堂本267—268頁，文淵閣本346—347頁。
〔3〕《大唐開元禮》卷四八《皇后季春吉巳享先蠶親桑・饋享》，公善堂本277頁，文淵閣本358頁。
〔4〕《大唐開元禮》卷四六《皇帝孟春吉巳享先農耕藉・陳設》，公善堂本263頁，文淵閣本342頁，下引文同。

南,當瘞埳西向"[1],這個西向看來無誤,皇后至望瘞位也說"西向立"。但是問題同樣存在,站在壇西南無法隔壇看到北邊的瘞埳,更談不到"當瘞埳"而西望了。不過攝儀此句改作"設望瘞位於壇東北,當瘞埳西向"[2],就比較合理(見圖20)。因爲壇東北仍可能與瘞埳平行,方便西望,但瘞埳和望瘞位的位置可能與先農有些不同。

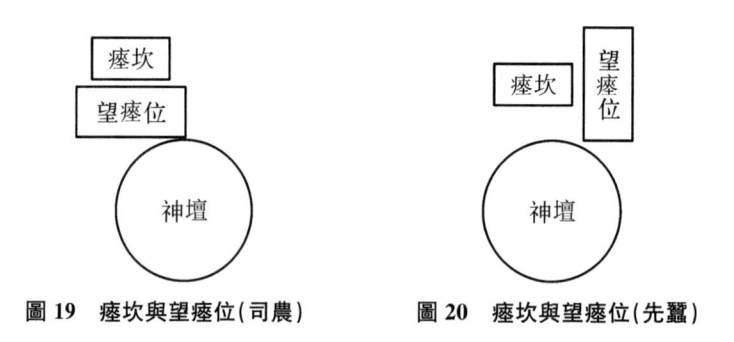

图 19　瘞坎與望瘞位(司農)　　图 20　瘞坎與望瘞位(先蠶)

除以上諸儀外,吉禮中本文未作討論的儀目還有一些。如肅明皇后廟、孝敬皇帝廟時享,皇帝、皇后、太常卿拜五陵,有司享先代帝王,釋奠孔宣父、姜太公,乃至於祭嶽鎮海瀆、風師雨師、靈星、司中司命司人司禄,及皇帝巡守祈告、封禪泰山社首山、地方州縣祭祀祈告等。但其祭祀、享薦程式多不出上述諸儀,如封禪、嶽鎮海瀆可參圜丘,而肅明、孝敬廟及拜陵、享先代帝王、釋奠等可比之宗廟時享,但儀式過程或比之更簡。而所有這些儀注,在站位上均本著以北、以東爲尊的原則,因此在遇有方向問題時可以比照圜丘或是宗廟時享以處置,對於校勘文字影響不大,一般不會造成困擾。

總括上述,本文討論了不同祭享儀在祭祀的過程中主祭、攝祭以及負責傳遞的執事官員的站位和方向問題。可以知道,站位和祭奠方向是祭祀過程中不可忽略而十分關鍵的内容,由此也涉及對禮儀意義的理解。祭祀對象和方式決定了皇帝和主祭官員們的站位方向和尊卑高下,如郊天祭地諸儀,包括圜丘、明堂、分祀五方帝、朝日、夕月、袷百神以及方丘、神州、先農、先蠶等的特色均是以北以東爲貴爲尊;故祭祀中的站位以此爲基礎,以至作爲祭主或攝祭者的皇帝、大臣必須遵從向北向東的原則,而讀祝版的站位和方向也由此決定。所以大多數儀目在方向上是一致的。但享宗廟及社稷則比較複雜,

―――――――
〔1〕《大唐開元禮》卷四八《皇后季春吉巳享先蠶親桑·陳設》,公善堂本275頁,文淵閣本355頁。
〔2〕《大唐開元禮》卷四九《季春吉巳享先蠶有司攝事·陳設》,公善堂本280頁,文淵閣本361頁。

享宗廟雖然時享略同郊祀天地，但禘祫合祭則因有昭穆列序之別，而使站位產生了方向相反的兩種情狀。至於社稷，則神位的方向是與郊天地和宗廟時享完全相對，出現了以南、以西在上的現象，讀祝版的方向也因此有所改變和不同。

與此同時，對祭祀用物的處理也有燔燎和瘞埋兩種方式，故對於設置地點有不同要求。相對於郊天諸儀多採用燔燎，宗廟也採用焚燒，但方丘、神州、社稷、先農、先蠶均取瘞埋之法，瘞埋的地點諸儀並不相同，也導致了瘞埳和望瘞位所在及方向的一些訛誤。

因而祭祀方位其實是一個比較複雜而容易混淆的問題，搞清這一問題，對校勘整理不可或缺，且對瞭解禮儀自身的尊崇方式和内涵有非常重要的意義。必須認真解讀每一儀目的具體要求、特色和細節，才能分辨其中的正確與謬誤，也才能對《開元禮》作爲中古禮制的意義和作用有更深刻的體會和理解。

〔吴麗娛，中國社會科學院古代史研究所、
中國社會科學院敦煌學研究中心研究員〕

唐代制敕文書起草者署名等問題淺析[1]

黄正建

一

所謂"制敕"文書,其實就是"王言",是皇帝頒下的册書、制書、詔書、敕書、敕書等的代稱。唐《公式令》云"下制敕宣行,文字脱誤,於事理無改動者,勘檢本案,分明可知,即改從正,不須覆奏。其官文書脱誤者,諮長官改正"[2],即以"制敕"代表"王言",區别於"官文書"。郭正一在高宗時從中書舍人到中書侍郎,"在中書累年,明習舊事,兼有詞學,制敕多出其手,當時號爲稱職"[3],也是以"制敕"來代表皇帝所頒各種"王言"的。

制敕製作有一定程序,相關研究已經很多。國外比較著名的有日本學者中村裕一的《唐代制敕研究》[4],國内比較著名的有劉後濱的《唐代中書門下體制研究——公文形態·政務運行與制度變遷》[5](以下簡稱爲"《劉書》")。後者討論的是一個很宏觀的體制變遷問題,制敕製作只是其中一部分,但就這一部分,書中也有很好的梳理。

根據《劉書》研究,唐前期(中書門下體制建立之前)制度上起草制敕是中書舍人的專職。中書舍人起草制敕文書並非親筆書寫,有時只是口述或起草底

---

[1] 本文爲國家社科基金重大項目"中國古文書學研究"(14ZDB024)階段性成果。
[2] 《唐律疏議》卷一〇《職制律》所引,中華書局,1983年,200頁。
[3] 《舊唐書》卷一九〇中《郭正一傳》,中華書局,1975年,5010頁。
[4] 中村裕一《唐代制敕研究》,汲古書院,1991年。
[5] 劉後濱《唐代中書門下體制研究》,齊魯書社,2004年。

稿,而由中書主書等小吏書寫。中書舍人如果不能起草制敕,則是不稱職[1]。

中書門下體制建立後,中書省向以中書舍人爲長官的專門負責撰寫制敕的機構過渡。起草制敕之職逐漸使職化,形成"知制誥"制度,並逐漸形成與翰林學士的分職[2]。

肅宗以後,在開元以來以"知制誥"爲標誌的起草詔令之職逐漸使職化的情況下,以翰林學士供奉制敕的做法得以繼承下來[3],到元和初,翰林院單獨設置書詔印,翰林學士的作用逐漸固定到起草詔令上,與中書舍人對掌"二制"的格局因此確定下來[4]。

製作程序之外,無論中村裕一著作還是《劉書》,都研究了制敕的格式。但是他們都沒有涉及制敕文書起草者的署名問題[5]。本文即打算在這方面搜集些資料,做一點初步分析,想解決兩個問題:第一,由於當值的中書舍人或翰林學士往往有兩人,例如白居易就曾分別與錢徽、崔群等同時在禁中當值[6],如果正式制敕或制敕草稿上沒有起草者的署名,那麼群臣是怎麼很快就知道制敕是誰起草的呢? 第二,知道了起草者之後,會帶來哪些後果,它對於我們理解制敕內容又會有哪些啓示?

二

我們閱讀唐代皇帝制敕的集子如《唐大詔令集》,會發現有的制敕有起草者的署名,有的沒有。這是爲什麼呢? 原因或在於宋敏求編《唐大詔令集》,采自

---

[1] 《劉書》,118 頁。
[2] 《劉書》,231—232 頁。
[3] 《劉書》,253 頁。
[4] 《劉書》,255 頁。書中引《册府元龜》卷五〇五《詞臣部·總序》説"凡赦書、德音、立后、建儲、大誅討、拜免三公將相曰制,百官班於宣政殿而聽之。賜予徵召、宣索處分之詔,慰撫軍旅之書,祠饗道釋之文,陵寢薦獻之表,答奏疏賜軍號,皆學士院主之;餘則中書舍人主之。其翰林學士、中書舍人分爲兩制"。從實際例子看,翰林學士起草的制敕往往與中書舍人起草者有交叉。
[5] 關於制敕起草者中書舍人等的研究還有許多,最近從政治文化史入手研究的有陸揚《論唐五代社會與政治中的詞臣與詞臣家族》,收入《清流文化與唐帝國》(北京大學出版社,2016 年,283—304 頁)。文章高度評價詞臣在唐五代政治中的作用,但也沒有涉及制敕起草者的署名問題。
[6] 白居易《冬夜與錢員外同直禁中》詩"夜深草詔罷,霜月淒凜凜"(朱金城箋校《白居易集箋校》卷五,上海古籍出版社,1988 年,282 頁),是與錢徽同宿禁中草詔;"答户部崔侍郎書""頃與閣下在禁中日,每視草之暇,匡牀接枕,言不及他"(《白居易集箋校》卷四五,2806 頁),是與崔群同宿禁中草詔。此外如中書舍人、知制誥等,往往有數人同時任職,具體由誰撰寫的詔敕,若無署名,外人怎麼會得知呢? 例如"元和五年,(王仲舒)自職方郎中知制誥",同時,"(元和)五年,(李絳)遷本司(司勳)郎中,知制誥"。如果此時有制誥頒佈,怎麼知道是王仲舒草擬還是李絳草擬的呢? 但事實是,"(王)仲舒文思温雅,制誥所出,人皆傳寫",即當時只要制誥頒佈,就知道是誰寫的了(參見《舊唐書》卷一〇九下《王仲舒傳》,5059 頁;卷一六四《李絳傳》,4285 頁)。

各種文集、詔令總集及實録[1],可能采自文集的均有起草者的署名,其他則無。宋敏求只能按他搜輯到的資料,有署名的就署名,没有署名的就闕如了。

《文苑英華》所收制敕也説明了這一點。《文苑英華》"中書制誥"與"翰林制詔"共93卷[2],所收制敕在千首以上,其中只有34首没有署名,且這34首中大部分是漏載而非缺名[3]。有署名者大多出自蘇頲、孫逖、常衮、元稹、白居易、杜牧等,顯然出自他們的文集。其他没有署名但署有出處的主要出自《編制》、《内制》(或《太平内制》)、《制集》、《類制》、《玉堂遺範》和《王言會最》,共176首。這些收入制集的制敕,恐怕在收入時就删去了署名。

這樣看來,雖然制敕在正式發佈時並没有起草者的署名[4],但起草者往往會將自己起草的制敕收入文集,使我們得以知道哪些制敕是何人所起草。

起草者將所起草的制敕收入自己文集,是因爲制敕是文章的一類,制敕寫得好壞,是判斷一個人文章好壞的重要標準。所謂"大手筆"主要就是指制敕文章寫的好。所以史籍中常有對制敕寫得好的人的誇獎。例如:

> 齊澣……遷中書舍人。論駁書詔,潤色王言,皆以古義謨誥爲準的,侍中宋璟、中書侍郎蘇頲並重之[5]。
>
> (孫)逖掌誥八年,制敕所出,爲時流嘆服。議者以爲自開元已來,蘇頲、齊澣、蘇晉、賈曾、韓休、許景先及逖,爲王言之最。逖尤善思,文理精練,加之謙退不伐,人多稱之[6]。
>
> (鄭)畋俄遷中書舍人。(元和)十年(815),王師討徐方,禁庭書詔旁午,畋灑翰泉湧,動無滯思,言皆破的,同僚閣筆推之[7]。

因此之故,這些制敕的底稿就作爲起草者自己得意的文章,收入文集,目的當然是要宣示自己的"著作權",讓文章被大家讀到,以流傳百世。所以我們看現存唐人文集,凡起草過制敕的文人,其文集中必定有制敕文章。其中著名的

---

[1]《唐大詔令集》前言,中華書局,2008年,4—5頁。
[2]《文苑英華》,中華書局,1982年。
[3] 大多是前一首有署名,下一首寫"前人",則缺名的一首當爲漏載署名。
[4] 現存唐代告身上有中書令、中書侍郎、中書舍人的署名,敕書上有(吐魯番文書《景龍三年南郊敕》,參見張弓主編《敦煌典籍與唐五代歷史文化》四《史地章》,作者李錦繡。中國社會科學出版社,2006年),制書、敕書上也有(參見久曾神昇編《不空三藏表制集》,汲古書院,1993年)。不過這些署名只是中書省在履行"宣、奉、行"職責,並不意味著這裏署了名的中書舍人就是該制敕的起草者。
[5]《舊唐書》卷一九〇中《齊澣傳》,5036—5037頁。
[6]《舊唐書》卷一九〇中《孫逖傳》,5044頁。
[7]《舊唐書》卷一七八《鄭畋傳》,4631頁。

如白居易，文集中《中書制誥》有6卷、《翰林制詔》有4卷，共有10卷[1]，占文集70卷的14%，若除去詩賦的38卷，則占文集的31%；《元稹集》中"制誥"12卷，占文集60卷的20%[2]，若除去詩賦的27卷，則占文集的36%；《李德裕文集》中"制"2卷、"詔敕"3卷、"制詞"1卷共6卷，占文集20卷的30%[3]；《陸贄集》中"制誥"10卷，占文集22卷的45%[4]。也就是説，這些文人所作的制敕類文章，占到了全部文章的三分之一以上，多的將近二分之一。這樣一大批文章，自然不能輕易放棄屬於自己的"著作權"了。

那麼爲什麼有些制敕没有署名呢？這個問題比較複雜，現在能想到的原因可能是因爲起草者没有將一些制敕收入自己的文集。至於爲何不收入自己文集，可能有兩個原因。一個原因是作者不願意留下底稿，導致制敕在後來的傳抄中丟失起草者姓名，又無法在其文集中找到。例如"(高郢)改中書舍人，凡九歲，拜禮部侍郎……掌誥累年，家無制草。或謂之曰：'前輩皆留制集，公焚之何也？'曰：'王言不可存私家。'"[5]另一個原因可能是有的起草者認爲制敕中部分内容不當收入個人文集。這一點，我們可以從元稹的意見中探得一點兒信息。元稹説："劉秩云制不可削。予以爲有可得而削之者：貢謀猷，持嗜欲，君有之則譽歸於上，臣專之則譽歸於下，苟而存之，其攘也，非道也；經制度，明利害，區邪正，辨嫌惑，存之則事分著，去之則是非泯，苟而削之，其過也，非道也。"[6]也就是説，有些制敕可以保留在文集中，有些則不能收，收了就是"臣專之"就是"非道"。因此我們看到的收在文集中的制敕，並非起草者所作制敕的全部。後代人編輯類似《唐大詔令集》一類的詔敕集，如果從文集中看不到，自然也就無法署名了。

三

現在的問題是，制敕起草者將制敕草稿收入自己文集，往往是起草者將自己多年文章結集，也就是制敕發佈很久以後的事情，那麼爲何制敕頒佈後不久，

---

[1] 其中《翰林制詔》中有僞作，參見《白居易集箋校》相關箋注。
[2] 冀勤點校《元稹集》，中華書局，1982年。
[3] 傅璇琮、周建國校箋《李德裕文集校箋》，河北教育出版社，2000年。文集中不包括詩賦。
[4] 王素點校《陸贄集》，中華書局，2006年。文集中不包括詩賦。
[5] 《舊唐書》卷一四七《高郢傳》，3977頁。
[6] 《舊唐書》卷一六六《元稹傳》，4336頁。標點有所改動。

群臣就知道是誰起草制敕了呢？

例如唐文宗大和九年(835)八月丁丑(四日)，"以太僕卿鄭注爲工部尚書，充翰林侍講學士"[1]。任命的制書爲中書舍人高元裕起草，恐怕制書宣佈後不久，群臣就都知道了。由於"(高)元裕爲鄭注除官制，說(鄭)注醫藥之功，(鄭)注銜之"，藉口高元裕餞送李宗閔，"壬寅(二十九日)，貶中書舍人高元裕爲閬州刺史"[2]。鄭注顯然很快就知道是誰起草的制書，然後在制書頒佈的二十幾天後找了個藉口將起草者貶出京城。鄭注顯然不是從高元裕文集中知道他是起草者的。那麼鄭注是怎麼知道制書是高元裕起草的呢？

再如"(封敖)會昌初，以員外郎知制誥，召入翰林爲學士，拜中書舍人……(武宗)封(李德裕)衛國公，守太尉。其制語有：'遏横議於風波，定奇謀於掌握。逆稔盜兵，壺關畫鎖，造膝嘉話，開懷靜思，意皆我同，言不他惑。'制出，敕往慶之，德裕口誦此數句，撫敕曰：'陸生有言，所恨文不迨意。如卿此語，秉筆者不易措言。'座中解其所賜玉帶以遺敖，深禮重之。"[3]李德裕顯然也不是從封敖的文集中知道他是起草者的，那他又是怎麼知道制書是封敖起草的呢？

要想解決這一問題，僅憑現有史料很難實現，我們只能做一點推測：

一個可能是制敕起草者會在制敕的草稿上署名，而這署名可能會被官員(特別是在禁中的官員)看到。我們知道唐代的制敕製作會有幾份抄件。《夢溪筆談》卷一記："按唐故事，中書舍人職掌詔誥，皆寫二本，一本爲底，一本爲宣。"[4]留底的那本大概會有起草者署名，供群臣查閱。《程氏續考古編》卷二說"玄宗愛蘇頲文曰：'卿所爲詔令，令別錄副本，書臣某撰，朕當留中。'後遂爲故事"[5]。由此可知在制敕的副本上要明確寫明"臣某撰"即由誰起草，也就是要署名的。這裏說副本上署名在玄宗以後形成"故事"，於是我們看到《文苑英華》也好，《唐大詔令集》也好，制敕有署名的如蘇頲、孫逖、常袞、白居易、元稹等，主要都在玄宗朝或以後。可見在制敕草稿(副本)上署名，或許從玄宗以後就形成了制度[6]。這種有署名的草稿，可能會很快被官員看到。柳宗元在作

---

[1]《舊唐書》卷一七下《文宗本紀下》，559—560頁。
[2]《舊唐書》卷一七下《文宗本紀下》，560頁。
[3]《舊唐書》卷一六八《封敖傳》，4392—4393頁。
[4] 沈括撰，胡道靜校注《新校正夢溪筆談》卷一，中華書局，1957年，25頁。"皆寫二本"原作"皆寫四本"，校注者據萬曆本改。其實寫四本也是有可能的，除去底、宣二本外，可能還有一本爲起草者個人保有。前引高郢事，說他"掌誥累年，家無制草"，顯然一般起草者是"家有制草"的。
[5] 程大昌撰，劉尚榮校點《程氏續考古編》卷二，遼寧教育出版社，16頁。原文爲"元宗"，改爲"玄宗"。
[6] 唐前期在表狀的草稿上也會有起草者的署名，例如錢易撰、黃壽成點校《南部新書》卷辛記載"洛陽鄭生……家藏法書數十軸……有歐陽率更爲皇太子起草表本，不言太子諱，稱臣某叩頭頓首。書甚端謹，然多塗改，於紙末別標'臣詢呈本'四字"(中華書局，2002年，126頁)，就是歐陽詢在他起草的表本上署名的一例。

集賢殿正字時,聽說有詔書要貶國子司業陽城於道州,聽後悶悶不樂。這時"署吏有傳致詔草者,僕得觀之",提前看到詔書草稿,知道了皇帝貶陽城的目的,於是"寬然少喜。"〔1〕由此可知,詔書草稿是可能被人看到的,尤其是在禁中的官員。

還有一個可能是登載了官員任免信息的"進奏院狀""報狀""邸報"(以下統稱爲"報狀"〔2〕)等文件中可能記載了制敕起草者的名字。

關於"報狀"的研究,以往主要是新聞史的研究者在做〔3〕,唐宋時期最近的成果有《唐代官報研究》〔4〕《宋代邸報研究》〔5〕。根據研究,報狀在宋代比較成熟,而無論唐宋,這類文件內容中的重要一項是官吏任免。先看宋代,相關資料甚多,例如《老學庵筆記》卷六記"予在閩中,與何摶之同閱報狀,見新進驟用者,摶之曰:'渠是一生人,宜其速進。'"〔6〕《澠水燕談録》卷九記"孫公冕……殊不喜談朝廷除授,亦未嘗覽除目。每得邸吏報狀,則納懷中,不復省視。或詰其意,曰:'某人賢而反沉下位,某人不才而驟居顯官,見之令人不快爾。'"〔7〕《毘陵集》卷八記"臣伏覩進奏官報狀,蒙恩除臣資政殿大學士,聞命震悸,不知所云"〔8〕;《鶴林集》卷三一記"六月間得邸吏報狀,見御筆新除兩諫官,除書一頒,識與不識,莫不爲朝廷慶得賢之喜"〔9〕;由此可見群臣包括被任命者自己,都是通過報狀讀到制書(除書),獲知任免信息的。

這種性質的"報狀"唐代也有。《北夢瑣言》卷三記陳會"大和元年(827)及第,李相固言覽報狀"〔10〕云云;卷四記"(陳)敬瑄(打球)獲頭籌,制授右蜀節旄以代崔公,中外驚駭。報狀云,陳僕射之命,莫知誰何"〔11〕;卷五記"始,蔣伸相登庸,李景遜尚書西川覽報狀而歎曰:'不能伏事斯人也。'遽托疾離鎮"〔12〕;《東觀奏記》卷上記馬植"尋除光禄卿,報狀至蜀,(杜)悰謂術士曰:'貴人至闕,作光

---

〔1〕 尹占華、韓文奇校注《柳宗元集校注》卷三四《與太學諸生喜詣闕留陽城司業書》,中華書局,2013年,2167頁
〔2〕 唐代沒有"邸報",因此若總唐宋言之,以"報狀"統稱比較妥當。
〔3〕 有關學術史的綜述,參見董粉和、吳慧慧《邸報研究綜述》,《新聞界》2016年第20期,2—9,33頁。
〔4〕 作者李東,安徽大學碩士論文,2013年。
〔5〕 作者李亞菲,安徽大學碩士論文,2013年。
〔6〕 陸游撰,李劍雄、劉德權點校《老學庵筆記》卷六,中華書局,1997年,77頁。
〔7〕 王闢之撰,吕友仁點校《澠水燕談録》卷九,中華書局,1997年,115頁。
〔8〕 張守《毘陵集》卷八《辭免除資政殿大學士劄子》,文淵閣四庫全書影印本,上海古籍出版社,1987年,第1127册,760頁下欄。
〔9〕 吳泳《鶴林集》卷三一《答郭子寄書》,文淵閣四庫全書影印本,第1176册,305頁下欄。
〔10〕 孫光憲撰,賈二強點校《北夢瑣言》卷三,中華書局,2002年,62頁。
〔11〕《北夢瑣言》卷四,75頁。
〔12〕《北夢瑣言》卷五,97頁。

31

禄卿矣!'"〔1〕這裏的"報狀"其實就是"進奏院狀",在《桂苑筆耕集》中記載了很多,例如"臣得進奏院狀報,二月二十二日恩除建王可開府儀同三司兼太保充魏博節度使者";"臣得進奏院狀報,伏奉某月日恩制,加授臣侍中,餘並如故,仍加食實封一百户者"〔2〕等等。可見,唐人也是通過"報狀"(或"雜報"〔3〕)一類文件得知朝廷任免信息的。

敦煌文書中有兩件進奏院狀〔4〕,雖然内容没有涉及官吏任免,但在其中一份修狀請節的進奏院狀中,幾次寫了"李伯盈修狀四紙""又遣李伯盈修狀四紙""又遣李伯盈修狀七紙"等,明確寫出了請節狀起草者的姓名。官員任免的詔敕,可能也會有此類信息。

於是或可推測,會不會"報狀"(雜報)在刊登有關任免制書時,會將起草者姓名以某種形式刊登出來了呢? 可惜没有實物存世。

總之,制敕起草者雖然不在正式頒佈的制敕上署名,但其作爲起草者可能會在草稿上署名,其撰寫或署名的信息可能在傳遞過程中(詔敕草稿要經某種程序才能獲批書寫頒行,其中包括從起草者到審批者、頒行者的傳遞過程)或通過朝廷報狀類文件爲别人所知道。起草者還會將所起草的制敕文字收入個人文集(正式署名),以便流傳。

四

群臣知道制敕文書起草者,一個作用是可以判斷起草者是否公允,有助於起草者的聲望,也能使制敕所涉官員更令人愛戴或更令人憎惡。這種情況往往出現在任免官員的制書中。制書與起草者姓名因此而並傳於世。《東觀奏記》就記有以下幾例〔5〕:

> 廣州節度使紀干㚟以貪猥聞,貶慶王府長史,分司東都。制曰:"鍾陵問俗,澄清之化靡聞;南海撫封,貪黷之聲何甚!而又交通詭遇,溝壑無厭。跡固異於澹

---

〔1〕 裴庭裕撰、田廷柱點校《東觀奏記》卷上,中華書局,2006年,89頁。
〔2〕 崔致遠撰、党銀平校注《桂苑筆耕集校注》卷上,中華書局,2007年,8、85頁。
〔3〕 孫樵《孫可之文集》卷一〇《讀開元雜報》,上海古籍出版社,2013年,85—87頁。孫樵在文中說"及來長安日,見條報朝廷事者,徒曰今日除某官,明日除某官,今日幸於某,明日畋於某",可見在長安的官員也是通過此類"報"獲知官員任免信息的。
〔4〕 參張國剛《兩份敦煌"進奏院狀"的研究》,《學術月刊》1986年第7期,57—62頁。
〔5〕 《東觀奏記》卷中,112—113頁;卷下,133頁。

臺,道殊乖於吳隱。"舍人韓琮之詞也。盡上一朝,不進用矣〔1〕。

　　工部尚書楊漢公前任荆南節度使,以不廉聞,公議益喧,左遷秘書監。制曰:"考三載之績,爾最無聞;致多士之嘲,人言未息,既起風波之論,難安喉舌之司。"舍人沈詢詞也。

　　武昌軍節度副使苗(名與庭裕家諱同)責童子嚴不避馬,擒至幕,笞其背。嚴母詣闕稱冤,苗貶江州司馬。制曰:"避馬雖乖於嚴敬,鞭人合顧於簪纓。"舍人楊紹復之詞也。苗自此爲清議所薄。

　　敕:"鄉貢進士温庭筠早隨計吏,夙著雄名,徒負不羈之才,罕有適時之用。放騷人於湘浦,移賈誼於長沙,尚有前席之期,未爽抽毫之思,可隋州隋縣尉。"舍人裴坦之詞也。……上明主也,而庭筠反以才廢。制中自引騷人長沙之事,君子譏之。

　　這幾件制書中的前三件之所以被記載被流傳,不僅因爲用詞用典,而且因爲這些制書頒下後,制書所涉之人或"一朝不進用"或"爲清議所薄",收到了起草者要達到的效果。在這種情況下,制書起草者的大名("舍人韓琮之詞也";"舍人沈詢詞也";"舍人楊紹復之詞也")也就和制書中語句一併流行並爲人所知了。最後一例用典有誤,敕書起草者("舍人裴坦之詞也")遂被"君子譏之"。

　　起草者署名的作用還在於如果出現失誤,便於追究責任。例如元和八年(813)十月,"以神策普潤鎮使蘇光榮爲涇州刺史、四鎮北庭行軍涇原節度使"〔2〕,翰林學士韋弘景"草麻,漏敘光榮之功,罷學士,改司門員外郎"。〔3〕這是在起草制書時,漏寫了蘇光榮的功勞事蹟。由於蘇光榮是隸屬於神策軍的鎮使,因此處罰相對比較重。而蘇光榮估計是看到制書草稿〔4〕的署名知道是誰起草的,才建議追究了起草者的失誤責任。

　　反映在制書中更多的是恩怨愛憎。起草者往往在制書中塞有私貨,曲折表達愛憎,因此會引起種種恩怨。先看感恩方面。例如:

　　穆宗即位,徵拜(崔群爲)吏部侍郎,召見别殿,謂群曰:"我升儲位,知卿爲羽翼。"群曰:"先帝之意,元在陛下。頃者授陛下淮西節度使,臣奉命草制,且

---

〔1〕"盡上一朝,不進用矣"一句用四庫全書本。中華書局本作"書上,一朝不進用矣",恐非是。
〔2〕《舊唐書》卷一五《憲宗本紀下》,447頁。
〔3〕《舊唐書》卷一五七《韋弘景傳》,4153頁。
〔4〕前述柳宗元能看到詔書草稿就是一例。

曰:'能辨南陽之牘,允符東海之貴。'若不知先帝深旨,臣豈敢輕言?"數日,拜御史中丞。[1]

按穆宗爲淮西節度使,是元和五年(810)爲皇太子之前,崔群時爲翰林學士、中書舍人,負責起草制書[2]。他在制書中暗示穆宗會成爲皇太子,所以穆宗即位後感謝並將其提拔。這也表明穆宗當時作爲諸王很清楚制書是誰寫的。這就是起草者署名的作用。前述李德裕對制書起草者封敖的感謝也是一例。

至於因起草制書導致作者被怨恨的例子就更多了。前述起草者高元裕被鄭注怨恨就是一例。再如:

（令狐）楚再貶衡州刺史。時元稹初得幸,爲學士,素惡楚與(皇甫)鎛膠固希寵,稹草楚衡州制,略曰:"楚早以文藝,得踐班資,憲宗念才,擢居禁近。異端斯害,獨見不明,密騰討伐之謀,潛附奸邪之黨。因緣得地,進取多門,遂忝臺階,實妨賢路。"楚深恨稹。[3]

這是説元稹爲翰林學士,厭惡令狐楚,因此在起草貶令狐楚爲衡州刺史的制書時,使用了大量貶斥性語言,導致令狐楚對元稹的深深懷恨。這裏元稹起草時所用詞語,完全是出於對令狐楚與皇甫鎛勾結朋黨的義憤,措辭具有鮮明的褒貶。令狐楚看到這件制書時的氣憤可以理解,不過他忘了他自己才是利用制書詞語陷害別人的高手:

（武）儒衡氣岸高雅,論事有風彩,群邪惡之。尤爲宰相令狐楚所忌。元和末年,垂將大用,楚畏其明俊,欲以計沮之,以離其寵。有狄兼謨者,梁公仁傑之後,時爲襄陽從事。楚乃自草制詞,召狄兼謨爲拾遺,曰:"朕聽政餘暇,躬覽國書,知奸臣擅權之由,見母后竊位之事,我國家神器大寶,將遂傳於他人。洪惟昊穹,降鑒儲祉,誕生仁傑,保佑中宗,使絶維更張,明辟乃復。宜福冑胤,與國無窮。"及兼謨制出,儒衡泣訴於御前,言其祖平一在天后朝辭榮終老,當時不以爲累。憲宗再三撫慰之。自是薄楚之爲人。[4]

---

[1]《舊唐書》卷一五九《崔群傳》,4189頁。
[2] 分見《舊唐書》卷一六《穆宗本紀》(475頁)及卷一五九《崔群傳》(4187頁)。
[3]《舊唐書》卷一七二《令狐楚傳》,4461頁。
[4]《舊唐書》卷一五八《武儒衡傳》,4162頁。

爲了阻止武儒衡爲相,宰相令狐楚不惜自己動手起草制書,通過任命狄仁傑後代的曲折方式,在制書中明寫"奸臣擅權""母后竊位",暗示武儒衡與武后的關係,用心極其陰險,難怪憲宗因此"薄(令狐)楚之爲人"。由此制書還可知道,雖然其中説"朕聽政餘暇,躬覽國書"云云,採用的是皇帝口氣,實際卻是起草者的私貨,皇帝並未看什麽國書。這就提示我們,以皇帝名義頒發的制敕,並非都體現著皇帝旨意,反而往往摻雜起草者的意志。

這類例子還有不少,限於篇幅,我們就不舉了。

以上我們提到拜官免官的制書往往與皇帝的旨意相出入,有的還曲折反映了朝廷的權力鬥爭。這裏舉一個有名的例子。例子還是與令狐楚有關。《舊唐書·李逢吉傳》記載:

> 時用兵討淮、蔡,憲宗以兵機委裴度,逢吉慮其成功,密沮之,由是相惡。及度親征,學士令狐楚爲度制辭,言不合旨,楚與逢吉相善,帝皆黜之。[1]

這裏提到翰林學士令狐楚爲裴度起草的制書,其"制辭,言不合旨",所以憲宗把他和李逢吉都罷免了。不過令狐楚起草的"制辭"實際不是不合聖旨,而是不合裴度之意,而且只是幾句看起來似乎並無關緊要的詞語。《舊唐書·裴度傳》對此有詳細記載:

> 詔曰:"輔弼之臣,軍國是賴。興化致理,秉鈞以居;取威定功,則分閫而出。所以同君臣之體,一中外之任焉。屬者問罪汝南,致誅淮右,蓋欲刷其汙俗,吊彼頑人。雖挈地求生者實繁有徒,而嬰城執迷者未殲其類,何獸困而猶鬥,豈鳥窮之無歸歟?由是遥聽鼓鼙,更張琴瑟,煩我臺席,董兹戎旃。朝議大夫、守中書侍郎、同平章事、飛騎尉、賜紫金魚袋裴度,爲時降生,協朕夢卜,精辨宣力,堅明納忠。當軸而才謀老成,運籌而智略有定。司其樞務,備知四方之事;付以兵要,必得萬人之心。是用禱於上玄,揀此吉日,帶丞相之印綬,所以尊其名;賜諸侯之斧鉞,所以重其命。爾宜宣佈清問,恢壯皇猷,感勵連營,蕩平多壘,招懷孤疾,字撫夷傷。況淮西一軍,素效忠節,過海赴難,史册書勳。建中初,攻破襄陽,擒滅崇義。比者脅於凶逆,歸命無由。每念前勞,常思安撫。所以內輟輔臣,俾爲師率,實欲保全慰諭,各使得宜。汝往欽哉!無越我丕訓。可門下侍郎、同中書門下平章事、蔡州刺史,充彰義軍節度、申光蔡觀察等使,仍充淮西宣慰招討處置使。"

---

[1]《舊唐書》卷一六七《李逢吉傳》,4365頁。

> 詔出,度以韓弘爲淮西行營都統,不欲更爲招討,請祇稱宣慰處置使。又以此行既兼招撫,請改"翦其類"爲"革其志"。又以弘已爲都統,請改"更張琴瑟"爲"近輟樞衡",請改"煩我臺席"爲"授以成算",皆從之。[1]

裴度這裏挑出的幾句話,其實無關大局,主要就是以此來指責起草者,兼及背後的指使者,以達到削除掣肘,以便在外全力征討的目的。因此我們才說令狐楚起草的制辭不是不合皇帝旨意,而是不合裴度之意。《舊唐書·令狐楚傳》就是這樣說的:

> (元和)十二年(817)夏,度自宰相兼彰義軍節度、淮西招撫宣慰處置使。宰相李逢吉與度不協,與楚相善。楚草度淮西招撫使制,不合度旨,度請改制内三數句語。憲宗方責度用兵,乃罷逢吉相任,亦罷楚内職,守中書舍人。[2]

這裏就明確説令狐楚起草的制書,"不合(裴)度旨"。所以所謂制書,有時未必反映的是皇帝的旨意。此外值得注意的是,流傳至今的令狐楚起草的制書文字,流傳有兩種"制辭"。一種是編輯於《唐大詔令集》中的《裴度門下侍郎彰義軍節度宣慰等使制》[3]。《四庫全書提要》指出:

> 其中不盡可解者,如《裴度門下侍郎彰義軍節度使宣慰等使制》,據《舊唐書》,其文乃令狐楚所草,制出後度請改制内"剪其類"爲"革其志",改"更張琴瑟"爲"近輟樞衡",改"煩我臺席"爲"授以成算",憲宗從之,楚亦因此罷内職。是當時宣佈者,即度奏改之辭。今此集所載,尚仍楚原文,不依改本。未詳何故[4]。

對四庫館臣的這一疑問,趙守儼先生認爲很可能是據令狐楚的文集輯入的[5]。不過當時還流傳著另一個版本的"制辭",即《文苑英華》中的《授裴度彰義軍節度使制》。這個制書採用的是經裴度建議改後的文字,即"革其志""近輟樞軸""授以成算",但署名也是"令狐楚"[6]。作爲制書的起草者,令狐楚在將這份制書收入自己文集時,到底收的是自己起草的原稿還是改後的定稿? 推而

---

[1]《舊唐書》卷一七〇《裴度傳》,4416—4417頁。
[2]《舊唐書》卷一七二《令狐楚傳》,4460頁。
[3]《唐大詔令集》卷五二,275—276頁。
[4]《四庫全書總目》卷五五,中華書局,1981年,495頁上欄。
[5]《唐大詔令集》前言,4頁。
[6]《文苑英華》卷四五二《翰林制詔》,2294頁。

廣之,其他起草者在自己文集中是收入草稿還是定稿呢? 都需要今後再進行認真地比對和研究[1]。

五

以上所説主要是拜官免官的制書,那麽其他制敕的情況呢? 我們先舉一個有關赦書的著名例子。《舊唐書·韋處厚傳》云:

> 寶曆元年(825)四月,群臣上尊號,御殿受册肆赦。李逢吉以李紳之故,所撰赦文但云左降官已經量移者與量移,不言未量移者,蓋欲紳不受恩例。處厚上疏曰:"伏見赦文節目中,左降官有不該恩澤者。……臣與逢吉素無讎嫌,與李紳本非親黨,所論者全大體,所陳者在至公。伏乞聖慈察臣肝膽,倘蒙允許,仍望宣付宰臣,應近年左降官,並編入赦條,令准舊例,得量移近處。"帝覽奏,深悟其事,乃追改赦文,紳方沾恩例。[2]

關於這件事,《劉書》認爲反映了"宰相與翰林學士在制敕起草過程中的不同作用。宰相李逢吉所撰的赦文節目,即是所謂'處分之要者',是爲'詔意',没有經過翰林學士的起草仍不能宣出。故須付學士院,使增其首尾常式之言。翰林學士韋處厚的上疏,即在接到宰相的'詔意'之後"[3]。對此看法,我稍有懷疑,因爲上文明確説是"李逢吉……所撰赦文",即赦文就是李逢吉撰寫的,並没有通過翰林學士。而且這件赦文也是已經發佈了的,所以才有敬宗看到上奏後"追改赦文"的做法。《劉書》的立論主要在韋處厚上疏中説看到了"赦文節目中"有"左降官不該恩澤"的話,所以認爲這裏的"節目"就是宰相付給學士院的"詔意"。但是若檢查其他史料,這裏的"節目"其實是赦文的"節文"。例如《舊

---

[1]《白居易集》所收制詔,有的注有"某年某月某日進",例如卷五四《除閻巨源充邠寧節度使制》注有"四年十月一日進"(《白居易集箋校》3122頁);《除程執恭檢校右僕射制》注有"七月十二日夜進"(3125頁)。這些注有"某日進"的制書可能是草稿原件。又,從《白居易集》所收制詔與其他書如《唐大詔令集》等的不同,也可知二種書所收,雖然均署名"白居易"但可能一爲草稿一爲定稿。例如卷四八《韋顗可給事中……制》"不置於佩服掌握之間",在《文苑英華》中則爲"不置佩服之中,掌握之上"(顧學頡校點《白居易集》,中華書局,1979年,1022頁);卷五〇《册回鶻可汗加號文》"能事大圖遠,納忠貢誠",在《唐大詔令集》中則爲"能事大國,遠納忠賢"(1045頁)。當然,這也可能是傳抄過程中造成的不同。

[2]《舊唐書》卷一五九《韋處厚傳》,4185頁。《唐大詔令集》卷一〇《寶曆元年册尊號赦文》中没有關於未量移者量移的文字,四庫館臣於是有所質疑,但是查《文苑英華》卷四二三《寶曆元年四月二十日册尊號赦文》,明確記有"未經量移者並與量移"字樣(2141頁),可證赦書確實是改過了。

[3]《劉書》,319頁。

唐書·敬宗本紀》就將此事記爲"（寶曆元年）四月，大赦……時李紳貶官，李逢吉惡紳，不欲紳量移，乃於赦書節文内，但言左降官已經量移，宜與量移近處，不言未經量移者宜與量移。翰林學士韋處厚上疏論列云……帝遽命追赦書添改之"[1]。這裏明確說韋處厚看到的是赦書的"節文"，而我們知道，赦書的節文是已經頒佈了的，所以此段史料最後説"命追赦書添改之"。從"添改之"也可知道這個赦書是已經下發了的。《舊唐書·李紳傳》對此更詳細地記爲"帝特追赦書，添節文云'左降官與量移'，紳方移爲江州長史。"[2]因此我們可以肯定，這件赦書是宰相李逢吉而非翰林學士撰寫的。

從韋處厚疏文中"臣與逢吉素無讎嫌，與李紳本非親黨，所論者全大體，所陳者在至公"一句可知他在赦書頒佈的當時，就知道赦書的起草者是李逢吉了。這也許可證明宰相起草制敕，也可能是在草稿上署名的。

從《文苑英華》看，如前所述，除任免制書外，有176首制敕（主要是赦書、册文等）出自《編制》《内制》《玉堂遺範》等制敕集子，沒有起草者署名。這可能與其採取的資料來源是各種《制敕集》有關。而《唐大詔令集》中的赦書、册文等雖然大部分沒有署名，但也有署名的。例如《改元開元元年大赦天下制》，署名"蘇頲"[3]；《奉天改興元元年赦》，署名"陸贄"[4]；《睿聖文武皇帝册文》，署名"李吉甫"[5]《仁聖文武章天成功神德明道大孝皇帝册文》，署名"李德裕"[6]；如此甚多。可以推測唐代除任免制書外，其他制敕如赦書、册文等，似乎起草者也要署名。只是在將這些制敕收入各種《制敕集》時可能刪去了起草者的名字。

另外要注意的是，例如上述李吉甫起草的册文是元和三年（808），此時李吉甫已是宰相；李德裕起草的册文是會昌五年（845），此時他也是宰相。這就是説，宰相起草制敕，也要署名，也會迅速被人知道，就像上述李逢吉所起草的赦書一樣。

宰相或大臣撰寫制敕，自然也要在其中表達自己的觀點。例如：

> （李）訓亂之夜，文宗召右僕射鄭覃與（左僕射令狐）楚宿於禁中，商量制敕，上皆欲用爲宰相。楚以王涯、賈餗冤死，敘其罪狀浮泛，仇士良等不悦，故輔弼之命

---

[1]《舊唐書》卷一七上《敬宗本紀》，514頁。
[2]《舊唐書》卷一七三《李紳傳》，4499頁。
[3]《唐大詔令集》卷四，20頁。
[4]《唐大詔令集》卷五，27頁。
[5]《唐大詔令集》卷七，45頁。
[6]《唐大詔令集》卷八，49頁。

移於李石。[1]

這是文宗與尚書左右僕射"商量制敕"後,由大臣自己起草制敕。這個制敕先由令狐楚起草,由於其中同情王涯等宰相冤死,"敘其罪狀浮泛",得罪了仇士良等宦官。仇士良顯然知道制敕是令狐楚而非鄭覃所寫,可能也因爲令狐楚在草稿上署了自己的名字。

指出宰相在制敕中表達自己觀點最極端的例子是唐末昭宗在鳳翔時,朱全忠欲以兵士迎駕的奏表。朱全忠在表中説:

> 臣獨兼四鎮,迫事兩朝……昨奉詔書,兼宣口敕,令臣速抽兵士,且歸本藩,仍遣百官,俾赴行在。睹綸言於鳳紙,若面丹墀;認御劄於龍衣,如親翠蓋。然知從來書詔,出自宰臣,每降宣傳,皆非聖旨,致臣誤將師旅,遽入關畿,比令迎駕之行,翻掛脅君之過。[2]

當時昭宗在鳳翔,宰相在長安,造成"京師無天子,行在無宰相"的混亂局面[3],所以朱全忠接到詔書不知是誰起草的。雖然如此,他仍然尖銳指出"從來書詔,出自宰臣,每降宣傳,皆非聖旨",話說的也許比較極端,但反映出在當時人的意識裏,許多詔書其實都出自宰相或其他大臣,並非準確表達了皇帝旨意。這一點很重要。它很好詮釋了宰相及其他起草者與制敕與皇帝旨意之間的關係。

簡短結論

通過以上分析,可以得出幾個簡單結論。

第一,一般而言,唐代制敕文書的起草者可能會在制敕草稿上署名(或許在玄宗以後形成制度)。這種署名可能會通過某種方式(例如草稿查閱或報狀刊登流傳)使群臣知道制敕的起草者。

第二,在制敕草稿上署名,從起草者的角度,是因爲制敕作爲一種文章類

---

[1]《舊唐書》卷一七二《令狐楚傳》,4462頁。
[2]《舊唐書》卷一七七《崔胤傳》,4584頁。
[3]《資治通鑑》卷二六二昭宗天復元年十一月條,中華書局,1976年,8562頁。

型,從中可看出起草者的撰文水準,因此願意將其收入文集,以利傳播,同時也是對制敕文書"著作權"的確認。若從制度文化角度,在制敕草稿署名則體現了一種"文責自負"精神:制辭若有問題,便於追究責任。

第三,由於起草者起草制敕時只拿到簡單的"詞頭",因此在具體如何措辭方面就給了起草者相當大的自由發揮空間。於是我們看到起草者往往通過敘述功過、隱晦用典等手段將個人好惡塞進制敕,造成制敕表面看是皇帝聖旨,實際卻含有起草者意圖的局面。不過正因爲制敕草稿均有署名,因此又可以從起草者的身份、地位、交友等背景出發,將那些塞進制敕的"私貨"識別出來。這也就是制敕草稿署名最主要的功能所在。

第四,這也因此提醒我們,在閱讀唐代制敕文書時,不能簡單認爲都是皇帝聖旨,都反映了皇帝的意志和觀點。要特別留心制敕起草者塞進去的"私貨",並將其鑒別出來,才能避免落入起草者設計的話語傾向之中。

一份制敕從起意、商議、起草到頒佈、傳播、接受、施行、回饋,是由一系列制度和行爲構成的,其中充滿細節。這些細節常常會影響制敕的效用。制敕起草者署名就是關涉制敕文書形成和實際效用的細節之一,因此值得研究。

起草者在制敕文書草稿上署名,讓人知道是誰起草了制敕,是一個好的制度。它可以幫助我們識別制敕文書中的非皇帝意志部分,並更好理解制敕頒佈前後的政治氛圍,以及起草者思想行爲對制敕內容的影響。可惜這一制度在現當代未能繼續下去,這是令人十分遺憾的。

注:本文初稿爲提交"第七屆中國古文書學國際學術研討會"(河北師範大學與中國社會科學院歷史研究所主辦,2018年9月)的會議論文,2019年1月和6月作了兩次大幅度修改增補,2020年12月最後定稿。

〔黃正建,中國社會科學院古代史研究所、
中國社會科學院敦煌學研究中心研究員〕

《天聖令》法律用詞與時代性比較
——以《雜令》爲中心[1]

牛來穎

韓國磐先生關於唐代法制史的研究,包括對律、令、格、式的研究,如《傳世文獻中所見唐式輯存》[2]等重要論文,較爲集中的有《中國古代法制史研究》[3]一書,其中《唐代的令格式及〈唐六典〉》一文,根據《唐六典》卷六刑部"凡令二十有七(分爲三十卷):一曰官品(分爲上、下),二曰三師三公臺省職員,三曰寺監職員,四曰衛府職員,五曰東宫王府職員,六曰州縣鎮戍岳瀆關津職員,七曰内外命婦職員,八曰祠,九曰户,十曰選舉,十一曰考課,十二曰宫衛,十三曰軍防,十四曰衣服,十五曰儀制,十六曰鹵簿(分爲上、下),十七曰公式(分爲上、下),十八曰田,十九曰賦役,二十曰倉庫,二十一曰厩牧,二十二曰關市,二十三曰醫疾,二十四曰獄官,二十五曰營繕,二十六曰喪葬,二十七曰雜令,而大凡一千五百四十有六條焉"[4]。有關令篇令條的記載,進而依據其注文"皇朝之令,武德中裴寂等與律同時撰。至貞觀初,又令房玄齡等刊定。麟德中源直心,儀鳳中劉仁軌,垂拱初裴居道,神龍初蘇瓌,太極初岑羲,開元初姚元崇,四年宋璟並刊定"作出判斷,唐代三十卷一千五百四十六條令文是開元四年的令典,以與《舊唐書·刑法志》"又定令一千五百九十條,爲三十卷。貞觀十一年正月,頒下之"[5]的《貞觀令》相區別,啓發我們關注不同時代令典的篇第和内容。

在天一閣藏明鈔本《天聖令》發現以後,我們有幸見到最後的十卷,其令名、

---

[1] 本文爲2019年11月2—3日廈門大學"紀念韓國磐先生誕辰一百周年學術研討會"參會論文。
[2] 韓國磐《傳世文獻中所見唐式輯存》,《廈門大學學報》1994年第1期。
[3] 韓國磐《中國古代法制史研究》,人民出版社,1993年。
[4] 《唐六典》第六《刑部郎中員外郎》,中華書局,1992年,183—184頁。
[5] 《舊唐書》卷五〇《刑法志》,中華書局,1975年,2138頁。

篇目一目了然,如《醫疾令》與《假寧令》合卷、《關市令》與《捕亡令》合卷,從而豁然瞭解了卷數與篇數之間的關係。而對令典時代的確定以及不同時代令典彼此之間的關係,仍舊時刻提醒著我們,在研讀令文時,自覺地發現不同時代的令典的修改與制度變遷的相應關聯。適逢紀念韓國磐先生誕辰一百周年研討會,本人藉以《雜令》中宋令復原爲唐令中的幾個問題,再討論令典的時代性以及唐宋不同時期制度的相關問題。

一、僧尼籍送有司與唐開元令時間

《雜令》之定名概因其雜,與所見其他令典的交叉與互見多見,比如與《營繕令》都有關於水利施工的規定,與《關市令》都有對券的使用與限制,因較爲龐雜而難以把握其內容及分類。緣何在令典中有《雜令》? 究其立篇的原因,能否將其歸類於其他令文未能涵蓋的補充與說明,抑或不易歸屬的部分? 從趨勢上看,自從《雜令》立篇以來,隨著時代的推演,篇幅在逐漸減少,從最初的三卷減少到一卷;與此同時,又將其中分量逐漸增加的內容單獨成篇析出,如河渠水利、四時的內容,到南宋《慶元條法事類》時出現《河渠令》《時令》等。至於下面這條要討論的關於道士僧尼籍的規定,置於《雜令》似乎也感覺有些突兀。

《天聖令·雜令》宋 40 條:

> 諸道士、女冠、僧尼,州縣三年一造籍,具言出家年月、夏臘、學業,隨處印署。案留州縣,帳申尚書祠部。其身死及數有增減者,每年錄名及增減因由,狀申祠部,具入帳。[1]

復原爲唐令(64 條):

> 諸道士、女冠、僧尼,州縣三年一造籍,具言出家年月、夏臘及德業,依式印之。其籍一本送祠部,一本送鴻臚,一本留於州縣。[2]

---

[1] 天一閣博物館、中國社會科學院歷史研究所《天一閣藏明鈔本天聖令校證》,中華書局,2006 年,431 頁。

[2] 《天一閣藏明鈔本天聖令校證》,753 頁。

從唐宋令條看，關鍵問題首先是造籍及其內容；其次是造籍的各級官司與留檔機構。

第一，關於僧籍問題，孟憲實《吐魯番新發現的〈唐龍朔二年西州高昌縣思恩寺僧籍〉》[1]、《論唐朝的佛教管理——以僧籍的編造爲中心》[2]、《新出唐代寺院手實研究》[3]，對與編戶籍帳相關的僧尼籍帳進行了深入的研究，其將2004年在吐魯番巴達木113號墓出土的一件迄今所見有明確紀年的最早的僧籍《唐龍朔二年西州高昌縣思恩寺僧籍》殘件作爲僧籍研究的基礎，進而與傳世文獻作比較，使對僧籍的研究落到實處。關於僧籍的內容，僧籍文書上僧人個人信息的記録，不僅包括了令文中的"出家年月、夏臘及德業"，登録項目還更爲豐富，也是對實際執行令文規定操作上的具體與豐富。其三年一造籍，不僅有《唐會要》《唐六典》《新唐書》等傳統史籍的材料支持，也與編戶三年造籍的制度一致，只是所屬機構不同。

第二，宋令規定"案留州縣，帳申尚書祠部"，復原唐令爲"其籍一本送祠部，一本送鴻臚，一本留於州縣"，其形式與一般編戶造籍"州、縣之籍恒留五比，省籍留九比"[4]相似，除州縣外送省，不同的只是百姓戶籍送戶部，僧籍送祠部。日本養老令《雜令》"造僧尼籍條"與此條相關的令文是：

  凡僧尼，京國官司，每六年造籍三通，各顯出家年月、夏臘及德業，依式印之。一通留職國，以外申送太政官。一通送中務。一通送治部。所須調度，並令寺准人數出物。[5]

又《令義解》卷一〇《雜令》：

  凡僧尼，京國官司，每六年造籍三通（謂：如外國人爲京僧尼者，京職造籍，本國不造也），各顯出家年月、夏臘及德業（謂：臘猶年也。年終有臘，故稱年爲臘。言僧尼夏月安居，乃得一臘，故云夏臘也。德者，得也，猶云得業。假如，華嚴三論之類），依式印之……[6]

---

[1]《文物》2007年第2期。
[2]《北京大學學報》2009年第3期。
[3]《歷史研究》2009年第5期。
[4]《唐六典》卷三戶部郎中員外郎，74頁。
[5] 日本思想大系《律令》卷一〇，岩波書店，1976年，483頁。
[6]《令義解》卷一〇《雜令》，新訂增補國史大系普及版，吉川弘文館，平成二年(1990)，341頁。

從日本令來看，除有造籍時間和相關機構名稱的不同外，基本是沿用唐制，造籍後分送中務、治部。中務省爲八省之首，掌詔敕。治部省掌外交、高官户籍、寺社佛閣。至於唐令此條送留檔的機構，除了州縣、祠部還有鴻臚寺，按《唐六典》卷一八鴻臚寺卿注文：

> 隋初鴻臚寺卿一人，正第三品，統典客、司儀、崇玄等三署。開皇三年省並太常，十二年復舊。煬帝降卿爲從三品，皇朝依焉。龍朔二年改爲同文正卿，咸亨元年復曰鴻臚。光宅元年改爲司賓寺卿，神龍元年復舊。舊屬官有崇元署，開元二十五年，敕改隷宗正寺。[1]

掌管道士名籍的是崇玄署，"崇玄署令掌京、都諸觀之名數，道士之帳籍，與其齋醮之事；丞爲之貳"[2]。《唐六典》同卷又載：

> 隋置崇玄署令、丞。煬帝改佛寺爲道場，改道觀爲玄壇，各置監、丞。皇朝又爲崇玄署令。又置諸寺、觀監，隷鴻臚寺，每寺、觀各監一人。貞觀中省。開元二十五年，敕以爲"道本玄元皇帝之教，不宜屬鴻臚。自今已後，道士、女道士並宜屬宗正，以光我本根"，故署亦隨而隷焉。其僧、尼别隷尚書祠部也。[3]

由此，負責籍帳的崇玄署，在開元二十四年以前隷屬於鴻臚寺，所以，送籍留檔的機構有鴻臚寺，因此，仁井田陞先生在復原此條令文時，將内容復原爲：

> 諸道士女道士、僧尼之簿籍，亦三年一造（其籍一本送祠部，一本送鴻臚，一本留於州縣）。[4]

而將此令制定的時間定爲開元七年令。當崇玄署從鴻臚寺中分出而歸於宗正寺後，送留檔的機構就相應改變爲宗正寺了。《唐會要》卷四九記載最詳：

> 開元二十四年七月二十八日，中書門下奏："臣等商量，緣老子至流沙，化胡成

---

[1]《唐六典》卷一八鴻臚寺卿，505頁。
[2]《唐六典》卷一六《宗正寺·崇玄署》，467頁。
[3]《唐六典》卷一六《宗正寺·崇玄署》，467頁。《通典》卷二五《職官七》也記載，崇玄署"開元中，以崇玄署隷宗正寺，掌觀及道士、女冠簿籍齋醮之事"。
[4]《唐令拾遺》第三十三《雜令》第二十七條【開元七年】，795頁。

佛法。本西方興教,使同客禮,割屬鴻臚。自爾已久,因循積久。聖心以玄元本系,移就宗正。誠如天旨,非愚慮所及。伏望過元日後,承春令便宣,其道僧等既緣改革,亦望此時同處分。"從之。至二十五年七月七日,制:"道士、女冠宜隸宗正寺,僧、尼令祠部檢校。"至天寶二載三月十三日制:"僧、尼隸祠部,道士宜令司封檢校,不須隸宗正寺。"〔1〕

《新唐書》卷四八《百官志》記載宗正寺職掌時記載如下:

> 每三歲州、縣爲籍,一以留縣,一以留州;僧、尼,一以上祠部,道士、女官,一以上宗正,一以上司封。〔2〕

其注文記載:

> 初,天下僧、尼、道士、女官,皆隸鴻臚寺,武后延載元年,以僧、尼隸祠部。開元二十四年,道士、女官隸宗正寺,天寶二載,以道士隸司封。貞元四年,崇玄館罷大學士,後復置左右街大功德使、東都功德使、修功德使,總僧、尼之籍及功役。元和二年,以道士、女官隸左右街功德使。會昌二年,以僧、尼隸主客,太清宫置玄元館,亦有學士,至六年廢,而僧、尼復隸兩街功德使。〔3〕

則《新唐書》所載又是天寶以後的制度了。所以,從僧尼帳簿送留檔的歸屬機構來看,從鴻臚到宗正,恰是開元七年令與開元二十五年令的區別所在。所以,在將天聖宋令復原爲唐令時,應作時間上的區分,若復原將鴻臚寺改爲宗正寺,或才是開元二十五年令應有的内容。

二、公私出舉與政府干預

《雜令》宋24條:

> 諸以財物出舉者,任依私契,官不爲理。每月取利不得過六分。積日雖多,不

---
〔1〕《唐會要》卷四九《僧尼所隸》,上海古籍出版社,1991年,1006頁。
〔2〕《新唐書》卷四八《百官三·宗正寺》,中華書局,1975年,1252頁。
〔3〕《新唐書》卷四八《百官三·宗正寺》,1253頁。

得過一倍,亦不得回利爲本。(其放物者准此。)若違法責(積?)利、契外擊奪,及非出息之債者,官爲理斷。收質者若計利過本不贖,聽從私納。如負債者逃,保人代償。[1]

復原37條:

> 諸公私以財物出舉者,任依私契,官不爲理。每月取利,不得過六分。積日雖多,不得過一倍。若官物及公廨,本利停訖,每計過五十日不送盡者,餘本生利如初,不得更過一倍。家資盡者,役身折酬。役通取户内男口,又不得回利爲本。(其放財物爲粟麥者,亦不得回利爲本及過一倍。)若違法積利、契外擊奪,及非出息之債者,官爲理。收質者,非對物主不得輒賣。若計利過本不贖,聽告市司對賣,有剩還之。如負債者逃,保人代償。[2]

復原的唐令也存在幾個問題值得探討:

第一,"以財物出舉者",復原時增加了"公私"二字,復原的依據是《宋刑統》卷二六"受寄財物輒費用"門引《雜令》:"諸公私以財物出舉者,任依私契,官不爲理。"日本《養老令·雜令》有"公私以財物條",則知"公私"二字爲唐令原文內容,宋令改寫時省去,作籠統處理。

如此一來,唐令"任依私契,官不爲理"的對象就包括公、私兩個方面。那麼,對於私人所訂契約,官不爲理,任依雙方私定契約即私契,是容易理解的,在諸多此類契約文書中,都體現了雙方所訂契約"官有政法,人從私契,兩共平章,畫指爲記"的原則[3]。但是,涉公契約(如公對公或公對私之間),如何也依據私契而官不爲理?要怎麼理解因公出舉以私契爲准,抑或是什麼類型的因公出舉,或許需要在實際運作中加以考慮。

第二,"其放物者准此",復原爲"其放財物爲粟麥者,亦不得回利爲本及過一倍",宋令省文,其"准此"即指前面所說的"不得過一倍",復原後的唐令另有專指"粟麥"及"不得回利爲本"的限制。關於"粟麥"出舉,在宋令另條,即宋25條:

> 諸以粟、麥出舉,還爲粟、麥者,任依私契,官不爲理。仍以一年爲斷,不得因

---

[1]《天一閣藏明鈔本天聖令校證》,430頁。
[2]《天一閣藏明鈔本天聖令校證》,751頁。
[3] "官有政法","政"或爲"正",兩字通。

舊本生利,又不得回利爲本。[1]

復原 38 條:

> 諸以粟、麥出舉,還爲粟、麥者,任依私契,官不爲理。仍以一年爲斷,不得因舊本更令生利,又不得回利爲本。[2]

由此,宋 24 復原 37 條中"其放財物爲粟麥者,亦不得回利爲本及過一倍""不得回利爲本"的規定是在這條中。唐令中既然出現在一處,那麼,宋 24 與宋 25 是否有關聯?

關於第一個問題,日本《令義解》卷一〇《雜令》"公私以財物條"解釋爲:

> 凡公私以財物出舉者(謂:公者,公廨之物也),任依私契,官不爲理(謂:凡以物出息者,雖是官物,不每經官司,以爲判理。任修私契,和舉取利。故云官不爲理)……[3]

公,公廨。也指代公廨物。這與《天聖令》中"公廨"的用法和含義相同。茲據《天聖令》清本輯録"公廨"各條如下表一。

表一　《天聖令》"公廨"用詞輯録

令篇	編號	內　　　容	出處
田令	唐32	諸在京諸司公廨田,司農寺給二十六頃,殿中省二十五頃,少府監二十二頃,太常寺二十頃,京兆、河南府各一十七頃,太府寺一十六頃,吏部、户部各一十五頃,兵部、內侍省各一十四頃,中書省、將作監各一十三頃,刑部、大理寺各一十二頃,尚書都省、門下省、太子左春坊各一十一頃,工部十頃,光禄寺、太僕寺、秘書省各九頃,禮部、鴻臚寺、都水監、太子詹事府各八頃,御史臺、國子監、京縣各七頃,左右衛、太子家令寺各六頃,衛尉寺、左右驍衛、左右武衛、左右威衛、左右領軍衛、左右金吾衛、左右監門衛、太子右春坊各五頃,太子左右衛率府、太史局各四頃,宗正寺、左右千牛衛、太子僕寺、左右司禦率府、左右清道率府、左右監門率府各三頃,內坊、左右內率府、率更寺各二頃。(其有管署、局、子府之類,各准官品、人數均配。)	388 頁
	唐36	諸公廨、職分田等,並於寬閑及還公田內給。	388 頁

---

[1]《天一閣藏明鈔本天聖令校證》,430 頁。
[2]《天一閣藏明鈔本天聖令校證》,752 頁。
[3]《令義解》卷一〇《雜令》,336 頁。

(續表)

令篇	編號	內容	出處
廄牧令	唐 26	諸官人乘傳送馬、驢及官馬出使者,所至之處,皆用正倉,准品供給。無正倉者,以官物充;又無官物者,以公廨充。其在路,即於道次驛供;無驛之處,亦於道次州縣供給。其於驛供給者,年終州司總勘,以正租草填之。	402 頁
捕亡令	唐 3	諸奴婢逃亡經三宿及出五十里外,若度關棧捉獲者,六分賞一;五百里外,五分賞一;千里外,四分賞一;千五百里外,三分賞一;二千里外,賞半。即官奴婢逃亡,供公廨者,公廨出賞,餘並官酬。其年六十以上及殘廢不合役者,並奴婢走投前主及鎮戍關津若禁司之官於部內捉獲者,賞各減半。若奴婢不識主,牓召周年無人識認者,判入官,送尚書省,不得外給,其賞直官酬。若有主識認,追賞直還之。私牓者,任依私契。	407 頁
醫疾令	唐 22	諸醫師巡患之處,皆於所在公廨給食。	411 頁
假寧令	宋 22	諸外官及使人聞喪者,聽於所在館舍安置,不得於州縣公廨內舉哀。	413 頁
獄官令	宋 15	諸犯徒應配居作者,在京分送東、西八作司,在外州者,供當處官役。當處無官作者,留當州修理城隍、倉庫及公廨雜使。犯流應住居作者,亦准此。若婦人待配者,爲針工。	416 頁
營繕令	宋 25	諸州縣公廨舍破壞者,皆以雜役兵人修理。無兵人處,量於門內戶均融物力,縣皆申州候報。如自新創造、功役大者,皆具奏聽旨。	422 頁
	唐 4	諸州縣所造禮器、車輅、鼓吹、儀仗等,並用官物,帳申所司。若有剝落及色惡者,以公廨物修理。准絹五疋以上用官物充。所須人功,役當處防人、衛士。非理損壞者,依式推理。	423 頁
喪葬令	宋 30	諸在任官身喪,聽於公廨內棺斂,不得在廳事。其屍柩、家屬並給公人送還。其川峽、廣南、福建等路死於任者,其家資物色官爲檢錄,選本處人員護送還家。官賜錢十千,仍據口給倉券,到日停支。(以理解替後身亡者,亦同。)	425 頁
雜令	宋 19	諸在京諸司官,應官給床席、氈褥、帳設者,皆儀鸞司供備。及諸處使人在驛安置者,亦量給氈被。若席經二年、氈經五年、褥經七年有破壞者,請新納故。諸司自有公廨者,不用此令。	430 頁
	宋 28	諸州縣學館牆宇頹壞、床席几案須修理者,用當處州縣公廨物充。	431 頁
	宋 37	諸外官親屬經過,不得以公廨供給。凡是賓客,亦不得於百姓間安置。	431 頁
	宋 39	諸在京及外州公廨雜物,皆令本司自句,錄財物五行見在帳,具申三司,並隨至句勘。	431 頁
	唐 10	諸在京諸司,並准官人員數,量配官戶、奴婢,供其造食及田園驅使。衣食出當司公廨。	433 頁

從表中可見,公廨有兩層含義,一是指官府、機構,這是用處最多的;二是以"公廨"作爲"公廨物"的省稱,具體來看,如《廄牧令》唐 26 條:"無正倉者,以官物

充;又無官物者,以公廨充。"這裏,公廨與官物相對應,實際是指公廨物。又如《雜令》宋37條:"諸外官親屬經過,不得以公廨供給"、唐10條"諸在京諸司,並准官人員數,量配官戶、奴婢,供其造食及田園驅使。衣食出當司公廨"等,也以公廨指代公廨物。總之,公廨主要意指官司機構,也有指代公廨物,而簡稱爲公廨的。

如果按照《令義解》的解釋,令文中的"公"只限定在公廨物的出舉,而非廣義上的泛指公家財物,那麽,對於唐制而言,基本上就限定於施行以公廨錢物放貸,捉錢,興利,而取其利用於補官吏待遇。

出舉,是有利息的借貸。或稱"舉取"。公廨錢物出舉,官不爲理。與之相對的非出息的"負債"則官爲理,而負債者"謂非出舉之物依令合理者",此處的"合理",則指政府有權介入處理。所以,政府的干預行爲體現在這部分非利息借貸上。

公廨錢制源於隋代。《隋書·食貨志》載:

> 先是京官及諸州,並給公廨錢,回易生利,以給公用。至(開皇)十四年六月,工部尚書、安平郡公蘇孝慈等,以爲所在官司,因循往昔,以公廨錢物,出舉興生,唯利是求,煩擾百姓,敗損風俗,莫斯之甚。於是奏皆給地以營農,回易取利,一皆禁止。十七年十一月,詔在京及在外諸司公廨,在市回易,及諸處興生,並聽之。唯禁出舉收利云。[1]

唐承隋制,在唐初就下詔令繼承了隋的公廨錢制。《唐會要》卷九三《諸司諸色本錢上》載:

> 武德元年十二月,置公廨本錢,以諸州令史主之,號捉錢令史。每司九人,補於吏部,所主纔五萬錢以下,市肆販易,月納息錢四千文,歲滿授官。
>
> 貞觀元年,京師及州縣皆有公廨田,以供公私之費。其後以用度不足,京官有俸賜而已,諸司置公廨本錢,以番官貿易取息,計員多少爲月料。
>
> 十一年,罷諸司公廨本錢,以天下上戶七千人爲胥士,視防閤制,而收其課,計官多少而給之。
>
> 十二年,復置公廨本錢。諫議大夫褚遂良上疏,言七十餘司,更一二歲,捉錢令史六百餘人受職。太學高第,諸州進士,拔十取五,猶有犯禁罹法者,況廛肆之人,苟得無恥,不可使其居職。太宗乃罷捉錢令史,復給百官俸……[2]

---

[1] 《隋書》卷二四《食貨志》,中華書局,1973年,685—686頁。
[2] 《唐會要》卷九三《諸司諸色本錢上》,1985頁。

日本令文的解釋爲公廨物,此條令文則僅僅是針對公廨錢物的出舉,對"公"的理解應該是,儘管是官方借貸,由官方掌控,與一般私人間的借貸不同。但是,在具體的操作上,因爲是捉錢人的借貸,依舊是由私人來操作,因而此項出舉仍依私契,"官不爲理"。

第二個問題,宋24與宋25兩條是否存在某種聯繫,在復原37、38兩條中,明顯有重疊之處,如何復原更接近原貌,還是原本就出自同一條唐令而在宋令中作了拆分,還值得探討。其實,這裏又牽涉到的是令文的時間性。

就唐代官私借貸利率及其政府管理的研究,積累了豐富的成果。就《雜令》相關令條的關注,體現在利用來做關於利率以及官法與私契的討論[1]。而具體到令文本身,有些問題尚未深究。宋24條令文是依據《宋刑統》復原的,在計息問題上,"每月取利,不得過六分"並非開元二十五年令的內容,但是卻有諸多研究默認其爲開元二十五年的令文。阿斯塔那223號墓文書《唐開元年間(713—741)征麥利殘文書》[2]記錄的倉糧出舉細節:

1　如舌□□□
2　征○利用資□□□
3　益供客。○去開元□□□
4　希逸等下狀請以□□□
　　　　來年已後
5　異筆處分 來年 □□□
6　加減 取 麥利,文案分明,□□□
　　　　另都督異筆直取開七例□□□
7　出舉案狀 妄剥一分□□□
　　　　非主典隱欺在腹,不合□□□
8　聖日時明,都督遠□□□
　　　　(妄征)若吕都督處分,曹司合從,即□□□
9　感德負屈已深,不□□□

文書中提到的"開七",意指開元七年,給人以啟示。聯繫到這條唐令,仁井

---

[1] 李洪濤《試論唐代借貸契約的國家干預》,《中國社會經濟史研究》2017年第4期。
[2] 文書編號72TAM223:48(b)。《吐魯番出土文書》八,文物出版社,1987年,267—268頁;圖錄版,肆,文物出版社,1996年,121頁。此墓出土文書最早爲景龍二年(708),最晚是開元十一年(723)。此文書注曰:本件紀年已缺。文内見有"開元""開七",且又稱"年",不用"載",故當在開元年間。又本件恐係草稿,故塗改處甚多。

田陞先生曾經在《唐令拾遺》中將此條(編號17)定爲開元二十五年令。結合《唐會要》《唐六典》《册府元龜》及兩《唐書》，再看各時代不同的利息比較，可以看到其間的差別。茲先援引諸相關史料如下表二：

表二　唐代官私借貸利率一覽表

編號	時間	內　　容	資料來源
1	武德元年	十二月，置公廨本錢，以諸州令史主之，號捉錢令史。每司九人，補於吏部，所主繒五萬錢以下，市肆販易，月納息錢四千文，歲滿授官。	《唐會要》卷九三《諸司諸色本錢上》
2	貞觀十二年	罷諸司公廨本錢，以天下上户七千人爲胥士，視防閤制而收其課，計官多少而給之。	《新唐書》卷五五《食貨五》
3	貞觀十五年	復置公廨本錢，以諸司令史主之，號"捉錢令史"。每司九人，補於吏部，所主繒五萬錢以下，市肆販易，月納息錢四千，歲滿受官。諫議大夫褚遂良上疏："京七十餘司，更一二載，捉錢令史六百餘人受職。太學高第，諸州進士，拔十取五，猶有犯禁權法者，況廛肆之人，苟得無恥，不可使其居職。"太宗乃罷捉錢令史，復詔給百官俸。	《新唐書》卷五五《食貨五》
4	永徽後	天下置公廨本錢，以典史主之，收贏十之七，以供佐史以下不賦粟者常食，餘爲百官俸料。	《新唐書》卷五五《食貨五》
5	開元六年	開元六年七月，秘書少監崔沔議州縣官月料錢狀曰："……頃以州縣典吏，並捉官錢，收利數多，破產者衆。散諸編戶，本少利輕，民用不休，時以爲便，付本收利，患及於民。然則議國事者，亦當憂人爲謀，恤下立計。天下州縣，積數既多，大抵皆然，爲害不少。且五千之本，七分生利，一年所輸，四千二百，兼算勞費，不啻五千，在於平民，已爲重賦。富戶既免其徭，貧戶則受其弊，傷民刻下，俱在其中。未若大率群官，通計衆戶，據官定料，均戶出資。常年發賦之時，每丁量加升尺，以近及遠，損有兼無。合而籌之，所增蓋少，時則不擾，簡而易從。庶乎流亡漸歸，倉庫稍實，則當咸出正賦，罷所新加。天下坦然，十一而稅，上下各足，其不遠乎？"	《唐會要》卷九一《內外官料錢上》；《册府元龜》卷五〇六《邦計部·俸祿二》；《新唐書》卷五五《食貨五》
6	開元七年	凡京司有別借食本(中書、門下、集賢殿書院各借本一千貫，尚書省都司、吏部、户部、禮部、兵部、刑部、工部、御史臺、左·右春坊、鴻臚寺、秘書省、國子監、四方館、弘文館各百貫，皆五分收利，以爲食本。諸司亦有之，其數則少)，每季一申省，諸州歲終而申省，比部總句覆之……(凡質舉之利，收子不得踰五分，出息、債過其倍。若迴利充本，官不理。)	《唐六典》卷六《刑部》比部郎中員外郎條
7	開元十六年	二月十六日詔："比來公私舉放，取利頗深，有損貧下，事須釐革。自今已後，天下負舉，祇宜四分收利，官本五分取利。"	《唐會要》卷八八《雜錄》；《册府元龜》卷一五九《帝王部·革弊》

(續表)

編號	時間	内　　容	資料來源
8	開元十八年	其年,復給京官職田。州縣籍一歲稅錢爲本,以高下捉之,月收贏以給外官。復置天下公廨本錢,收贏十之六。	《唐會要》卷九三《諸司諸色本錢上》;《新唐書》卷五五《食貨志》
9	開元	又條,諸公私以財物出舉者,任依私契,官不爲理。每月取利不得過六分,積日雖多,不得過一倍。若官物及公廨,本利停訖,每計過五十日,不送盡者,餘本生利如初,不得更過一倍。家資盡者役身,折酬役通取户内男口,又不得回利爲本。(其放財物爲粟麥者,亦不得回利爲本,及過一倍。)若違法積利,契外掣奪,及非出息之債者,官爲理。收質者非對物主不得輒賣,若計利過本不贖,聽告市司,對賣有剩還之。如負債者逃,保人代償。	《宋刑統》卷二六《雜律》
10	開元	[准]户部格敕,天下私舉質,宜四分收利,官本五分生利。又條,敕州縣官寄附,部人興易及部内放債等,並宜禁斷。臣等參詳,今後監臨官於部内放債者,請計利以受所監臨財物論,過一百匹者,奏取敕裁。	《宋刑統》卷二六《雜律》
11	永泰二年	貸錢一萬貫,五分收錢,以供監官學生之費。	《舊唐書》卷二四《禮儀四》
12	貞元元年	十二月,詔六品以下本州申中上考者,納錢一千文市筆墨朱膠等者,元置本五分生利,吏部奏見用有餘。自今以後,其外官考錢,並請勒停。依奏。	《册府元龜》卷六三六《銓選部·考課二》
13	長慶三年	今准長慶三年十二月九日敕,賜諸司食利本錢,共八萬四千五百貫文,四分收利。一年祇當四萬九百九十二貫文。	《唐會要》卷九三《諸司諸色本錢下》
14	開成二年	[准]唐開成二年八月二日敕節文,今後應有舉放又將産業等上契取錢,並勒依官法,不得五分以上生利。	《宋刑統》卷二十六《雜律》
15	會昌元年	其年六月,河中、晉、絳、慈、隰等州觀察使孫簡奏:"准敕書節文,量縣大小,各置本錢,逐月四分收利,供給不乘驛前觀察使、刺史、前任臺省官等。晉、慈、隰三州,各置本錢訖。得絳州申,稱無錢置本。令使司量貸錢二百貫充置本,以當州合送使錢充。"敕旨:"宜依,仍付所司。"	《唐會要》卷九三《諸司諸色本錢下》

這些都是不同年份對出舉利息的改制。其中,第9條的年代,羅彤華先生曾經在《唐代民間借貸之研究》中延續仁井田陞先生的觀點,即定爲開元二十五年令,但之後又在其《唐代官方放貸之研究》中作了修正,改定其時間爲開元七年令[1]。關

---

[1] 羅彤華《唐代官方放貸之研究》,廣西師範大學出版社,2013年,197頁。注文記載:"《宋刑統》該條所引之唐《雜令》應是開元七年令,其後所引之《户部格敕》應是准開元十六年詔而來(《唐會要》卷八八《雜録》)。此觀點修正拙著《唐代民間借貸之研究》的看法。"

於《宋刑統》所引的唐令是開元七年令,結合上述對傳統史籍的史料梳理,筆者同意羅先生的意見。那麼,回到復原文字上,我們能否確定此條令文開元二十五年令和開元七年令一樣呢?還需要再斟酌。

〔牛來穎,中國社會科學院古代史研究所、
中國社會科學院敦煌學研究中心研究員〕

唐東都福唐觀略考

雷 聞

徐松《唐兩京城坊考》卷四長安崇業坊條下曰:"福唐觀。(原注:本新都公主宅。公主中宗長女,嫁武延暉。景雲元年,公主生子武仙宦,出家爲道士,立爲觀。)"[1]同書卷五東都崇業坊條下載:"福唐觀。(原注:李邕有《東京福唐觀鄧天師碣》。)"[2]然則徐松在兩京的崇業坊下分別列出了一座福唐觀,精研隋唐兩京史料的楊鴻年、李健超等先生對此並未有何質疑[3]。不過,這種過分巧合實在啓人疑寶。此前我們已推測所謂長安福唐觀純屬子虛烏有[4],本文試做進一步申論,並對洛陽福唐觀略作考察。

一、長安無福唐觀

《唐兩京城坊考》關於長安福唐觀的記載當源自宋敏求《長安志》卷九:"福唐觀。(原注:本新都公主宅。景雲元年,公主生子武仙宦,出家爲道士,遂立爲觀。)"[5]而《長安志》的記載,則可能出自《唐會要》卷五〇《觀》:"福唐觀　崇業坊。本新都公主宅。景雲元年,公主子武仙宦出家爲道士,立爲觀。"[6]相比之

---

[1] 徐松《唐兩京城坊考》卷四,方嚴點校,中華書局,1985年,95頁。
[2] 徐松《唐兩京城坊考》卷五,149頁。
[3] 楊鴻年《隋唐兩京坊里譜》,上海古籍出版社,2009年,264—266頁。徐松撰、李健超增訂《最新增訂唐兩京城坊考》卷四,三秦出版社,2019年,216頁;同書卷五,373頁。
[4] 參看拙撰《唐長安太清觀與〈一切道經音義〉的編纂》,榮新江主編《唐研究》第15卷,北京大學出版社,2009年,209—210頁。
[5] 宋敏求《長安志》卷九,見辛德勇、郎潔點校《長安志·長安志圖》,三秦出版社,2013年,315—316頁。
[6] 《唐會要》卷五〇《觀》,上海古籍出版社,1991年,1020頁。

下,可知更早的《唐會要》文字更優,而宋敏求將"公主子"改爲"公主生子",一字之差,即可能造成歧義。也就是説,這座福唐觀原係新都公主的舊宅,景雲元年(710)因其子武仙官入道,而舍宅爲觀。

按新都公主係中宗長女,雖非韋后所生,但在神龍政變之後頗得恩寵,食實封一千三百户[1],且得以與長寧、安樂公主一樣開府置官屬,只是員額减半[2],甚至成爲當時"咸樹朋黨,降墨敕斜封以授官"之貴戚中的一員[3]。新都公主所嫁之武延暉,係武則天兄子贈陳王武承業之子,天授元年(690)武周代唐時,他就被封爲嗣陳王[4]。其實,在新都公主嫁給武延暉之前,當其父李顯還是皇太子之時(高宗永隆元年到弘道元年,680—683),作爲郡主的她曾嫁給隋朝貴戚楊士貴的玄孫楊泚,只是二人可能在李顯被廢、於房陵安置時離異,後來新都郡主改嫁武延暉,並在中宗復辟後進封爲公主[5]。她之所以捨宅立福唐觀,是因爲她與武延暉之子武仙官入道,按《元和姓纂》的記載,武延暉有惲、斌二子[6],但武仙官究竟是其中之一,還是另有其人,如今尚不可考。

由於《唐會要》卷五〇《觀》將兩京材料混排,有時會給讀者造成很大困擾。具體到這座福唐觀,也未明確記載其究竟是在長安還是洛陽。不過,結合目前所見各種材料,基本可以肯定它在洛陽。其實,新都公主在長安另有宅第,如《唐會要》記載:"玉芝觀 延福坊。本越王貞宅,爲新都公主宅,公主捨宅爲新都寺。廢爲鄫王府。天寶二年,立名爲玉芝觀。"[7]可見,在長安延福坊有新都公主的宅第,後被捨爲新都寺,可惜具體時間不詳。後來,新都寺被廢,改爲鄫王府。按鄫王係玄宗長子,據《唐會要》載:"奉天皇帝琮(原注:玄宗長子,本名嗣直,封鄫王。改名潭,又名琮。天寶十載薨,諡靖德皇太子。肅宗元年,追册爲奉天皇帝,葬齊陵。)"[8]他封爲鄫王的時間是先天元年(712)八月[9],然則新都寺的建立只能在此之前。考慮到中宗皇帝與佛教的密切關係,我們推測新都公主捨長安宅第爲寺的機緣,要麽是於其父在位時討其歡心,要麽是在其駕崩後爲其追福。

更重要的是,目前所見幾乎所有與福唐觀相關的文獻都指向洛陽(詳見下

---

[1]《唐會要》卷九〇《食實封數》,1946頁。
[2]《唐會要》卷六《公主·雜録》,79頁。
[3]《唐會要》卷六七《員外官》,1390—1391頁。
[4]《舊唐書》卷一八三《外戚·武承嗣傳》,中華書局,1975年,4729頁。
[5] 詳見拙撰《被遺忘的皇妃——新見〈唐故淑妃玉真觀女道士楊尊師(真一)墓誌銘〉考釋》,《華中師範大學學報》2016年第1期,138—148頁。
[6] 林寶撰、岑仲勉校記《元和姓纂》卷六,中華書局,1994年,890頁。
[7]《唐會要》卷五〇《觀》,1027頁。
[8]《唐會要》卷二《追諡皇帝》,21頁。
[9]《唐會要》卷四六《封建》,957頁。

節)。唯一的例外,可能是《唐會要》卷五〇《觀・雜記》的這條材料:“(開元)二十五年十月二十七日,敕:‘諸州玄元皇帝廟,自今已後,每年二月降生日,宜准西都福唐觀,一例設齋。’”[1]然而,這條材料顯然是有問題的,因爲唐代長安一般稱“京師”“西京”或徑稱“京”,有時也稱“上都”,但在詔敕中極少稱“西都”。事實上,“都”通常專指“東都”。具體到這條史料,文淵閣四庫全書本《唐會要》即作“宜準都福唐觀例一設齋”,“都”前並無“西”字(圖 1)[2]。另外,承劉安志先生厚意,幫忙查閱了他所掌握的七個鈔本,其中包括殿本所據底本汪啓淑家藏本(圖 2)[3],一無例外,皆作“宜准都福唐觀例一設齋”,與四庫本同。顯然,“西”字確爲清人所妄加,而這條材料中的福唐觀,應該也在洛陽。劉先生一再提示我們,點校本所據的殿本《唐會要》經過了清人大量的增删改補,而四庫本則更多保留了該書的原貌[4],這條材料的文字差異或可爲一證。

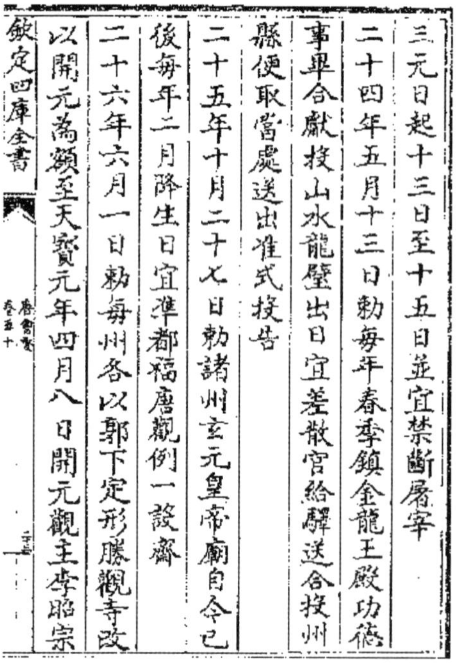
欽定四庫全書
唐會要 卷五十
三元日起十三日至十五日並宜禁斷屠宰
二十四年五月十三日勅毎年春季鎮金龍王殿功德
事畢合獻投山水龍壁出日宜差散官給驛送合投州
縣便取當處送出准式投告
二十五年十月二十七日勅諸州玄元皇帝廟自今已
後毎年二月降生日宜準都福唐觀例一設齋
二十六年六月一日勅每州各以郭下定形勝觀寺改
以開元爲額至天寶元年四月八日開元觀主李昭宗

圖 1

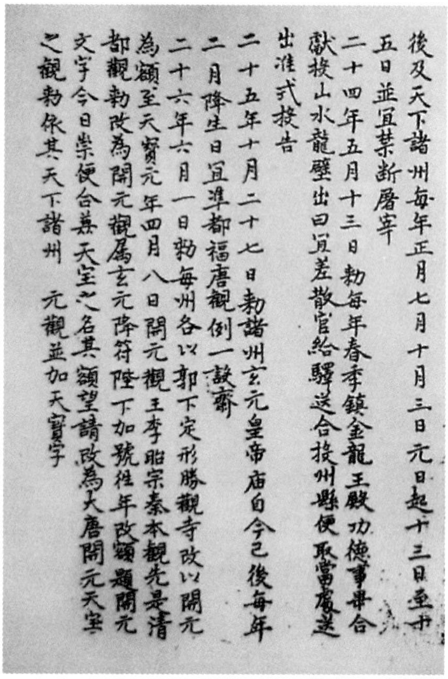
後及天下諸州每年正月七月十月三日元日起十三日至廿
五日並宜禁斷屠宰
二十四年五月十三日勅每年春季鎮金龍王殿功德事畢合
獻投山水龍壁出日宜差散官給驛送合投州縣便取當處送
出准式投告
二十五年十月二十七日勅諸州玄元皇帝廟自今已後每年
二月降生日宜准都福唐觀例一設齋
二十六年六月一日勅每州各以郭下定形勝觀寺改以開元
為額至天寶元年四月八日開元觀王李昭宗奏本觀先是清
都觀勅改為開元觀属玄元降符陛下加號往年改額題開元
文字今日崇便合慕天寶之名其額望請改為大唐開元天寶
之觀勅依其天下諸州 元觀並加天寶字

圖 2

〔1〕《唐會要》卷五〇《觀・雜記》,1029 頁。

〔2〕《景印文淵閣四庫全書》第 606 册,臺灣商務印書館,1986 年,639 頁。

〔3〕汪啓淑家藏本已收入《原國立北平圖書館甲庫善本叢書》,國家圖書館出版社,2014 年。本條見第 421 册,1269 頁,圖版承蒙劉安志先生賜示,謹此致謝!

〔4〕參看劉安志《武英殿本與四庫本〈唐會要〉非同本考》,《魏晉南北朝隋唐史資料》第 35 輯,上海古籍出版社,2017 年,213—230 頁。同氏《清人整理〈唐會要〉存在問題探析》,《歷史研究》2018 年第 1 期,178—188 頁。同氏《〈唐會要〉清人補撰綜考》,《中華文史論叢》2019 年第 1 期,293—400 頁。此前黃正建先生經過比勘四庫本與殿本《唐會要》卷三九《定格令》與《議刑輕重》,已指出四庫本可能更接近《唐會要》原貌。見氏著《〈唐會要〉校證獻疑:以卷三九爲例》,《東方早報》2015 年 5 月 17 日第 10 版。

二、玄宗時期的福唐觀

雖然新都公主捨宅爲觀是因其子武仙官入道，但後者在唐代教內外文獻中並未留下什麽痕跡。目前所見福唐觀最早的事跡，或許是置觀兩年之後即先天元年(712)八至十二月間，在史崇玄主持的《一切道經音義》的編纂班子中，出現了三位福唐觀道士，即"大德東都大福唐觀法師侯抱虛、上座張至虛、劉元良"[1]。在參與修書的19位"諸觀大德"中，出自長安道觀者15位（其中12位出自史崇玄的太清觀），來自東都者3位，兩京之外唯絳州玉京觀主席抱舟一人而已，這與唐代兩京特別是長安作爲全國道教學術中心的地位是相稱的。雖然此書的編纂有複雜的政治背景，但除了太清觀諸大德之外，其他參與其事者如玄都觀主尹敬崇、東明觀主寇義待等，莫不是當時公認的玄門龍象[2]，能與他們比肩，則侯抱虛等三位福唐觀大德雖事跡已不可考，但其道教修養恐毋庸置疑。此外，從"福唐觀"名前"大"字，亦可看出其始置時的官方色彩和地位。

那麽，爲什麽東都只有福唐觀的道士受邀參與《一切道經音義》的編纂呢？畢竟當時洛陽的第一名觀無疑是大弘道觀[3]，竟無一人參與其中，這顯得頗不尋常。其實，大弘道觀有一位前大德——曾出現在《岱嶽觀碑》題記中的法師阮孝波的確出現在名單中，不過他此前就已被史崇玄召入長安太清觀了。當然更重要的是，剛剛置立的福唐觀可能在政治立場上與史崇玄及其太清觀更爲接近。如所周知，太平公主之夫武攸暨係武則天從兄子，與新都公主之夫武延暉具有同樣的背景，因此，太平心腹史崇玄召請來自武延暉夫妻捨宅所立之福唐觀道士入京修書，也在情理之中。

或許是因爲與武氏有著千絲萬縷的關係，也或許是因爲史崇玄作爲太平公主黨羽被處斬，顯赫一時的太清觀被廢，使參與其事的福唐觀也受到牽連，以致我們在開元前期的文獻中極少看到其觀道士的蹤跡，這與大弘道觀及大聖真觀道士的活躍形成鮮明對比[4]。不過，福唐觀卻因其地理位置發揮了另一種功

---

[1] 史崇玄《妙門由起序》，《道藏》第24冊，文物出版社、上海書店、天津古籍出版社，1988年，721—723頁。

[2] 參看前引拙撰《唐長安太清觀與〈一切道經音義〉的編纂》。

[3] 關於大弘道觀，參看拙撰《唐洛陽大弘道觀考》，中國人民大學國學院主編《國學的傳承與創新——馮其庸先生從事教學與科研六十周年慶賀學術文集》，上海古籍出版社，2013年，1234—1248頁。《新見〈中都大弘道觀主上清大洞劉尊師玄臺銘〉跋》，《隋唐遼宋金元史論叢》第10輯，上海古籍出版社，2020年，53—61頁。

[4] 關於大聖真觀，參看拙撰《唐洛陽大聖真觀考》，《隋唐遼宋金元史論叢》第8輯，上海古籍出版社，2018年，142—155頁。

能。據《太平廣記》引《定命録》記載：

> 崔圓微時，欲舉進士，於魏縣見市令李含章，云："君合武出身，官更不停，直至宰相。"開元二十三年，應將帥舉科，又於河南府充鄉貢進士。其日正於福唐觀試，遇敕下，便於試場中唤，將拜執戟，參謀河西軍事。應制時，與越州剡縣尉竇公衡同場並坐，親見其事。後官更不停，不踰二十年，拜中書令、趙國公，實食封五百户。[1]

如鄺健行先生所言，崔圓在福唐觀參加的應該是由河南府舉行的府試[2]。因爲崇業坊之東緊鄰河南府廨所在的宣範坊，有時府試考場也設在宣範坊周邊，而福唐觀作爲曾經的公主宅第，空間應該比較寬敞，故得以成爲考場。

福唐觀的高光時刻，可能是頗得玄宗欣賞的麻姑山道士鄧紫陽的入住。據李邕《唐東京福唐觀鄧天師碣》記載：開元二十三年（735）鄧思瓘被撫州别駕李行褘薦至洛陽，頗得聖心，隨即受命"巡江南六十郡，冥搜元（玄）覽"，次年二月因出使有功，"敕度爲道士，名曰紫陽，仍賜紫羅法衣一副，絹一百匹，配東京福唐觀兼本郡龍興觀以寵之"[3]。這是其"紫陽"道號的來歷，而東都福唐觀也成爲他的本觀。即便鄧紫陽後來因隨駕之故先後被安置於長安興唐觀、驪山太玄觀，但在晚唐文獻中，他依然被稱作"福唐尊師"[4]。如前所述，到了開元二十五年十月二十七日，玄宗還命令諸州玄元皇帝廟在每年二月八日老君降生日，"宜准都福唐觀例一設齋"，可見在此之前，福唐觀已經在這一日舉行齋會了。只是，這是否與鄧紫陽有關，如今已不得而知。

三、結語

雖然徐松在兩京的崇業坊各列一福唐觀，但我們認爲，長安福唐觀並不存在。新都公主在長安延福坊另有宅第，大約在中宗時被捨宅爲新都寺。到了睿

---

[1]《太平廣記》卷二二二《李含章》，中華書局，1961年，1705頁。本條又見《獨異志·補遺》。
[2] 參看鄺健行《杜甫府試下第試説》，中國唐代文學學會、西北大學中文系、廣西師範大學出版社主編《唐代文學研究》第六輯，廣西師範大學出版社，1996年，352—363頁。
[3]《全唐文》卷二六五，中華書局，1983年，2694頁。
[4] 鄭畋《唐故上都龍興觀三洞經籙賜紫法師鄧先生（延康）墓誌銘》，《全唐文》卷七六七，7981頁。參看拙撰《碑誌所見的麻姑山鄧氏——一個唐代道教世家的初步考察》，榮新江主編《唐研究》第17卷，北京大學出版社，2011年，39—70頁。

宗皇帝御極之景雲元年,其洛陽宅第又被捨爲福唐觀,這也是新都公主與武延暉夫妻努力適應新政治氣候的表現,"福唐"之名,充分顯示了他們的政治正確。畢竟,與武周及中宗時期相比,在經歷了整肅武、韋勢力的唐元政變之後,武氏勢力在睿宗朝已大不如前了。

或許是因爲政治立場比較接近,就在置觀兩年之後,三位來自福唐觀的大德赴京參與了太平公主心腹史崇玄主持的《一切道經音義》的編纂活動。然而,當太平政變未遂、史崇玄被殺之後,參與其事的福唐觀可能也受到牽連。雖然也曾因其地理位置而成爲河南府試的考場,但在文獻中幾乎不見此觀道士的身影,直到麻姑山道士鄧紫陽的到來。即便鄧氏在福唐觀居住的時間並不長,但他仍以其爲本觀。與大多數洛陽宮觀一樣,安史之亂後的福唐觀幾乎消失在唐代的典籍之中,或許只有太微宮與大聖真觀等少數宮觀還依稀保留著盛唐道教的几分榮光。

〔雷聞,中國社會科學院古代史研究所、
中國社會科學院敦煌學研究中心研究員〕

德政碑所見唐代頌政歌謡考論

劉琴麗

何謂"歌謡"？《能改齋漫録》引《韓詩章句》曰："有章曲曰歌，無章曲曰謡。"[1]《爾雅》曰："徒歌謂之謡。"[2] 可見"歌"與"謡"的區别在於有無章曲，今人在研究時常籠統地稱之爲"歌謡"，本文也不例外。此外，文章還涉及"誦(頌)"，三國時期吴國韋昭注《國語》云："不歌曰誦。"[3] 古代"頌"與"誦"同，明代馮惟訥《古詩紀》將"誦""頌"附在"謡"之下，稱爲"吟"，其中收録有"有焱氏頌""輿人誦""子産誦""齊人頌"等[4]。故本文也將"頌(誦)"附於歌謡中一併討論。

頌政歌謡早在先秦時期就已存在，"歌以詠政"是先秦以來開創的傳統，民間通過歌謡參與或影響政治，其路徑主要是通過歌謡來"頌政"或"刺政"；朝廷則通過歌謡採集輿論和引導輿論[5]。東漢的"舉謡言"制度，將民間謡言和官員的治績考核掛鉤，這直接關係官員的政治聲譽和官職升貶[6]。魏晉南北朝時期，沿襲漢代做法，統治者非常注重民間歌謡的輿論作用，一方面巡行使者可以通過民間歌謡瞭解其所巡郡縣的地方官廉潔與否、百姓的生活狀況等信息，通過民間的視角補充官方考核方式中存在的缺陷；另一方面，巡行使者又將這些民間歌謡採集起來，呈報朝廷，作爲考核官員的重要依據[7]。風俗巡使可以根據民間歌謡風議對地方官進行監督，甚至黜陟[8]。風俗巡使制度是魏晉南

---

[1] 吴曾《能改齋漫録》卷一"事始·歌辭曰曲"，上海古籍出版社，1979年，8頁。
[2] 郭璞注《爾雅》卷中"釋樂第七"，北京圖書館出版社，2002年，5b。
[3] 韋昭注《國語》卷九《晉語三》，"輿人誦之"注，上海古籍出版社，1978年，315頁。
[4] 馮惟訥《古詩紀》卷三"謡吟附"，《影印文淵閣四庫全書》第1379册，北京出版社，2012年，8a—11a。
[5] 潘祥輝《"歌以詠政"：作爲輿論機制的先秦歌謡及其政治傳播功能》，《新聞與傳播研究》2017年第6期，83頁。
[6] 胡守爲《"舉謡言"與東漢吏政》，《中山大學學報》2004年第6期，69頁。
[7] 李春陽《漢魏六朝使者巡行制度及其對民間歌謡的採集》，《江漢論壇》2017年第12期，80頁。
[8] 李傳軍《魏晉南北朝時期風俗巡使制度初探》，《晉陽學刊》2004年第2期，72頁。

北朝時期一種重要的政治制度,也被唐代所繼承,如"唐中宗神龍二年(706)二月,遣十使巡察風俗";"天寶五載(746)正月,命禮部尚書席豫,御史中丞王鉷、蕭隱之,諫議大夫韋見素、李麟,尚書左丞崔翹,鴻臚少卿源光譽,分道巡察天下風俗及黜陟官吏"〔1〕;此類史料衆多,不一一列舉。

有關唐代歌謠的研究,大都集中在謠讖、訛言、童謠、謠言以及其分類、功用、性質、政府對待它們的態度,以及與政治的關係〔2〕,還没有學者專門就唐代的頌政歌謠進行探討,一般都是在討論唐代歌謠或謠諺、謠言時順帶涉及,考證了頌政歌謠的功用,如褒貶人物、評論朝政、對官員的歌頌和贊美、評價官員治績狀況和輿論監督諸方面的問題,所用史料以傳世文獻爲主〔3〕。本文則從德政碑入手,探討頌政歌謠的製作與流布、格式與内容,以及與德政碑的關係,以此來揭示唐代德政碑刊立之前的輿論製造環節,以及唐代德政碑書寫與頌政歌謠的關係,由此一途管窺唐代的政治文化。

一、頌政歌謠的製作與流布

贊頌地方官員治績的歌謠,隋唐時人又稱之爲"善政歌"。如煬帝大業四年(608)《楊德墓誌》云:"祖寶,魏驃騎將軍、齊州刺史。父安子,魏驍驤將軍、東郡

---

〔1〕 宋本《册府元龜》卷一六二《帝王部·命使第二》,中華書局,1989年,349頁上、352頁下。
〔2〕 如李錦綉《論"李氏將興"——隋末唐初山東豪傑研究之一》,《山西師大學報》1997年第4期,30—36、40頁;李錦綉《論"劉氏主吉"——隋末唐初山東豪傑研究之二》,《史林》2004年第5期,62—69、123頁;楊梅《也談"李氏將興"與"劉氏當王"》,《蘭州大學學報》2006年第3期,40—44頁;游自勇《唐代長安的非常事件——以兩〈唐書·五行志〉所見訛言、閭宮爲中心》,《唐研究》第12卷,北京大學出版社,2006年,221—243頁;王永平《"劉氏當王"讖語與唐代政治》,《中國史研究》2005年第2期,174—176頁;孫英剛《神文時代:讖緯、術數與中古政治研究》,上海古籍出版社,2014年。鄭向雄《唐代讖謠初探》,首都師範大學2004年碩士學位論文;馮昊《唐代謠言若干問題研究》,上海師範大學2015年碩士學位論文;馬洋洋《謠言與唐代政治》,浙江師範大學2020年碩士學位論文;等等。
〔3〕 拜根興《歌謠、諺語與武則天前後朝政》,列舉了諷詠時政的民謠,指出百姓利用此途徑褒貶人物、評議朝政,《炎黃春秋》1996年第1期,73—75頁。葛永海《論唐代都城民謠的類型與特性》,指出諷詠時政類民謠,包括對官員的諷刺、調侃、歌頌和贊美,《浙江社會科學》2007年第5期,173—178頁。嚴春華《謠諺與唐代世風論略》,探討謠諺與唐代政風的關係,指出謠諺反映了唐代的朋黨之爭、吏治腐敗、科舉興盛與舞弊的流行,《古籍研究》2007年第2期,122—129頁。張華《唐代歌謠探析》,將史政有關的歌謠分類進行探討,指出歌謠爲廣大不在朝的文人士大夫和下層人民群衆提供了一條間接參政管道,他們利用歌謠在全社會形成的輿論壓力對統治集團施加影響,《西安文理學院學報》2009年第3期,47—49頁。劉興雲《從時政諺謠看唐代民衆的政治參與》,指出唐代的時政諺謠主要反映高層政治、軍事和官員政績優劣,影響官員的考評升遷和任用,反映民衆直接或間接參與政治活動,《黑龍江史志》2009年第16期,28—29頁。王猛《傳播學視野中的唐代謠言研究》提道"士人對社會現象、人物的品評,成爲謠言尤其是民間歌謠的重要組成部分";謠言的製造者和傳播者主要有僧道巫覡、孺子之歌、統治階級和文人學者,其中文人學者以創作"怨謠爲盛"。其在《謠言傳播的媒介》一節提到碑石傳謠言,但僅引用三條石刻史料,即《張知古頌德碑》《鄭知賢墓誌》《周太師蜀國公碑陰記》;也簡略探討了謠言的評價監督功能。陝西師範大學碩士論文,16、23—28、67—68頁。

太守。並有善政之歌,俱揚青德之頌。"[1]葬於先天元年(712)的唐青州司倉參軍趙克廉,墓誌載:"寮友兢兢欽其矩,典吏肅肅懼其明。寰中流善政之歌,齊下播利人之頌。"[2]唐初歐陽詢在《藝文類聚》一書中,也是將德政碑歸入"治政部"的"善政"類[3]。故隋唐時人將頌政歌謠稱爲"善政歌"也就可以理解。《册府元龜·牧守部》還專門闢有"謠頌"一節,收録漢唐時期的頌政歌謠,涉及唐人者有薛大鼎、張仁愿、顔遊秦、田仁會和李峴[4]。贊揚後三人的謠頌也被北宋郭茂倩的《樂府詩集》收録,將其分别歸類爲"雜歌謠辭"的"歌辭"和"謠辭"類,題爲"顔有道歌""田使君歌"和"唐天寶中京兆謠"[5]。故《册府元龜》所收録的"謠頌"文獻,實際上含括了"歌"和"謠"兩大類。

唐人認爲頌政歌謠的興起與善政有關,"不有卓異,曷颺頌歌"[6];"善政洽於民謠,令問芬於所蒞"[7];"循聲流於簡牘,良政在於歌謠"[8]。善政興謠成爲唐代官員的理想之一,《太平廣記》引《異聞録》記載了南柯太守淳于棼的政治理想,就是"風化廣被,百姓歌謠,建功德碑,立生祠宇"[9],"百姓歌謠"作爲官僚仕宦成功的重要標志之一被特别舉出。令狐峘《硤州旅舍奉懷蘇州韋郎中》云:"懿交守東吴,夢想聞頌聲。"[10]也説明當時爲官的理想狀態就是民間有"頌聲"興起。寶曆元年(825)白居易任蘇州刺史時,曾作《西樓喜雪命宴》詩:"歌樂雖盈耳,慚無《五袴謡》。"[11]爲自己任蘇州刺史期間,没有出現頌政歌謠——《五袴謡》而感到慚愧,可見唐代官員對於政治聲譽的渴望和追求。

由德政碑所述唐代頌政歌謠的流布時間來看,有官員任職期間流布者,也有離任之後。前者如刊立於開元二十三年(735)的《段愔德政紀》提到,段愔每至一地爲官,都有頌興,其擔任岐州司兵、華陰及奉天二縣令,"興頌滿於王畿,絃哥聞於關輔";擔任原州刺史期間,"政理仁邁,功著頌宣";"轉代深邠三州刺史,歷著甘棠之頌,恒哥伐棘之詞"[12]。天寶十五載(756)刊立的《虞城縣令李

---

[1] 王其禕、周曉薇《隋代墓誌銘彙考》第289號,綫裝書局,2007年,第3册337頁。
[2] 周紹良主編《唐代墓誌彙編》先天004,上海古籍出版社,1992年,1145—1146頁。
[3] 《藝文類聚》卷五二"治政部上·善政",上海古籍出版社,1982年,943—949頁。
[4] 宋本《册府元龜》卷六八一《牧守部·謠頌》,2339頁上。
[5] 郭茂倩編《樂府詩集》卷八六《雜歌謠辭四·歌辭四》,中華書局,1979年,1214頁;同書卷八七《雜歌謠辭五·謠辭一》,1230頁。
[6] 王昶《金石萃編》卷一〇四《鄭楚相德政碑》,1b;《石刻史料新編》第一輯第3册,(臺北)新文豐出版公司,1982年第2版,1737頁上。
[7] 《唐代墓誌彙編》貞觀138,95頁。
[8] 《金石萃編》卷六八《滎陽令盧正道清德碑》,6a;《石刻史料新編》第一輯第2册,1157頁下。
[9] 《太平廣記》卷四七五《淳于棼》,中華書局,1961年,3913頁。
[10] 《全唐詩》卷二五三,中華書局,1980年,2857頁。
[11] 朱金城箋校《白居易集箋校》卷二四,上海古籍出版社,1988年,1646—1647頁。
[12] 陸繼輝《八瓊室金石補正續編》卷二八,《續修四庫全書》第900册,上海古籍出版社,1996年,71—72頁。

錫去思頌碑》云:李錫任虞城縣令期間,"官宅舊井,水清而味苦,公下車嘗之,莞爾而笑曰:既苦且清,足以符吾志也。遂汲用不改,變爲甘泉。蠡邱館東有三柳焉,公往來憩之,飲水則去,行路勿翦,比於甘棠。鄉人因樹而書頌四十有六篇。"[1]圍繞蠡邱館東的三顆柳樹,地方就有四十六篇頌謠的誕生。《義成節度高承簡德政碑》載:"公於小大之獄,盡哀矜之心,貸其科條,咸使全活。致謳謠於封部,釋冤滯於比寧,此安降所以成茂化也。"[2]上述官員皆是在任期間,因善政得到百姓的歌謠贊頌。離任後興頌政歌謠者,如刊刻於元和二年(807)的《義成節度李元素慰思碑》云:"居則物受其福,奠於康寧;去則人慕其德,形於謠詠。"[3]即離任後人們歌謠贊頌。《徐商德政碑》提到,"公之去襄六年矣,民始懷公之德政,而追思詠歌之"[4]。徐商頌政歌謠的出現,更是在其離任六年以後。葬於廣明元年(880)的師弘禮,"秩滿,除藤州刺史,公蒞事政著,下車人安,來興來暮之歌,去有去思之歎"[5],在任前和任後皆有頌政歌謠的出現,表現出百姓對其愛戴和懷念之情。

當然,上述對於官員治政期間或離任後出現的頌政歌謠描述,難以擺脫文學程式化書寫的嫌疑,或者說有些可能是理想化的敘述,但其背後折射出來的是官員良好的政治聲譽、民間輿論和德政碑刊立之間的正當關係。

民間的頌政歌謠,是百姓自發情感的流露?還是有專門的加工群體?從德政碑文的描述來看,有的是民間製作,也有僚佐屬吏製作者。如武周時期(690—705),陳子昂撰《漢州雒縣令張君吏人頌德碑》,提到當地百姓在張知古任縣令期間,通過採取一系列措施,達到了"征賦既均,千室如一。於是百姓允賴,鼓舞而歌。其歌詩凡六章,題曰'逃還樂'"[6]。"百姓"製作了歌謠。中宗時期《識法師頌盧公清德文》云,盧正道任榮陽縣令期間,"大定禮樂,戢藏干戈。人學而還淳,刑措而不用。覆燾之恩溥,生育之理足。於是邑老田父,擊壤而歌,張掖而儛。顧而爲頌曰:康哉堂哉,洒聖洒神;代有非常之主,必有非常之臣"[7]。"邑老田父"這些民間人士製作了頌謠。前云虞城縣令李錫,天寶四載(745)授任此官,在任期間變苦井爲甘泉,並保護種植在蠡邱館東的三顆柳樹,

---

[1]《全唐文》卷三五〇,中華書局,1983年,3550頁上。
[2]《滑縣縣志·金石》卷三,8b;《石刻史料新編》第三輯第29冊,(臺北)新文豐出版公司,1986年,38頁上。
[3]《滑縣縣志·金石》卷三,5b,《石刻史料新編》第三輯第29冊,36頁下。
[4]《文苑英華》卷八七〇,中華書局,1966年,4593頁上。
[5]《唐代墓誌彙編》廣明001,2499頁。
[6] 徐鵬校點《陳子昂集》卷五,中華書局,1960年,103頁。
[7]《金石萃編》卷六八,5b;《石刻史料新編》第一輯第2冊,1157頁上。

給往來行人提供了便利,於是"鄉人因樹而書頌四十有六篇"[1]。"鄉人"製頌。大曆五年(770)刊刻的《唐龔丘縣令庾賁德政頌》之碑陰,載:"百姓行頌曰:偉哉賢傑,忠而復烈。化理一城,五府稱絕。蝗蟲避境,蚪蚄自滅。涅而不淄,如霜如雪。"[2]"百姓"製作了頌謠。《定州刺史段愔德政紀》提到,"闔府寮宷,洎胥與氓,哥吾君之德也:瑟兮僴兮,赫兮咺兮,有美君子終不可諼兮"[3]。則是刺史的僚佐和百姓共同製作了頌謠。

"百姓""邑老田父""鄉人""氓"皆屬於民間人士,爲何德政碑文反復強調頌謠主要由他們製作或參與製作?無疑是爲了凸顯地方官員的民意,即民間輿論,這對於德政碑的申奏極爲重要[4]。只是這些製作頌政歌謠的地方群體中,當有士人的參與,尤其是那些長篇頌政歌謠,絕非普通百姓能夠完成。故在德政碑的頌政歌謠製作群體敘述中,爲了渲染民間輿論,地方士人的創作者身份可能經常被隱没。

二、頌政歌謠與德政碑文的關係

如前所述,很多德政碑在書寫過程中,都會程式化地提到地方吏民贊頌碑主的歌謠,這些頌政歌謠不僅彰顯了官員的民間輿論和政治聲譽,有時甚至成爲德政碑文的一個重要組成部分。

1. 散佈於序文中

唐代德政碑一般由序文和銘文兩部分組成,頌政歌謠有時就散佈在序文中。如武周時期(690—705)陳子昂所撰《漢州雒縣令張君吏人頌德碑》,提到張知古"恭職事,巡省黃髮,周爰令圖,所以綏亡固存,蠲虐去暴,與百姓更始者。輿人斐然,乃作誦曰:我有聖帝撫令君,遭暴昏桀悍寡紛,民户流散日月曛,君去來兮惠我仁,百姓蘇矣見陽春";對其"征賦既均"等善政,"百姓允賴,鼓舞而歌。其歌詩凡六章,題曰'逃還樂':其首章蓋言天子之德也,其二章憫前政之虐也,其三章喜公惠之至也,其四章言逃還之樂也,其五章美公化行而奸慝不興也,其

---

[1] 《全唐文》卷三五〇《虞城縣令李公去思頌碑并序》,3550頁上。
[2] 馮雲鵬、馮雲鵷輯《金石索》石索五,書目文獻出版社,1996年,下册1731—1740頁。
[3] 《八瓊室金石補正續編》卷二八,《續修四庫全書》第900册,72頁。
[4] 劉俊文《唐律疏議箋解》卷一一《職制律·長吏輒立碑》條:"諸在官長吏實無政迹輒立碑者,徒一年。若遣人妄稱己善,申請於上者,杖一百。有贓重者,坐贓論。受遣者,各減一等。雖有政迹,而自遣者,亦同。"可見,官員治績的好壞主要由百姓評論,這是申奏刻碑的重要條件。中華書局,1996年,846頁。

六章善政令均平賦斂不淫也"[1]。可見,頌政歌謠直接成爲《張知古頌德碑》的有機組成部分。《識法師頌盧正道清德碑》和《定州刺史段愔德政紀》的序文中,也都收錄有頌政歌謠,前者爲"康哉堂哉,迺聖迺神。代有非常之主,必有非常之臣"[2];後者爲"瑟兮僩兮,赫兮咺兮,有美君子終不可諼兮"[3]。

2. 置於銘文中或加工爲銘文

將百姓的頌政歌謠直接作爲銘文者,如元和二年所刻《義成節度李元素慰思碑》,撰者"乃編邦人之咏,係於篇末。俾採詩之官得以薦馨香云。其辭曰:我所思兮春之陽,氣熙愉兮物芬芳。枯者茂兮焚者息,曷以比之公之德。我所思兮親之慈,察痛癢兮知寒饑。充寒饑兮延性命,曷以比之公之政。我所思兮琴瑟音,薰然和兮天地心。興敬讓兮去奸詐,曷以比之公之化。我所思兮鑑澄徹,淨冰玉兮皎霜雪。幽隱盡兮研精英,曷以比之公之明。我所思兮河之水,我所思兮山之麓,仰申甫兮霄漢間。居霄漢兮興雲雨,霖旱歲兮澤九土。俾吾侯兮終獲祐,望而祝之享天祚"[4]。

將頌政歌謠直接置於銘文中這種情況相對少見,一般而言,撰者是將其改編後加工爲德政碑銘文。如李白撰《天長節使鄂州刺史韋公德政碑并序》云:"(李)白觀樂入楚,聞韶在齊。採諸行謠,遂作頌曰:……"[5]李白採集民間贊頌韋公德政的頌謠,將之加工成德政頌,即德政碑的銘文。李白所撰另一方《武昌宰韓仲卿去思頌碑并序》亦云:韓仲卿去任後,"新宰王公名庭璘,……與邑中賢者胡思泰一十五人,及諸寮吏,式歌且舞,願揚韓公之遺美。(李)白採謠刻石而作頌曰……"[6],也是根據採集的歌謠製作德政頌。《漢州雒縣令張知古吏人頌德碑》,"乃甿謠而作頌"[7],即根據民間歌謠,撰寫德政碑銘文。《張懷器去思碑》云:"披文相質,寄言銓理。采歌詠而頌焉,知心乎愛矣。"[8]採集"歌詠"製作頌文。

3. 置於碑陰

這種情況迄今僅見一例,即前述大曆五年刻《龔丘令庚賁德政碑》,其碑陰

---

[1]《陳子昂集》卷五,102—103頁。
[2]《金石萃編》卷六八,5b;《石刻史料新編》第一輯第2册,1157頁上。
[3]《八瓊室金石補正續編》卷二八,《續修四庫全書》第900册,72頁。
[4]《滑縣縣志·金石》卷三,7a;《石刻史料新編》第三輯第29册,37頁下。
[5] 瞿蜕園、朱金城校注《李白集校注》卷二九,上海古籍出版社,1980年,1660—1661頁。
[6]《李白集校注》卷二九,1676頁。
[7]《陳子昂集》卷五,105頁。
[8] 吉廷彥編纂(民國)《翼城縣志》卷三七《藝文上》,中國方志叢書,華北地方第417號,(臺北)成文出版社,1976年,1428頁。

有"百姓行頌曰:偉哉賢傑,忠而復烈。化理一城,五府稱絶。蝗蟲避境,蚜蚄自滅。涅而不淄,如霜如雪"[1]。

上述事例表明,德政碑撰者在撰寫碑文時,民間的頌政歌謠成爲其重要組成部分,或直接採集入碑,或改編後加工成德政碑銘文。此外,有些頌政歌謠的精神主旨還是德政碑撰寫的重要參考依據。如《縣令岑植德政碑》云:"是用傍遵縑簡,俯緝謳謠,襲南襄之故事,採西郭之前躅,飛丹屑瓦,行抒雕金之思。"[2]採集民間歌謠來撰寫碑文。《縣令劉仁師德政碑》對於如何改編歌謠,製作德政碑文,更是交待得清晰明瞭:"先是,高陵人蒙被惠風而惜其(指劉仁師)捨去,發於胸懷,播爲聲詩。今采其旨而變其詞,志於石。"[3]所謂的"播爲聲詩",顯然是指百姓的頌政歌謠,劉禹錫採集了這些歌謠的精神主旨——"采其旨",然後將其改編——"變其詞",最後加工成了德政碑文。爲何在撰寫德政碑文時,一般要將民間流行的頌政歌謠進行改編?可能與民間歌謠的文學水準大體都不太高、文學色彩相對遜色有關,正如《韓建德政碑》所云,這些頌謠"乏潤色之功"[4]。故德政碑撰者在採集頌政歌謠時,要進行文學加工,然後再將之雜糅進德政碑文中。可見,頌政歌謠的精神主旨對於德政碑的撰寫有重要的指導和參考作用。

三、頌政歌謠的格式和内容

頌政歌謠作爲時政歌謠的一種,其形成的社會輿論"影響著官員的考評升降,影響著當權者對下級的考察任用"[5]。如卒於證聖元年(695)的王遐濟,遷幽州新平縣令,"亦既至止,示以恩威。導武城之遺音,修單父之佳政。由是馴桑述美,伐枳成謠。表能名於課最,爲准的於畿輔"[6]。王遐濟因爲善政興謠,而頌謠産生的輿論效應——"能名",讓其在考課中獲得了"最"等,隨後其成爲了畿輔之地官員的形象楷模。唐中宗景龍年間的《盧正道清德碑》云,盧正道因其善政,"里詠途歌,人安俗泰",於是"河南道巡察使、衛州司馬路敬潛以政術尤

---

[1] 《金石索》石索五,下册 1740 頁。
[2] 孫星衍輯《續古文苑》卷一八,6b;《石刻史料新編》第四輯第 2 册,(臺北)新文豐出版公司,2006 年,269 頁下。
[3] 卞孝萱校訂《劉禹錫集》卷二,中華書局,1990 年,28 頁。
[4] 司空圖《司空表聖文集》卷六《華帥許國公德政碑》,四部叢刊本,商務印書館,1929 年,140 頁。
[5] 劉興雲《從時政諺謠看唐代民衆的政治參與》,《黑龍江史志》2009 年第 16 期,29 頁。
[6] 趙力光主編《西安碑林博物館新藏墓誌續編》,陝西師範大學出版社,2014 年,229—230 頁。

異奏聞"[1]。"里詠途歌"的民間輿論和"政術尤異"相對,民間輿論對考課的影響可見一斑。故頌政歌謠的輿論造勢,給官員的考核升遷所帶來的積極效應不能忽視,這也應當是唐代官員追求"百姓歌謠"的根源所在。然則,唐代頌政歌謠的格式和内容如何?

通過對德政碑文和傳世文獻中頌政歌謠的輯録,可知其並没有統一的格式,四言、五言、六言、七言等均有存在。四言者如前述《庾賁德政碑碑陰》所載頌文,贊頌庾賁的賢能和治理才能,以及境内出現的祥瑞,"蝗蟲避境,蚄蚜自滅"[2]。《全唐詩》也收録有一首《巴州薛刺史歌》,爲四言體:"日出而耕,日入而歸。吏不到門,夜不掩扉。有孩有童,願以名垂。何以字之,薛孫薛兒。"[3]贊揚薛刺史治理巴州時期,境内治安良好,百姓不受官吏干擾。《唐刺史考全編》疑該歌謠是贊頌巴州刺史薛逢[4]。卒於聖曆元年(698)的鄭知賢,"除蜀州長史,政化清美,吏民愛之,乃爲歌曰:州有長史,一隅歡喜。調吏如琴,養民如子"[5]。贊揚鄭知賢愛民如子,肅清吏治。"從現今保存的唐代民間歌謠來看,四言體常被民歌用來表達公衆感情的形式"[6],故德政碑中留存的四言體頌政歌謠不足爲奇。

五言體的頌政歌謠德政碑中較爲罕見,但《册府元龜》中有收録,"唐顔遊秦,武德初爲廉州刺史,封臨沂縣男。時劉黑闥初平,人多以强暴寡,風俗未安。遊秦撫恤境内,敬讓大行。邑里歌之曰:'廉州顔有道,性行同莊老,愛人如赤子,不殺非時草'"[7]。贊頌顔遊秦的愛民之心。天寶年間,"李峴爲京兆尹,楊國忠惡其不附己,以雨災出爲長沙郡太守。時京師米麥踊貴,百姓謠言曰:'欲得米粟賤,無過追李峴。'"[8]贊頌李峴任京兆尹時期物價平穩。

四言和六言的混合組合,如《盧正道清德碑》中的"康哉堂哉,迺聖迺神;代有非常之主,必有非常之臣"[9],贊揚盧正道和天子。

七言者如前述《漢州雒縣令張知古吏人頌德碑》中的"我有聖帝撫令君,遭暴昏欿悷寡紛。民户流散日月曛,君去來兮惠我仁。百姓蘇矣見陽春"[10],歌

---

[1]《金石萃編》卷六八,8b;《石刻史料新編》第一輯第2册,1158頁下。
[2]《金石索》石索五,下册1740頁。
[3]《全唐詩》卷八七四,9899頁。
[4] 郁賢皓《唐刺史考全編》卷二一四"巴州",安徽大學出版社,2000年,2874頁。
[5]《唐代墓誌彙編》聖曆029,948頁。
[6] 景建建《唐代民間歌謠研究》,南京師範大學2011年碩士論文,5、8頁。
[7] 宋本《册府元龜》卷六八一《牧守部·謠頌》,2339頁上。
[8] 宋本《册府元龜》卷六八一《牧守部·謠頌》,2339頁上。
[9]《金石萃編》卷六八,5b;《石刻史料新編》第一輯第2册,1157頁上。
[10]《陳子昂集》卷五,102頁。

頌張知古的保育百姓之功。贊頌張嘉祐德政的歌謠也是七言，"百姓歌曰：張公張公清且明，蝗蟲避境□□成。正晴□雨□□□，□□□□□清"〔1〕。雖然碑文殘缺，但是從殘泐的字數來看，剛好爲七言，且句末的"明""成"和"清"三字也押韻，該歌謠主要贊頌張嘉祐的清廉和境内出現的祥瑞。《册府元龜·牧守部·謠頌》也收録了兩則七言體，一則贊揚滄州刺史薛大鼎的開河之功，百姓歌之曰："新河得通舟檝利，直達滄海魚鹽至。昔日徒行今騁駟，美哉薛公德滂被。"一則贊揚鄜州刺史田仁會祈雨靈驗，境内殷實，百姓歌之曰："父母育我田使君，精誠爲人上天聞，中田致雨山出雲，倉廩既實禮義申，但願常在不患貧。"〔2〕

還有用騷體者，如《定州刺史段悋德政紀》中所載歌謠："瑟兮偭兮，赫兮咺兮，有美君子終不可諼兮。"〔3〕《李元素慰思碑》所載歌謠也是騷體，前文已有引用〔4〕，不再贅述。頌揚田仁會的《鄜州人歌》收在《新唐書》中作騷體："人歌曰：父母育我兮田使君，挺精誠兮上天聞。中田致雨兮山出雲，倉廩實兮禮義申。願君常在兮不患貧。"〔5〕

上述頌政歌謠有的寥寥數句，"謠頌之片言"也爲唐人所公認〔6〕，簡短的歌謠利於民衆記憶和口耳相傳。但也有較爲複雜的歌詩和頌文，其以章節形式呈現，如《張知古頌德碑》提到，贊揚張知古的善政"其歌詩凡六章"〔7〕。惜該碑没有引用全文，難以窺其全貌。天寶十五載刊立的《虞城令李錫去思頌碑》，贊揚李錫的惠政，"鄉人因樹而書頌四十有六篇"〔8〕。前述《李元素慰思碑》引用的歌謠也較長。這些長篇型的頌政歌謠，恐怕就不是一般的民間百姓能夠完成，應當是具有一定文學功底的士人所創作。臺灣學者邱燮友認爲，唐代歌謠的歌詞部分，主要有三個來源，"一爲樂府詩集所記載的；一爲史籍、唐人詩文集所記載的；一爲敦煌曲校録所輯録的"〔9〕。由上述可知，德政碑這類碑誌文獻也是唐代歌謠歌詞的來源途徑之一。

---

〔1〕《安陽縣金石録》卷四，9b；《石刻史料新編》第一輯第 18 册，13853 頁上。又見《全唐文》卷三九六，4039 頁上。
〔2〕宋本《册府元龜》卷六八一《牧守部·謠頌》，2339 頁上。
〔3〕《八瓊室金石補正續編》卷二八，《續修四庫全書》第 900 册，72 頁。
〔4〕《滑縣縣志·金石》卷三，7a 頁；《石刻史料新編》第三輯第 29 册，37 下下。
〔5〕《新唐書》卷一九七《田仁會傳》，中華書局，1975 年，5623 頁。
〔6〕《舊唐書》卷一六六"史臣曰"，中華書局，1975 年，4360 頁。
〔7〕《陳子昂集》卷五，103 頁。
〔8〕《李白集校注》卷二九，1682 頁。
〔9〕邱燮友《唐代民間歌謠的結構》，《書目季刊》第 9 卷第 3 期，1975 年，31 頁。

概言之,德政碑所述唐代頌政歌謠主要由民間群體創作,但實際上不乏有士人的參與。頌政歌謠意在凸顯碑主的民間輿論和政治聲譽,無論其在德政碑中是程式化的理想描述,還是真實的書寫,都反映出一個現實,即民間輿論、政治聲譽與官員德政碑刊立之間的合理關係。頌政歌謠的直接功用是給地方官傳播政治聲譽,製造輿論;間接功用是助力官員考課和官職升遷,表明唐代社會對地方官員的評價,在一定程度上參考了民間輿論,其利用民間輿論來監督地方官,建立起民間與國家秩序相互溝通的對話機制,而這些都是先秦以來的遺風[1]。唐代頌政歌謠或四言、五言、六言、七言不等,其是德政碑書寫的話題之一,其精神主旨也是德政碑文創作的指南,有的歌謠甚至以原文形式載入德政碑中,或被改造後融入德政碑。可見,頌政歌謠與德政碑關係密切,其給官員的輿論造勢更是在德政碑申奏刊立之前。如果説頌政歌謠還停留在民間輿論的層面,德政碑的刊佈則將其上升到了官方輿論。當然,並不是所有刊立德政碑的官員其在治政期間或離任後,在民間都一定有頌政歌謠的流佈,這也可能是一些德政碑不提歌謠的原因所在。而這剛好從側面表明,一些德政碑的製作可能並非出自民間意願,其潛藏著官方意圖或私情的可能。

〔劉琴麗,中國社會科學院古代史研究所、
中國社會科學院敦煌學研究中心研究員,中國社會科學院大學教授〕

---

[1] 潘祥輝《"歌以詠政":作爲輿論機制的先秦歌謠及其政治傳播功能》,提到先秦"歌輿"具有以下幾種政治傳播功能:第一、政治表達與輿論監督功能;第二、"輿情"調查與政治溝通功能;第三、政治宣傳、教化與動員功能;第四、政治博弈與"輿論造勢"功能;《新聞與傳播研究》2017年第6期,78—83頁。

《大唐故內命婦贈五品王氏墓誌》略考

陳麗萍

陝西省考古研究院新刊《大唐故內命婦贈五品王氏墓誌并序》一方，出土地與入藏情況皆不詳，誌蓋遺失，石長30.5釐米、寬36釐米，正書，誌文14行、行14字，是一方內容簡略的小型墓誌。[1]但這方出自十六王宅的內命婦墓誌，就唐代宫人制度、十六王宅制度的研究提供了很多特殊的信息，爲方便行文引用，先參照原録文將誌文轉録如下：

> 大唐故內命婦贈五品王氏墓誌并序
> 昔者鳳鳴岐山，大邦爰啓；鶴飛維嶺，/華族由稱。代爲太原人也，祖父四海/所知，過此無復諱。命婦操成輝於月/路，引斐彩於星曜，騰照天光，位陪宿[2]。/不以美目自衒，每以端口應人，用是/寵盛生前，榮留没後。春秋卅有七，以/天寶九載八月十七日卒於十六王/蕃邸之別館，命也。由本階六品追贈/五品，惠也。即以其月廿八日遷窆於/長安城東神禾鄉之原，禮也。恐後陵/谷遷質，銘以誌之。其詞曰：/有美邦媛，是出良家。金□□銑，玉質/無瑕。遭罹不慭，霜冽韶華。□言觀空，/揮涕於嗟。

王氏誌文首題"大唐故內命婦贈五品墓誌"，又據誌文可知王氏原爲六品階，卒後得以進階一級。唐制，命婦有內、外之別，內命婦爲諸帝與太子妃嬪、六尚宮正三司等宫官及宫廷內有品命的女性；外命婦爲公（郡、縣）主、親王母與妃妾、國公大臣母妻（妾）、二王後夫人、內命婦之母等。[3]故從王氏"內命婦"身

---

[1]陝西省考古研究院編《陝西省考古研究院新入藏墓誌》，上海古籍出版社，2019年，圖版72頁、録文271頁。
[2]"位陪宿"與前後文無法銜接，應脱一字。
[3]《唐六典》卷二《吏部》、卷一二《內官宫官》、卷一六《太子內官》，中華書局，2008年，38—40、341—344、347—355、659—660、673—674頁；《舊唐書》卷四三《職官志二》、卷四四《職官志三》，中華書局，1975年，1821—1822、1867—1869、1909—1910頁；《新唐書》卷四六《百官志一》、卷四七《百官志二》，中華書局，1975年，1188—1189、1225—1232頁；《唐會要》卷二六《命婦朝皇后》，上海古籍出版社，2006年，573—574頁。

份可推知,她當爲執役於十六王宅的六品宮官。[1]不過與唐代絶大多數宮人簡略的墓誌一樣,王氏墓誌提供的個人信息極爲有限。

首先關於出身。墓誌載王氏"代爲太原人也,祖父四海所知",但又隻字不提他們的名諱官職。實際上,現存約170餘方唐代宮女墓誌中[2],除唐初六品何司製(太原文水人)、七品宮人丁氏(揚州建康人)、八品麻掌闈(丹陽建康人)[3]等寥寥幾位,罕載宮人的家世籍貫乃至姓氏,她們一般被記作"不知誰之子""不知何許人""不詳姓氏""不詳族姓""莫詳氏族所出"等。這類簡短又缺乏個體信息的宮人墓誌,是由她們喪葬營辦程式和墓誌書寫的特性決定的。[4]王氏墓誌書寫者雖得曉其姓氏,但並不清楚她的家族背景,故繫於王姓"太原"郡望[5],再加一句"祖父四海所知"的套語,以示誌主出身大姓高門,這也是中古時期常見的郡望攀附現象。

其次關於經歷。誌文以四六文渲染了王氏有節操、性謙遜等婦人美德和卒後追贈五品的寵遇,但王氏的具體職掌、入宮時間及緣由[6]等細節經歷皆未交待。唯能通過王氏卒於天寶九載(750),年三十七歲,推知其生於開元二年(714),説明這是一位生、卒、入宮皆在玄宗時代的宮人。

王氏墓誌中最有價值的三條信息集中於最後:卒於十六王蕃邸之别館;由内命婦本階六品追贈五品;葬於長安城東神禾鄉之原。

唐代的十六王宅[7]始置於開元十三年(725)。據《舊唐書·玄宗諸子傳》載,開元十三年,玄宗將慶王、忠王等十三子安置於長安安國寺東附苑城的大宅内分院居住,取概數號爲"十王宅";開元二十一年(733),信王等六子再遷入,遂改稱"十六王宅"。又因爲子孫繁衍衆多,在十六王宅外還附置"百孫院"。此後,"十六王宅"成爲了唐宗室諸王聚居制度的代名詞,但後人也常將這一制度

---

[1] 陳麗萍《唐代后妃史事考》,社會科學文獻出版社,2014年,25—26頁;《〈亡宮八品柳志銘并序〉發微》,《北大史學》第19輯,北京大學出版社,2015年,51—70頁。

[2] 唐代宮人群體的資料彙整與初步研究,可參看陳麗萍《唐代后妃史事考》,266—345頁;《新見唐代后妃墓誌舉隅》,《隋唐遼宋金元史論叢》第8輯,上海古籍出版社,2018年,264—280頁。

[3]《大唐故宮人司製何氏墓誌》,周紹良主編《唐代墓誌彙編》貞觀018,上海古籍出版社,1992年,21頁;《大唐故宮人丁氏墓誌》,周紹良主編《唐代墓誌彙編續集》貞觀003,上海古籍出版社,2001年,9頁;《唐故掌闈麻氏墓誌銘》,吳鋼主編《全唐文補遺》第1輯,三秦出版社,1994年,474頁。

[4] 唐代宮女喪事的營辦程序,可參看陳麗萍《〈亡宮八品柳志銘并序〉發微》,51—70頁。唐代宮女墓誌書寫的格式化,可參看程章燦《"填寫"出來的人生——由〈亡宮墓誌〉談唐代宮女的命運》,《中國典籍與文化》1996年第1期,87—90頁,收入《古刻新詮》,中華書局,2008年,219—220頁;胡玉蘭《唐代亡故宮女墓誌銘文的文化意藴》,《哈爾濱工業大學學報》2006年第5期,136—139頁。

[5] 唐代王姓的首望爲琅邪,次太原,次京兆。《新唐書》卷七二中《宰相世系表二中》,2655頁。

[6] 唐代的宮女來源多種,有良家入選、籍没、獻俘、進獻、應招、採買等多種途徑。參看高世瑜《唐代婦女》,三秦出版社,1988年,12—16頁;《中國婦女通史·隋唐五代卷》,杭州出版社,2010年,15—20頁。楊春芳《從墓誌看唐代宮女的等級》,西北大學碩士學位論文,2003年,9—13頁。

[7] 關於唐十六王宅制度的研究,本文不多贅述,可參見拙文《再議唐"十王宅"制》,待刊。

簡稱爲"十王宅制"。關於十六王宅内部的運作,則有"令中官押之,於夾城中起居,每日家令進膳……宫人每院四百、百孫院三四十人"等簡略記載。[1]

十六王宅依附於宫廷,諸王皆有宫人負責起居照顧,王氏天寶九載卒於"十六王宅蕃邸别館",而玄宗諸子入住十六王宅者,此前第五子鄂王瑶與第八子光王琚(開元二十五年)已賜死、第三子忠王璵(開元二十六年)立爲太子,王氏當是慶王琮、棣王琰、榮王琬、儀王璲、穎王璬、永王璘、壽王瑁、延王玢、盛王琦、濟王環、信王璟、義王玼、陳王珪、豐王珙、恆王瑱、涼王璿等十六王某分院内的宫人,可由此而知各分院亦稱"别館"。至於王氏的具體身份,則有賴於墓誌中的"六品""内命婦"信息略作辨别了。

二、六品内命婦贈五品

玄宗設十六王宅每院宫人四百。這裡的"宫人",當爲廣義之宫人,包括了宫女和宦官兩種群體,本文主要探討宫女的配置。王氏生前爲六品内命婦,已知諸王妃妾爲"外命婦",因此王氏名分上與諸王没有婚姻關係,是受玄宗任命執役於十六王宅的宫官无疑。

進一步判斷六品内命婦可能的職掌。我們熟知的唐代宫官制度,其實可簡單分爲皇帝六尚(五品)、二十四司(六品)、典(七品)、掌(八品)、女史(九品)與宫正(設五品宫正、六品司正、七品典正、九品女史);太子三司(從六品)、九掌(從八品)、女史(流外三品)等三個大的部門。[2] 故王氏六品階可能對應的是六尚下屬的二十四司職事:司記、司言、司簿等及宫正下屬的司正。當然這僅是理論上的大致推測,如"司寶"爲掌管皇帝琮寶符契之職;"司正"爲糾禁謫罰宫女之職,這些職掌皆不應設於十六王宅。當然,此類分析雖可作出一些排除,但還是難以確定王氏的具體職掌,而且還有三個方面的難點需要突破。

一是除了史書所載的六尚、宫正和三司體系,實際上還有一些宫官品階、職

---

[1]《舊唐書》卷一〇七,3271—3272頁。此外,《新唐書》卷八二《玄宗諸子傳》(3615—3616頁)、《資治通鑑》卷二一三(中華書局,1956年,6777—6778頁)、《唐會要》卷五《諸王》(60頁)皆見載此事,唯《資治通鑑》繫於開元十五年下。

[2]《舊唐書》卷四四,1867—1869、1909—1910頁;《新唐書》卷四七,1226—1232頁;《唐六典》卷一二、卷二六,341—344、348—355、659—660、673—675頁。陳麗萍《唐代后妃史事考》,266—267頁;《〈亡宫八品柳誌銘并序〉發微》,51—70頁。

掌和機構皆未載於以上體系的記載,如有二品、三品、四品、從五品階(宮官最高品階爲五品,且無從品)[1],還有女師、御正、内中學士職掌與太極□坊、小唾盂局等機構[2],皆未見載於以上體系。這説明所謂六尚、宮正和三司應只是宮官體系的主體部分,還有一些系統及相關宮女配置、品階、職掌等史料皆未明載,故王氏也可能就是這類部門中執役的六品宮官。

二是十六王宅内執役的"宮女"是否統一按照内廷宮女的品階、職掌調配,即她們與内廷宮女是否屬於同一套管理體系,抑或王宅、孫院内也有一套未見載於史的宮女系統設置,其中宮女的品階和職事等皆是相對獨立的。再從入選方式來看,十六王宅的宮女是由内廷統一分配,還是直接被選入王宅的,這一點也有待考證。

三是宮女、諸王妃妾、后妃三者之間身份轉化的可能。隨著"十王宅制"的僵化,宗室婚嫁不以時,諸王多以宮女爲配偶[3],但她們並未獲册爲"外命婦"(即獲得諸王妃妾名號),於是就出現了諸王登基後的册妃詔書中以"某氏"爲"某妃"的現象[4],而貴重如穆宗貞獻蕭后、武宗王賢妃、宣宗元昭晁后、懿宗郭淑妃、昭宗何后等皆是出自十六王宅的宮女。[5]其中如王賢妃,還在武宗繼位時助力不少[6],説明王宅宮女甚至參涉政治鬥争;宣宗即位後册封的昭儀、婕妤、美人、才人等皆以姓氏稱[7],顯然是由王宅宮女直接轉換爲后妃的,這説明唐後期諸王以宮女爲配偶的普遍性,至於她們曾經的身份是宮官還是無品階的宮女,也暫時無法知曉。

最後,關於内命婦的追贈。唐代諸帝后妃多有追贈的記載,如太宗徐昭容、武宗王才人皆贈賢妃[8],玄宗高才人贈婕妤、懿宗韓國夫人贈德妃等。[9]后妃的追贈有逐級和越級之别,追贈品階有低也有高。宮女的追贈卻少見記載,所

---

[1]《唐故二品宮墓誌銘》《亡宮三品墓誌銘并序》《大唐故亡宮四品墓誌銘》《大周故五品亡宮誌銘并序》,《唐代墓誌彙編》顯慶143、開元403、調露004、長壽013,319—320、1434、655、841頁。

[2]《唐故二品宮墓誌銘》,319—320頁;《新唐書》卷一〇八《裴光庭傳》,4089頁;《觀廉女真葬詩序》,《全唐詩》卷五一九,中華書局,1996年,5930—5931頁;《太極□坊九品亡宮誌銘并序》,《唐代墓誌彙編續集》殘誌003,1173頁;《唐内人蘭英墓誌》,《新中國出土墓誌·陝西》二(下),文物出版社,2003年,246頁。

[3] 謝元魯《唐代諸王和公主出閤制度考辨》,《唐史論叢》第12輯,三秦出版社,2010年,29—39頁;吴麗娱、陳麗萍《從太后改在看晚唐后妃的結構變遷與帝位繼承》,《唐研究》第17卷,北京大學出版社,2011年,357—398頁。

[4]《許氏等爲美人制》,《唐大詔令集》卷二五,中華書局,2008年,83頁;《舊唐書》卷一四《憲宗紀上》,418頁。

[5]《新唐書》卷七七《后妃傳下》,3506、3509、3510、3511、3512頁。

[6]《新唐書》卷七七,3509頁;《資治通鑑》卷二四六,7943頁。

[7]《吴氏等封昭儀制》,《唐大詔令集》卷二五,83頁。

[8]《新唐書》卷七六《后妃傳上》、卷七七,3472、3509頁。

[9]《大唐故婕妤高氏墓誌銘并序》,胡戟、榮新江主編《大唐西市博物館藏墓誌》,北京大學出版社,2012年,500—501頁;《故德妃王氏墓誌銘并序》,《唐代墓誌彙編續集》咸通075,1091—1092頁。

見有(五品)尚宫宋若莘卒後,追贈爲四品"河南郡君"[1];宋若昭卒後,追贈爲一品"梁國夫人"[1];某九品宫人卒贈八品等。[2]不過,從現有史料來看,無論后妃還是宫官,追贈者皆爲皇帝,追贈也並無制度可循,至於爲何追贈,這可能涉及她們生前的身份地位、與皇帝的關係、工作表現或其他因素的綜合。

總之,因爲十六王宅制度記載粗略,無法與王氏墓誌内容相比證,王氏是執役於十六王宅内的六品宫官,至於其職事、與諸王的實際關係、所在别院等皆無法落實。雖然唐後期存在大量諸王以宫女爲偶的現象,但在"十王宅制"尚在可控管理的玄宗時期,諸王與宫女的關係特别是宫女身份的轉换還不至於混亂,所以王氏的官方身份是宫官而非諸王侍妾,這一點是可以確定的。而參考十六王宅内的宦官别有官階、官名和執事,王宅内應該有相對獨立的宫女體系存在,以便協助管理王宅或别院,這也應該是最合理和方便的設置。

三、神禾鄉之原

王氏卒後葬於神禾原。有關唐代宫人的葬地,史料同樣罕有確切記載,多被記作"宫人斜"或"亡宫之塋",雖然程義先生考證出"宫人斜"當位於長安城西的龍首原。[3]但這其實僅是宫人葬地之一。目前所知唐代宫人的葬地較爲分散,在長安、洛陽、咸陽周邊皆有安葬區域。她們既有陪葬帝、后、太子陵者,也有聚葬於北邙山、咸陽原以及長安萬年縣崇道鄉、(東、西)龍首原、三原、城西、城北、城東等處者。[4]但目前尚未見到宫人葬於城南或確切到神禾原的記載。

據武伯倫等先生考證,神禾原位於長安城南三十里處今潏、滈兩河之間的高地,與少陵原相交,大致相當於今西安市長安區韋曲、杜曲、王曲一帶,界内有萬春鄉、神禾鄉、永壽鄉等。這一區域在少量的隋、初唐墓誌中記作"神和原",後逐漸爲"神禾原"所替。[5]不過王氏墓誌中將神禾鄉之原也被記於長安東,當

---

[1]《追封宋若莘河南郡君制》,《全唐文》卷六四七,中華書局,1983年,6558頁;《新唐書》卷七七,3508頁。
[2]《八品宫人墓誌》,《唐代墓誌彙編》調露021,666頁。
[3] 程義《唐代宫人斜與臨皋驛地望考》,《唐史論叢》第17輯,陝西師範大學出版社,2014年,100—106頁。
[4] 尚民傑《唐長安、萬年縣鄉村續考》,西安市文物保護考古所編《西安文物考古研究》,陝西人民出版社,2004年,365—390頁;《唐代宫人、宫尼墓相關問題探討》,《唐史論叢》第16輯,陝西師範大學出版社,2013年,211—233頁。陳麗萍《〈亡宫八品柳志銘并序〉發微》,51—70頁。
[5] 武伯倫《唐萬年、長安縣鄉里考》,《考古學報》1963年第2期,87—99頁;王原茵《隋唐墓誌的出土時地與葬地》,《碑林輯刊》第6輯,陝西人民美術版社,2000年,185—206頁。程義《關中唐代墓誌初步研究》,西北大學博士學位論文,2007年;《唐代長安周圍墓葬區的分佈》,《唐史論叢》第13輯,三秦出版社,2011年,71—80頁。陳玲《唐代墓誌所見關中鄉里詞語研究》,西南大學碩士學位論文,2014年;徐暢《唐萬年、(轉下頁)

是筆誤。

相較於少陵原、龍首原、高陽原、鳳棲原等更爲集中或知名的唐人安葬區域，據前人統計，目前所見的神禾原出土墓誌僅十多方，時限從唐武德二年(619)至大中五年(851)，與皇族相關者也不多，僅見有韋紀與妻長孫氏，他們分別爲太宗韋昭容從子、長孫皇后族人。[1]此外，筆者還搜尋了一些葬於神禾原的皇族相關人物，如：

(韋紀兄)韋綱妻(號王女)城德縣主，顯慶四年(659)葬神和原。[2]襄邑王李神符孫女法琬法師，垂拱四年(688)葬神禾原，景龍三年(709)又起塔於此。[3](中宗韋皇后從兄)韋洽，神龍三年(707)葬神和原。[4](德静縣主與于元祚子)于士恭夫婦，開元十五年(727)祔葬神和原。[5](玄宗女新昌公主駙馬蕭衡母)蕭嵩妻賀睿，開元二十五年(737)葬神和原"先塋之南"。[6]

除了法琬法師外，考慮到這些皇族相關人物多是從夫葬或祔葬先塋，間接説明韋紀、韋洽、于元祚、蕭嵩等所屬的韋、于、蕭姓的家族塋地或皆應位於神禾原。但宫官王氏葬於神禾原，與其他宫人已知的葬地全然不同，這是玄宗之旨，還是僅爲喪葬營辦機構的偶然爲之，都也已無從可知了。"十六王宅"每院宫人四百、"百孫院"每院宫人三四十，故玄宗時"十六王宅"滿員時，粗略算來，其中執役的宫女宦官超過了萬人，這些宫女宦官的人員配置比例如何、以及卒後葬於何處等問題，同樣應值得我們今後關注。

王氏墓誌寥寥百餘字，除了姓氏、卒年、年歲、卒地、葬地這些宫人墓誌中多見的基本信息外，所餘屬於個人經歷的細節基本湮滅。我們僅能從生前六品階和生卒時間，推測這是一位地位較高、掌管十六王宅内玄宗某子别院事務的宫

(接上頁)長安縣鄉里村考訂補〉，《唐史論叢》第21輯，三秦出版社，2015年，152—172頁；楊維娟、何穎《唐京兆萬年縣三鄉之里村補正》，《文博》2017年第4期，84—89頁；党斌《兩方唐志合考》，《碑林論叢》第23輯，三秦出版社，2018年，50—58頁。

[1]《大唐故衛尉卿上柱國懷寧郡開國公韋公墓誌并序》，趙君平、趙文成編《秦晉豫新出土墓誌蒐佚》第2册，國家圖書館出版社，2012年，433頁；《大唐衛尉卿上柱國昌樂郡開國公韋府君妻故霍國夫人河南長孫氏墓誌銘并序》，齊運通編《洛陽新獲七朝墓誌》，中華書局，2012年，148頁。陳麗萍《唐代后妃史事考》，60、62—63、74頁。

[2]《大唐周王府主簿韋君妻故城德縣主墓誌銘并序》，趙文成、趙君平選編《新出唐墓誌百種》，西泠印社出版社，2010年，20—21頁；《大唐故司稼正卿韋公墓志之銘并序》，433頁。

[3]《大唐故宣化寺尼法琬師墓誌銘并序》，《全唐文補遺》第3輯，25頁；《大唐囗囗寺故比丘尼法琬法師碑文》，《全唐文》卷九一三，9512—9514頁。

[4]《大唐贈使持節絳州諸軍事絳州刺史銀青光禄大夫韋府君墓誌銘并序》，趙振華《記唐代外戚韋洽墓誌與贈官詔葬制書》，《洛陽考古》2019年第1期，62—72頁。

[5]《唐故延州膚施縣令上柱國于公墓誌銘》，《全唐文》卷九九五，10308—10309頁。

[6]《大唐故梁國夫人賀氏墓誌銘并序》，《大唐西市博物館藏墓誌》，488—489頁。

官,卒後得以追贈五品,結合罕見宫官追贈的大背景,間接説明王氏的表現頗得玄宗認可。王氏墓誌的重要價值在於,它爲我們進一步瞭解和思考"十王宅制"的建成與運行,王宅内宫官的設置、宫人葬地的完整區域等問題,皆提供了全新的參考信息。

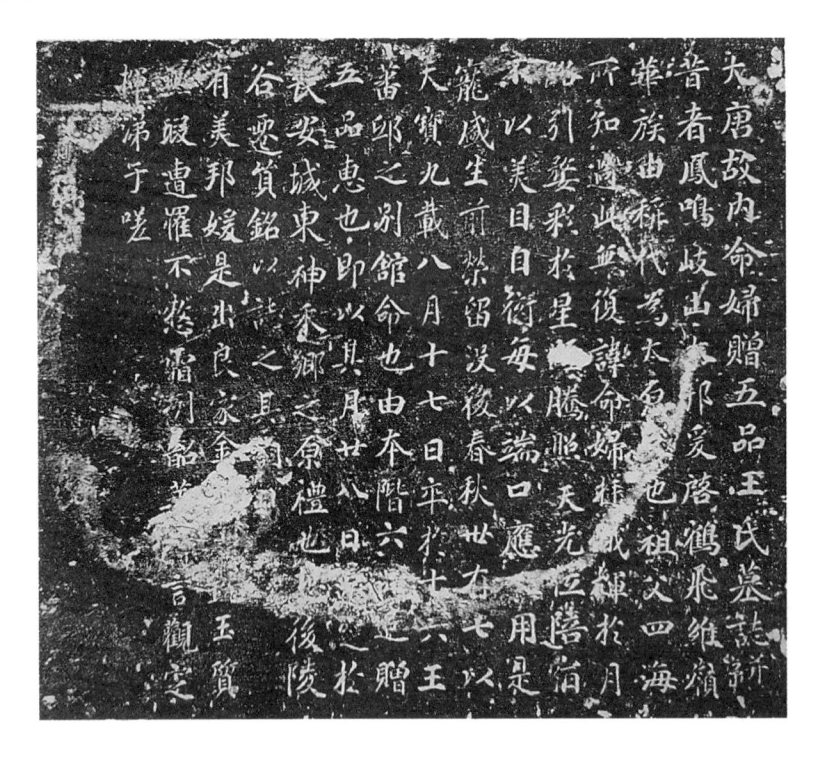

〔陳麗萍,中國社會科學院古代史研究所暨敦煌學研究中心副研究員〕

唐代北庭軍鎮體系的發展

——敦煌 S. 11453、S. 11459 瀚海軍文書再探討[*]

劉子凡

　　唐代的邊疆軍事防禦體系曾發生顯著變化，唐初僅是在邊疆地區構建起以鎮、戍爲主的兵力有限的防禦體系，而在高宗、武后以後則逐漸形成了以軍鎮、守捉爲主的具有較大規模的軍鎮體系，至玄宗時代日趨完備[1]。由於傳世史書的記載不夠詳盡，我們很難深入瞭解軍鎮體系從建立到發展的一些具體細節。幸運的是，敦煌所出 S. 11453、S. 11459 瀚海軍文書等出土文獻中見有關於瀚海軍諸守捉的記載，《元和郡縣圖志》《新唐書·地理志》關於北庭的記載也相對完整，借此便可以北庭爲視角來考察唐代軍鎮體系的一些特點。此前學者已經對這些文獻中出現的軍鎮、守捉的具體位置進行了詳細研究[2]。不過關於北庭的軍鎮體系仍然有一些關鍵問題需要討論，最值得關注的是，上述幾種傳世史料與出土文獻中所見諸鎮、守捉的名稱和數量並不完全對應，這實際上體現了不同時期北庭軍事防禦體系的差異。孫繼民先生提出北庭瀚海軍戰鬥序列名稱是從守捉變爲鎮[3]。不過此觀點恐怕未必正確，尚需重新梳理考證。本文即擬結合傳世史料與出土文獻，考察北庭軍鎮體系的演變，以期進一步瞭解唐代前期軍事制度變化的實態。

---

[*] 本文爲國家社科基金青年項目"唐代北庭文書整理與研究"（項目編號：17CZS011）的階段性成果。
[1] 菊池英夫《唐代邊防機關としての守捉・城・鎮等の成立過程について》，《東洋史學》27，1964年，31—57頁。孟憲實《唐前期軍鎮研究》，北京大學2001年博士論文，58頁。
[2] 相關研究主要有孟凡人《北庭史地研究》，新疆人民出版社，1985年，134—166頁。陳戈《新疆古代交通路綫綜述》，《新疆文物》1990年第3期。戴良佐《唐代庭州七守捉城略考》，載《歷史在訴說——昌吉歷史遺址與文物》，新疆青少年出版社，1993年，31—41頁。薛宗正《絲綢之路北庭研究》，新疆人民出版社，2010年，233—240頁。李樹輝《絲綢之路"新北道"中段路綫及唐輪臺城考論》，《中國邊疆史地研究》2019年第3期，52—64頁。
[3] 孫繼民《敦煌吐魯番所出唐代軍事文書初探》，中國社會科學出版社，2000年，259—260頁。

一、敦煌 S.11453、S.11459 文書及史書中所見北庭軍鎮體系

英藏敦煌 S.11453、S.11459 文書揭自兩個經帙,共計 11 件,見有"瀚海軍之印"。榮新江先生介紹了這組文書,並定名爲《唐瀚海軍典抄牒狀文事目歷》[1]。孫繼民先生又將其分爲五組,分别定名爲《唐開元十六年(728)正月瀚海軍殘牒尾》(S.11459H)、《唐開元十五年(727)十二月瀚海軍兵曹司印歷》(S.11459G、S.11459E、S.11459D)、《唐開元十五年九月？瀚海軍勘印歷(甲)》(S.11453H、S.11453I)、《唐開元十五年九月？瀚海軍勘印歷(乙)》(S.11459C、S.11459F)、《唐開元某年某月瀚海軍請印歷》(S.11453J、S.11453L、S.11453K)[2]。大致這批文書皆爲開元十五年、十六年前後與瀚海軍相關的牒文事目。其中多見有瀚海軍與諸守捉往還之文書事目,相關内容有:

S.11459G

5　牒東道守捉爲置□子事。

S.11459E

1　牒東道行營爲同前事。牒車坊爲收扶車兵范曄事。

6　牒東道守捉爲給翟□賓等手力事。

17　牒東道行營爲小作兵胡遇事。

S.11459D

6　牒中軍爲長行馬子王忽梁事。

7　牒輪臺守捉爲准前事。

S.11459H

14　牒俱六守捉爲馬兩匹付領訖申事。

S.11453I

7　牒西北道爲尹壽京北磧官馬死事。

11　牒東道爲醫人史伏力依舊例所由收領事。

13　牒西北道爲收領楊爽事。

16　牒河西市馬使爲馬群在東西守捉牧放事。

---

[1] 榮新江《英國圖書館藏敦煌漢文非佛教文獻殘卷目錄(S.6981—13624)》,(臺北)新文豐出版公司,1994 年,210—214 頁。
[2] 孫繼民《敦煌吐魯番所出唐代軍事文書初探》,242 頁。

S. 11459C

2　　　牒西北道爲張□力死馬肉錢納官事。

3　　　牒輪臺守捉爲侯山等死馬肉錢不到事。

5　　　牒輪臺守捉爲彭琮等欠肉錢事。

6　　　牒耶勒爲不支冀□替馬事。牒沙鉢爲高場同前事。

7　　　牒北庭府爲年支□軍中馬料事。牒爲輪臺行營中[

10　　牒俱六馬兩匹十一月不食料事。

13　　十七日：牒虞候爲□衛□已後□事。牒孔目司爲同前事。

14　　牒解默、牒神山守捉、牒輪臺守捉、牒俱六守捉、

15　　牒俱六行營、牒耶勒守捉、牒沙鉢守捉、牒西北道守[

16　　牒東道守捉行營、牒蕃館、牒作坊、牒瓦窰、牒□□

S. 11459F

5　　　牒左一軍爲收西北道車牛事。牒西北道爲同前事。

7　　　牒安家生爲造秋冬馬帳事。牒左一軍等六軍爲同前[

8　　　牒衙前爲同前事。牒和副使衙爲同前事。

9　　　牒陰副使衙爲同前事。牒沙鉢守捉,牒西北道守[

10　　牒耶勒守捉,牒俱六守捉,牒輪臺守捉,

11　　牒解默爲七群,牒東道守捉,牒神山守捉,

12　　牒南營並爲同前事。

14　　牒輪臺守捉爲張□健兒張□等死馬皮筋□。

15　　牒市爲供西北道馬藥事。

S. 11453J

2　　　陰都護狀爲東道烽堠數事。淳于雅

S. 11453L

7　　　董件朗狀爲覆賊縱馬付所由訖請公驗事。馬仁

8　　　十二日判牒東道守捉勘訖。典馬仁,□,瓊

17　　西北道狀爲送狼一頭事。張慎

上引文書中出現了沙鉢守捉、耶勒守捉、俱六守捉、輪臺守捉、西北道守捉、神山守捉、東道守捉共7個守捉,另有輪臺、俱六、東道3個行營。除了用守捉全稱外,也見有"耶勒""沙鉢"等,應即耶勒守捉、沙鉢守捉的省稱。尤其值得注意的是,S. 11459C所載十七日瀚海軍爲同一件事下牒6個守捉、2個行營,而在S. 11459F中瀚海軍又爲造秋冬馬帳事同時下牒7個守捉。由此可以推測,開元

79

十五年、十六年間瀚海軍統轄的守捉大致就是這7個。

不過這組文書中反映的瀚海軍守捉體系,與傳世史料的記載並不完全對應。《元和郡縣圖志》卷四〇《庭州》載:

> 清海軍,在州西七百里。舊名鎮城鎮,天寶中改名清海軍。
> 俱六鎮,在州西二百四十里。當碎葉路。
> 憑落鎮,在府西三百七十里。
> 神仙鎮,在府南五十里。當西州路。
> 沙鉢鎮,在府西五十里。當碎葉路。
> 蒲類鎮,在蒲類縣西。
> 郝遮鎮,在蒲類東北四十里。當回鶻路。
> 鹽泉鎮,在蒲類縣東北二百里。當回鶻路。
> 特羅堡子,在蒲類縣東北二百餘里。四面有磧,置堡子處周迴約二十里,有好水草,即往迴鶻之東路。[1]

如果算上清海軍的前身"鎮城鎮",這裏一共記載了8個鎮和1處戍堡,而不見有"守捉"。又,《新唐書·地理志》"北庭大都護府"條下載有:

> 縣四。(有瀚海軍,本燭龍軍,長安二年置,三年更名,開元中蓋嘉運增築。西七百里有清海軍,本清海鎮,天寶中爲軍。南有神山鎮。自庭州西延城西六十里有沙鉢城守捉,又有馮洛守捉,又八十里有耶勒城守捉,又八十里有俱六城守捉,又百里至輪臺縣,又百五十里有張堡城守捉,又渡里移得建河,七十里有烏宰守捉,又渡白楊河,七十里有清鎮軍城,又渡葉葉河,七十里有葉河守捉,又渡黑水,七十里有黑水守捉,又七十里有東林守捉,又七十里有西林守捉。又經黃草泊、大漠、小磧,渡石漆河,逾車嶺,至弓月城。過思渾川、蟄失蜜城,渡伊麗河,一名帝帝河,至碎葉界。又西行千里至碎葉城,水皆北流入磧及入夷播海。)金滿,(下。)輪臺,(下。有靜塞軍,大曆六年置。)後庭,(下。本蒲類,隸西州,後來屬,寶應元年更名。有蒲類、郝遮、鹹泉三鎮,特羅堡。)西海。(下。寶應元年置。)[2]

這裏詳細記載了庭州以西諸守捉的里程,是確定諸守捉位置的最重要的依

---

[1]《元和郡縣圖志》卷四〇,中華書局,1983年,1034頁。
[2]《新唐書》卷四〇,中華書局,1975年,1047頁。

據。《新唐書·兵志》載:"瀚海、清海、静塞軍三,沙鉢等守捉十,曰北庭道。"[1]細數上引《新唐書·地理志》,也剛好對應此十守捉之數。

除此之外,吐魯番出土《唐開元十一年(723)狀上北庭都護所屬諸守捉廢田頃畝牒》中見有"俱六守捉""憑落守捉"和"神山守捉"[2]。同墓出土的《唐北庭諸烽廢田畝數文書》中見有"耶勒守捉"[3]。日本京都藤井有鄰館藏2號文書中見有"輪臺守捉",40號文書中見有"俱六守捉"。

根據上述史料的記載,北庭的軍、鎮、守捉主要分布在天山北麓,是以北庭爲中心,呈東、西、南三個方向布置。由於北庭以西防綫較長,又可以輪臺爲界將其分爲兩部分。這樣大致可以將北庭的防區分爲四個區域。一是北庭以西至輪臺,包括沙鉢守捉(今吉木薩爾慶陽湖鄉雙河街上村北)、憑洛守捉(今吉木薩爾縣三臺鎮馮洛村)、耶勒守捉(今阜康市紫泥泉鄉北莊子古城)、俱六守捉(今阜康市九運街鎮六運古城)、静塞軍(輪臺守捉,今烏魯木齊南郊烏拉泊古城)等,扼守碎葉路。二是輪臺以西,包括張堡城守捉(今昌吉市昌吉古城)、烏宰守捉(今瑪納斯縣頭工鄉樓南古城)、清海軍(清海鎮,今瑪納斯河以西)、葉河守捉、黑水守捉、東林守捉、西林守捉,同樣是扼守碎葉路。三是北庭以南,有神山守捉(神山鎮),扼守通西州之路。四是北庭以東,有蒲類鎮(今奇臺縣城附近)、郝遮鎮(今奇臺東北北道橋古城)、鹹泉鎮、特羅堡等,扼守通往北方草原的回鶻路[4]。

以下將S. 11453、S. 11459瀚海軍文書與《元和郡縣圖志》《新唐書·地理志》中所載北庭軍、鎮、守捉列表表示,以示對照。

表一　不同史料中的北庭軍事機構對照表

	《元和郡縣圖志》	S. 11453/S. 11459	《新唐書》	其他文書
北庭都護府治所	瀚海軍	瀚海軍	瀚海軍	
北庭以西至輪臺	沙鉢鎮 憑落鎮 俱六鎮	沙鉢守捉 耶勒守捉 俱六守捉 輪臺守捉	沙鉢城守捉 馮洛守捉 耶勒城守捉 俱六城守捉 静塞軍	憑洛守捉(72TAM226:83) 耶勒守捉(72TAM226:65) 俱六守捉(72TAM226:83、有鄰館40) 輪臺守捉(有鄰館2)

---

[1] 《新唐書》卷五〇,1328頁。
[2] 唐長孺主編《吐魯番出土文書》圖録本肆,文物出版社,1996年,92頁。
[3] 唐長孺主編《吐魯番出土文書》圖録本肆,102頁。
[4] 關於諸守捉的今地尚有争議,此處暫且使用學界的一般説法。

（續表）

	《元和郡縣圖志》	S. 11453/ S. 11459	《新唐書》	其他文書
輪臺以西	清海軍（鎮城鎮）	西北道守捉	張堡城守捉 烏宰守捉 清海軍（清海鎮） 葉河守捉 黑水守捉 東林守捉 西林守捉	張(石?)堡守捉(有鄰館 13)
北庭以東	蒲類鎮 郝遮鎮 鹽泉鎮 特羅堡子	東道守捉	蒲類鎮 郝遮鎮 鹹泉鎮 特羅堡	
北庭以南	神仙鎮	神山守捉	神山鎮	神山守捉(72TAM226：83)

從上表可以清楚地看到各種史料中記載的軍、鎮、守捉的對應關係。其中一些鎮或守捉的名字稍有差異，如"憑落鎮""馮洛守捉""憑洛守捉"，顯然是同一處地點。"馮"與"憑"字形相近，或是在抄寫過程中產生訛誤。"神仙鎮"與"神山鎮""神山守捉"也是如此，或是"山"字訛爲"仙"。

表中所見各種史料的記載有幾處關鍵的不同。一是"鎮"與"守捉"的稱呼。在《元和郡縣圖志》中記載的諸軍事機構除了清海軍外，皆稱爲某某鎮，而在 S. 11453、S. 11459 文書及《新唐書·地理志》中，北庭以西的諸軍事機構都稱爲守捉。至於北庭以東、以南的軍事機構，《元和郡縣圖志》《新唐書》都稱爲鎮，S. 11453、S. 11459 中則有守捉。二是數量不對應，尤其是《新唐書·地理志》所載輪臺以西的諸守捉不見於其他史料。三是 S. 11453、S. 11459 文書中出現了西北道守捉和東道守捉，亦不見載於《元和郡縣圖志》與《新唐書·地理志》。這些史料記載的差異，需要從北庭軍鎮體系發展的角度來理解。

二、從鎮到守捉：北庭軍鎮體系的建立

關於北庭的"鎮"與"守捉"的問題，孫繼民先生提出 S. 11453、S. 11459 瀚海軍文書中的諸守捉之名，是開元十五年(727)前後瀚海軍戰鬥序列名稱的反映，

《元和郡縣圖志》則可能是此後情況的反映[1]。這對於認識各種史料之間的關係無疑是個重要的提示,但這一結論恐怕不能成立。孫繼民先生的一個重要證據是吐魯番出土《唐開元十九年(731)□六鎮將康神慶抄》[2],認爲其中的"□六鎮將"代表著當時俱六守捉已轉爲俱六鎮。不過敦煌出土《唐天寶七載(748)敦煌郡給某人殘過所》中見有"懸泉勘過,守捉官鎮將靳崇信"[3],説明守捉官可以由鎮將擔任,出現鎮將並不能説明該軍事機構一定是鎮。因此,説俱六守捉變爲俱六鎮的依據並不可靠。

據菊池英夫先生的研究,鎮、戍是北魏以來既有的一種邊疆防禦機構,而守捉很可能是起源於行軍,其作爲固定的邊疆軍事機構也是與行軍的鎮軍化有關[4]。從行軍到鎮軍是唐前期軍事體制的一大變革,唐初對外戰爭主要是以臨時集結的行軍爲主,在邊疆只保留有限的防禦力量,而隨著吐蕃崛起等邊疆形勢的變化,唐朝開始在邊疆長期大規模駐軍,由此逐漸轉變爲以鎮軍爲主。守捉的大量設置正是軍鎮體系建立的重要特徵,傳統的以都護府或都督府統領鎮、戍爲主的有限防禦模式,被以節度使統領軍鎮、守捉爲主的大規模駐軍模式所替代。

最能反映這一現象的是吐魯番阿斯塔那226號墓出土的一組與營田相關的文書,大致是開元十年、十一年前後瀚海軍、伊吾軍、西州都督府上北庭支度營田使的牒文。如前所述,這組文書中出現了瀚海軍所屬的"俱六守捉""憑落守捉""神山守捉"和"耶勒守捉"。此外還見有伊吾軍所屬的"納職守捉"。而西州都督府所屬則是"赤亭鎮""柳谷鎮""白水鎮""銀山戍"[5],其時西州尚未置軍,仍然是都督府治下的鎮、戍體系。而置軍的北庭、伊州則是軍鎮、守捉爲主。這裏的"鎮"與"守捉"名稱的區別,顯然就代表了軍鎮體系建立前後的不同。而當軍鎮設立之後,該地原有的鎮、戍也必然會有一些升爲守捉。如上述文書中的西州"赤亭鎮"在《新唐書·地理志》中已稱爲"赤亭守捉",這應當就是代表了開元十五年西州設立天山軍以後的情形[6]。

對於北庭來説,至少有沙鉢、憑落、俱六、神山這4個軍事機構有"鎮"與"守捉"的稱謂變化,這樣一種情況就是反映了瀚海軍設立後從鎮到守捉的過渡。

---

[1] 孫繼民《敦煌吐魯番所出唐代軍事文書初探》,259頁。
[2] 唐長孺主編《吐魯番出土文書》圖録本肆,412頁。
[3] 見敦煌文物研究所考古組《莫高窟發現的唐代絲織物及其它》,《文物》1972年第12期,58頁。
[4] 菊池英夫《唐代邊防機關としての守捉・城・鎮等の成立過程について》,31—57頁。
[5] 唐長孺主編《吐魯番出土文書》圖録本肆,101頁。
[6] 關於天山軍設立的時間,見劉安志《唐代西州天山軍的成立》,朱玉麒主編《西域文史》第2輯,科學出版社,2007年,89—99頁。

而《元和郡縣圖志》中整齊劃一的諸鎮,應當代表了庭州時代以鎮、戍爲主的防禦體系情況。《通典》卷一九一《邊防典・西戎》中所謂"以其地爲庭州,並置蒲類縣。每歲調内地更發千人鎮遏焉"[1],即與此相關。不過並不是所有的鎮都會轉化爲守捉,北庭以東的蒲類鎮、郝遮鎮、鹽泉鎮,在《新唐書・地理志》中就依然以鎮爲名。這應當代表了北庭優先增強了北庭以西的軍事力量,也提示我們在軍鎮、守捉系統建立之後,有些原有的鎮也會繼續保留並發揮作用。無論如何,從《元和郡縣圖志》的"鎮"到 S. 11453、S. 11459 文書及《新唐書・地理志》中的"守捉",體現的是北庭軍鎮體系的建立。

三、北庭軍鎮體系的加強與拓展

在辨明《元和郡縣圖志》所載爲早期的庭州鎮防體系之後,還需要解決 S. 11453、S. 11459 瀚海軍文書與《新唐書・地理志》關於諸守捉記載的差異問題。兩種文獻在北庭至輪臺段的記載基本相同,只是瀚海軍文書中少了憑落守捉,不過根據前引吐魯番出土的營田相關文書來看,至少在開元十一年北庭就已經設有憑落守捉。二者最大的不同在於北庭以東及輪臺以西兩段的守捉設置,S. 11453、S. 11459 瀚海軍文書中不見有北庭以東的諸鎮以及輪臺以西的諸守捉,但是却多出了其他文獻所未見的東道守捉與西北道守捉。

關於輪臺以西的諸守捉問題,孫繼民先生認爲《新唐書・地理志》記載的軍事單位不止瀚海軍,還包括清海軍、靜塞軍,輪臺以西諸守捉肯定不在瀚海軍的防區之内[2]。不過《元和郡縣圖志》和《新唐書・地理志》明確記載,清海軍原名鎮城鎮或清海鎮,在天寶年間才設立。至於輪臺的靜塞軍,《舊唐書・代宗本紀》載大曆六年(771)九月"戊申,於輪臺置靜塞軍。"[3]所以在 S. 11453、S. 11459 瀚海軍文書所在的開元十五年、十六年前後,還沒有設立清海軍與靜塞軍,北庭只有瀚海軍一軍。那麼這組瀚海軍文書中沒有出現輪臺以西的守捉,只能解釋爲當時如烏宰、葉河、黑水等西面的守捉尚未設立。根據前文探討的軍鎮與守捉的關係來看,輪臺以西諸守捉很可能是隨著天寶年間清海軍的設立才一併設置的。

---

[1]《通典》卷一九,中華書局,1985 年,5205—5206 頁。
[2] 孫繼民《敦煌吐魯番所出唐代軍事文書初探》,259 頁。
[3]《舊唐書》卷一一,中華書局,1975 年,298 頁。

另一方面，從清海軍的前身爲鎮城鎮或清海鎮來看，在輪臺以西諸守捉設立以前，這一地區設有鎮。同樣，在北庭以東也是蒲類、郝遮、鹹泉三鎮的設置。可以說根據 S. 11453、S. 11459 瀚海軍文書，開元十五年、十六年前後也就是北庭瀚海軍設立的早期，主要是在北庭至輪臺一綫設立了大量的守捉，而東、西兩側則是以力量相對薄弱的鎮爲主。至此或許也可以提出一個推論，S. 11453、S. 11459 瀚海軍文書中所見的兩個具有泛稱性質的守捉——東道守捉和西北道守捉，極有可能就是分別統御北庭以東的及輪臺以西諸鎮。從前引 S. 11453、S. 11459 文書的内容來看，瀚海軍與西北道守捉和東道守捉的往來牒狀十分頻繁，數量遠遠超過了與俱六、輪臺等各守捉之間的牒文，其内容涉及兵士、官馬、車牛等各種事宜，足見西北道守捉與東道守捉在瀚海軍的軍鎮體系中占據重要的位置。這或許正是與這兩守捉分別負責北庭東西兩端較大範圍的防禦有關。

綜上所述，《元和郡縣圖志》代表了早期庭州鎮戍體系的情況，S. 11453、S. 11459 文書反映了開元中期即北庭軍鎮體系建立初期的情況，而《新唐書・地理志》則是記載了天寶以後北庭軍鎮體系的面貌。三種材料對比來看，北庭軍鎮體系發展大致可以分爲兩個階段。

第一階段即北庭軍鎮體系建立之初，重點加強了北庭至輪臺的軍事力量，在這一區域設立了大量的守捉。然後由東道守捉和西北道守捉分別負責北庭以東及輪臺以西的軍事防禦。值得注意的是，S. 11453、S. 11459 文書中還出現了俱六行營、輪臺行營和東道守捉行營。孫繼民先生認爲這三個行營是各自守捉派出兵士組成的[1]。無論如何，行營的出現説明這三個守捉的軍事力量在北庭諸守捉中是比較强的。從有鄰館藏第 40 號文書來看，俱六守捉總兵額可能達到了 550 人，相當於府兵制中的 2—3 個團，確實是一個軍力很强的守捉[2]。俱六守捉和輪臺守捉所在的位置（即今烏魯木齊至阜康一帶），剛好是碎葉路的一個重要路口，若是自碎葉路西來，經輪臺守捉可以沿白水澗道抵達西州[3]，經俱六守捉可以通往北庭。北庭在軍鎮體系建立之初，優先加強北庭至輪臺的力量，尤其是提升輪臺與俱六的軍力，顯然也是與控制碎葉路這條至關重要的軍事及貿易路綫有關。

第二階段爲天寶時代以後，在維繫北庭至輪臺的核心區域以外，又在輪臺

---

[1] 孫繼民《敦煌吐魯番所出唐代軍事文書初探》，250—254 頁。
[2] 劉子凡《唐前期兵制中的隊》，王振芬、榮新江主編《絲綢之路與新疆出土文獻：旅順博物館百年紀念國際學術研討會論文集》，中華書局，2019 年。
[3] 白水澗道見於敦煌 P.2009《西州圖經》，録文可參考唐耕耦、陸宏基編《敦煌社會經濟文獻真跡釋録》第 1 輯，55 頁。

以西設立了清海軍及烏宰、葉河、黑水、東林、西林等諸守捉,大大地向西拓展了北庭在天山北麓的軍事力量。這一舉措大致也與天寶年間唐朝在西域不斷取得戰果是同步的。按,天寶三載(744)安西節度使夫蒙靈詧擊斬突騎施莫賀達干,其後唐朝册突騎施骨咄禄爲十姓可汗;天寶六載安西副都護、四鎮都知兵馬使高仙芝攻破小勃律,擒其王及吐蕃公主;天寶九載安西節度使高仙芝攻破揭師、討平石國,擒石國王及突騎施可汗。唐朝在這一時期對突騎施取得了決定性的勝利,同時在一定程度上限制了吐蕃在葱嶺一帶的滲透。北庭軍鎮體系的向西推進,顯然是對這一系列軍事行動的配合。

　　總之,通過傳世史書與出土文獻的對比分析,還是可以大致勾勒出北庭軍鎮體系從建立到拓展的大致脉絡。相對於史書中平面化的記載,這種視角可以更加立體地審視北庭軍鎮體系的特點。同時,北庭軍鎮體系的發展過程,又是唐前期邊疆防禦體系發展的一個重要的實例,體現了從都護府統領鎮、戍到節度使統領軍鎮、守捉的轉變過程中的一些重要細節,如軍鎮、守捉設立的階段性以及守捉與鎮的統屬關係等等,這些都是進行軍鎮研究值得重視的方向。

〔劉子凡,中國社會科學院古代史研究所、
中國社會科學院敦煌學研究中心副研究員〕

隋唐秘書内外省補考

——《資治通鑑》劄記一則

趙 洋

《資治通鑑》卷一七六載"直秘書内省博陵李文博,家素貧",胡三省對此注曰:"曹魏藏書,在秘書中外三閣,是時,秘書已有内外之分矣,隋氏開獻書之路,召天下工書之士,補續殘缺,爲正副二本,藏於宫中,其餘以實秘書内外之閣,故置直秘書内省之官。"[1]秘書省作爲古代重要的藏書機構,在隋唐時期的發展頗令人好奇。此前,趙永東、吴炯炯等先生對隋唐秘書省的職能、地位和群僚都有所討論[2],本劄記則試圖在其基礎上再略作梳理與補考。

學者們對於東漢及魏晉時期的秘書省建制已有較多論述,而南北朝時期秘書省的設置,按《隋書·百官志》云:

> 秘書省置監、丞各一人,郎四人,掌國之典籍圖書。著作郎一人,佐郎八人,掌國史,集注起居。著作郎謂之大著作,梁初周舍、裴子野,皆以他官領之。又有撰史學士,亦知史書。佐郎爲起家之選。[3]

可知南梁秘書省爲"掌國之典籍圖書"以及"國史""集注起居"等事務。其佐郎之官爲起家之良選,但在此時被士族高門所佔據,直到隋煬帝時才有

---

[1]《資治通鑑》卷一七六《陳紀》"長城公至德四年",中華書局,1956年,5487頁。
[2] 趙永東《談談唐代的秘書省》,《文獻》1987年第1期,268—273頁;曹之《唐代秘書省群僚考略》,《圖書與情報》2003年第5期,25—27、50頁;吴炯炯、王瑞芳《隋代秘書省相關問題考論》,《圖書與情報》2010年第1期,143—147頁;吴炯炯《隋代秘書省職司考論》,《敦煌學輯刊》2011年第4期,126—138頁;郭偉玲《試論唐代秘書省的歷史地位和作用》,《圖書館學刊》2015年第9期,121—124頁。
[3]《隋書》卷二六《百官上》,中華書局,1973年,723頁。

所轉變[1]。而《隋書·百官志》載：

> 秘書省，典司經籍。監、丞各一人，郎中四人，校書郎十二人，正字四人，又領著作省，郎二人，佐郎八人，校書郎二人。[2]

此爲北齊之秘書省，似乎只爲"典司經籍"，但其官員構成基本相同。隋高祖時之秘書省則爲：

> 秘書省，監、丞各一人，郎四人，校書郎十二人，正字四人，錄事二人。領著作、太史二曹。著作曹，置郎二人，佐郎八人，校書郎、正字各二人。太史曹，置令、丞各二人，司曆二人，監候四人。其曆、天文、漏刻、視祲，各有博士及生員。[3]

基本沿襲了南北朝的建制。後來隋煬帝對整個官職都有所改革，秘書省也有很大調整：

> 秘書省降監爲從二品，增置少監一人。從四品。增著作郎階爲正五品，減校書郎爲十人。改太史局爲監，進令階爲從五品，又減丞爲一人。置司辰師八人，增置監候爲十人。其後又改監、少監爲令、少令。增秘書郎爲從五品。加置佐郎四人，從六品。以貳郎之職。降著作郎階爲從五品。又置儒林郎十人，正七品。掌明經待問，唯詔所使。文林郎二十人，從八品。掌撰錄文史，檢討舊事。此二郎皆上在藩已來直司學士。增校書郎員四十人，加置楷書郎員二十人，從九品。掌抄寫御書。[4]

對於人員建制有所變動，但並未具體說明其職務。根據所增各郎官來看，確如吳炯炯所總結的那樣，仍是"掌明經待問""掌撰錄文史，檢討舊事"以及"掌抄寫御書"的記錄與抄寫之職[5]。但煬帝大業年間(605—618)"又遣秘書省學士，定殿前樂工歌十四首，終大業世，每舉用焉"[6]，可見秘書省在隋朝雖然都

---

[1] 劉嘯《從門第到學問的轉變——隋代秘書省官員的任職條件析論》，《福建師範大學學報(哲學社會科學版)》2012年第5期，112—121、150頁。
[2] 《隋書》卷二七《百官志中》，754頁。
[3] 《隋書》卷二八《百官志下》，775頁。
[4] 《隋書》卷二八《百官志下》，795—796頁。
[5] 吳炯炯《隋代秘書省職司考論》，127—137頁。
[6] 《隋書》卷一五《音樂志下》，373頁。

是與書籍打交道,但必要時還要參與定禮樂的工作。

另外,參與隋代秘書省刊定等工作的官員,筆者還可以再補充兩位。一是郎茂年輕時"後奉詔於秘書省刊定載籍"[1];二是劉焯也曾"後與諸儒於秘書省考定群言"[2]。

《舊唐書》無具體記載秘書省之職掌,但十分簡略地記述了秘書省的沿革:

> 秘書省,隸中書之下。漢代藏書之所,有延閣、廣内、石渠之藏。又御史中丞,在殿内,掌蘭臺秘書圖籍。後漢桓帝延熹二年,始置秘書監,屬太常寺,掌禁中圖書秘文。後併入中書。至晉惠帝,别置秘書寺,掌中外二閣圖書。梁武改寺爲省。龍朔改爲蘭臺,光宅改爲麟臺,神龍復爲秘書省。[3]

其中南北朝和隋朝部分可以上文《隋書·百官志》所引進行補充。又《舊唐書》卷三六《天文下》曰:"舊儀:太史局隸秘書省,掌視天文曆象。[4]"所以,太史局一直也是隸屬於秘書省内,期間雖有一定變化,但直至天寶元年(742),太史局復爲監,才不隸秘書省。而《新唐書·百官志》則有詳細的唐代秘書省建制:

> 秘書省:監一人,從三品;少監二人,從四品上;丞一人,從五品上。監掌經籍圖書之事,領著作局,少監爲之貳。武德四年改少令曰少監。龍朔二年,改秘書省曰蘭臺,監曰太史,少監曰侍郎,丞曰大夫,秘書郎曰蘭臺郎。武后垂拱元年,秘書省曰麟臺;太極元年曰秘書省。有典書四人,楷書十人,令史四人,書令史九人,亭長六人,掌固八人,熟紙匠十人,裝潢匠十人,筆匠六人。[5]

相比隋代,唐代秘書省的人員建制變化較大,如其管轄總人數已明顯少於隋,但分類卻更精細,出現了熟紙匠等匠工,只是其職掌仍爲"監掌經籍圖書之事"等。

撰録文史是秘書省重要的職能,但唐代的麗正院卻將撰輯的職能納入囊中:

---

[1]《隋書》卷六六《郎茂傳》,1554頁。
[2]《隋書》卷七五《劉焯傳》,1718頁。
[3]《舊唐書》卷四三《職官志二》,中華書局,1975年,1854頁。
[4]《舊唐書》卷三六《天文志下》,1335頁。
[5]《新唐書》卷四七《百官志二》,中華書局,1975年,1214頁。

行沖知麗正院,又奏紹伯、利征、彥直、踐猷、行果、子劍、直、曎、述、灣、玄默、欽、良金與朝邑丞馮朝隱、冠氏尉權寅獻、秘書省校書郎孟曉、揚州兵曹參軍韓覃、王嗣琳、福昌令張悱、進士崔藏之入校麗正書。由是秘書省罷撰緝,而學士皆在麗正矣。[1]

北魏時秘書省就有内外之分[2],隋唐的秘書省同樣如此。趙永東和吴炯炯等諸位先生雖也曾論及隋唐秘書内外省之别[3],但仍有些許史實可做補充。如《玉海》就有"唐秘書内省"與"唐秘書外省"兩個條目,其中《玉海》稱秘書外省"與秘書省通"[4]。有關秘書外省的直接相關史料很少,《舊唐書》卷一八九上《儒學上》載:

武德元年,詔皇族子孫及功臣子弟,於秘書外省别立小學。[5]

《新唐書》卷一九八《儒學上》與此同。而在《新唐書》卷四四《選舉上》中記此事云:

自高祖初入長安,開大丞相府,下令置生員,自京師至於州縣皆有數。既即位,又詔秘書外省别立小學,以教宗室子孫及功臣子弟。[6]

此外,《文獻通考》卷五七《職官考十一》載:"唐高宗詔宗室子孫就秘書外省,别爲小學。"[7]但此處唐高宗的例子爲孤例,應當爲唐高祖事例之訛誤。

以上爲傳世史料中有關秘書外省的史料,都是指唐高祖武德元年(618)於秘書外省别置小學,來教導宗室和功臣的子弟。而明確認爲秘書省與秘書外省相通的,似乎只有《玉海》那一條。然考慮到秘書省的史料較多而秘書外省的史料較少,可以有兩種推斷:一是秘書外省之"外"字可能爲衍字,係傳抄之誤;二是秘書外省爲秘書省之别稱,可能是相對秘書内省稱之,然通行不是很廣,使用

---

[1] 《新唐書》卷一九九《儒學中·馬懷素傳》,5682頁。
[2] 曹剛華《北魏内外秘書考略》,《民族研究》2003年第2期,98—100頁。
[3] 趙永東《談談唐代的秘書省》,269頁;吴炯炯、王瑞芳《隋代秘書省相關問題考論》,144—145頁。
[4] 王應麟《玉海》卷一二一,四庫全書影印本,廣陵書社,2003年,2235頁。
[5] 《舊唐書》卷一八九上《儒學上·序》,4940頁。
[6] 《新唐書》卷四四《選舉志上》,1163頁。
[7] 馬端臨《文獻通考》卷五七《職官考十一》,中華書局,2011年,1691頁。

時間並不長。但可以肯定秘書省和秘書外省是同一官司。

秘書內省與外省相對,吴炯炯、王瑞芳已指出隋唐秘書內省已與北魏秘書內省有很大區別[1]。根據《隋書》記載:

> 又後漢鐫刻七經,著於石碑,皆蔡邕所書,魏正始中,又立三字石經,相承以爲七經正字。後魏之末,齊神武執政,自洛陽徙於鄴都,行至河陽,値岸崩,遂没於水。其得至鄴者,不盈太半。至隋開皇六年,又自鄴京載入長安,置於秘書內省,議欲補緝立於國學。尋屬隋亂事遂寢,廢營造之司,因用爲柱礎,貞觀初,秘書監臣魏徵,始收聚之,十不存一,其相承傳拓之本,猶在秘府,並秦帝刻石附於此篇,以備小學。[2]

隋開皇六年(586)就有秘書內省之説,其設立當更早,而其職能主要用作存放七經石碑,以待補緝之用。同時,王珪"隋開皇十三年,召入秘書內省,讎定群書,爲太常治禮郎"。[3] 開皇十三年時,秘書內省依然存在。另,此處的"太常治禮郎"需要留意,《隋書·百官志》中無"治禮郎"一職,只有"奉禮郎"之説。按《舊唐書·高宗本紀》以及兩《唐書》的相關志書的記載,高宗即位後,爲避諱,而於貞觀二十三年七月將"治禮郎"改爲"奉禮郎"。故唐代官修的史書,如《隋書》《北史》等,其中有關貞觀二十三年(649)之前的記載中,所用的"奉禮郎",其實都應稱作"治禮郎"才對。兩《唐書》則於此多有改回。

回到上文《通鑑》所提到的李文博曾直秘書內省之事,《隋書·李文博傳》載:

> 開皇中,爲羽騎尉,特爲吏部侍郎薛道衡所知,恒令在聽事,帷中披檢書史,並察已行事,若遇治政善事,即抄撰記録,如選用踈謬,即委之臧否,道衡每得其語,莫不欣然從之,後直秘書內省,典校墳籍,守道居貧,晏如也。[4]

根據許善心史傳所云:

> 十七年,除秘書丞。於時秘藏圖籍尚多淆亂,善心放阮孝緒《七録》更製《七

---

[1] 吴炯炯、王瑞芳《隋代秘書省相關問題考論》,145頁。
[2] 《隋書》卷三二《經籍志一》,947頁。
[3] 《新唐書》卷九八《王珪傳》,3887頁。
[4] 《隋書》卷五八《李文博傳》,1431頁。

林》,各爲總敘,冠於篇首。又於部録之下,明作者之意,區分其類例焉。又奏追李文博、陸從典等學者十許人,正定經史錯謬。[1]

李文博應該就是在開皇十七年被"奏追"而"直秘書内省"。根據史傳來看,李文博其人因"性貞介鯁直,好學不倦",頗有學識,受到薛道衡的賞識,後來入直秘書内省。而且他還專於治道,曾著《治道集》十卷,大行於世。《册府元龜》也提到:"李文博爲直秘書内省,商略古今治政得失,如指諸掌。"[2]同時《隋書》同卷還提到:"初,文博在内校書,虞世基子亦在其内,盛飾容服,而未有所卻。"[3]而《北史》卷八三於此事則説是"文博在内省校書"[4],多一個"省"字,更能使人相信,此當爲秘書内省之簡稱。值得注意的是,杜寶《大業雜記》曾詳細記述隋代東都洛陽的秘書内省位置:

> 門北三十步,有景運門。門北二百步,有顯福門,入内宫。命婦入朝、學士進書,皆由此門。入景運門内,道左有内史内省、秘書内省……[5]

杜寶曾在隋代秘書省任職,故對於東都秘書内省的記載應當相當可靠。所以,東都的秘書内省和内史内省一樣,都位於宫内。

到了唐朝,秘書内省的建制似乎没有恢復,也就是上文已提到的,"尋屬隋亂事遂寢,廢營造之司",此營造之司可能包括了秘書内省。直到貞觀三年,爲了編修五代史,才重新設立秘書内省:

> 武德五年,高祖以自魏以來二百餘歲,世統數更,史事放逸,乃詔撰次,而思廉遂受詔爲《陳書》,久之猶不就,貞觀三年,遂詔論撰於秘書内省,十年正月壬子始上之。[6]

對於此事《隋書》宋天聖二年隋書刊本原跋説得更加詳細:

> 十二月詔,中書令封德彝、舍人顔師古,修隋史,綿歷數載不就而罷,貞觀三

---

[1]《隋書》卷五八《許善心傳》,1427頁。
[2]《册府元龜》(校訂本)卷六二四《卿監部五·智識》,鳳凰出版社,2006年,7229頁。
[3]《隋書》卷五八《李文博傳》,1432頁。
[4]《北史》卷八三《文苑·李文博傳》2807頁。
[5] 辛德勇輯校《大業雜記輯校》,三秦出版社,2006年,8頁。
[6]《陳書》附《曾鞏陳書目録序》,中華書局,1972年,501頁。

年,續詔秘書監魏徵修《隋史》,左僕射房喬總監,徵又奏於中書省置秘書內省,令前中書侍郎顏師古、給事中孔穎達、著作郎許恭宗撰隋史,徵總知其務,多所損益,務存簡正,序論皆徵所作。[1]

也就是説唐代在此前是没有秘書內省的設置,直到貞觀三年,魏徵才奏請於中書省設置秘書內省,以便編修《隋史》等書。《唐會要》卷六三也簡單提到此事:"至貞觀三年,於中書置秘書內省,以修五代史。"[2]《册府元龜》卷五五六的記載與此相同。另外敬播也曾進入秘書內省參與編撰工作:

> 貞觀初,舉進士。俄有詔詣秘書內省佐顏師古、孔穎達修《隋史》,尋授太子校書。史成,遷著作郎,兼修國史。與給事中許敬宗,撰《高祖》《太宗實録》。[3]

秘書內省此時已變成專門修撰史籍的場所,而且隸屬中書省,不過應當同秘書省一樣,也承擔了存放和校勘書籍的職能。不過在此之後就没有秘書內省的相關史料。然據《唐兩京城坊考》記載:

> 貞觀三年,置秘書內省以修五代史,又置史館以編國史,尋廢秘書內省。[4]

也就是説因爲史館的設置,秘書內省其實不久就再次被廢置。《册府元龜》卷五五四論述此事,似乎秘書內省和史館的設置順序有所不同:

> 三年,別置史館於禁中,專掌國史,以他官兼領,卑品有才,亦以直館,命宰臣監修,隸門下省,而著作局始罷領史職。是年,又於中書置秘書內省,以修五代史。[5]

這裏是史館先被設置於禁中並專掌國史,著作局因此被罷領史職,而秘書內省是"又於"中書省被設置。這裏有些奇怪,可能需要更多材料來分析討論。然而我們還是可以知道,秘書內省到了唐代,其設置主要是爲了編修史籍,而且

---

[1] 《隋書》附《宋天聖二年隋書刊本原跋》,1903頁。
[2] 《唐會要》卷六三《史館上·修前代史》,上海古籍出版社,2006年,1287頁。
[3] 《舊唐書》卷一八九上《儒學上·敬播傳》,4954頁。
[4] 徐松撰、李建超增訂《增訂唐兩京城坊考》(修訂版)卷之一,三秦出版社,2006年,4頁。
[5] 《册府元龜》(校訂本)卷五五四《國史部一·總序》,6337頁。

因爲史館的設置,秘書内省的職能與此重合,不久就被廢置,後來没再被重置,故其存在時間並不長。秘書省則與秘書内省不同,其部門設置和職能比較固定,故存在時間相較内省更久,大概這也是其"外省"的別稱在唐代並不流行的原因吧。

〔趙洋,中國社會科學院古代史研究所、中國社會科學院敦煌學研究中心助理研究員〕

捨宅故事與唐宋地方寺院寺史的建構

——以蘇州吴、長洲二縣寺院爲例[*]

沈國光

序

佛教自東漢傳入中國,至魏晋時湧現出了一批傑出的僧人。可以説,這批僧人的弘法奠定了中國佛教的底色,同時也成爲後世中國佛教再發展的動力之一。魏晋僧人的行迹、寺院的興建,除了《高僧傳》等内典之外,又依稀見載於正史以及《世説新語》等教外材料。即使此時期的文獻十分有限,但魏晋時人的行實依然成爲了後世地方佛教景觀生成的一種重要文化資源,並且賦予了這些景觀内在的歷史意義[1]。宋代方志材料中,爆發式地出現了關於本地佛教景觀的"歷史"。一個具體的表現是,宋代地方志中多有"寺觀"一門,詳載諸寺之沿革。實際上,如果對這些"寺史"進行一次"史源學"式的審查,很容易就會發現

---

[*] 本文爲2020年國家社科基金重大項目"中國歷代釋氏碑誌的輯録整理與綜合研究"(批准號20&ZD266)的階段性成果。

[1] 在西方當代地理學中,景觀(Landscape)是指"地表的整個'情景',不僅有面前的'景況',還有背後的'情況'"(唐曉峰《景觀史記》,《讀書》2019年第7期)。關於中國景觀史的研究,肇始於段義孚(Yi-fu Tuan)。雖然段義孚没有明確提出"宗教景觀"或者"佛教景觀",但他早在半個世紀以前就已經注意到佛教對於景觀的意義(段義孚《神州》,趙世玲譯,北京大學出版社,2019年,141—145頁)。近年來,國内學界也逐漸興起了對宗教文化景觀的研究。安介生稱:"宗教文化景觀是一種形式獨特而内容豐富的景觀類型,不僅是傳統社會景觀構成之重要組成部分,同時也是宗教信仰對於社會生活及人文地理環境所産生影響的最直觀表徵。"(安介生、周妮《衆神共祀:宋元時期鎮江地區宗教文化景觀建構與背景分析》,《歷史地理》第38輯,上海人民出版社,2019年,215—240頁。關於宗教景觀研究的綜述,亦可參看此文)不過目前大部分自稱"景觀史"的研究,似乎只停留在景觀的"景況",而没有深入探討景觀背後的"情況"。本文所關注的問題並非僅僅是對宗教景觀的白描,而是試圖回答"景觀何以生成"這一問題,即討論抽象的文化資源如何賦予宗教景觀意義,成爲景觀背後之"情況",從而進一步探討宗教景觀與地方社會之間的互動。

只有部分寺院歷史偶見於前代史書,有大量寺院寺史以及作爲地方景觀的佛教遺迹只見於宋代方志,在此前史料中毫無蹤迹可尋。這一定程度上與地方志編撰的模式有關。青山定雄注意到自唐代開始,圖經、方志已經開始採納各種小說、傳說等作爲考證時的佐證材料。這種現象至宋代則愈加明顯[1]。在宋人編寫的地方志中,這些關於寺院的歷史都被加入到"地方史"的敘述之中。也就是說,在宋代方志中出現的大量景觀本身的"歷史",實際上成爲了"地方史"建構中重要的一部分[2]。那麼,地方志在編修的過程中,編者如何有效地甄別、篩選前朝事迹,從而建構"地方史"?這個問題在利用方志進行本地佛教景觀敘述中顯得尤爲重要。靈驗記、志怪小說以及傳奇這些帶有靈驗色彩的文獻是如何塑造某種景觀,又是如何進入"地方史"的書寫之中,從而構建出地方的社會記憶?這是本文所要回答的主要問題。基於此,有必要對方志材料中關於地方歷史的記載進行嚴格的審查[3]。

本文所選取的案例是宋代蘇州/平江府治所所在吳縣與長洲縣境内之寺院。之所以選擇此二縣作爲本文的研究區域,原因有如下幾點。第一,行政區劃相對穩定。此二縣秦時屬吳縣,直至唐萬歲通天元年(696)方析吳縣東部置長洲縣,兩縣同爲附郭縣[4]。宋代因之[5]。第二,自魏晉始,二縣所在吳郡(蘇州)一直是東南地區經濟文化,尤其是佛教文化,最爲發達的區域之一[6]。這有利於在考察唐宋時期二縣佛教景觀生成過程中有相對充足的文獻進行比對研究。第三,有多部較爲系統的地志。僅晉唐間之《吳地記》就有十一種之多[7],而據張國淦考證,晉至宋,關於蘇州/平江府的地理總志、府縣志、圖經近

---

[1] 青山定雄《唐宋時代の總志及び地方誌》,《唐宋時代の交通と地誌地圖の研究》,吉川弘文館,1963年,488頁。

[2] 包弼德(Peter K. Bol)將宋代地方志的編修視爲地方史興起的重要内容之一。關於地方志中對於古物、遺迹的記載,其稱"士人對於古物的興趣與地方志的發展確是互相促進的,圖經與方志都詳細記載當地的古迹、碑刻、遺址,士人通過閱讀多部方志以瞭解這些古物"(包弼德《地方史的興起:宋元婺州的歷史、地理和文化》,《歷史地理》第21輯,吳松弟譯,上海人民出版社,2006年,432—452頁)。但是,包弼德未能加以闡發的一點是,古物何以成爲"古物"?方志中所記載的古物、遺迹等,是何時產生的,方志的編纂者是否有所依據?

[3] 保羅·康納頓(P. Connerton)在對社會記憶進行研究時提醒到:"我們應當把社會記憶和最好稱之爲歷史重構(history reconstruction)的活動區分開來。"康納頓認爲"歷史學家所研究的對像是遺迹:即其本身已無從知道的某種現象所留下的可感知標記,僅就把這種標記理解爲某物的遺蹟和證據來說,它已經超越了僅限於敘述這些標記本身的階段;把某物算作證據,是就他物,即證據所指的對象,進行陳述",而"在社會記憶對一個事件保持直接見證的情況下,歷史重構也是必須的"。(保羅·康納頓《社會如何記憶》,納日碧力戈譯,上海人民出版社,2000年,9—10頁)

[4] 《舊唐書》卷四〇《地理志》,中華書局,1975年,1586頁。

[5] 《宋史》卷八八《地理志》,中華書局,1985年,2174頁。

[6] 可參張偉然《南北朝佛教地理的初步研究(上)》,《中國歷史地理論叢》1991年04期,225—240頁;《南北朝佛教地理的初步研究(下)》1992年01期,219—244頁。

[7] 牟發松《〈吳地記〉考》,《漢唐歷史變遷中的社會與國家》,上海人民出版社,2011年,399—414頁。本文中凡不書作者之《吳地記》,均爲陸廣微之書。

三十種[1]。其中較爲完整的有三部,分別是唐陸廣微的《吳地記》、宋朱長文《吳郡圖經續記》以及署名范成大的《吳郡志》[2]。這三種材料,正好與方志發展過程中的"區域志—地記—圖經—方志"四階段中的後三個階段對應[3]。實際上,方志體例發生變化的同時,方志內容的知識形式也在變化。尤其是在宋代,自"天下圖經"至《祥符圖經》的編修過程中,圖經的編修逐漸由彙編檔案而成的案牘發展爲著述,編修者的獨立主張也隨之開始顯現。而在此後,"代之而起的,是不定期的、以私人或地方官名義出現的地方地理著述"。《吳郡圖經續記》雖然是對此前圖經的補記,但實際上已無案牘之痕迹[4],並且開啓了北宋私修地方志的先河[5]。而署名范成大的《吳郡志》,實際上是由以范氏爲中心的地方士人群體共同推動完成的[6]。這些圖經/方志編修者往往爲地方官或者本地士人,當方志逐漸擺脫了案牘彙編這種形式後,這些地方士人的主張也開始不斷滲透到方志的編纂之中。

　　圖經與方志可以説是地方知識不斷增益後的一次次系統展示。以往研究的注重點往往在地方志的編修過程、欄目的增益、體例的變更以及方志的編纂群體等等。前彥在這些方面的工作爲我們進一步開展研究打下了堅實的基礎。因此,我們不妨通過對三部志書,以及其餘散佚方志的相關記載與前代文獻進行比勘,從而管窺地方佛教景觀的知識是如何一步步層累成系統的地方歷史與社會記憶。

一、宋代吳、長洲二縣寺院概況

　　寺院不僅僅是僧人弘法與生活的主要場所,更是地方信衆進行頂禮膜拜、寄託精神世界的重要場合。由於寺院所在多佔據風景秀麗之名山,因此也成爲了文人墨客遊覽觀賞之處。可以説,寺院是宋代地方上重要的佛教景觀。因此,在展開具體的敘述之前,首先要瞭解宋代吳、長洲二縣的佛教發展以及寺院

---

[1] 張國淦《中國古方志考》,中華書局,1963年,199—252頁。
[2] 陸廣微《吳地記》,曹林娣校注,江蘇古籍出版社,1999年;朱長文《吳郡圖經續記》,金菊林校點,江蘇古籍出版社,1999年;范成大《吳郡志》,陸振嶽校點,江蘇古籍出版社,1999年。
[3] 關於方志的轉型問題,可參看王重民《中國的地方志》,《光明日報》,1962年3月14日。
[4] 潘晟《宋代圖經與九域圖志:從資料到系統知識》,《歷史研究》2014年第1期,79—96頁。關於《吳郡圖經續記》在記述內容在對於以往圖經的突破,可參桂始馨《宋代方志轉型問題再論》,《中國歷史地理論叢》第27卷第3輯(2012年7月),79—95頁。
[5] 高柯立《〈吳郡圖經續記〉編纂與刊刻探微》,《文獻》2016年第5期,134—140頁。
[6] 高柯立《南宋時期〈吳郡志〉的編纂與刊刻——側重於社會與政治的歷史考察》,《北京大學學報》(哲學社會科學版)第55卷第4期(2018年7月),106—113頁。

之概況。

《吳郡圖經續記》(下文簡稱《續記》)稱：

> 自佛教被於中土,旁及東南,吳赤烏中,已立寺於吳矣。其後,梁武帝事佛,吳中名山勝境,多立精舍。因於陳隋,寖盛於唐。唐武宗一旦毀之,已而,宣宗稍復之。唐季盜起,吳門之内,寺宇多遭焚剽。錢氏帥吳,崇嚮尤至。於是,修舊圖新,百堵皆作,竭其力以趨之,唯恐不及。郡之内外,勝刹相望,故其流風餘俗,久而不衰。民莫不喜蠲財以施僧,華屋邃廡,齋饌豐潔,四方莫能及也。寺院凡百三十九,其名已列《圖經》。今有增焉,考其事迹可書而《圖經》未載者,録於此。[1]

這段文字簡要概括了晉宋吳地佛教發展之歷史,其中赤烏建寺、梁武崇佛、唐武滅佛以及錢氏興佛都對此有著至關重要的影響。至宋代,當地民衆的崇佛熱情已臻至"莫不喜蠲財以施僧"之境地。實際上,宋代吳地的佛教事業已經融入到當地的社會之中。可舉一例,《夢溪筆談》載:

> 皇祐二年吳中大饑,殍殣枕路。是時范文正領浙西,發粟及募民存餉,為術甚備。吳人喜競渡,好為佛事,希文乃縱民競渡,太守日出宴於湖上,自春至夏,居民空巷出遊,又召諸佛寺主首諭之曰:"饑歲工價至賤,可以大興土木之役。"於是諸佛寺工作鼎興。[2]

這裏有必要説明的是,皇祐元年(1049)范仲淹知杭州,但上引此事應發生於吳地蘇州。其一,宋代杭州屬"越"不屬"吳"[3],引文中"吳中""吳人"之表述並非指杭城及杭城居民。其二,引文中又稱"希文",又有稱"太守",顯然指代二人而非一人。其三,范仲淹為吳人,皇祐時期又常在蘇州活動,尤其是皇祐元年在蘇州建立范氏義莊影響甚大[4]。因此這段材料所描繪之事件發生於蘇州。據上引史料,因吳中"好為佛寺",故范仲淹提出以役代賑之法,令諸寺大興土

---

[1]《吳郡圖經續記》卷中《寺院》,30頁。
[2] 沈括《夢溪筆談》卷一一《官政》,上海書店出版社,2003年,99頁。
[3] 宋可達《五代已降錢塘江兩岸的地域耦合——以杭、紹為中心》,《雲南大學學報》(社會科學版)2018年第1期,82—91頁。又,北宋時期的秀州已經在"離吳趨越"的過程之中,位於秀州南部的杭州無疑屬"越"。參宋可達《越韻吳風:吳越文化共輔中的嘉興》,《歷史地理》第35輯,上海人民出版社,2017年,101—114頁。
[4] 樓鑰《攻媿集》卷六〇《范氏復義宅記》,《景印文淵閣四庫全書》第1153册,臺灣商務印書館股份有限公司,1983年,53頁下欄—54頁下欄。關於范仲淹在皇祐年間在蘇州之行跡以及范氏義莊之建立,可參廖志豪、李茂高《略論范仲淹與范氏義莊》,《學術月刊》1991年第10期,71—75頁;王善軍《范氏義莊與宋代范氏家族的發展》,《中國農史》2004年第2期,89—94頁。

木。一者可見吳地民衆崇佛之熱情,二者可見吳地的佛教業已成爲當地社會經濟活動的重要組成部分。

再看宋代吳地寺院的數量。雖然編修於此前的祥符《蘇州圖經》已佚,但據《續記》序言所稱,《圖經》中共記録了蘇州境内寺院有一百三十九所。兩宋時期,吳地的佛教事業又得以進一步發展。至朱長文編寫《續記》時,共記録平江府城以及吳、長洲二縣寺院已有三十二所。朱長文《續記》在編纂過程中,"凡《圖經》已備者不録,素所未知則闕如也"[1],因此二縣境内寺院之數量當不止此數。南宋編成的《吳郡志》中共記載二縣(含郭内與郭外)寺院五十八所。這個數字大抵與二縣境内寺院之真實數量相去不遠。與之形成鮮明對比的,是成書於唐末五代的《吳地記》僅記吳郡全境内寺院十三所[2]。可見五代至宋時期二縣佛教事業之發達。正如引文所示,宋代平江府地區已經"勝刹相望",佛教之興盛程度"四方莫能及"。

在二縣境内,宋代地志對其中二十四所寺院的興建歷史有較爲詳細的記録。這二十四所寺院中明確記載建寺因緣者,有吳寺一所、晉寺七所、劉宋寺一所、梁寺六所、隋寺一所、唐寺五所、後梁寺一所、後唐寺一所、宋寺一所[3]。現據《續記》與《吳郡志》,將二十四所寺院及建寺因緣羅列如下。

《吳郡圖經續記》與《吳郡志》所見宋代吳、長洲諸寺始建年代與建寺因緣表

所在	寺院	始建	建寺因緣
郭内	能仁禪寺/承天寺	梁	故傳是梁時陸僧瓚故宅,因睹祥雲重重所覆,請捨宅,爲重雲寺。中誤書爲重玄,遂名之。
	朱明尼寺	東晉	舊傳:朱明富而孝友,其弟聽婦言,壞宅欲棄兄離居。明以金穀盡與弟,唯留空室。一夕大風雨,悉飄財寶還明宅。弟與其婦愧而自縊,明乃捨宅爲寺。
	廣化寺	梁乾元(化?)三年	梁乾元(化?)三年,諸葛氏捨宅爲之。

---

[1]《吳郡圖經續記·序》,2頁。

[2]《吳地記》,90—100頁。現存陸廣微之《吳地記》並非全帙,全帙所記寺院之具體數量已不可知。據陳振孫《直齋書録解題》卷八稱,陸廣微之《吳地記》共一卷。(上海古籍出版社,1987年,245頁)從體量而言,《吳地記》所記寺院之數,不會超過祥符《圖經》所載之一百三十九所。

[3] 對於這一統計,有如下幾點説明。1.《吳郡志》卷三一《府郭寺》"廣化寺"條載:"梁乾元三年,諸葛氏捨宅建。"(463頁)南梁與後梁均無"乾元"年號,當爲"乾化"之訛。2. 同書卷三三《郭外寺》"福臻禪院"條,正文引《舊經》稱梁天監二年置,又稱"今《記》中云,唐會昌六年建寺"。暫將此寺定爲唐寺。後附楊宿《記》稱:"先是蕭梁下詔,取梅梁於茲地。致白馬之莫,感明神之徵。因爲白馬塢,即茲院之址也。至唐宣宗,改元大中。崇興梵宇,法春承紹,六世於茲。"(495頁)此條正文中所謂"今《記》",似指楊宿所撰之寺記。但楊宿《記》中所載的建寺時間當爲宣宗大中初。會昌六年(846)三月,武宗卒,宣宗即位,次年改元大中。或此寺之興建始於會昌六年而終於大中初。3. 同書卷三三《郭外寺》"水月禪院"條正文稱:"梁天同四年建,隋大業六年廢。"(501頁)梁無天同年號,當爲"大同"之訛。又《吳地記後集》稱此寺建於梁天監四年。(《吳地記》,120頁)存疑待考。

(續表)

所在	寺院	始建	建寺因緣
郭内	報恩寺/臥佛寺	吳	吳先主母吳夫人捨宅所建玄通寺基也。
	開元寺	後唐	後唐同光錢氏所徙寺也。
	大慈院/北禪寺	唐	《皮陸集》云,晉戴顒宅也。至唐司勳陸郎中居之,後以爲寺。
	乾元寺	晉	僧法珣與和合衆法藏等造乾元寺者,晉高士戴逵子顒之宅也。(據《吳郡志》卷三一所收顧況《建乾元寺記》)
郭外·吳縣	天峰院	晉	東晉高僧支遁別庵也。
	觀音禪院	晉	古報恩寺基。
	福臻禪院	唐	《舊經》云:梁天監二年置,今《記》中云,唐會昌六年建寺。
	天宮寺	梁天監中	梁武帝天監中所營,唐德宗重加興飾。
	水月禪院	梁	梁天(大?)同四年建,隋大業六年廢。唐光化中,僧志勤因舊址結廬。
	壽聖院	晉天福五年	吳越國中吳軍節度使咸顯公文奉創建,以奉其父廣陵王元璙墓祀,初名吳山院。
	孤園寺	梁	梁散騎常侍吳猛宅也,捨而爲寺。
	包山禪院	梁大同二年	院有舊鐘,云梁大同二年置,爲福願寺。天監中再葺。
	翠峰禪院	唐	唐將軍席温其所捨宅也。
	彌勒禪院	唐乾符間	吳越王建。
	觀音院	宋元嘉	宋元嘉安禪師所建華山院也。僧懷深《圓通殿記》稱:宋元嘉中,會稽内侍張裕請於朝而立焉。(收入《吳郡志》卷三四)
	法海寺	隋	隋將軍莫鰲捨宅所建寺也。
郭外·長洲縣	雲岩寺/虎丘山寺	晉	晉司徒王珣及司空王珉之別業也。咸和二年,捨以爲寺。即劍池而分東西,今合爲一。
	顯親崇報禪院/秀峰寺	梁	吳館娃宫也。梁天監中始置寺,有智積善菩薩舊迹,土人奉事甚謹。
	澄照寺	唐	鴻臚卿左衛大將軍曹茂達六代孫玄祚,捨祠堂基以構寺。(據陳最《記》,收入《吳郡志》卷三三)
	半塘法華院	晉義熙十一年	寺有雉兒塔,晉道生法師有誦法華經童子,死葬此。義熙十一年,商人謝本夜泊此岸,聞誦經聲,旦尋求見。墳上生青蓮華,郡以聞。詔建是塔,號法華院。
	齊昇院	宋紹熙元年	提舉常平張體仁創建。

从简单的统计中可见，在方志的敘述體系中，宋代平江府吴、长洲二縣的寺院大多爲前代所修。其中唯一一所宋寺，據《吴郡志》載是在紹熙元年(1190)由提舉常平張體仁所創建的齊昇寺[1]。同樣是出於《吴郡志》的記載，張體仁在淳熙十六年(1189)六月初三日到任提舉浙西常平，於紹熙元年十月除户部郎官、湖廣總領[2]。張體仁，本姓詹，杜範所撰《張體仁傳》[3]、真德秀所撰其行狀[4]、葉適所撰其墓誌[5]以及《宋史》本傳[6]，皆載張體仁提舉浙西常平之事。在知福州時，詹氏"會諸禪探籌"而得佛智禪師以住名刹雪竇[7]。可見詹氏多在意釋家之事。宋人滕戚在《吴孫王墓記》中又明確稱"前常平使者，創叢塚墓，建齊昇院"[8]。《吴郡志》中關於張體仁建寺的記載應當很準確。

但是，對於號稱是前代所修寺院寺史的記載，並不能都像齊昇寺一樣可以予以堅實的歷史學考證。尤其是寺院的建寺始末，多所寺院是自《吴地記》始方才出現了一個相對完整的建寺故事。這種建寺故事的形成，不妨視之爲吴地的地方性知識累積以及社會記憶的結果。在諸種類型的建寺故事中，捨宅爲寺是最常見、最典型的一種。這不僅僅見諸吴地，在宋代其他的方志材料中，同樣多以捨宅爲寺作爲一所寺院悠久歷史的開端。本文試圖通過對吴地寺院在唐宋時期不斷累積形成的"捨宅爲寺"故事加以檢討，進一步探討地方性知識對於吴地寺院歷史的塑造過程。

二、斷裂與新説：通玄與大慈二寺建寺故事的成立

據陸廣微《吴地記》載，位於宋代長洲縣西北的通玄寺與位於長洲縣北的乾元寺，分別是由東吴吴夫人與東晉戴顒捨宅而建[9]。有意思的是，這兩所寺院在魏晉六朝文獻中全不見蹤迹，直至《吴地記》才出現了詳細、完整的記載。可以説，這兩所寺院自《吴地記》所示的建寺時間至《吴地記》編成的年代之間出現

---

[1]《吴郡志》卷三四《郭外寺》，511頁。
[2]《吴郡志》卷七《官宇》，92頁。
[3]杜範《杜清獻公集》卷一九《張體仁傳》，《宋集珍本叢刊》第108册，綫裝書局，2004年，485頁上欄。
[4]真德秀《西山文集》卷四七《司農卿湖廣總領詹公行狀》，《景印文淵閣四庫全書》第1174册，763頁上欄。
[5]葉適《水心集》卷一五《司農卿湖廣總領詹公墓志銘》，《景印文淵閣四庫全書》第1164册，294頁上欄。
[6]《宋史》卷三九三《詹體仁傳》，12019—12021頁。
[7]衛涇《後樂集》卷一八《徑山蒙庵佛智禪師塔銘》，《景印文淵閣四庫全書》第1169册，736頁下欄。
[8]滕戚《吴孫王墓記》，鄭虎成編《吴都文粹》卷一〇，《景印文淵閣四庫全書》第1358册，846頁下欄。
[9]《吴地記》，91頁。

了一段"空白歷史"。自唐代開始出現的關於這些寺院歷史的新説，不得不讓我們對其建寺故事的真實性産生懷疑。

先看宋代對於通玄寺的記載。據稱，通玄寺是吴、長洲二縣内，甚至是平江府内最早建成的寺院。《吴郡志》卷三一"報恩寺"條載：

> 報恩寺，在長洲縣西北，即吴先主母吴夫人捨宅所建通玄寺基也。支硎山亦有報恩寺。或云錢氏建，移額於此。[1]

這一記載是節引《續記》而成的。《續記》載：

> 報恩寺，在長洲縣西北一里半。在古爲通玄寺，吴赤烏中，先主母吴夫人捨宅以建……開元中，詔天下置開元寺，遂改名開元，金書額以賜之……大順二年，爲淮西賊孫儒焚毁，其地遂墟。同光三年，錢氏更造寺於吴縣西南三里半，榜曰"開元"，並其僧遷焉，即今之開元寺也……周顯德中，錢氏於故開元寺基建寺，移唐報恩寺名於此爲額，即今寺也。[2]

原通玄寺所在於大順二年(891)遭孫儒之亂而廢，錢氏遂將"開元寺"之額移於吴縣西南三里半之新寺，其後又將唐報恩寺之額移於原通玄寺所在，故《吴郡志》稱報恩寺乃"通玄寺基"。《續記》與《吴郡志》關於報恩寺/通玄寺爲"吴先主母吴夫人捨宅以建"則言之鑿鑿。此説最早的記載見於《吴地記》，其稱通元寺是"吴大帝孫權(母)吴夫人捨宅置"[3]。但是在《三國志》中並無吴夫人捨宅建寺之記載。三國吴時期第一所寺院是赤烏十年(247)康僧會所建之建初寺[4]，而孫權母吴夫人則於建安十二年(207)即已去世[5]。據此可明確，通玄寺絶非出其捨宅所建。之所以將吴夫人與通玄寺相關聯，很有可能是因爲吴夫人本就爲吴人。因此到了唐代，吴地民衆將通玄寺的建立歸之於吴夫人捨宅。

其實在唐宋時期，通玄寺的建立還有另一個版本的敘述。《吴郡志》"開元寺"條下引梁簡文帝《浮海石像銘》中稱通玄寺"孫權爲乳母陳氏之所立"。顯

---

[1]《吴郡志》卷三一《府郭寺》，466頁。
[2]《吴郡圖經續記》卷中《寺院》，31—32頁。
[3]《吴地記》載爲"通元寺"，避諱所致。據校勘記，"孫權"後脱"母"字。(91—92頁)
[4] 關於三國吴時期佛教之記載分歧雜亂，湯用彤對此有詳細的討論。可參湯用彤《漢魏兩晉南北朝佛教史(增訂本)》，北京大學出版社，2011年，74頁。
[5]《三國志》卷五〇《孫破虜吴夫人傳》，裴松之注引《志林》，中華書局，1959年，1196頁。

然,在這篇銘文中將建寺之主角换成了孫權,並且憑空虛構了一位乳母陳氏,很可能是爲了回避吳夫人建寺之時間早於建初寺的尷尬。雖然《吳郡志》的編纂者將這篇《浮海石像銘》附於"通玄寺"條後,但是並沒有採納這篇銘文中的説法。已經有學者指出,這篇銘文可能是北宋以後之人擬作而成[1]。《浮海石像銘》有部分内容原有所本,《高僧傳》卷一三《慧達傳》[2]、《集神州三寶通感録》卷中"西晉吳郡石像浮江緣"[3]以及《法苑珠林》卷一二"感應緣"[4]均有記載。但是在這三份文獻之中,均未見孫權爲乳母陳氏立通玄寺之事。《吳郡志》最終將吳夫人捨宅建寺的故事作爲通玄寺的寺史,《浮海石像銘》的記載並沒有取代自唐就流傳下來的敘述。毋寧説,吳夫人捨宅建寺已經成爲了當地關於通玄寺建寺緣起的一種基本共識。

同樣具有一段"空白歷史"的是乾元寺。但乾元寺的情況更爲複雜,因爲在《吳郡志》編纂的年代已不知該寺所在。與之密切關聯的,是建成於咸通三年(862)的大慈寺。這兩所寺院,同時被認爲是當地的北禪寺,而且均與晉人戴逵、戴顒父子之捨宅有關。現將《吳地記》《吳郡圖經續記》《吳郡志》中對此二寺寺史之記載羅列對比如下。

《吳地記》《吳郡圖經續記》《吳郡志》所載乾元、大慈二寺對比表

	《吳地記》	《吳郡圖經續記》	《吳郡志》
乾元寺	乾元寺,晉高士戴顒捨宅置。乾元初,蘇州節度採訪使鄭桂清書寺額,奉敕依年號爲乾元寺。	無	乾元寺,唐有之,今不知所在。據顧况《記》云:晉戴逵宅。皮陸集又以北禪寺爲戴宅,則此即今北禪寺矣。
大慈寺/北禪寺	無	大慈院,在長洲縣北。唐咸通三年,陸侍御以宅爲院,號爲"北禪",祥符中改今額。皮、陸有《北禪避暑聯句》,注云:"院昔爲戴顒宅,後司勳陸郎中居之。"即此是也。	大慈寺,在長洲縣北。皮陸集云,晉戴顒宅也。至唐司勳郎中居之,後以爲寺,號北禪院。

先看大慈寺的情况。《續記》對於大慈寺之記載有齟齬之處。所謂"司勳陸

---

[1] 張偉然、顧晶霞《西晉石佛泛海傳説與吳淞江邊相關寺院歷史》,覺醒主編《覺群佛學(2007)》,宗教文化出版社,2008年,409—422頁。
[2] 釋慧皎《高僧傳》卷一二《晉並州竺慧達傳》,湯用彤校注,湯一玄整理,中華書局,1992年,478頁。
[3] 釋道宣《集神州三寶通感録》卷中,《大正新修大藏經》(下文簡稱《大正藏》)第52册,大正一切經刊行會,1927年,413頁下欄—414上欄。
[4] 釋道世《法苑珠林校注》卷一二,周叔迦、蘇晉仁校注,中華書局,2003年,439—440頁。

郎中"應是指陸涔[1]。陸賓虞、陸暢均是吳人,也均被稱爲"陸侍御"。陸龜蒙之父陸賓虞"以文名,歷侍御史"[2]。陸暢元和初進士[3],唐人姚合有詩《送陸暢侍御歸揚州》[4]。陸涔是陸暢之侄[5],從皮、陸《北禪避暑聯句》所見,陸涔曾得居於此宅,則此宅爲陸暢之居更爲合理。但是,若陸暢已捨宅建寺,陸涔又何以能再得居之。陸暢事迹不詳,只知其娶董溪之女[6],又曾親韋皋[7]。但其活動的年代,與咸通三年相去甚遠[8]。這種矛盾到了《吳郡志》中則已經被消彌。《吳郡志》省去了"陸侍御以宅爲院"的内容,徑直以《北禪避暑聯句》爲本,且稱"後以爲寺"。《吳郡志》的編纂無疑使得平江府寺院的歷史得以"規整化"。

有意思的是,《吳郡志》在"乾元寺"條後附上的顧況《建乾元寺記》又與正文條目出現了新的矛盾。《吳地記》中本載乾元寺,《吳郡志》則因乾元寺"不知所在",直接將乾元寺認爲是大慈寺。范成大雖然以二寺爲同一所寺院,但依然羅列二寺條目,且將所據顧況《乾元寺記》列於"乾元寺"條之後。爲了更好的理解這兩所寺院的歷史,有必要對顧況的這篇寺記進行一次檢討。《建乾元寺記》稱:

> 僧法珣與和合衆法藏等造乾元寺者,晉高士戴逵子顒之宅也。乾元初,節度使鄭昪之奏云:觀察使李涵、李道昌,皆有力大臣……法珣上人,重舊德不輕新學。門人清瑛,請況於經藏中抄佛心説,永示無極。[9]

現已不知陸廣微在編纂《吳地記》時是否參考了此文。顧況撰寫的這篇寺記記載得很清楚,乾元寺原是戴顒之宅,後由僧法珣以及法藏等建寺,並非由戴

---

[1]《吳郡志》卷二一《人物》稱"陸誇,自右拾遺除司勛郎中,棄官隱吳中。詔召之,既在道,歐陽秬誚其出處之遽,誇遂還"。(320頁)陸氏與歐陽秬之事,又見《新唐書》卷二〇三《歐陽詹傳》,作"陸涔"。(中華書局,1975年,5787頁)

[2]《吳郡志》卷二一《人物》,319頁;《新唐書》卷一九六《陸龜蒙傳》,5612頁。

[3] 林寶《元和姓纂(附四校記)》卷一〇,岑仲勉校注,中華書局,2008年,1422頁。

[4] 姚合《送陸暢侍御歸揚州》,《全唐詩》卷四九六,中華書局,1960年,5629頁。

[5] 范攄撰、唐雯校箋《雲溪友議校箋》卷三"吳門秀"條,中華書局,84頁。

[6]《韓昌黎文集校注》卷五《唐故朝散大夫商州刺史除名徙封州董府君墓誌銘》,馬其昶校注,馬茂元整理,上海古籍出版社,1998年,496頁。

[7]《新唐書》卷一五八《韋皋傳》,4936頁。

[8] 陸暢於元和元年(806)中進士第,則至咸通三年(862)已有五十餘年。參徐松《登科記考》卷一六,趙守儼點校,中華書局,1984年,584頁。

[9] 顧況《乾元寺記》,《吳郡志》卷三一《府郭寺》,473—474頁。又《文苑英華》收有此文,題爲《蘇州乾元寺碑》。其中"法珣上人,重舊德不輕新學。門人清瑛,請況於經藏中抄佛心訖,永示無極"又有作"法珣上不重舊德,下不輕新學。門人清瑛,請況於經藏中抄佛心訖,永示無極"。(《文苑英華》卷八六三《蘇州乾元寺碑》,中華書局,1966年,4458頁下欄)今暫從《吳郡志》所載。

顗捨宅而建。如果顧況這篇寺記可信,也就意味著乾元寺與大慈寺並非同一所寺院。大慈寺的建寺過程,《續記》記載很清楚,是遲至咸通三年而建成。《吳郡志》的這種對於大慈寺與乾元寺寺史的規整,也奠定了後世對此的看法。元初黃溍所撰《北禪寺觀堂記》稱:

> 按《圖經》及舊記,寺本晉戴顗故宅。唐名乾元,宋名大慈。[1]

這裏的《圖經》以及所謂"舊記"現已不知是何時代之文獻。但至少到元初,對於北禪寺的歷史已經完全按照《吳郡志》的記載敘述,將乾元寺與大慈寺混爲一寺。大抵自南宋後期開始,這一認知已經成了關於地方歷史的基本常識。

《吳郡志》之所以將二寺以爲一寺,很顯然是受到了《北禪避暑聯句》中記載戴顗捨宅故事的影響。據唐法琳《辨證論》所記,戴顗之父戴逵曾造招隱寺[2]。唐人張祜有詩《題招隱寺》稱"千年戴顗宅,佛廟此崇修"[3]。宋代鎮江有一招隱寺,《避暑錄話》稱其爲戴顗捨宅建[4]。在唐代,江南地區已經出現了戴顗父子捨宅造寺的故事。但是,究竟是戴逵還是戴顗,以及是否真有捨宅建寺之事,現已不得其詳。但可以説,就平江府內而言,戴逵父子的事跡已經作爲吳地佛教的一種地方性社會記憶而流傳。戴顗之父戴逵,在太元十二年(387)至吳地。雖然很快又回到了會稽,但是已有"吳中高士"之稱[5]。戴顗或與其父同至吳地。

唐宋吳地的地方文獻中,除了稱其捨宅建寺之事外,還出現了不少關於戴顗的記載。吳縣西有一般若臺,相傳是晉穆侯何準捨宅所建。《吳地記》載,般若臺"內有水池石橋,銅像一軀高一丈六尺。高士戴顗建"[6]。朱長文因誤以爲般若寺即般若臺之所在,故而"未得其遺迹"[7]。《吳郡志》襲《吳地記》之説,又稱般若臺在般若橋邊。戴顗在吳地造像之事,又出現在唐代的輔教文獻中。道宣《集神州三寶感通錄》載:

---

[1] 黃溍《金華黃先生文集》卷一一《北禪寺觀堂記》,《續修四庫全書》第1323冊,上海古籍出版社,2002年,201頁下欄。
[2] 法琳《辯證論》卷三,《大正藏》第52冊,505頁中欄。
[3] 張祜《題招隱寺》,《全唐詩》卷五一○,5822頁。
[4] 葉夢得《避暑錄話》卷上,《全宋筆記》第2編第10冊,大象出版社,2013年,270頁。
[5] 余嘉錫《世説新語箋疏》卷下之上《棲隱》引檀道鸞《續晉陽秋》,周祖謨、余淑宜整理,中華書局,1983年,663頁。
[6]《吳地記》,98頁。
[7]《吳郡圖經續記》卷中《寺院》,34頁。

> 東晉太元二年,沙門慧護於吳郡紹靈寺建釋迦文(佛)一丈六尺金像,於寺南傍高鑒穴以啟鎔鑄。既成將移,夜中穴内清明,有花六出,白色鮮發,四面翻灕,未及於地,自斂而上歸。及曉,白雲若煙,出所鑄穴。雲中白龍見,長數十丈,光彩炳焕,徐引繞穴。每至像前瞻仰遲廻,似歸敬者。斯時風霽景清,細雨而加香氣。像既入坐,龍乃升天。元嘉初,徵士譙國戴顒嫌制古樸,治像首面,威相若真,自眉以上,短舊六寸,足蹠之下,削除一寸。[1]

僧祐《出三藏記集》中保留的《法苑雜緣原始集目録序》中有《吳郡臺寺釋慧護造丈六金像記》[2]。道宣《集神州三寶感通録》中的這則故事,可能本於《法苑雜緣》。如此,南朝時期就已經有戴顒在吳地參與護教活動的記載。這也奠定了後世吳地地方文獻中對戴顒護教記載的基調。但是,在《吳地記》以及《吳郡志》中,一丈六尺金像的造像者不再是《法苑雜緣》中的慧護,而是戴顒。《吳地記》中關於造像所在之般若臺的歷史是由"相傳"所得,編撰者或是無緣得見《法苑雜緣》中慧護造像之始末,只能從鄉里口耳間獲得這座造像的知識。慧護事迹不詳,大概只是吳地一個普通的僧侶。他的形象自然無法與"吳中高士"戴顒相提並論。總之,在整個造像故事在流傳的過程中,戴顒取代了慧護,從配角一躍成為故事的主角。

再以中唐時期戴孚所撰《廣異記》中一則與戴顒相關的記載,結束本節的論述。

> 蘇州山人陸去奢亭子者,即宋散騎戴顒宅也。天寶末,河東裴虬常旅寄此亭,暴亡,久之方悟,説云:"初一人來云:'戴君見召。'虬問戴爲誰,人曰:'君知宋散騎常侍戴顒乎?'虬曰:'知之。'曰:'今呼君者,即是人也。'虬至見顒。顒求以己女妻虬,云:'先以結婚,不當再娶。'顒曰:'人神殊道,何苦也。'虬言:'已適有禄位,不合爲君女壻。'久之,言相往來,顒知虬不可屈,乃釋之,遂活也。"[3]

這已經是蘇州境内第三所"戴顒宅",此時之戴顒已經成爲了吳地的地方性神靈。可見,戴顒在唐代吳地歷史的敘述之中扮演著一個重要角色。這不僅僅表現在將戴顒轉變成爲造像的主角,也表現在唐代出現了戴顒捨宅建寺的故事。雖然戴顒捨宅爲寺故事的真實性已經難以考證,但是可以肯定的是戴顒在

---

[1]《集神州三寶感通録》卷中,《大正藏》第52册,416頁下欄—417頁上欄。
[2] 釋僧祐《出三藏記集》卷一二,蘇晉仁、蕭鍊子點校,中華書局,1995年,487頁。
[3] 戴孚《廣異記》,《太平廣記》卷三三四引,中華書局,1961年,2656頁。

吴地的弘法故事業已成爲後世進行輔教,以及佛教景觀建構的重要文化資源。

三、延續與變更:朱明與虎丘二寺寺史的形成

與通玄、乾元以及大慈寺不同,朱明、虎丘二寺,尤其是後者,屢屢出現在南朝與隋唐文獻中,寺史具有鮮明的延續性。對於這些"現成"的歷史文獻資源,《吴地記》與之後宋代地志巧妙地將這些片段加以選擇與拼接,從而呈現出一段完整的敘述。

朱明尼寺,《吴郡志》稱:"東晉時,邑人朱明捨宅爲寺。舊傳:朱明富而孝友,其弟聽婦言,壞宅欲避兄離居。明以金穀盡與弟,唯留空室。一夕大風雨,悉飄財寶還明宅。弟與其婦愧而自縊,明乃捨宅爲寺。"[1]《吴郡志》承《續記》之説,二書又本於《吴地記》,不過有一個細微的變化。《吴地記》中明確記載朱明捨宅時間爲"隆安二年"(398)[2]。建寺於隆安二年之説,並無其餘材料可證,因此朱長文撰寫《續記》時謹慎地改成"舊傳"。關於此寺歷史另一份重要的材料是,同治《蘇州府志》所保留的錢大昕於乾隆二十九年(1764)所撰《重修珠明寺記》。這篇寺記稱朱明寺"肪於東晉永和初,郡人捨宅爲招提,因姓名名焉"。錢大昕之所以如此記載,很有可能是本於順治年間發現的石刻材料。《重修珠明寺記》稱:

> (朱明寺)元初毀於兵燹,明季爲巡撫都御史公廨。國朝順治十年,奉天周公(按:周國佐)開府三吴,暇日偶遊後圃,忽見頭陀數百輩,聯臂嬉遊,即之輒不見。掘土得五百羅漢像石刻,因移署他所,復寺舊額。[3]

同治《蘇州府志》稱此方碑刻有五百羅漢尊者,且"朱明字跡在焉"。錢大昕摒棄"隆安二年",選擇"永和初"爲建寺時間説,應該是看到了這方《須菩提碑》的相關記載。周國佐發現的這方石刻,至晚立於宋代。因此,在宋及以前,關於朱明寺建寺時間可能一直有著"永和初"與"隆安二年"二説。

關於朱明寺的這則建寺故事或成於唐代。權德輿撰《唐故東京安國寺契微

---

[1]《吴郡志》卷三一《府郭寺》,463頁。
[2]《吴地記》,97頁。
[3] 錢大昕《重修珠明寺記》,同治《蘇州府志》卷三九《寺觀》,《中國地方志集成·江蘇府縣志輯》,江蘇古籍出版社,1991年,224頁下欄—223頁上欄。

和尚塔銘并序》中稱這位女尼契微於"廣德中隨其家南渡,安居於蘇州朱明寺"。契微之弟子,亦是其兄子尼慧操,在建中二年(781)九月契微圓寂後,"率籲緇俗,號捧金身,建塔於東武(虎)丘寺之東北岡"[1]。二十世紀八十年代,考古工作者在虎丘塔塔基填土層中,發現一方《朱明寺大德塔碑》[2]。此石刻已漫漶不清,可辨析者有"大曆元年""寶曆元年"。從拓片看,"寶曆元年"已在碑文後列之中,似是指建塔時間。從此碑的出土地點以及首題"朱明寺"這一綫索而言,此塔即是慧操爲契微所立之塔。

契微爲出身略陽權氏,權德輿即是其侄孫。契微曾先後在大薦福寺、安國寺、聖善寺、福先寺學法,均爲當時長安與東都極爲重要的寺院。其本人亦精通密、律、禪以及其餘大乘教法。契微在蘇州弘法之盛,與權氏家族在當時之政治地位相關。權氏家族在蘇州建立穩定地位,"很大程度歸功於權皋(權德輿之父)在政府和文人圈中一舉成名"[3]。顯然,契微與惠洪的弘法以及建塔之事,成爲當時蘇州境内一件頗有影響之事。朱明捨宅建寺故事或許正是形成於此背景之中,因而也被編入《吴地記》中。這則故事的形成,亦塑造了朱明寺之形象。《吴郡志》中保存了楊備所作《朱明寺》詩,全然是朱明捨宅建寺故事的詩化版[4]。可見,在前朝形成的故事已經在當地社會中固化,成爲了朱明寺特有的符號。

寺史延續性最鮮明的是雲岩寺,即虎丘寺。據載,雲岩寺亦是由信衆捨宅而建。現存《吴地記》不見雲岩寺之專條記敘,但是在"虎丘山"條下稱:

> 其山(按:虎丘山)本晉司徒王珣與弟司空王珉之别墅,咸和二年,捨山宅爲東西二寺,立祠於山。[5]

如果繼續往前追溯,顧況的《虎丘西寺藏經碑》可能是《吴地記》此條之史源。其稱:

> 闔閭之葬海浦(一作湧,疑)也,水銀爲溟渤,黄金爲鳬雁,精氣爲白虎,是名虎

---

[1]《權德輿詩文集》卷二八《唐故東京安國寺契微和尚塔銘並序》,郭廣偉點校,上海古籍出版社,2008年,433頁。
[2] 張曉旭《朱明寺大德塔碑考》,《東南文化》1988年第1期,122—124頁。
[3] 陳金華對契微之生平、家族有詳細的考述。參陳金華《家族紐帶與唐代女尼:兩個案例的研究》,收入賈晉華主編《融合之跡:佛教與中國傳統》,上海人民出版社,2017年,213—231頁。
[4] 楊備《朱明寺》,《吴郡志》卷三一《府郭寺》,463頁。
[5]《吴地記》,62—63頁。

丘。東晉王珣、王珉捨山造寺。[1]

《吳地記》的記載有兩點值得關注。第一，唐代虎丘的確分東、西二寺。白居易曾作《題東武丘寺六韻》以及《夜遊西武丘寺八韻》[2]，可資證明。第二，王珣與王珉兄弟確有別館於虎丘。戴逵曾潛匿於王珣虎丘之別館[3]。王珣本人亦曾作有《虎丘記》[4]。王珣、佛教以及虎丘寺之間聯繫最緊密的隋仁壽元年(601)隋文帝頒舍利建塔事。王劭的《舍利感應記》載蘇州虎丘山寺立舍利塔，"其地是晉司徒王珣琴臺"，又"掘得磚函銀合子，有一舍利"[5]。虎丘原是王氏兄弟之別館一說在唐代已被吳人普遍接受。長居蘇州的陸龜蒙有詩《和古杉十三韻》，其中"初植必僧彌"一句注"寺即東晉王家別墅。僧彌，王珉小字"[6]。

不過對比《虎丘西寺藏經碑》與《吳地記》的記載，一個明顯的不同是王氏捨宅建寺的時間。顧況所撰碑文中，並没有"咸和二年(327)"這一時間狀語。如果細加考察，《吳地記》中這一記載明顯有誤。《晉書》載王珣逝世於隆安五年(401)左右，時年五十二[7]。據此可知，王珣出生於永和六年(350)，絕無可能於咸和二年捨宅建寺，遑論其弟王珉。《晉書·戴逵傳》稱戴逵累徵不就，因"吳國内史王珣有別館在武(虎)丘山"，遂潛匿於此[8]。孝武帝徵召戴逵已經是太元十二年六月之事[9]。可見在太元十二年時虎丘尚未建寺，否則《晉書》不當載戴逵所奔是王珣"別館"。《高僧傳》中記載最早駐錫於虎丘山的僧侶是竺道壹。道壹爲吳人，受到王珣兄弟之尊敬。太和中，道壹入瓦官寺。至簡文帝崩、竺法汰圓寂後，"壹乃還東，止虎丘山"[10]。竺法汰逝世於太元十二年[11]，結合《晉書·戴逵傳》之記載，虎丘寺之建立不會早於此年。

實際上，關於虎丘寺爲王珣與王珉兄弟於咸和二年捨宅所建，首次出現即是在《吳地記》中。《吳地記》的記載，直接影響了《續記》。《續記》載雲巖寺之沿革稱：

---

[1] 顧況《虎丘西寺藏經碑》，《文苑英華》八六三，4556頁下欄。
[2] 謝思煒校注《白居易詩集校注》卷二四，中華書局，2006年，1924—1926頁。
[3] 《晉書》卷九四《戴逵傳》，中華書局，1974年，2458頁。
[4] 《藝文類聚》卷八"虎丘山"條，上海古籍出版社，1965年，141頁。
[5] 王劭《舍利感應記》，釋道宣《廣弘明集》卷一七，《大正藏》第52册，216頁上欄。
[6] 陸龜蒙《甫里集》卷三，《景印文淵閣四庫全書》第1083册，297頁下欄。
[7] 《晉書》六五《王導附王珣傳》，1757頁。
[8] 《晉書》卷九四《戴逵傳》，2458頁。
[9] 《晉書》卷九《孝武帝本紀》，236頁。
[10] 《高僧傳》卷五《晉吳虎丘東山寺竺道壹傳》，206頁。
[11] 《高僧傳》卷五《晉京師瓦官寺竺法汰傳》，193頁。

> 雲岩寺,在長洲西北九里虎丘山,即晉東亭獻穆公王珣及其弟珉之宅。咸和二年,捨建精廬於劍池,分爲東西二寺,寺皆在山下。蓋自會昌廢毀,後人乃移寺山上。[1]

之所以出現王珣捨宅建虎丘寺之説,恐怕與王珣曾建精舍有關。《高僧傳·僧伽提婆傳》有載:

> 至隆安元年來遊京師,晉朝王公及風流名士,莫不造席致敬。時衛軍東亭侯琅琊王珣,淵懿有深信,荷持正法,建立精舍,廣招學衆。提婆既至,珣即延請,仍於其舍講《阿毘曇》,名僧畢集。[2]

隆安元年與咸和二年相去六十年,與《吳地記》載捨宅建寺時間不合。王珣所建之精舍亦不詳在何處。以《吳地記》爲代表的記載,或是直接將《高僧傳》所記王珣建精舍之事移植到了虎丘寺的寺史之中。至宋代,葉夢得《避暑錄話》中將王珣與虎丘寺的事描述得更合理、細緻。其稱:

> 虎邱山,晉王珣故居。珣嘗爲吳國内史,故與其弟珉皆卜居吳下。舊傳宅在城内日華里,今景德寺即是。虎邱乃其外第爾。珣與珉分東西二宅,本在山前,後捨爲寺,號東西寺。今寺乃在山巔,下瞰劍池。父老以爲會昌末,寺廢,其地歸於民,今爲田者,猶能指其故處。大中初,寺復,乃遷於上,則非復珣、珉之舊矣……余大父故廬與景德寺相鄰,自虜入寇,景德寺皆焚,而虎邱偶獨存。[3]

這裏不僅合理解釋了虎丘寺何以分爲東、西二寺,並且又出現了一所與王氏故居相關的景德寺。《吳郡志》只記載景德寺之方位,又稱"寺有廢塔,未復",不言其他[4]。葉夢得對於王珣故居以及王珣與平江府寺院之聯繫的認知,得自其曾住在景德寺旁的大父。由於虎丘寺遭受到會昌法難的影響,曾一度廢棄。據葉夢得所言,關於虎丘寺的寺史多出自"父老"之言。可以説,這一認知已經成爲平江府内士人的一種地方知識。但實際上這種地方知識的傳播大抵是以口耳相傳的方式存在,並不能經得起傳世文獻的推敲。

---

[1]《吳郡圖經續記》卷中《寺院》,35頁。
[2]《高僧傳》卷一《晉廬山僧伽提婆傳》,38頁。
[3] 葉夢得《避暑錄話》卷下,《全宋筆記》第2編第10册,344頁。
[4]《吳郡志》卷三一《府郭寺》,473頁。

根據上文的考述，包括王珣的虎丘別館、建立精舍以及虎丘東西二寺這些與王珣、虎丘寺相關的片段，在六朝文獻中均單獨出現。至《吳地記》中，這些相關的片段已經加工糅合而成了虎丘寺的寺史，繼而傳至宋代。

四、代結論：捨宅建寺故事的意義與宋代寺院合法性的成立

　　寺院景觀不僅僅有可視的"景況"，更有隱藏在景觀背後的"情況"。在一定程度上，這一套景觀背後的"情況"又隱藏在它的歷史以及歷史表達之中。宋代寺院的"歷史"並不是一蹴而就的。本文所討論的，主要集中於這一"歷史"的形成過程。對於寺史本身，相較於名額的變更、寺址的遷徙、回禄後的重修，建寺故事可以説是重中之重。這不僅標誌著寺院自身"傳承有序"，有著悠久的歷史，更通過這種"傳承有序"以及悠久歷史爲其提供存在的合法性。因此，寺院的建造時間對於寺院本身的歷史具有一種標誌性意義。這難免導致後世地方社會中對於寺院修建時間的認知與寺院真正的修造時間之間存在錯位與偏差。

　　本文選取了四所詳載由信衆捨宅而成的寺院作爲研究對象。自《吳地記》始，至《吳郡志》，無不記載了這四所寺院的建寺故事。通過一種回溯性的研究發現，捨宅故事的形成時間基本都與故事發生時間有相當長的斷裂，甚至有些寺史會出現一段"空白歷史"。重玄、大慈這兩所被稱爲始建於東吳、東晉的寺院，在魏晉南朝的文獻毫無蹤影，直至唐代才出現了相關的記錄。這當然不是意味著陸廣微《吳地記》的記載完全是空穴來風。一方面陸書承襲前代《吳地記》；另一方面，在地方上與形諸文字的歷史相平行的，應當還有世代口耳相傳之語。這可能是《吳地記》編纂的另一種來源。與之不同的是，虎丘與朱明二寺。據文獻及考古材料所見，這兩所寺院的在六朝至唐之間有鮮明的延續性。但是，在六朝文獻中並沒有王珣、朱明捨宅爲寺的直接記載。進一步考察可以發現，宋代對於捨宅故事的記錄完全是將相關人物的事迹拼接雜糅而成。這在虎丘寺的案例中最爲明顯。王珉兄弟在虎丘山確有別館，王珉也確曾建立精舍，虎丘寺也確實屢次出現在六朝文獻中。唐宋地志則將這些片段加以連貫，從而形成了王珉捨虎丘山之別館建虎丘寺之説。

　　以陸廣微《吳地記》爲代表的吳地地志的編纂，使得宋代方志在編修的過程中有本可依。換言之，宋代關於寺史的建構在唐代已經出現雛形。《續記》與

《吳郡志》基本上是在《吳地記》的基礎上加以調整。陸廣微《吳地記》的編纂多採雜史、民間傳説。清人王士禎在《香祖筆記》中即稱"陸廣微《吳地記》所載如語兒亭等最爲可笑,又多可疑者"[1]。雖然本文以形諸文字的《吳地記》作爲考察的對象之一,又稱其對於寺史的記載有剪切拼接正史之嫌。實質上可以將《吳地記》視爲唐代吳地民衆對於本區域歷史的一種認知。吳夫人、朱明、王珣、戴顒,無一不是吳地歷史上之佼佼者。尤其是他們在吳地的弘法輔教行迹,成爲了吳地後世進行寺史建構,甚至地方史敘述的重要文化資源。在唐代,這些地方知識可能依舊存在著分歧,可到了宋代《吳郡志》成立之時,這些地方性知識的分歧開始消彌,敘事開始逐步穩定。可以説,方志的成立與流行,在娓娓敘述地方歷史的同時也塑造了地方的歷史。

此外,建寺者除了標識寺院歷史之外,其身份、地位同樣影響著後世對於寺院地位的認知。關於通玄寺之修建,在唐代有吳夫人捨宅建與孫權爲乳母陳氏捨宅而建兩説。但是在地志中,則拋棄了後者,而選擇了一個更經不起推敲的吳夫人。乾元寺之修造,有明確的寺記稱是法珣、法藏兩位僧人修建於唐代。但《吳地記》將此事撇開,而強冠之戴顒捨宅建寺之説。唐宋地志在敘述地方性知識時是具有選擇性的,從而使得寺院更具備成爲"名刹"的資本。

此外,諸寺的"歷史"在宋代得以完整呈現,還有一個制度背景值得注意,即宋代寺院的係額與賜額制度。宋代對於建寺與敕額有著嚴格的標準。真宗天禧二年(1018)四月,有詔曰:

> 先是,上封者言諸處不係名額寺院多聚奸盜,騷擾鄉閭。詔悉毀之,有私造及一間已上,募告者論如法。於是詔寺院雖不係名額,而屋宇已及三十間,見有佛像,僧人住持,或名山勝境高尚庵岩不及三十間者,並許存留,自今無得創建。[2]

天禧二年詔書中所稱"名山勝境高尚庵岩"者,即是《慶元條法事類》所載宋代僧、寺全帳要求填寫的"古迹"一欄之內容[3]。這些擁有"古迹"的寺院,即是未係名額,但無需"屋宇已及三十間"等要求也可得以存留。蘇頌在《奏乞今後

---

[1] 王士禎《香祖筆記》卷四,《景印文淵閣四庫全書》第870册,436頁上欄。
[2] 《續資治通鑑長編》卷九一,天禧二年四月戊子,中華書局,2004年,2109—2110頁。
[3] 《慶元法事條例》卷五一《釋道門·供帳·釋道式》,《中國珍稀法律典籍續編》第1册,戴建國點校,黑龍江人民出版社,2002年,715—717頁。另可參劉長東《宋代佛教政策研究》第四章《宋代寺院合法性的取得程式》,巴蜀書社,2006年,141頁。

不許特創寺院》中稱"歲月既久,州縣不能窮究因倚,或遇朝廷推恩,因指爲古迹,爲之保明奏報,一蒙賜額,則永爲僧居矣"[1]。這些被視爲古迹的寺院,還可藉此獲得宋廷的賜額。於是,攀附"古迹"爲那些原本無資格存留的寺院提供了一條生存捷徑。這是促成宋代諸寺"寺史"形成的制度性背景。

〔沈國光,中國社會科學院古代史研究所博士後〕

---

[1] 蘇頌《蘇魏文公集》卷五,《影印文淵閣四庫全書》第1092册,256頁上欄。關於此點的詳細論述,可參劉長東《宋代佛教政策論稿》,159—161頁。

程頤、胡安國《春秋》異解析證[*]

葛焕禮

胡安國在《叙傳授》篇中,評論程頤《春秋傳》並敘説其《春秋傳》的作法云:

> 七家[1]所造,固自有淺深,獨程氏嘗爲之傳,然其説甚略,於意則引而不發,欲使後學慎思明辨、自得於耳目見聞之外者也。故今所傳,事按《左氏》,義采《公羊》《穀梁》之精者,大綱本《孟子》,而微詞多以程氏之説爲証云。[2]

既有此"微詞多以程氏之説爲証"之舉,再加上有些經文解説中,胡安國明確標示引用了程頤之説,[3]後人多認爲胡氏《春秋傳》繼承自程頤的《春秋》學;對於二人解説之差異,僅視爲胡氏在繼承基礎上的發展。然而,長期以來爲學者所忽略的是,二人的一些經文解説,其實存在著顯著的差異,非"繼承發展"所能概括。兹分作"繼承引申者"和"幾近完全不同者"兩部分,條舉二人存有明顯差異的經解,並加按語予以説明。以此鋪陳成文,可有助於更爲全面地認識程、胡二人間的學術傳承關係。

---

[*] 本文爲國家社科基金一般項目"宋代《春秋》學史"(15BZS054)、國家社科基金重大研究專項項目"《春秋》三傳學術通史"(19ZDA252)之子課題"捨傳求經與兼采三傳:從中唐到明末的《春秋》學"的階段性成果。
[1] 指孟軻、莊周、董仲舒、王通、邵雍、張載和程頤。
[2] 胡安國《春秋胡氏傳》前附,《四部叢刊續編》本。按,以下所引胡安國《春秋傳》傳文,皆出自該本,不再一一標注出處。
[3] 如隱公七年"夏,城中丘"條,胡安國以"程氏曰"起文,全用程頤之説作解;再如隱公十年"冬十月壬午,齊人、鄭人如郕",桓公三年冬"有年"等條的解説中,胡安國亦標明"程氏"之説而引用之。

一、繼承引申者

1. 隱公"元年"。

程解：元年,隱公之始年。[1]

胡解：即位之一年必稱元年者,明人君之用也。大哉乾元,萬物資始,天之用也；至哉坤元,萬物資生,地之用也。成位乎其中,則與天地參,故體元者,人主之職,而調元者,宰相之事。元,即仁也；仁,人心也。《春秋》深明其用,當自貴者始,故治國先正其心,以正朝廷與百官,而遠近莫不壹於正矣。

按,程頤只是將"元年"釋爲"隱公之始年"；胡安國在繼承之將其釋爲"即位之一年"的基礎上,引申出明人君"體元"之用説,形成"治國先正其心,以正朝廷與百官"之義。

2. 隱公三年"秋,武氏子來求賻"。

程解：武氏,王之卿士,稱"武氏",見其世官。天王崩,諸侯不供其喪,故武氏遣其子徵求於四國。書之以見天子失道,諸侯不臣之甚也。

胡解：武氏,天子之大夫,何以不稱使？當喪未君,非王命也。嗣子定位於初喪,其曰"未君",何也？古者君薨諒陰,百官總己以聽於冢宰三年。夫百官總己以聽,則是攝行軍國之事也,以非王命而不稱使,《春秋》之旨微矣,於以謹天下之通喪,而嚴君臣之名分也。

按,程頤釋爲天王崩,遣"世官"武氏之子徵求於四國,形成譏貶"天子失道,諸侯不臣"之義；胡安國則著重解釋"何以不稱使",引申出非王命之説,一方面強調冢宰的地位和職權,另一方面揭出《春秋》"嚴君臣名分"之微旨。

3. 隱公三年十有二月"癸未,葬宋穆公"。

程解：諸侯告喪,魯往會葬,則書。春秋之時,皆不請謚,稱私謚,所以罪其臣子。

胡解：外諸侯葬,其事則因魯會而書,其義則聖人或存或削。……外諸侯葬,或存或削,而交鄰國、待諸侯之義見矣。葬而或日或不日者何？備則書日,略則書時,其大致然也。卒而或葬或不葬者何？有怠於禮而不葬者,有弱其君

---

[1] 程顥、程頤《二程集·河南程氏經説》卷四《春秋傳》,中華書局,1981年,1086頁。按,以下所引程頤的經解,皆出自該書,標點或有改動,不再一一標注出處。

而不葬者,有討其賊而不葬者,有諱其辱而不葬者,有治其罪而不葬者,有避其號而不葬者。……怠於禮而不往,弱其君而不會,無其事,闕其文,魯史之舊也。討其賊而不葬,諱其辱而不葬,治其罪而不葬,避其號而不葬,聖人所削,《春秋》之法也。

按,對於《春秋》何以書外諸侯葬,胡安國繼承了程頤的"諸侯告喪,魯往會葬,則書"説,但程頤從"稱私謚"上立一"罪其臣子"義,胡安國卻從"外諸侯葬,或存或削"上,形成"交鄰國、待諸侯之義"。

4. 隱公四年"夏,公及宋公遇於清"。

程解:諸侯相見而不行朝會之禮,如道路之相遇,故書曰"遇",非《周禮》"冬見曰遇"之遇也。

胡解:遇者,草次之期。古有遇禮,不期而會,以明造次,亦有恭肅之心。《春秋》書"遇",私爲之約,自比於不期而遇者,直欲簡其禮耳。簡略慢易,無國君之禮,則莫適主矣……故凡書"遇"者,皆惡其無人君相見之禮也。

按,程頤僅解釋何謂"遇",胡安國繼承其解説,又形成"惡其無人君相見之禮"之義。

5. 隱公五年秋,"邾人、鄭人伐宋"。

程解:宋人取邾田,邾人告於鄭曰:"請君釋憾於宋,敝邑爲道。"邾人、鄭人伐宋,先邾人,爲主也。

胡解:主兵者,邾也,故雖附庸小國而序乎鄭之上。凡班序上下,以國之小大,從禮之常也;而盟會征伐,以主者先,因事之變也。然則衛州吁告於宋以伐鄭,事與此同,而聖人以宋爲主者何?此《春秋》撥亂之大法也,凡誅亂臣、討賊子,必深絕其黨。

按,程頤僅解釋經文爲何"先邾人",胡安國則由此總結《春秋》所載類似事例的書法義例及變例。

6. 隱公六年"冬,宋人取長葛"。

程解:宋之圍長葛,歲且周矣,其虐民無道之甚,而天子弗治,方伯弗征,鄭視其民之危困,而不能保有赴訴,卒喪其邑,皆罪也。宋之強取,不可勝誅矣。

胡解:宋人恃強圍邑,久役大衆,取非所有,其罪著矣。在王朝不能施九伐之威,在列國不能修連帥之職。鄭人土地,天子所命,先祖所受,不能保有而失之也。是上無天王,下無方伯,而鄭亦無君也。宋人強取,以王法言,不可勝誅;以天理言,不善之積著矣。初,穆公屬國於與夷,使其子馮出居於鄭,殤公既立,忌馮而伐鄭,不亦逆天理乎!……凡此類皆直書於策,按其行事而善惡之應可考，而知天理之不誣者也。

按，程頤深罪宋虐民無道、天子弗治、方伯弗征以及鄭不能保民；胡安國繼承此解說，於"王法"之外，又以"天理"正宋"忌憑而伐鄭"之舉。

7. 隱公八年"秋，七月庚午，宋公、齊侯、衛侯盟於瓦屋"。

程解：宋爲主也。盟，與鄭絶也。

胡解：程氏曰："宋爲主。盟，與鄭絶也。"大道隱而家天下，然後有誥誓；忠信薄而人心疑，然後有詛盟。盟詛煩而約劑亂，然後有交質子，至是傾危之俗成，民不立矣。《春秋》革薄從忠，於參盟書日，謹其始也。……《春秋》謹參盟，善胥命，美蕭魚之會，以信待人而不疑也，蓋有志於天下爲公之世。凡此類，亦變周制矣。

按，程頤僅以背後的事實解釋經文的書寫；胡安國繼承其解說，又形成《春秋》"革薄從忠""有志於天下爲公之世"之義。

8. 桓公元年"春，王正月，公即位"。

程解：桓公弒君而立，不天無王之極也；而書"春王正月，公即位"，以天道王法正其罪也。

胡解：古者諸侯不再娶，於禮無二適。惠公元妃既卒，繼室以聲子，則是攝行内主之事矣，仲子安得爲夫人？母非夫人，則桓乃隱之庶弟……惠無適嗣，隱公繼室之子，於次居長，禮當嗣世，其欲授桓，所謂推己所有以與人者也，豈曰"攝之"云乎？以其實讓而桓乃弒之，《春秋》所以惡桓，深絶之也。然則《公羊》所謂"桓幼而貴，隱長而卑，子以母貴"者，其說非歟？曰：此徇惠公失禮而爲之詞，非《春秋》法也。仲子有寵，惠公欲以爲夫人。母愛者子抱，惠公欲以桓爲適嗣，禮之所不得爲也。禮不得爲而惠公縱其邪心而爲之，隱公又探其邪志而成之，《公羊》又肆其邪說而傳之，漢朝又引爲邪議而用之，夫婦之大倫亂矣。《春秋》明著桓罪，深加貶絶，備書終始討賊之義，以示王法，正人倫，存天理，訓後世，不可以邪汩之也。

按，對於桓公弒君而立一事，程頤僅從人倫和政治秩序上罪其"不天無王之極"；胡安國則反駁"桓爲適子""隱公攝政"等說，認爲桓公與隱公一樣，也是庶子，但隱公年長，故當立，進而批評惠公"以桓爲適子"、隱公"探其邪志而成之"等做法之不當，歸結爲家庭尊卑長幼之失序。

9. 桓公二年"夏，四月，取郜大鼎於宋。戊申，納於大廟"。

程解：四國既成宋亂，而宋以鼎賂魯。齊、陳、鄭皆有賂，魯以爲功而受之，故書"取"。以成亂之賂器，置於周公之廟，周公其饗之乎？故書"納"，納者，弗受而强致也。

胡解：取者,得非其有之稱；納者,不受而强致之謂。弑逆之賊,不能致討,而受其賂器,置於大廟,以明示百官,是教之習爲夷狄禽獸之行也。公子牙、慶父、仲遂、意如之惡,又何誅焉？聖人爲此懼而作《春秋》,故直載其事,謹書其日,垂訓後世,使知寵賂之行,保邪廢正,能敗人之國家也,亦或知戒矣。

按,程頤以事實原委,解釋經文何以書"取"和"納"；胡安國繼承其解說,又引申出縱容"弑逆之賊"、寵賂敗國的政治垂戒之義。

10. 桓公二年秋,"蔡侯、鄭伯會於鄧"。

程解：始懼楚也。

胡解：按《左氏》曰："始懼楚也。"其地以國,鄧亦與焉。楚自西周已爲中國之患,宣王蓋嘗命將南征矣。及周東遷,僭號稱王,憑陵江漢。此三國者,地與之鄰,是以懼也。其後卒滅鄧,虜蔡侯,而鄭以王室懿親爲之服役,終春秋之世,聖人蓋傷之也。夫天下莫大於理,莫强於信義,循天理,惇信義,以自守其國家,荆楚雖大,何懼焉？不知本此,事醜德齊,莫能相尚,則以地之大小、力之强弱分勝負矣。觀諸侯會盟離合之跡,而夷夏盛衰之由可考也；觀《春秋》進退、與奪、抑揚之旨,則知安中夏、待四夷之道矣。

按,二人都繼承《左傳》之說,將此三國之會解釋爲"始懼楚也",但胡安國又引申出"安中夏、待四夷之道"。

二、幾近完全不同者

1. 隱公元年"冬,十有二月,祭伯來"。

程解：祭伯,畿內諸侯,爲王卿士,來朝魯。不言朝,不與朝也。當時諸侯,不修朝覲之禮,失人臣之義,王所當治也。祭伯爲王臣,不能輔王正典刑,而反與之交,又來朝之,故不與其朝,以明其罪。先儒有王臣無外交之說,甚非也。若天下有道,諸侯順軌,豈有内外之限？其相交好,乃常禮也。然委官守而遠相朝,無是道也。《周禮》所謂世相朝,謂鄰國爾。

胡解：按《左氏》曰："非王命也。"祭伯,畿內諸侯,爲王卿士,來朝於魯,而直書曰"來",不與其朝也。人臣義無私交,大夫非君命不越境。所以然者,杜朋黨之原,爲後世事君而有貳心者之明戒也。……經於内臣朝聘告赴,皆貶而不與,正其本也。豈有誣上行私、自植其黨之患哉？

按，程頤和胡安國都認爲《春秋》不與祭伯朝魯，但二人所給出的原因不同：程頤否定"王臣無外交"說，認爲作爲王臣，祭伯不能輔王刑正諸侯"不修朝覲之禮"，"反與之交，又來朝之"，故"不與其朝"；胡安國則取《穀梁傳》"寰內諸侯，非有天子之命，不得出會諸侯"說，嚴持"人臣義無私交，大夫非君命不越境"之義，故"不與其朝"。

2. 隱公元年十二月"公子益師卒"。

程解：或日，或不日，因舊史也。古之史，記事簡略，日、月或不備。《春秋》因舊史，有可損而不能益也。

胡解：其不日，《公羊》以爲遠，然公子驅遠矣，而書日，則非遠也。《穀梁》以爲惡，然公子牙、季孫意如惡矣，而書日，則非惡也。《左氏》以爲公不與小斂，然公孫敖卒於外而公在內，叔孫舍卒於內而公在外，不與小斂明矣，而書日，《左氏》之說亦非也。其見恩數之有厚薄歟？

按，程頤認爲此處經文之所以不書日，乃因舊史缺載，"《春秋》因舊史"，故亦缺載；胡安國卻認爲經文於公子、公孫卒書不書日，或有表示國君待其恩數厚薄之用意。

3. 隱公"二年春，公會戎於潛"。

程解：周室既衰，蠻夷猾夏，有散居中國者，方伯大國，明大義而攘斥之，義也；其餘列國，慎固封守可也。若與之和好，以免侵暴，非所謂"戎狄是膺"，所以容其亂華也，故《春秋》華夷之辨尤謹。居其地，而親中國、與盟會者，則與之。

胡解：戎狄舉號，外之也。天無所不覆，地無所不載，天子與天、地參者也。《春秋》，天子之事，何獨外戎狄乎？曰：中國之有戎狄，猶君子之有小人。內君子、外小人爲泰，內小人、外君子爲否。《春秋》，聖人傾否之書，內中國而外四夷，使之各安其所也。無不覆載者，王德之體；內中國、外四夷者，王道之用。是故以諸夏而親戎狄，致金繒之奉，首顧居下，其策不可施也；以戎狄而朝諸夏，位侯王之上，亂常失序，其禮不可行也；以羌胡而居塞內，無出入之防，非我族類，其心必異，萌猾夏之階，其禍不可長也。

按，程頤雖視"《春秋》華夷之辨尤謹"，但又認爲"居其地，而親中國、與盟會"之夷狄，《春秋》"與之"；胡安國則持絶然對立的《春秋》華夷觀，不認可"諸夏而親夷狄"，認爲《春秋》"內中國，外四夷，使之各安其所"。

4. 隱公二年"夏，五月，莒人入向"。

程解：莒子娶於向，向姜不安莒而歸，莒人入向，以姜氏還。天下有道，禮樂征伐自天子出。春秋之時，諸侯擅相侵伐，舉兵以侵伐人，其罪著矣。《春秋》直書其事,而責常在被侵伐者。蓋彼加兵於已,則當引咎,或自辯,喻之以禮義,不得免焉,則固其封疆,告於天子方伯,若忿而與戰,則以與戰者爲主,處已絶亂之道也。

胡解:非王命而入人國邑,逞其私意,見諸侯之不臣也。擅興而征討不加焉,見天王之不君也。據事直書,義自見矣。

按,胡安國繼承了程頤的"直書其事"説,但在罪莒人"舉兵以侵伐人"之外,程頤還立一"責常在被侵伐者"之義;胡安國則從中央集權的角度,揭示貶責諸侯擅相侵伐之"不臣"和天王不加征討之"不君"之義。

5. 隱公二年"九月,紀履緰來逆女。冬,十月,伯姬歸於紀"。

程解:先儒皆謂諸侯當親迎。親迎者,迎於所館,故有親御授綏之禮,豈有委宗廟社稷,遠適他國以逆婦者乎?非惟諸侯,卿大夫而下皆然。《詩》稱文王親迎於渭,未嘗出疆也。

胡解:有夫婦然後有父子,有父子然後有君臣。夫婦,人倫之本也。逆女必親,使大夫非正也。入春秋之始,名"宰咺歸賵",以譏亂法;書"履緰逆女",以志變常,衆妾之分定矣,大昏之禮嚴矣。

按,程頤認爲諸侯不當親自"遠適他國以逆婦",所謂的"親迎",只是"迎於所館"而已;胡安國則繼承了《穀梁傳》《公羊傳》之説,認爲諸侯"逆女必親,使大夫非正也"。

6. 隱公四年二月"戊申,衛州吁弑其君完"。

程解:州吁弑桓公而立。自古篡弑多公族,蓋謂先君子孫,可以爲君,國人亦以爲然而奉之。《春秋》於此,明大義以示萬世,故春秋之初,弑君者皆不稱公子公孫,蓋身爲大惡,自絶於先君矣,豈復得爲先君子孫也?古者公族刑死則無服,況殺君乎?

胡解:此衛公子州吁也,而削其屬籍、特以國氏者,罪莊公不待之以公子之道,使預聞政事、主兵權而當國也。以公子之道待州吁,教以義方,弗納於邪,不以賤妨貴、少陵長,則桓公之位定矣,亂何由作?……《春秋》之旨在於端本清源,以衛詩《緑衣》諸篇考之,所謂"前有讒而不見,後有賊而不知"者,莊公是也。其不稱"公子"而以國氏,著後世爲人君父者之戒耳。

按,州吁爲衛莊公"嬖人"所生子,得莊公寵愛而好兵,桓公即位後弑之而自立。對於經文何以不稱公子而以國爲氏,程頤認爲是因爲《春秋》於其初對"弑君者皆不稱公子公孫",以明其"身爲大惡,自絶於先君"之大義;胡安國則認爲《春秋》以此責莊公不以公子之道待州吁,"著後世爲人君父者之戒"。

7. 隱公五年"秋,衛師入郕"。

程解:晉乘亂得立,不思安國保民之道,以尊王爲先,居喪爲重,乃興戎修怨,入人之國,書其失道也。

胡解:衛宣繼州吁暴亂之後,不施德政、固本恤民,而毒衆臨戎,入人之國,失君道矣。書"衛師入郕",著其暴也。

按,雖然二人都貶責衛宣公(名晉)率師入郕之舉,但對他即位後應施之政的認識有所不同:程頤强調"尊王爲先"、居喪守禮,胡安國則强調對内"施德政、固本恤民"。

8. 隱公"六年春,鄭人來輸平"。

程解:魯與鄭舊修好,既而迫於宋、衛,遂與之同伐鄭,故鄭來絕交。輸平,變其平也。匹夫且不肯失信於人,爲國君而負約,可羞之甚也。

胡解:輸者,納也。平者,成也。鄭人曷爲納成於魯?以利相結,解怨釋仇,離宋、魯之黨也。……平者,解怨釋仇,固所善也;輸平者,以利相結,則貶矣。……上下交徵利,不至於篡弒奪攘則不厭矣,故特稱"輸平",以明有國者必正其義不謀其利,杜亡國敗家之本也。

按,對於"輸平",程頤依從《公羊傳》《穀梁傳》之説,釋爲"變其平"、絕交;胡安國則依從《左傳》之説,釋爲"納成""解怨釋仇"。

9. 隱公"七年春,王三月,叔姬歸於紀"。

程解:伯姬爲紀夫人,叔姬其娣也,待年於家,今始歸。娣歸不書,閔其無終也。

胡解:叔姬,伯姬之娣,非夫人也,則何以書?古者諸侯一娶九女,必格之同時者,所以定名分、窒亂源也。今叔姬待年於宗國,不與嫡俱行,則非禮之常,所以書也。眉山蘇轍以謂:"書叔姬,賢之也。若賢不得書,必貴而後書,則是以位而蔑德也。小國無大夫,至於接我則書,是位不可以廢事也。位不可以廢事,而獨可以廢賢乎?"如叔姬不歸宗國而歸於酅,以全婦道,賢可知矣。賢而得書,亦《春秋》之法也。

按,程頤認爲因"閔其無終",故書"叔姬歸於紀";胡安國則認爲因叔姬"不與嫡俱行"之"非禮之常",和後來"不歸宗國而歸於酅,以全婦道"之賢而得以書。

10. 隱公九年"三月癸酉,大雨,震電。庚辰,大雨雪"。

程解:陰陽運動,有常而無忒,凡失其度,皆人爲感之也,故《春秋》災異必書。漢儒傅其説而不達其理,故所言多妄。三月大雨震電,不時,災也。大雨雪，非常爲大，亦災也。

胡解：震電者，陽精之發；雨雪者，陰氣之凝。週三月，夏之正月也，雷未可以出，電未可以見，而大震電，此陽失節也；雷已出，電已見，則雪不當復降，而大雨雪，此陰氣縱也。夫陰陽運動，有常而無忒，凡失其度，人爲感之也。今陽失節而陰氣縱，公子翬之讒兆矣，鍾巫之難萌矣。《春秋》災異必書，雖不言其事應而事應具存，惟明於天人相感之際、相應之理，則見聖人所書之意矣。

按，二人都認爲此災異乃"人爲感之也"，但程頤批評漢儒"傳其說而不達其理"，不看重災異應於人事之說，[1] 而胡安國卻認爲《春秋》"雖不言其事應而事應具存"，信持天人互相感應說，認爲災異應於人事。

11. 桓公二年春，"滕子來朝"。

程解：滕本侯爵，後服屬於楚，故降稱子，夷狄之也。首朝桓公，其罪自見矣。

胡解：隱公末年，滕稱"侯"爵，距此三歲爾，乃降而稱"子"者，先儒謂爲時王所黜也。使時王能黜諸侯，《春秋》豈復作乎？又有言其在喪者，終春秋之世不復稱侯，無說矣。然則云何？《春秋》爲誅亂臣、討賊子而作，其法尤嚴於亂賊之党，使人人知亂臣賊子之爲大惡而莫之與，則無以立於世；無以立於世，則莫敢勸於爲惡，而篡弒之禍止矣。今桓公弟弒兄，臣弒君，天下之大惡，凡民罔弗憝也。已不能討，又先鄰國而朝之，是反天理、肆人欲，與夷狄無異，而《春秋》之所深惡也，故降而稱"子"，以正其罪。四夷雖大，皆曰"子"，其降而稱"子"，狄之也。

按，二人雖都認爲《春秋》"夷狄"滕侯而降稱"子"，但原由不同：程頤認爲因滕後來服屬於夷狄之邦楚，胡安國則認爲因滕侯"先鄰國"而朝覲弒君即位的魯桓公，反天理、滅人欲，故等同夷狄。

12. 桓公二年九月"公及戎盟於唐。冬，公至自唐"。

程解：君出而書至者有三：告廟也，過時也，危之也。桓公弒立，嘗與鄭、齊、陳會矣，皆同爲不義；及遠與戎盟，故危之而書"至"。戎若不如三國之黨惡，則討之矣，居夷浮海之意也。中國既不知義，夷狄或能知也。

胡解：凡爲人子者，出必告，反必面，事亡如事存，故君行必告廟，反必奠而後入，禮也。出必告行，反而告至，常事爾，何以書？或志其去國逾時之久也，或

―――――――――
[1] 如程頤回答"漢儒談《春秋》災異，如何"的問題說："自漢以來，無人知此。董仲舒說天人相與之際，亦略見些模樣，只被漢儒推得太過。亦何必說某事有某應？"見程顥、程頤《二程集・河南程氏遺書》卷二二下《伊川先生語八下・附雜錄後》，304頁。

録其會盟侵伐之危也，或著其黨惡附奸之罪也。桓公弑君而立，嘗列於中國諸侯之會，而不書"至"，同惡也；今遠與戎盟而書"至"者，危之也。程氏所謂"居夷浮海之意"是矣。《語》不云乎："夷狄之有君，不如諸夏之亡也。"

按，二人解説不同之處有二，其一，君出而書至的三種因由中，有一種不同，即程頤云"告廟也"，胡安國則將告廟視爲不書之常事，加一"著其黨惡附奸之罪也"。其二，程頤認爲夷狄或較中國而知義，從而討桓公之不義，故危之；胡安國雖然認可程頤所云"居夷浮海之意"，卻將程頤藉以表達夷狄或知義的這一典故，誤解爲桓公有交接夷狄之意，而夷狄不知禮義，故《春秋》危之，顯示出二人有著不盡相同的夷狄觀。

13. 桓公三年秋"公子翬如齊逆女"。

程解：翬於隱世，不稱公子，隱之賊也；於桓世，稱公子，桓之黨也。卿逆夫人，於禮爲稱。翬雖尊屬，當官而行，亦無嫌也。

胡解：娶妻必親迎，禮之正也。若夫邦君，以爵則有尊卑，以國則有小大，以道途則有遠邇，或迎之於其國，或迎之於境上，或迎之於所館，禮之節也。紀侯於魯，以小大言則親之者也，而使履緰來；魯侯於齊，以遠邇言則親之者也，而使公子翬往。是不重大昏之禮，失其節矣，故書。

按，程頤認爲"卿逆夫人，於禮爲稱"，認可公子翬到齊國爲魯桓公迎娶之舉；胡安國則取《穀梁傳》之説，認爲"娶妻必親迎"，雖然因"尊卑""大小""遠邇"等迎娶之禮或有變通，但魯齊相鄰不遠，桓公當如齊親迎。

14. 桓公三年"九月，齊侯送姜氏於讙。公會齊侯於讙。夫人姜氏至自齊"。

程解：見於廟也。

胡解：不言"以至"者，既得見乎公也。不能防閑，於是乎在《敝笱》之刺兆矣。禮者，所以別嫌明微，制治於未亂，不可不謹也。

按，程頤以"見於廟"解釋經文何以書"至"，胡安國則以"既得見乎公"解釋何以不書"公子翬以夫人姜氏至自齊"，形成男女防閑之義。

15. 桓公"四年春，正月，公狩於郎"。

程解：公出動衆皆當書。於郎，遠也。

胡解：何以書？譏遠也。戎、祀，國之大事。狩，所以講大事也。……然不時則傷農，不地則害物。田狩之地，如鄭有原圃，秦有具囿，皆常所也。違其常所，犯害民物，而百姓苦之，則將聞車馬之音，見羽旄之美，舉疾首蹙額而相告，可不謹乎？徒非其地而必書，是《春秋》謹於微之意也。每謹於微，然後王德全矣。

按，胡安國繼承了程頤的"譏遠"説，又進一步確定桓公此狩"違其常所""非

123

其地",引申出"《春秋》謹於微之意"。

16. 桓公四年"夏,天王使宰渠伯糾來聘"。

程解:桓公弒君而立,天王不能治,天下莫能討,而王使其宰聘之,示加尊寵,天理滅矣,人道無矣。書天王,言當奉天也,而其爲如此。名糾,尊卑貴賤之義亡也。人理既滅,天運乖矣,陰陽失序,歲功不能成矣,故不具四時。

胡解:在周制,大司馬九伐之法,諸侯而有賊殺其親則正之,放弒其君則殘之。桓公之行,當此二者,舍曰不討,而又聘焉,失天職矣。操刑賞之柄以御下者,王也;論刑賞之法以詔王者,宰也。……大宰所掌而獨謂之建,以此典大宰之所定也,乃爲亂首承命以聘弒君之賊乎?故特貶而書名,以見宰之非宰也。……任之重,則責益深矣。

按,二人都貶責"天王使宰渠伯糾來聘"之舉,但程頤重在責天王,胡安國重在責冢宰,統一於其《春秋傳》全書對冢宰職位的強調這一論題。

17. 桓公七年"夏,谷伯綏來朝,鄧侯吾離來朝"。

程解:臣而弒君,天理滅矣,宜天下所不容也,而反天子聘之,諸侯相繼而朝之,逆亂天道,歲功不能成矣,故不書秋冬,與四年同。

胡解:四時具然後成歲,故雖無事必書首時,今此獨於秋冬闕焉,何也?立天之道曰陰陽,陽居春夏,以養育爲事,所以生物也,王者繼天而爲之子則有賞。陰居秋冬,以肅殺爲事,所以成物也,王者繼天而爲之子則有刑。賞以勸善,非私與也,故五服五章謂之天命;刑以懲惡,非私怒也,故五刑五用謂之天討。古者賞以春夏,刑以秋冬,象天道也。桓弟弒兄,臣弒君,而天討不加焉,是陽而無陰,歲功不能成矣,故特去秋冬二時,以志當世之失刑也。

按,程頤認爲"天子聘""諸侯相繼朝"弒君即位的魯桓公,"逆亂天道",導致自然界陰陽失序,故歲功不成;胡安國則據"古者賞以春夏,刑以秋冬,象天道"之原理,認爲當世失刑,是陽而無陰,故象徵歲功不能成,而非自然之歲功不成。

18. 桓公八年春,"天王使家父來聘"。

程解:魯桓公弒立,未嘗朝覲,而王屢聘之,失道之甚也。

胡解:下聘弒逆之人而不加貶,何也?既名冢宰於前,其餘無責焉,乃同則書重之義,以此見《春秋》任宰相之專而責之備也。《虞史》以人主大臣爲一體,《春秋》以天王宰相爲一心。……以爲一心,故歸賵仲子,會葬成風,則宰咺書名於前,而王不稱天於後。來聘桓公,錫桓公命,則宰糾書名以正其始,王不稱天以正其終,而榮叔、家父之徒不與也,故人主之職在論相而止矣。

按,對於"天王使家父來聘"弒君即位的魯桓公一事,程頤重在貶責天王之

"失道",胡安國則由經文不加貶責、同則書重之書法,形成"任宰相之專而責之備""天王宰相爲一心"之義,統一於其《春秋傳》全書對宰相職責的推重。

19. 桓公八年冬,"祭公來,遂逆王后於紀"。

程解:祭公受命逆後,而至魯先行私禮,故書來,而以逆後爲遂事,責其不虔王命,而輕天下之母也。

胡解:劉敞曰:"祭公,王之三公也。曷爲不稱使?不與王之使祭公也。師傅之官,坐而論道,其任重矣。今其來魯,乃命魯侯以婚姻之事者也,若是則大夫可矣,何必三公?任之重,使之輕,故祭公緣此義,得專命不報,遂行如紀,而王以輕使爲失,祭公以遂行爲罪矣。"此説是也。爲之節者,宜使卿往逆,公監之,則於禮得矣。

按,程頤認爲祭公受命逆王后,來魯乃行私禮;胡安國則認爲祭公來魯,"命魯侯以婚姻之事",其如紀逆王后,乃"遂行"之事。

20. 桓公"九年春,紀季姜歸於京師"。

程解:書王后之歸,天下當有其禮,諸侯莫至,是不能母天下也,故書紀女歸而已。

胡解:往逆則稱王后,既歸何以書季姜?自逆者而言,則當尊崇其匹,内主六宫之政,使妃妾不得以上僭,故從天王所命而稱王后,示天下之母儀也。自歸者而言,則當檡屈逮下,使夫人嬪婦皆得進御於君而無嫉妒之心,故從父母所子而稱季姜,化天下以婦道也。其詞之抑揚、上下、進退、先後,各有所當而不相悖,皆正始之道,王化之基,《春秋》之所謹也。

按,對於"往逆則稱王后,既歸何以書季姜"這一問題,程頤認爲是因爲於此王后之歸,"諸侯莫至,是不能母天下也";胡安國則認爲從"歸者"的角度而言,王后"當檡屈逮下",故《春秋》"從父母所子而稱季姜"。

21. 莊公二十三年"夏,公如齊觀社"。

程解:昏議尚疑,故公以觀社爲名,再往請議。後二年方逆,蓋齊難之。

胡解:莊公將如齊觀社,曹劌諫曰:"齊棄太公之法,觀民於社,君爲是舉而往觀之,非故業也。天子祀上帝,諸侯會之受命焉;諸侯祀先公,卿大夫佐之受事焉,不聞諸侯之相會祀也。君舉必書,書而不法,後嗣何觀?"

按,程頤認爲莊公如齊觀社,目的是議婚;胡安國則用《左傳》曹劌諫止莊公如齊觀社之説,認爲莊公如齊只是"觀社"而已。

22. 文公"九年春,毛伯來求金"。

程解:家父致命,以徵車也,故書使"來求"。毛伯風魯以欲金,故不云"王使"。

胡解：毛伯，天子大夫，何以不稱使？當喪未君也。踰年即位矣，何以言未君？古者諒陰三年，百官總己以聽於冢宰。夫百官總己以聽，則是冢宰獨專國政之時，托於王命以號令天下，夫豈不可而稱使？《春秋》之旨微矣，非特謹天下之通喪，所以示後世大臣，當國秉政，不可擅權之法戒也。

按，對於經文何以不稱"王使"，程頤解爲毛伯並未表示承命而來，只是"風魯以欲金"，故不稱"王使"；胡安國則解爲當時周新王雖即位，但三年諒陰期未出，"百官總己以聽於冢宰"，《春秋》戒冢宰不可擅權，故不稱"使"。

23. 文公九年冬，"秦人來歸僖公成風之襚"。

程解：過時始至，故云"來歸"。雖子母，先君後夫人，體當然也。

胡解：秦人歸襚而曰"僖公成風"者，非兼襚也，亦猶平王來賵仲子而謂之"惠公仲子"爾。

按，程頤取《左傳》《公羊傳》之說，認爲秦人之來兼襚僖公和成風；胡安國則取劉敞之說，認爲只襚成風，如同"惠公仲子"一樣，"僖公"是一定語。

24. 文公十五年"冬，十有一月，諸侯盟於扈"。

程解：魯以備齊，不在會，故不序。

胡解：盟於扈者，晉侯、宋公、衛、蔡、陳、鄭、曹、許八國之君也。何以不序？略之也。《春秋》於夷狄，君臣同詞而不分爵號，說者以爲略之也。八國曷爲略之？等於夷狄乎？齊人弑君，不能致討，受賄而退，奚以賢於狄矣。

按，程頤認爲因爲魯君不在會，所以不序諸侯；胡安國則認爲因諸侯不能致討弑君之齊人，反而受賄而退，行同夷狄，故《春秋》待以夷狄而略之。

25. 宣公元年春，"三月，遂以夫人婦姜至自齊"。

程解：脫"氏"字。

胡解：有不待貶絕而罪惡見者，不貶絕以見惡。夫人與有罪焉，則待貶而後見，故不稱氏。

按，程頤認爲經文中"姜"字後脫一"氏"字，胡安國卻據《公羊傳》之說，認爲魯宣公居喪期內"請昏納婦"，非禮之甚，"夫人與有罪焉"，故《春秋》去其"氏"，以示貶責。

26. 宣公十年春，"齊人歸我濟西田"。

程解：魯修好，故歸魯田。田，魯有也，齊非義取之，故云歸我，不足爲善也。

胡解：宣公於齊，順其所欲，既以女妻其臣，又以兵會伐萊之舉，又每歲往朝於齊廷。雖諸侯事天子，無是禮也，故惠公悦其能順事己，而以所取濟西田歸之也。歸謹及闡，直書曰"歸"，此獨書"我"者，乃相親愛惠遺之意。或謂"濟西，魯之本封,故書'我'",則誤矣。

按,程頤認爲濟西田本魯所有,故云"歸我";胡安國非之,認爲書"我"乃示魯宣公踰禮悦齊、齊惠公悦其媚己從而兩相"親愛惠遺之意"。

27. 宣公十二年冬,"晉人、宋人、衛人、曹人同盟於清丘"。

程解:晉爲楚敗,諸侯懼而同盟,既而皆渝,故書人以貶之。

胡解:清丘載書,恤病討貳,口血未乾,敗其盟好,所謂不待貶而惡見者也,又奚必人諸國之卿,然後知反覆之可罪乎?楚既入陳圍鄭,大敗晉師,伐蕭滅之,憑陵中國甚矣。爲諸侯計者,宜信任仁賢,修明政事,自强於爲善,則可以保其國耳。曾不是圖,而刑牲歃血,要質鬼神,蘄以禦楚,謀之不臧,孰大於是?故國卿貶而稱"人",譏失職也。

按,程頤認爲因諸侯隨即渝盟而貶稱之"人",胡安國非之,認爲乃譏諸國卿失職而貶稱之"人"。

28. 成公九年春,"公會晉侯、齊侯、宋公、衛侯、鄭伯、曹伯、莒子、杞伯,同盟於蒲"。

程解:諸國患楚之强,同盟以相保。鄭既盟復叛,深罪其反覆。

胡解:按《左氏》:"爲歸汶陽之田故,諸侯貳於晉。晉人懼,會於蒲,以尋馬陵之盟。"夫盟非固結之本也……夫信在言前者,不言而自喻;誠在令外者,不令而自行。晉初下令於齊,反魯、衛之侵地,而齊不敢違者,以其順也。齊既從之,魯君親往拜其賜矣,復有二命,俾歸諸齊。一與一奪,信不可知,無或乎諸侯之解體也。晉人不知反求諸己、惇信明義以補前行之愆,而又欲刑牲獻血、要質鬼神以御之,是從事於末而不知本矣。特書"同盟",以罪晉也。

按,程頤認爲此盟是諸國患楚之强,同欲結盟以相保;胡安國則據《左傳》之說,認爲是晉侯懼諸侯貳之,故會盟以固結之,書"同盟",以罪晉侯"從事於末而不知本"。

29. 襄公二十五年"秋,八月己巳,諸侯同盟於重丘"。

程解:諸侯同病楚也。

胡解:崔杼既弑其君矣,晉侯受其賂而許之成,故盟於重丘,特書曰"同"。

按,程頤認爲此盟是諸侯同病楚而結盟自保,胡安國則據《左傳》之說,認爲是晉侯受齊崔杼之賂而主盟諸侯,以承認其弑君一事。

30. 哀公八年"夏,齊人取讙及闡"。

程解:己與之,彼以非義而受,則書取,此濟西田是也。魯入邾,而以其君來,致齊怒,吴伐,故賂齊以説之。

胡解：按《左氏》："邾子益，齊出也。"魯以益來，則齊人取謹及闡。又如吴請師，而怒猶未悛也。以此見國君之造惡不悛，則四鄰謀取其國家，莫能保矣。

按，程頤據《公羊傳》之説，認爲"謹及闡"，乃魯人此前侵入邾、挾其君而歸，爲息齊怒而賂與之的；胡安國卻認爲齊人怒魯人侵邾挾君之舉，謀取魯國而強佔其"謹及闡"。

結語

由上列可見，程頤和胡安國對一些經文的解説，不僅存在著因胡安國引申發揮而形成的差異，而且有諸多幾近完全不同者。導致形成這些差異的原因，除了二人的學術認識或有不同外，還有以下兩方面的客觀因素：

1. 程頤所作的《春秋傳》，僅解説至桓公九年，現存該《傳》此年之後的內容，乃由後人纂集其"舊有解説"而附之。傳解既不完備，其每條經文解説又"甚略，於意則引而不發"，這就爲胡安國在繼承程頤解説的基礎上再作引申發揮，提供了不少空間。而他的引申發揮，不見得就合於程頤之"意"。

2. 胡安國作《春秋傳》時，正值北宋覆滅、南宋政權草創的政治劇烈變革、動蕩時期，與程頤所處的時代相比，有著全新的時代問題和風氣，這對胡安國的《春秋》學產生了深刻的影響。一個顯明的體現，是他"感激時事，往往借《春秋》以寓意"[1]，傳解中充滿時代關懷。如上列他對經文隱公二年"夏五月，莒人入向"的解説，強調諸侯擅自侵伐乃爲不臣之舉，這顯然是針對南宋初年節制臣子以樹立皇權權威的現實形勢而立論。這種時代關懷，是導致胡安國的《春秋》解説或與程頤不同的重要原因。

〔葛焕禮，中國社會科學院古代史研究所研究員〕

---

[1] 永瑢等《四庫全書總目》卷二七，胡安國"《春秋傳》三十卷"條，清乾隆武英殿刻本。

寇準謀廢東宫考

吴錚强

一、趙元僖猝亡與寇準謀廢東宫之謎

宋太宗擇儲,圍繞三位皇子形成李皇后、王繼恩、胡旦等人的元佐黨,吕蒙正、王沔等人的元僖黨,寇準、吕端等人的元侃(宋真宗)黨。[1] 其中次子元僖猝亡最早出局,具體情形湮没於史籍。唯《長編》卷二六述趙元佐被廢、卷三三述趙元僖猝亡時,均引張唐英《寇準傳》謀廢東宫事:

> 張唐英《寇準傳》云:寇準通判鄆州,得召見,太宗謂曰:"知卿有深謀遠慮,試與朕决一事,令中外不驚動。此事已與大臣議之矣。"準請示其事,太宗曰:"東宫所爲不法,他日必有桀、紂之行,欲廢之,則宫中亦自有兵甲,恐因而召亂。"準曰:"請某月日令東宫於某處攝行禮,其左右侍衛皆令從之,陛下搜其宫中,果有不法之器,俟還而示之,隔下左右勿令入而廢之,一黄門力爾。"太宗以爲然,及東宫出,因搜其宫中,得淫刑之器,有剜目、挑筋、摘舌等物,還而示之,東宫伏罪,遂廢之,選立章聖爲太子。自是太宗眷注益厚。

李燾以爲張唐英之説荒謬。前指:

> 此張唐英所著《仁宗政要·寇準傳》所載也,傳聞謬誤一至於此,蓋因廢元佐事耳。淳化三年十月,罷恭孝太子元僖册禮,則緣惑嬖妾張氏,初無淫刑事也。唐

---

[1] 關於圍繞三子奪嫡形成的黨争,參見何冠環《宋初朋黨與太平興國三年進士》,中西書局,2018年。

英書世多有之,謬誤不獨此,不可不辨。[1]

後指:

> 準淳化三年已爲樞密副使。元僖既死,太宗愛始衰,元僖無恙時,固未嘗建東宮。不知唐英何所據,誣謗特甚,今不取。淫刑事蓋因楚王元佐,已見雍熙二年九月。[2]

雍熙二年(985)寇準通判鄆州,無從參與宮廷政治。淳化三年(992)寇準確如李燾所指"已爲樞密副使",但這正是端拱元年(988)從鄆州"得召見"之後的擢升,與張唐英所謂"寇準通判鄆州,得召見"并無直接衝突。又稱"東宮伏罪,遂廢之,選立章聖爲太子",真宗立爲太子正是元僖猝亡之後事。雖然史書中並無元僖伏罪被廢的情節,但就太宗在三子之間擇儲的過程而言,張唐英所指東宮必指元僖而非元佐。

張唐英所記寇準廢東宮事情節夸誕,李燾直斥"謬誤一至於此""不知唐英何所據,誣謗特甚",似乎確無可能。後世史家論元僖之死,或引《默記》張梳頭下毒誤殺事[3],類小說家言,當不可信。《長編紀事本末》卷九《太宗皇帝·諸王事跡》則載:

> 上始追捕許王寮吏,將窮究其事。左諫議大夫魏羽乘間言於上曰:"漢戾太子竊弄父兵,當時言者以其罪笞爾。今許王之過未甚於此也。"上嘉納之。由是被劾者皆獲輕典。[4]

張其凡《宋太宗》據此分析,"由此看來,元僖的問題相當嚴重,魏羽甚至拿漢武帝之子起兵的事相比較"[5]。據此,元僖當有弄兵之嫌,與"宮中亦自有兵甲,恐因而召亂"相去不遠,張唐英所載或有夸誕,然未必絕無其事。

元僖猝亡緣由,官史諱莫如深,其中必有隱情。而寇準是否參與其中,是否"自是太宗眷注益厚",則又另當別論。歷代論寇準事跡,絕無述及謀廢東宮者。然熟繹《宋史·寇準傳》淳化、至道年間事,寇準舉止、仕履及其與太宗關係十分

---

[1] 李燾《續資治通鑑長編》(以下簡稱《長編》)卷二六,中華書局,2004年,598—599頁。
[2] 《長編》卷三三,741—742頁。
[3] 王銍《默記》卷上,中華書局,1981年,6頁。
[4] 楊仲良《續資治通鑑長編紀事本末》卷九《諸王事跡》,文海出版社,1967年,216頁。
[5] 張其凡《宋太宗》,吉林文史出版社,1997年,189頁。

蹊蹺。《宋史·寇準傳》所述,自元僖猝亡至元侃立爲太子,其間寇準有因天旱而言刑不平、與張遜不協而罷知青州、太宗數次語及寇準在青州、與溫仲舒易任、參與太宗立儲、馮拯陳寇準擅權而罷知鄧州事。表面上看,這些事件不過是《隆平集》所謂寇準"不能與世俯仰"的諸多表現而已,但寇準如此反復與同僚相傾其實并不正常,《宋史》或《兩朝國史》不厭其煩詳爲記述此類瑣事更有欲蓋彌彰之嫌。然而《長編》兩次全文摘抄的張唐英《寇準傳》謀廢東宮事看似荒誕,一旦增入《宋史·寇準傳》,前後數事似乎可以連環解釋,則寇準在太宗立儲過程中扮演的角色或可重新理解。

二、太宗打擊王沔、元僖政治集團

先看《長編》淳化二年(991)九月丁丑記事:

> 九月丁丑,户部侍郎、參知政事王沔,給事中、參知政事陳恕,並罷守本官……沔以弟淮故,數爲樞密副使寇準所詆,上亦寤沔任數好詐,非廊廟器,遂與恕同日俱罷。沔奉詔,見上,涕泣不願離左右,不數日,鬚鬢皆白。
> 上嘗謂近臣曰:"屢有人言儲貳事,朕頗讀書,見前代治亂,豈不在心! 且近世澆薄,若建立太子,則宮僚皆須稱臣。宮僚職次與上臺等,人情之間,深所不安。蓋諸子沖幼,未有成人之性,所命僚屬,悉擇良善之士,至於臺隸輩,朕亦自揀選,不令姦險巧佞在其左右。讀書聽書,咸有課程,待其長成,自有裁制。何言事者未諒此心耶?"於是左正言、度支判官宋沆等五人伏閤上書,請立許王元僖爲皇太子,詞意狂率,上怒甚,將加竄殛,以懲躁妄。而沆又宰相吕蒙正之妻族,蒙正所擢用,己亥,制詞責蒙正以援引親暱,竊祿偷安,罷爲吏部尚書。
> 初,溫仲舒與蒙正同年登第,情契篤密。仲舒前知汾州,坐私監軍家婢,除籍爲民,窮棲京師者屢年,蒙正在中書,極力援引,遂復籍。及驟被任遇,反攻蒙正,蒙正以之罷相,時論醜之。[1]

這里敘述的核心似乎是吕蒙正、王沔罷相,而且各有原因,并無關聯。寇準攻王沔事,《長編》之前已經述及,與吕蒙正罷相更是毫不相干:

---

[1] 《長編》卷三二,719—720頁。

先是，上召近臣問時政得失，樞密直學士寇準對曰："《洪範》天人之際，其應若影響。大旱之證，蓋刑有所不平。頃者祖吉、王淮皆侮法受賕，贓數萬計。吉既伏誅，家且籍沒，而淮以參知政事沔之母弟，止杖於私室，仍領定遠主簿。用法輕重如是，亢暵之咎，殆不虛發也。"上大悟，明日見沔，切責之。[1]

但更換視角，這裏的敘述可能別有意味。呂蒙正罷相，乃其擢用妻族宋沆而牽連，而宋沆被"竄殛"，是因爲聯合五人"請立許王元僖爲皇太子"。但宋沆等五人不過左正言、度支判官之流，若無宰相呂蒙正等支持，難以想象竟敢請立皇太子。故"制詞責蒙正以援引親暱，竊録偷安"當爲托詞。至此請立皇太子事與寇準仍毫無關係，但是《宋史·王沔傳》記載：

淳化初，宰相趙普出守西洛。呂蒙正以寬簡自任，政事多決於沔……會左司諫王禹偁上言："自今宰相及樞密使不得於本廳見客，許於都堂延接。"沔喜，即奏行之。直史館謝泌以爲如此是疑大臣以私也，疏駁之。太宗追還前詔，沔暨恕因是罷守本官。翌日，蒙正亦罷。沔見上，涕泣，不願離左右。未幾，鬚鬢皆白。會省吏事發，連中書，因有奏毀者。上語毀者曰："呂蒙正有大臣體，王沔甚明敏。"毀者慚而止。[2]

這段記載的信息非常豐富，首先"呂蒙正以寬簡自任，政事多決於沔"，則王沔作爲參知政事非但暗中支持宋沆等請立皇太子，恐怕還是宰執群體中的主謀。又王沔罷官的原因是奏行"宰相及樞密使不得於本廳見客"，《長編》則記爲"沔以弟淮故，數爲樞密副使寇準所訐，上亦寤沔任數好詐，非廊廟器，遂與恕同日俱罷"，[3]史書爲王沔罷官尋找的理由似乎相當隨意。王沔本傳載太宗在將呂、王罷相後又稱"呂蒙正有大臣體，王沔甚明敏"，也暗示罷相別有隱情。而《長編》敘述中，"奏毀"王沔之事介於元僖猝亡與追查元僖死因之間：

十一月己亥，開封尹許王元僖早朝，方坐殿廬中，覺體中不佳，遂不入謁，徑歸府。車駕遽臨視，疾已亟，上呼之，猶能應，少選薨，年二十七。上哭之慟，左右皆不敢仰視。追贈太子，諡曰恭孝。

詔以將有事於南郊，前十日而許王薨，按禮，天地社稷之祀並不廢，緣親謁太廟，

---
[1]《長編》卷三二，713—714頁。
[2]《宋史》卷二六六《王沔傳》，中華書局1977年，9181頁。
[3]《長編》卷三二，719—720頁。

恐非便,集公卿議之。吏部尚書宋琪等上奏,請以來年正月上辛合祭天地,上從之。

　　初,王沔罷政歸私第,會中書小吏舊罪發,事連中書,因有奏毁沔者,上語之曰:"吕蒙正有大臣體,王沔甚明敏。"毁者慚而退。於是,上欲甄別官吏能否,故命沔同知京朝官考課,所奏條目尤細碎,不識大體,視士君子猶卒伍胥吏,設關格以防之,物論甚譁,而沔自謂清直無私,因結人主,求再入。庚子,沔視事省中,暴得風眩疾,舁歸第,卒。上嗟惜之,優詔贈工部尚書。

　　恭孝太子元僖性仁孝,姿貌雄毅,沈静寡言,尹京五年,政事無失,上尤所鍾愛。及薨,追念不已,或悲泣達旦不寐,作思亡子詩以示近臣。未幾,人有言元僖爲嬖妾張氏所惑,嘗恣捶僕妾,有至死者。而元僖不知,爲張氏於都城西佛寺招魂,葬其父母,僭差踰制。又言元僖因誤食他物得病,及其宫中私事。上怒,命縊殺張氏,捕元僖左右親吏繫獄,令皇城使王繼恩驗問,悉決杖停免。掘燒張氏父母冢墓,親屬皆竄遠惡。丙辰,詔罷册禮,但以一品鹵簿葬焉。真宗即位,始詔中外稱太子之號。[1]

　　以上所引材料顯示的諸事時間順序如下:(1)王沔罷政;(2)吕蒙正妻族宋沆等請立元僖皇太子,太宗怒,吕蒙正罷政;(3)元僖猝亡;(4)王沔卒;(5)調查元僖死因,發現"僭差踰制"及"宫中私事"等問題。《長編》如此記述,若非暗示元僖、王沔之死有所關聯,恐怕不合情理。簡而言之,王沔罷政、暴卒,緣於主謀請立元僖爲太子,寇準攻王沔實爲此事。史籍中各種閃爍其詞,無非是掩飾太宗打擊王沔、元僖政治集團之舉,而"有大臣體"的吕蒙正在其中究竟扮演什麽角色,卻由此更顯得疑竇叢生。

三、作爲太宗權力布局重要棋子的寇準

　　寇準與太宗打擊元僖黨的關係,參考温仲舒事跡即一目了然。淳化三年四月辛巳,温仲舒與寇準同拜樞密副使。温仲舒爲吕蒙正所"援引",但"及驟被任遇,反攻蒙正,蒙正以之罷相,時論醜之"。與此同時寇準極力攻擊王沔,温、寇聯手扳倒宰執的局勢十分明朗,隨後寇、温兩人又"同知院事"。[2]《宋史·寇準傳》誤記寇準與温仲舒易任事:

---

[1]《長編》卷三三,740—741頁。
[2]《長編》卷三二,723頁。

> 自唐末,蕃户有居渭南者。溫仲舒知秦州,驅之渭北,立堡栅以限其往來。太宗覽奏不懌,曰:"古羌戎尚雜處伊、洛,彼蕃夷易動難安,一有調發,將重困吾關中矣。"準言:"唐宋璟不賞邊功,卒致開元太平。疆場之臣邀功以稔禍,深可戒也。"帝因命準使渭北,安撫族帳,而徙仲舒鳳翔。[1]

與溫仲舒易任者實爲薛惟吉,《宋史》卷二六四《薛惟吉傳》、卷四九二《吐蕃傳》均有明載,《宋史·寇準傳》所誤殊難理解,卻留下提示溫、寇特殊關係的綫索。

在打擊元僖黨的過程中,寇、溫當是宋太宗權力棋局中兩粒重要的棋子。當然棋子不只兩粒,與寇、溫同拜樞密副使又有張遜:

> 辛巳,以樞密副使張齊賢、給事中陳恕並參知政事,宣徽北院使、簽書樞密事張遜爲樞密副使,樞密直學士溫仲舒、寇準並爲樞密副使。[2]

寇、溫"同知院事"時,張遜已"知樞密院事"[3],地位始終在寇、溫之上。這顯然是有意爲之,因爲半年之後寇準就因張遜而罷知青州,事情相當離奇:

> 六月壬申,宣徽北院使、知樞密院事張遜責授右領軍衛將軍,左諫議大夫、同知院事寇準罷守本官。遜素與準不協,數爭事上前,上將罷之。他日,準與溫仲舒同出禁中,歸私第,道逢狂人,迎馬首呼萬歲。右羽林大將軍、判左金吾王賓故與遜俱事晉邸,遜嘗保舉賓,雅相厚善,又知遜與準有隙,因奏言:"民迎準馬首呼萬歲。"既而遜等奏事,上詰之,準自辯云:"賓與仲舒同行,而遜令賓獨奏臣。"遜執賓奏斥準,辭意甚屬,因互發其私,上怒,故貶遜而罷準。[4]

"道逢狂人迎馬首呼萬歲"顯然是有意陷害,主謀當然就是張遜及王賓。表面上看,此事的原因仍是寇準"不能與世俯仰","遜素與準不協"。然而事情的結果,"貶遜而罷準",與寇準同行的溫仲舒卻未被波及。同時陷害寇準的張遜與王賓"俱事晉邸",衆所周知晉邸人員在宋太宗兄終弟及過程中的關鍵作用,這次張遜與扳倒呂蒙正、王沔的寇準、溫仲舒同時擢升,然後又陷害寇準等,當

---

[1]《宋史》卷二八一《寇準傳》,9528頁。
[2]《長編》卷三二,714頁。
[3]《長編》卷三二,723頁。
[4]《長編》卷三四,750頁。

是出自宋太宗預先通盤的計劃。《長編》第二次引張唐英所述謀廢東宮事,正是對太宗調查元僖死因的補充説明。雖然被《長編》斥爲"誣謗特甚",但寇準謀廢東宮如果確有其事,寇準顯然不宜繼續在京任職,因此以"民迎準馬首呼萬歲"的怪異理由"貶逐而罷準"就顯得十分適宜。至於温仲舒未被波及,或許只是因爲他没有參與寇準的謀廢東宮行動。

假設這些推論成立,寇準罷知青州時的怪異表現就顯得合乎情理。怪異表現一是寇準與太宗相互思念:

帝顧準厚,既行,念之,常不樂。[1]
公再拜,泣而謝使者曰:"良馬善犬皆知有主,豈有人臣不思君父邪!"[2]

二是寇準在青州"縱酒""唯聲色是娛",[3]三是宋太宗與寇準都預期寇準將再次起用,畢竟奪嫡之戰尚未結束:

數日,輒復問。左右揣帝意且復召用準。[4]
陛下若不棄臣,朝召夕行也。[5]
太宗對左右數語及準,有間言至,終不能移上意。[6]

如果抽去擇儲的隱情,罷知青州時寇準與宋太宗的表現就顯得過於矯情。而置於謀劃立儲的背景中,寇準既因謀廢東宮而暫時離京,自然可以在青州任性縱酒。而太宗立儲,參與謀廢東宮的寇準自然最值得信任,故而"數語及準,有間言至,終不能移上意"。此後宋太宗將寇準自青州召回詢問立儲人選,寇準答以"三不謀及",無非是借助寇準之力排除趙元佐的立儲資格。

立元侃爲太子之後,太宗與寇準又有所謂"天下心屬太子,將置我何地"與"願得所付,天下之福也"的對答。其實記載此事的關鍵信息,可能不在太宗的失落,而是由此旁及李皇后的嫉恨,以此保留元佐黨不甘心的綫索。《萊公遺事》記載:

---

[1]《宋史》卷二八一《寇準傳》,9528 頁。
[2]《萊公遺事》,李栻輯,郭紅點校《歷代小史》,商務印書館,2018 年,980 頁。
[3]《宋史》卷二八一《寇準傳》,9528 頁;《萊公遺事》,《歷代小史》,980 頁。
[4]《宋史》卷二八一《寇準傳》,9528 頁。
[5]《萊公遺事》,《歷代小史》,980 頁。
[6] 王稱《東都事略》卷四一《寇準傳》,齊魯書社,2005 年,326 頁。

> 躬行告廟,遷六宮皆登御樓以觀。時李后聞萬姓皆歌呼曰:"吾帝之子,以少年可愛。"李后不悅,歸以告上,上即召公責曰:"百姓但知有太子而不知有朕,卿誤朕也。"公曰:"太子萬世嗣社稷之主也,若傳之失其人,實爲可憂,今天下歌得賢主,陛下大幸,臣敢以爲賀。"上始解,太子卒以定。[1]

《長編》《宋史》的記載則十分誇張:

> 太帝入語后嬪,宮中皆前賀。復出,延準飲,極醉而罷。[2]

至此,太宗的擇儲問題基本解決,而奪嫡之戰則直至呂端閣鎖王繼恩才自大功告成。立太子後寇準官拜參知政事,定策之功天下皆知,顯然再次面臨不適宜在京任官的局面。

果然《宋史·寇準傳》緊隨其後就是馮拯陳寇準擅權事,情節幾乎是之前寇準與張遜不協事的翻版,又是廷爭激怒太宗:

> 準素所喜者多得臺省清要官,所惡不及知者退序進之。彭惟節位素居馮拯下,拯轉虞部員外郎,惟節轉屯田員外郎,章奏列銜,惟節猶處其下。準怒,堂帖戒拯毋亂朝制。拯憤極,陳準擅權,又條上嶺南官吏除拜不平數事。廣東轉運使康戬亦言:呂端、張洎、李昌齡皆準所引,端德之,洎能曲奉準,而昌齡畏愞,不敢與準抗,故得以任胸臆,亂經制。太宗怒,準適祀太廟攝事,召責端等。端曰:"準性剛自任,臣等不欲數爭,慮傷國體。"因再拜請罪。及準入對,帝語及馮拯事,自辯。帝曰:"若廷辯,失執政體。"準猶力爭不已,又持中書簿論曲直於帝前,帝益不悅,因歎曰:"鼠雀尚知人意,況人乎?"遂罷準知鄧州。[3]

而這次發難的馮拯,是之前的元僖黨人:

> 淳化中,有上封請立皇太子者,拯與尹黃裳、王世則、洪湛伏閣請立許王元僖,太宗怒,悉貶嶺外……太宗欲召還參知政事,寇準素不悅拯,乃徙知鼎州……拯上書言准阿意不平,准坐此罷。[4]

---
[1]《萊公遺事》,《歷代小史》,980頁。
[2]《宋史》卷二八一《寇準傳》,9529頁。參見《長編》卷三八,818頁。
[3]《宋史》卷二八一《寇準傳》,9529頁。
[4]《宋史》卷二八五《馮拯傳》,9608頁。

就此而言,太宗朝寇準兩起兩落,並不是因爲"與世不能俯仰",而是始終充當太宗擇儲過程中的棋子。寇準彌留之際自信盡忠固屬宜然,范仲淹所謂"左右天子"則多屬創意。[1]

令人浮想聯翩的是,宋太宗三子奪嫡與唐太宗擇儲的情節與權力結構有類似之處。聯系宋太宗、真宗皇后劉氏問鼎權力時對唐太宗、武則天有意無意的模仿,宋初權力鬥争中過多的唐史模式或陰影,或許是宋仁宗朝以來士大夫群體回向"三代"、超越漢唐的焦慮的來源。

〔吴錚强,浙江大學人文學院歷史學系副教授〕

---

[1] 原文爲"能左右天子……天下謂之大忠"。范仲淹《楊文公寫真贊》,《范仲淹全集》,鳳凰出版社,2004年,145頁。

王安石罷相之謎*

林　鵠

　　衆所周知，王安石是熙寧變法的靈魂人物，宋神宗尊其爲"師臣"。然熙寧晚期他兩度罷相，最終徹底離開了政治舞臺，生命的最後十年在落寞中度過。王氏對宋代歷史的影響，再怎麽强調也不爲過，他的過早退場，無疑是宋代歷史上的重大事件。

　　關於王安石何以去位，學界有過諸多討論，成果非常豐富。主流意見有兩種，其一認爲這是王氏與神宗在變法理念上的分歧所致，其二認爲是兩人之間的權力鬥爭，即君權與相權衝突的結果。筆者在前輩時賢的啓發下，對王氏兩度罷相的過程進行了詳細考察，發現現有解釋都還存在一些不盡如人意之處。

　　宋神宗對王安石的信任，讓筆者非常困惑。王氏極富個性的性格與行爲方式，以及由此帶來的政治後果，歷來受到學者們的高度關注。王安石爲人執拗，毫不妥協，不僅與變法的反對者——其中不少人原本是其好友——爆發了激烈衝突，最終與自己的改革助手也一一決裂。而筆者更是注意到，他在神宗面前，也絲毫没有收斂。

　　文獻中常見，討論政事時，即便神宗只是非常委婉地提出一些無關大局的技術性保留意見，王安石也會暴跳如雷，當場激烈地指責、訓斥神宗，讀來讓人觸目驚心。而結局，往往都是神宗讓步，主動放低姿態，反過來安撫王氏。要知道，這可是位已成年、完全掌握權力、且有雄心壯志的君主！在這種處境下，神宗仍對其委以重任，前後長達八年之久，恐怕古今中外找不出第二個例子。

　　熙寧七年(1074)王安石第一次罷相，是神宗在反對變法的兩宫太后利用天

---

*　本文是國家社會科學基金重大項目"《宋會要》的復原、校勘與研究"(14ZDB033)、國家社會科學基金一般項目"11—12世紀初宋遼夏關係與宋遼政治研究"(17BZS134)階段性成果。

灾施加壓力的情况下,不得已的權宜之計。罷相之際,君臣已達成默契,王安石不久即可復出。次年王氏復出,神宗對其信任一如既往。在復相之後的短時間内,王安石相繼與主要助手韓絳、吕惠卿、王韶爆發嚴重衝突,而神宗無一例外地站在王氏一邊。但蹊蹺的是,最後僅僅因爲王安石信用的鄧綰、練亨甫這兩個小人物(與韓絳等相較而言)的小過失,王氏又被罷相。而這次,終神宗餘生(又是一個八年),王安石再没被起用,儘管神宗對在野的他始終優禮有加,尊崇備至。

二度拜相後,王安石與神宗最大的分歧,發生在宋遼邊界糾紛的應對。當時出現了極其罕見的一幕——王氏與反對變法的元老重臣韓琦、富弼等意見一致,都堅決反對退讓,但最終神宗還是讓人難以理解地選擇了割地求和。筆者以爲,對遼策略上的根本分歧,可能才是王安石二度罷相並不再復出的根本原因。當然,這需要詳細分析宋遼邊界事件,只能留待另一篇文章了。

一、舊説辨析

王安石罷相的主流看法之一,是王氏與神宗在變法理念上的分歧所致。所謂變法理念之分歧,又可以大體分爲兩個層面。其一,在新法的一些具體措施上有不同意見,神宗不夠堅決果斷[1]。但在這一層面,也有相當多學者認爲,神宗與王安石並没有根本上的分歧[2]。而事實證明,王氏罷相後,神宗並未改變新法,恰恰相反,新法繼續深化[3]。

任何兩個人的政見,都不可能完全一致。王安石與宋神宗在一些具體措施上的分歧,似乎並没有嚴重到王氏非去位不可的程度。

理念分歧的第二個層面,則關乎趙宋家法。鄧廣銘先生以爲,宋神宗堅持"異論相攪"之家法,刻意起用保守派,以制衡王安石[4]。李華瑞先生認爲,這就是導致王安石辭去相位的主要原因[5]。此説似亦可商。

異論相攪的根本目的,是保持勢力均衡。在異論相攪原則下,君主不會讓

---

[1] 參鄧廣銘《北宋政治改革家王安石》,三聯書店,2007年,239—259頁。
[2] 如吴泰《熙寧、元豐變法散論》,中國社會科學院歷史研究所宋遼金元史研究室編《宋遼金史論叢》第一輯,中華書局,1985年;顧全芳《宋神宗與熙豐變法》,《學術月刊》1988年第8期;仲偉民《宋神宗》,吉林文史出版社,2004年,189—211頁。
[3] 仲偉民《宋神宗》,213—219頁。
[4] 鄧廣銘《北宋政治改革家王安石》,257—259頁。
[5] 李華瑞《宋神宗與王安石共定"國是"考辨》,《文史哲》2008年第1期。

某一派獨攬大權，而是有意扶植反對派，對其進行掣肘。而熙寧年間，宋朝元老重臣，無一人支持王安石，都激烈批評新法。這種情況下，神宗完全倒向王安石，一大批高級官員被罷黜，起用的主要為王氏器重的"新進少年"，不正是對異論相攪的破壞嗎？

王安石拜相後，反對派文彥博、馮京等人仍留任執政，但在變法事宜上，根本起不到牽制王安石的作用。在熙寧七年王氏初罷相之前，在重大問題上，凡王安石與文彥博等有爭議，神宗即便有疑慮，最後幾乎都遵照王氏所言行事。文彥博最終也被逐出了中樞。

不僅如此，對於"異論"，神宗有明確的表態。熙寧三年（1070）七月，神宗考慮讓司馬光出任樞密副使，王安石反對說："司馬光固佳。今風俗未定，異議尚紛紛，用光即異論有宗主。……若便使異論有宗主，即事無可為者。"曾公亮支持司馬光："真宗用寇準，人或問真宗，真宗曰：'且要異論相攪，即各不敢為非。'"對於這一宋朝家法，王氏毫不留情地駁斥曰："若朝廷人人異論相攪，即治道何由成？臣愚以為朝廷任事之臣，非同心同德、協於克一，即天下事無可為者。"而神宗對此深表贊同："**要令異論相攪，即不可。**"〔1〕這是針對家法，神宗毫不含糊的表態。

是年早些時，因無人可用，神宗亦曾擬起用歐陽修為執政，王安石同樣堅決反對："修在政府必無補時事，但使為**異論**者附之，轉更紛紛耳。"這一意見也為神宗采納〔2〕。

在因為異論先後放棄歐陽修、司馬光後，是年九月，神宗又一次就"異論"問題與王安石進行討論。神宗擔心"異論者不悛"，王氏曰："陛下明智，度越前世人主，但剛健不足，未能一道德以變風俗，故異論紛紛不止。若能力行不倦，每事斷以義理，則人情久自當變矣。"這一在異論面前決不妥協的態度得到了神宗的認同〔3〕。

熙寧四年（1071）四月，御史臺缺中丞，神宗一度欲用韓維，王安石以為："維必同俗，非上所建立，更令**異論**益熾，不如用（楊）繪。"最終出任御史中丞的是楊繪〔4〕。

---

〔1〕《續資治通鑑長編》（下稱"《長編》"）卷二一三，熙寧三年七月壬辰，中華書局，2004年，5168—5169頁。

〔2〕《長編》卷二一一，熙寧三年五月庚戌，5135頁。

〔3〕《長編》卷二一五，熙寧三年九月己丑，5232頁。

〔4〕《長編》卷二二二，熙寧四年四月癸酉，5406頁。需要說明的是，楊繪亦非同情新法者，然此時王安石尚寄希望於將其拉至己方。

五月,神宗懷疑邊臣觀望,"不肯竭情了事",王安石借題發揮,指責變法的反對派借慶州兵變向新法發難,"乘陛下恟懼,合爲**異論**",主張神宗采取措施,使反對派"有所忌憚","大畏衆志,使無實者不敢肆其說"。神宗表示同意[1]。

　　七月,曾布上書反擊舊派楊繪、劉摯,王安石進言:"今朝廷**異論**,類皆懷奸,其實豈止於楊、墨之道不息而已,以邪爲正,以正爲邪,其爲名不正甚矣,則其患至於人無所措手足、人相食,無足怪也。"於是神宗決定深究此事,下令"以布所言札與繪、摯,令分析以聞"[2]。

　　正因爲熙寧間神宗對異論態度如此,熙寧九年(1076)十月,王安石二度罷相後,權御史中丞鄧潤甫批評神宗不能採納不同意見:"向者陛下登用俊賢,更易百度,天下狃於見聞蔽於俗學者,皆競起而萃非之。故陛下**排斥異論**,而一時言責之路反自此微爲壅抑,非徒抑之,又或疑之。"[3]

　　但神宗並無因此有所改變,對異論的態度一如既往。元豐五年(1082)五月,神宗問執政:"徐禧(時是御史中丞)舉孔武仲、邢恕爲御史,如何?"張璪對曰:"此兩人皆異論者。"神宗曰:"徐禧論事,其意漸可見,大率懷吕惠卿之恩,尤欲進異論之人。蓋惠卿已叛去王安石,故多結附往時異論之人,欲以爲黨。"[4]可見神宗對異論者耿耿於懷。

　　同月,侍郎缺官,尚書右丞王安禮推薦張問,神宗不同意,理由是張問"好爲異論",其"論議多出於韓琦,所以如此"。太常丞缺,王安禮又推薦王古,神宗同樣以"好異論"爲由加以拒絶[5]。

　　元豐六年(1083)四月,神宗與宰執論及劉摯。蔡確曰:"摯固善士,但嘗異論爾。"神宗云:"異論是昔時事。"章惇附和:"摯自被逐,不復異論。人豈不容改過?"[6]異論與否,始終是神宗用人的核心標準之一。

　　如果説神宗並没有遵從"異論相攪"的家法,那熙寧時期爲何他會任用反變法派呢?

　　筆者以爲,這正是神宗的過人之處。雖然年輕,但與王安石相比,神宗在政治上,有時反要成熟穩重得多。一方面,他相信,雖然元老重臣一致反對變法,但其中不乏人品高尚的正人君子。熙寧三年七月討論司馬光之任命時,王安石

---

[1]《長編》卷二二三,熙寧四年五月甲辰,5431頁。
[2]《長編》卷二二五,熙寧四年七月戊子,5474—5475頁。
[3]《長編》卷二七八,熙寧九年十月己酉,6806頁。
[4]《長編》卷三二六,元豐五年五月己丑,7845頁。
[5]《長編》卷三二六,元豐五年五月乙未,7850頁。
[6]《長編》卷三三四,元豐六年四月己巳,8052頁。

曾質疑:"樞密院事光果曉否?"神宗坦陳:"不曉。"王氏追問,既然如此,爲何欲以光爲樞密使。神宗答曰:"寇準何所能? 及有變,則能立大節。"接著又談到西漢的金日磾,謂其"都無所知,然可托以幼主"[1]。雖然政見不同,但神宗知道,朝廷不能缺少這類"能立大節"、可托幼主的大臣。更何況,當時有經驗的官僚反新法者甚多,一概用尚不更事的新進少年替代,恐怕也不能讓人放心。這就是爲什麽討論歐陽脩時,神宗會感慨無人可用。

其次,新舊兩黨勢如水火,帶來了諸多潛在危機。神宗起用舊派,也是爲了緩和矛盾,以穩定局面。古麗巍女史指出,對待政敵,王安石采取的是強力壓制的辦法。而這一方式,只是暫時掩蓋了矛盾,兩派官員間的相互攻訐反而走向長期化、隱蔽化。王安石罷相後,神宗起用反新法者,正是爲了消彌隱患[2]。江小濤先生以爲,元豐時期神宗新舊並用,"但對反對派人士只是給予表面的尊重,並不真正接受他們的意見"[3]。事實上,熙寧間神宗對舊派的任用也是如此。

王安石罷相的第二個主流解釋,是君權與相權的衝突。王廣林先生以爲,熙寧間相權過度膨脹,君相矛盾導致王氏出局[4]。余英時先生持相同觀點,他認爲熙寧初年神宗與王安石君臣相得、亙古未有的狀況後來受到了權力之腐蝕,並引三條關鍵史料證明神宗與王氏開始爭奪權力[5]。我們且來分析這三處材料。

其一,熙寧六年(1073)二月發生宣德門下馬事件,李燾《續資治通鑑長編》(下稱"《長編》")注引王銍《元祐補録·蔡確傳》:

> 王安石方用事,(蔡)確揣知**上有厭安石意**,會上元駕出,而宫中約嘉、岐二王内宴,從駕還至禁門,岐王馬攙安石先入,從者傷安石所乘馬目。事送開封府,岐王待罪,安石堅乞去。事未判,會確以他事對,上忽問岐王從人擊宰臣馬爲犯分,確愬然對曰:"陛下方惇友悌,以化成天下,置上元禁中曲宴,以慰慈顏。安石大臣,亦宜體陛下孝友之意。若必以從者失誤,與親王較曲直,臣恐**陛下大權一去,不可復收還**矣。"上瞿然驚曰:"卿乃敢如此言安石耶?"自是有大用確意[6]。

---

[1]《長編》卷二一三,熙寧三年七月壬辰,5169頁。
[2] 古麗巍《宋神宗元豐之政的形成及展開》,北京大學歷史學系博士論文,2011年,45、91頁。古女史惠賜大作,謹致謝忱。
[3] 江小濤《元豐政局述論》,《隋唐遼宋金元史論叢》第七輯,上海古籍出版社,2017年,138頁。
[4] 王廣林《試論王安石兩次罷相》,《史學集刊》1986年第3期。
[5] 余英時《朱熹的歷史世界》,三聯書店,2012年,238—243頁。
[6]《長編》卷二四二,熙寧六年二月丁丑注,5899—5900頁。

這一記載明確提出王安石大權在握,引發神宗不安。不過,對其可信度,李燾已有所懷疑:"據安石《日錄》並中書、密院兩《時政記》載此事頗詳,嘉、岐二王從者實未嘗居其間,陳瓘論辨亦弗及也,不知王銍何所傳聞,疑銍增飾之,附見當考。"[1]又,李裕民先生指出,王銍好作僞書,誠信記錄很差,其《元祐補錄·沈括傳》中蘇沈交惡的記載實乃無稽之談[2]。當然,王銍所記岐王捲入宣德門案不準確,不代表所記蔡確事必然不符事實。王銍信用不佳,亦不意味著蔡確事必然乃其僞造。但這至少說明,這條記載有可疑之處。

李燾注又引林希《野史》,云宣德門下馬事件發生時,宦官張茂果斷阻攔王安石所乘馬,並"目親事官執其馭者而毆之",且當場宣言:"相公(王安石)亦人臣,豈可如此,得無爲王莽者乎!"又云是日王安石之子王雱聚衆喧鬧,與衛士發生衝突,神宗要求開封府"不可徇宰相意,盡公勘之"[3]。此説同樣暗示王安石之跋扈與神宗之不滿。然據李華瑞先生研究,林希是失意的政治投機者,從熙寧到元祐,始終是個依附權貴的邊緣人,故而對熙寧新政與元祐大臣均深懷怨懟,其《野史》作於元豐末年,極盡醜詆王安石之能事[4]。換言之,《野史》所見王安石記載,不可輕信。

余英時先生所舉第二條證據,出自魏泰《東軒筆錄》:

> 張諤檢正中書五房公事,判司農事,上言:"天下祠廟,歲時有燒香利施,乞依河渡坊場,召人買拆。"王荆公秉政,多主諤言,故凡司農起請,往往**中書即自施行,不由中覆**。賣廟敕既下,而天下祠廟各以緊慢,價直有差。南京有高辛廟,平日絶無祈祭,縣吏抑勒,祝史僅能酬十千。是時張方平留守南京,因抗疏言:"朝廷生財,當自有理,豈可以古先帝王祠廟賣與百姓,以規十千之利乎?"**上覽疏大駭**,遂窮問其由,乃知張諤建言,而中書未嘗覆奏。自是有旨,臣僚起請,必須奏稟,方得施行。賣廟事尋罷[5]。

按,張方平上疏見《長編》熙寧九年八月壬辰,神宗批云:"司農寺鬻天下祠廟,辱國黷神,此爲甚者,可速令更不施行。其司農寺官吏,令開封府劾之。"又詔:"司農寺、市易司創改條制,可並進呈取旨,毋得一面擬進行下。"[6]

---

[1]《長編》卷二四二,熙寧六年二月丁丑注,5900頁。
[2]李裕民《烏臺詩案新探》,載《宋史考論》,科學出版社,2009年,31—33頁。
[3]《長編》卷二四二,熙寧六年二月丁丑注,5901頁。
[4]李華瑞《林希與〈林希野史〉》,載《宋夏史研究》,天津古籍出版社,2006年,162—175頁。
[5]魏泰《東軒筆錄》卷六,李裕民點校,中華書局,1983年,70頁。
[6]《長編》二七七,熙寧九年八月壬辰,6775—6776頁。

據《長編》，神宗雖對此事不滿，但並未大驚小怪，以爲中書侵奪皇帝權力。這是因爲，常程事務由中書熟狀擬進，是正常制度，並非宰相弄權[1]。這大概就是李燾並未采用《筆錄》説法的原因。

余先生所舉最後一條關鍵材料，見於《長編》熙寧八年（1075）十一月丙戌：

> 先是，王安石以疾居家，上遣中使勞問，自朝至暮十七反，醫官脉狀，皆使馹行親事齎奏。既愈，復給假十日，將安，又給三日。又命輔臣即其家議事。（李燾注：此據司馬光《記聞》，乃十一月事。）時有不附新法者，安石欲深罪之。上不可。安石爭之曰："不然，法不行。"上曰："聞民間亦頗苦新法。"安石曰："祁寒暑雨，民猶怨諮，此豈足恤也！"上曰："豈若並祁寒暑雨之怨亦無邪？"安石不悦，退而屬疾。上遣使慰勉之，乃出。其黨爲安石謀曰："今不取門下士上素所不喜者暴進用之，則權輕，將有窺人間隙者矣。"安石從之。**上亦喜安石之出**，凡所進擬皆聽，由是**安石權益重**。（李燾注：此據司馬光《記聞》，云是十一月事。且云安石既出，其黨爲之謀曰："今不取門下士上素所不喜者暴進用之，則權輕，將有窺人間隙者矣。"安石從之。既出，即奏擢章惇、趙子幾等，上喜其出，勉強從之，由是權益重。按惇時已黜，子幾方任河東漕，與司馬光所聞殊不合。今但存其事而不出其所進用者姓名，更俟考詳[2]。）

這則出自《涑水記聞》的軼事若可信，確能支持余先生的論斷：王安石被權力腐蝕了。不過，如李燾所言，這一記載疑點重重。再者，是時新法施行已久，神宗懷疑民間"頗苦新法"，恐不可信。其三，姑且不論王氏爭權之説近誣，即便屬實，從神宗的反應來看，他並未猜疑王安石，反而放手讓權。

要之，余先生提供的三條材料，其一（源自《東軒筆錄》者）不可信，餘二均頗爲可疑，且出自《涑水記聞》者即便屬實，亦不能證明神宗對王安石權力擴大產生了不滿[3]。

晚近古麗巍女史亦主皇權、相權矛盾説。她以爲，熙寧後期，"皇權對相權日漸警惕，李評事件、市易務案，分別標志著神宗與王安石君權與相權此消彼長"，而趙世居案則代表了神宗對王安石的嚴重警告[4]。關於市易務案，筆者的理解與古女史不同，詳見本文第三節，此不贅述。我們且先來分析李評事件

---

[1] 沈括云："本朝要事（宰執）對禀，常事擬進，入畫可，然後施行，謂之熟狀。"見《夢溪筆談》卷一，胡道靜整理，上海古籍出版社，1987年，85頁。此承張禕兄賜教。
[2]《長編》卷二七〇，熙寧八年十一月丙戌，6628頁。
[3] 沒有證據表明司馬光有意作僞，恐怕是傳聞失真所致。
[4] 古麗巍《宋神宗元豐之政的形成及展開》，58頁。

與趙世居案。

李評是真宗女萬壽長公主之孫,爲人聰明,頗知書。他以"采聽外事"取得神宗之恩寵,破例擢升爲樞密都承旨。熙寧五年(1072),在王安石反復要求並以辭職相威脅後,神宗將其外放。古麗巍女史以爲:

> 李評以皇帝近幸的身份,采聽外事,這樣皇帝能夠從不同途徑獲得朝政信息,而這條信息渠道顯然不在王安石可控制的範圍内……不甘權力受到威脅的王安石,開始羅織李評的罪名。就李評去留的問題,君臣分歧嚴重,最後,神宗不得不罷免李評,李評出知保州。此舉切斷了一條神宗獨立於宰相之外獲得信息的重要私人渠道。此次君相之爭,神宗以"天下之務"未成,終究做出讓步[1]。

其主要證據來自林希《野史》:"熙寧五年以來,(李)評愈不平安石擅權專國,上不得有所爲,屢攻其短,上又時以其語對執政道之,安石益怒。"[2]然《野史》所謂"上又時以其語對執政道之",説明神宗已經懷疑王氏擅權,在這種情況下,他又怎麽可能會選擇退讓,任由權臣切斷自己的獨立信息渠道呢?雖然"天下之務"未成,但按照這個勢頭,難道神宗不擔心,將來天下到底會是誰家之天下嗎?

熙寧三年八月,神宗破格提拔李評時,史載:"都承旨舊用閤門使以上或大將軍,其後專用樞密院吏,而更用士人復自評始。初,上欲除評,問故事如何,王安石曰:'事果可,不須問故事。爲物所制者,臣道也;制物者,君道也。陛下若問故事有無,是爲物所制。'上以爲然,故有是命。"[3]李評因充當神宗耳目而受提拔,其升遷有違"故事",而王氏並不以此爲嫌,反而大力促成此事。

兩人之交惡,是因爲李評批評新法。《長編》云:"(李評)嘗極言助役法以爲不可,王安石尤惡之。"[4]又,《涑水記聞》有這樣一則記載:"上以外事問介甫,介甫曰:'陛下從誰得之?'上曰:'卿何必問所從來。'介甫曰:'陛下與他人爲密,而獨隱於臣,豈君臣推心之道乎?'上曰:'得之李評。'介甫由是惡評,竟擠而逐之。"[5]大概李評向神宗透露了不少民間苦於新役法的信息,導致王氏極其不

---

[1] 古麗巍《宋神宗元豐之政的形成及展開》,51—52頁。
[2] 《長編》卷二三五,熙寧五年七月戊戌注引林希《野史》,5714—5715頁。
[3] 《長編》卷二一四,熙寧三年八月己卯,5218頁。
[4] 《長編》卷二三三,熙寧五年五月壬辰,5658頁。
[5] 司馬光《涑水記聞》卷十六,鄧廣銘、張希清點校,中華書局,1989年,313頁。

滿。要之,王安石並非是爲了切斷神宗的獨立消息來源,而是出於政見之爭,才必欲逐之而後快。

對於罷免李評,神宗頗爲猶豫,於是王安石托疾辭相,神宗如是勸慰挽留:

> 卿有何病,必有所謂,但爲朕盡言。天下事方有緒,卿若去,如何了?卿所以爲朕用者,非爲爵祿,但以懷道術可以澤民,不當自埋没,使人不被其澤而已。朕所以用卿,亦豈有他?天生聰明,所以乂民,相與盡其道以乂民而已,非以爲功名也。自古君臣如卿與朕相知極少,豈與近世君臣相類?如馮京、文彦博,自習近世大臣事體,或以均勞逸爲言,卿豈宜如此?**朕頑鄙,初未有知**,自卿在翰林,始得聞道德之説,心稍開悟。卿,朕師臣也,斷不許卿出外。且休著文字,徒使四方聞之,或生觀望,疑朕與卿君臣間有隙,朕於卿豈他人能間!卿有不盡,但爲朕言〔1〕。

一位年輕的有爲之君,完全放下身段,幾乎是在懇求臣下,言語之坦誠,千載之下,筆者讀之,仍爲之動容。

但王安石仍堅欲求去,君臣又有如下對話:

> 上曰:"**卿無乃謂朕有疑心**?朕自知制誥知卿,屬以天下事。如吕誨比卿少正卯、盧杞,朕固知卿,不爲誨所惑,豈更有人能惑朕者?朕於卿斷無疑心,即不須如此。"……
>
> 安石曰:"臣非敢言去就,但乞均勞逸而已。"
>
> 上曰:"卿之所存,雖朋友未必知。至於衆人見朕於卿相知如此,亦皆不知其所以。朕與卿相知,近世以來所未有。所以**爲君臣者形而已,形固不足累卿**;然君臣之義,固重於朋友。若朋友與卿要約,勤勤如此,卿亦宜爲之少屈。朕既與卿爲君臣,安得不爲朕少屈?"〔2〕

對於王氏與李評之衝突,神宗恐怕會覺得遺憾,但並未因此懷疑王安石弄權。他一而再、再而三地向王氏表白心迹,欲動之以情,挽留這位在他看來曠世少有的賢臣,甚至説出了"爲君臣者形而已,形固不足累卿"這樣的話。難以相信,這只是君相爭權的粉飾之辭。

---

〔1〕《長編》卷二三三,熙寧五年五月甲午,5660—5661頁。
〔2〕《長編》卷二三四,熙寧五年六月辛未,5684頁。

而趙世居案源起沂州民朱唐告餘姚主簿李逢謀反,牽連宗室趙世居,進而將僧人李士寧捲入其中。而李士寧乃王安石舊交[1]。熙寧八年閏四月,即王安石復相未久,此案作出判决,賜趙世居死,牽扯其中的劉育凌遲處死,張靖腰斬,王鞏追兩官勒停,劉瑾、滕甫因與世居書簡往還落職[2]。但對李士寧如何處置,負責此案的徐禧與范百禄產生了分歧。

此案發生近二十年前,李士寧曾贈趙世居詩,内有"耿鄧忠勳後,門連坤日榮"之語。范百禄以爲士寧熒惑世居,致其不軌。然主犯趙世居、李逢在審訊中,均以爲士寧不與謀。故徐禧爲之辯解:"豈有人十七八年前率意作詩,便欲加罪?"范百禄固執己見。於是徐禧上奏,以爲"百禄之意","士寧嘗在王安石門下","必欲鍛煉附致妖言死罪"。范百禄則反擊稱,徐禧"固非仁於士寧,其意必欲承此間隙,收恩掠美,使執政大臣愛己而惡人耳"[3]。最終結果,李士寧杖脊,流放湖南。

古麗巍女史以爲:"處罰了李士寧,等於間接承認李士寧同王安石相關。……從此案最終判决結果來看,並未牽連王安石受到處罰,這實際上反映出神宗對他的保護態度,不希望自己曾經的'師臣'陷入不堪的境地。不過,王安石曾極力爲趙世居辯護,多少被捲入其中,因此,此案處罰極重,不能不說是神宗以一種'敲山震虎'的做法——以君主的最終裁决權力,警告了原本可能被牽連的宰相王安石。"[4]

這一解讀,筆者尚有疑窦。宰相捲入謀反大案,確實不同尋常。但王安石並未因此避嫌,反而多次就此案處理與神宗力争。《長編》載:

> 上謂王安石,滕甫不合移鄧州,甫元無罪,因(徐)禧有言故移。安石曰:"甫移鄧州,臣尚未至,不與此議。然甫奸憸小人,陛下若廢棄之於田里,乃是陟降上合帝心。今令安撫一路,而妻弟(李)逢謀反於部中,豈得無不覺察罪?且因妻弟反獄在其部,移與别路安撫,**有何所苦於公議,有何不允**?"上曰:"若明其平生罪狀,廢放可也,不當因此事害之。"安石曰:"**移鄧州安撫,害甫何事**?"上又言:"有言逆於汝心,必求諸道;有言遜於汝志,必求諸非道。"安石曰:"**此固然,但恐以非道爲道,以道爲非道,即錯處置事矣**。"……

---

[1] 參李裕民《宋神宗製造的一樁大冤案——趙世居案剖析》,載《慶祝鄧廣銘教授九十華誕論文集》,河北教育出版社,1997年,171—181頁;賈志揚《天潢貴胄——宋代宗室史》,趙冬梅譯,江蘇人民出版社,2005年,86—92頁。
[2] 《長編》卷二六三,熙寧八年閏四月壬子,6446頁。
[3] 《長編》卷二六四,熙寧八年五月丁卯,6459—6460頁。
[4] 古麗巍《宋神宗元豐之政的形成及展開》,56頁。

上又言劉瑾與世居往還書簡比甫更多,有"不容居内"之語。安石曰:"不容居内是何意,不知謂陛下不能容,或謂執政不能容,或謂簡汰不容,皆不可知,亦未可深罪瑾也。"……

上曰:"(王)鞏情不佳。"安石曰:"鞏情亦無甚可惡。"上曰:"鞏見徐革言世居似太祖,反勸令焚毀文書。"安石曰:"杜甫贈漢中王瑀詩云'虬鬚似太宗',與此何異?令燒毀文書,文書若燒毀,即於法無罪。既與之交游,勸令避法禁,亦有何罪?罪止是不合入官邸耳。"

上問處置世居事,安石曰:"世居當行法,其妻及男女宜寬貸,除屬籍可也。今此一事,既重責監司,厚購告者,恐開後人誣告干賞,官司避罪,將有橫被禍者。願陛下自此深加省察。方今風俗,不憚枉殺人命,陷人家族以自營者甚衆。"上曰:"事誠不可偏重也。"及是,斷獄如安石議。

士寧初議免真決,韓絳力爭之,遂依法。(李燾注:韓絳力爭,據二十一日《日錄》。)[1]

從這一記載可以看出三點。其一,關於此案定性及對主角之處理,王安石與神宗並無二致。其二,王安石完全不避嫌疑,對於捲入其中之人,除反對新法的滕甫外,多加辯護。王氏甚至建議寬貸趙世居家人,且警告神宗厚賞告者容易引發冤假錯案。其三,神宗對王氏非常信任,並無猜嫌。李士寧最終真決,是出於韓絳之力爭。

關於徐禧與范百祿之爭端,神宗與王安石有如下對話:

(上)謂王安石曰:"百祿意亦無他,兼未結案,禧遽入文字,似有意傾百祿。人心難知,朕雖見禧曉事,然豈保其心?"

安石曰:"如此,則百祿素行忠信,必能上體聖意;禧必爲邪,有所黨附。"

上曰:"士寧更有罪,於卿何損?況今所坐,並無他。"

安石曰:"士寧縱謀反,陛下以爲臣罪,臣敢不伏辜!然内省實無由知,亦無可悔恨。然初聞士寧坐獄,臣實恐懼。**自陛下即位以來,未嘗勘得一獄正當,臣言非誣,皆可驗覆也。**今士寧坐獄,語言之間稍加增損,臣便有難明之罪。既而自以揣心無他,横爲憸邪誣陷,此亦有命,用此自安。然陛下以爲人心難知,亦不至此,若素行君子必不爲小人,素行小人豈有復爲君子?"

上曰:"如曾布,卿亦豈意其如此?"

---

[1]《長編》卷二六三,熙寧八年閏四月壬子,6446—6448頁。

安石曰:"曾布性行,臣所諳知。方臣未薦用時,極非毁時事,臣以其材可使,故收之。及後宣力,臣傾心遇之,冀其遂爲君子,非敢保其性行有素也。布且如此,陛下豈可不知其故?若陛下以一德遇群臣,布知利害所在,必不至此,陛下豈可不思?"[1]

從上引記載看,神宗對王安石並無猜嫌,相反,處處忍讓尊重。在討論中,神宗心平氣和,欲以理服人,提醒王安石人心難知。王氏偏袒徐禧,容不得神宗有半點猜疑,反唇相譏,出言不遜,甚至指責神宗"自陛下即位以來,未嘗勘得一獄正當"。無奈之下,神宗舉王氏一度倚爲左右手的曾布背叛王氏爲例,試圖讓其保持冷靜。不料安石不僅文過飾非,且將責任推給了神宗[2]。

儘管如此,最終之處理結果,神宗完全順從王安石之意願。調查尚未結束,徐禧就得以升遷[3]。而范百禄被裁定"辭有不實","追一官,落職,監宿州鹽酒稅務"[4]。

總而言之,在更有力的材料出現以前,筆者暫對君相爭權説存疑。

附帶要論及的是,王安石罷後,神宗大權獨攬,恐怕也不宜從君相矛盾的角度理解。要知道,在神宗看來,王氏去位後,除他本人外——原本應當是王安石繼承者的吕惠卿讓其失望,無人有能力承擔總攬全局的重任。熙寧時期中書權重的原因,是王安石之過人能力與神宗之信任。王安石之後,在神宗看來,既無人有此能力,亦無人值得充分信賴。江小濤先生指出,元豐時期神宗勤政自律,亦是無可奈何之事。"自王安石罷相離京後,朝廷再也没有勇於任事,敢於擔當,一心一意輔佐神宗實現宏圖大業的人物了。""與宋神宗所要實現的宏圖偉業相比,當時的人才狀況是很難令他滿意的。於是,'無人才'也就成了元豐年間神宗皇帝時常挂在嘴邊的慨歎。"[5]

二、神宗對王安石之信任

上引安石復相後與神宗爭論趙世居案,辭氣悖慢,極爲無禮,而神宗則始終

---

[1]《長編》卷二六四,熙寧八年五月丁卯,6459—6462頁。
[2] 上引關於滕甫的爭論時,王氏亦然,這是其一貫作風,本文第二節將詳論。
[3]《長編》卷二六五,熙寧八年六月癸巳,6484頁。
[4]《長編》卷二六六,熙寧八年七月壬申,6525頁。
[5] 江小濤《元豐政局述論》,138、139頁。

態度謙和。這並非王氏因有嫌疑,急火攻心,一時難以克制之特例。自熙寧初以來,安石一貫如此。

王氏門人陸佃云:"熙寧之初,(神宗)銳意求治,與王安石議政意合,即倚以爲輔,**一切屈己聽之**。……安石性剛,論事上前,有所爭辯時,辭色皆厲,上輒改容,爲之欣納。蓋自三代而後,君相相知,義兼師友,言聽計從,了無形迹,未有若茲之盛也。"[1]又劉安世曰:"(王氏)得君之初,與人主若朋友,一言不合己志,必面折之,反復詰難,使人主伏弱乃已。"[2]征諸史實,是説無絲毫不合,絶無誇張。

熙寧三年二月,韓琦上奏,指出青苗法在施行中存在嚴重的抑配現象,甚至坊郭户亦被迫貸青苗錢。神宗提及此事,表示擔憂,時任參知政事的王安石勃然作色,駁斥曰:"苟從其所欲,雖坊郭何害!"意思是説,坊郭户雖不種地,但如果自願貸青苗錢,又有何不可? 第二天即稱疾辭位[3]。神宗對抑配的擔憂,並非是對青苗法的否定。但王氏似乎完全不能接受其主張可能會帶來一些哪怕是次要的、與其本意不相符的負面後果,他的主張,必須百分百完全正確。最後非得神宗再三挽留,才作罷。

熙寧五年十月,樞密院上言:"四方賊盜,朝廷近多不知。"又云"爲行役法後,所以多盜賊,故中書不令奏",對免役法提出質疑。神宗跟王安石討論此事,懷疑樞密院所奏不實:"(密院)言京東多賊盜,然京東元未行役法。"即便如此,對於神宗居然認真對待密院奏報,只是懷疑而非斷然認定不實,王氏大爲不滿:"適會豐年,故少賊盜。若賊盜多,臣亦未敢任責。**不知陛下推行得如何政事,便要百姓皆不爲盜賊也**!"[4]王安石之本意,只是想説明盜賊多少,別有原因,與免役法無關。但爲何不能心平氣和,非得如此悖慢無禮呢? 勿論貴爲君主,即便只是朋友,能長期容忍這種行爲的,古今中外,能有幾人?

神宗從未對新法産生過根本性的懷疑。王安石之發飈,很多時候都只是上述情形,而非面臨大是大非的關鍵,不得已而爲之。熙寧六年八月,高陽關路走馬承受克基言:"市易司指使馮崇與北人賣買,不依資次,非便。"神宗表示同意:"崇不忠信,無行,可令亟還。彼自有官司,交易悉存舊規。"與契丹貿易,事不尋

---

[1] 陸佃《陶山集》卷一一,《神宗皇帝實録叙論》,《景印文淵閣四庫全書》第1117册,臺灣商務印書館,1986年,143頁。
[2] 劉安世述、馬永卿編、王崇慶解《元城語録解》卷上,《景印文淵閣四庫全書》第863册,臺灣商務印書館,1986年,363頁。
[3] 楊仲良《續資治通鑑長編紀事本末》卷六八,《青苗法上》,《續修四庫全書》第386册,上海古籍出版社,2000年,568頁。
[4] 《長編》卷二三九,熙寧五年十月丙戌,5809—5810頁。

常,此舉並非否定市易法。且看王氏如何回答:"崇一百姓牙人耳,安足責?陛下左右前後所親信,孰爲忠信,孰爲有行,竊恐有未察者。"〔1〕只是因爲事涉市易司,安石剛愎自用,一意護短,以爲馮崇不足責,且咄咄逼人,反唇相譏,不就事論事,轉移話題,指責神宗對左右親信不辨忠奸,給皇帝扣上了一頂大帽子。

如果王安石凡事皆公正無私,僅僅只是性格所致,言語太過暴躁,尚有服人之可能。但問題是,王氏似乎從不自省,錙銖必較,必勝人而後已。熙寧三年司馬光作《與王介甫書》云:"介甫素剛直,每議事於人主前,如與朋友爭辯於私室,不少降辭氣,視斧鉞鼎鑊無如也。及賓客僚屬謁見論事,則唯希意迎合,曲從如流者,親而禮之;或所見小異,微言新令之不便者,介甫輒艴然加怒,或詬罵以辱之,或言於上而逐之,不待其辭之畢也。明主寬容如此,而介甫拒諫乃爾,無乃不足於恕乎!昔王子雍方於事上,而好下佞已,介甫不幸亦近是乎!此光所謂自信太厚者也。"〔2〕所謂"自信太厚",一語中的。下面以程昉事爲例,加以重點討論。

程昉乃宦官,治理黄河有功,爲王安石所信用。然其人治河,頗有争議,御史彈章屢上,以爲昉好大喜功,欺上瞞下,勞民傷財,而王氏力挺程昉,"皆寝不報"〔3〕。神宗嘗與安石論及程昉,曰:"程昉性行輕易,昨上殿説:'中書每有河事必問臣,臣説了方會得。'……外官被昉迫脅可想見。然才幹却可使,但要駕馭爾。"安石答云:

> 臣愚以謂先王使人用馮河,馮河之人不擇險阻,輕於進取,然其用之,乃不害國,如昉是也。若是妨功害能、膚受浸潤之人,雖能便辟,伺候人主眉睫間,最能敗壞國事,恐如此人乃合覺察。今陛下於此輩人,乃似未能點檢。陛下修身齊家,雖堯、舜、文、武亦無以過,至精察簿書刀筆之事,群臣固未有能承望清光。然帝王大略,似當更討論。今在位之臣有事韓琦、富弼如僕妾者,然陛下不能使之革面。契丹非有政事也,然夏國事之極爲恭順,未嘗得稱國主。今秉常又幼,國人饑饉困弱已甚,然陛下不能使之即叙,陛下不可不思其所以。此非不察於小事也,乃不明於帝王之大略故也。陛下以今日所爲,不知終能調一天下、兼制夷狄否,臣愚竊恐終不能也。陛下若謂方今人才不足,臣又以爲不然。臣蒙陛下所知,拔擢在群臣之右,臣但敢言不欺陛下。若言臣爲陛下自竭,即實未敢。緣臣每事度可而後言,然尚或未見省察。臣若自竭,陛下豈能察臣用意,此臣所以不敢自竭。臣尚不敢自

---

〔1〕《長編》卷二四六,熙寧六年八月庚寅,5995頁。
〔2〕《司馬光集》卷六〇,《與王介甫書》,李文澤、霞紹輝校點,四川大學出版社,2010年,1259頁。
〔3〕《長編》卷二二三,熙寧四年五月乙未,5423頁。

竭,即知餘人未見自竭者。忠良既不敢自竭,而小人乃敢爲誕謾。自古未有如此而能調一天下、兼制夷狄者。如臣者又疾病,屢與馮京、王珪言,雖荷聖恩,然疾病衰憊,耗心力於簿書期會之故,已覺不逮,但目前未敢告勞。然恐終不能上副陛下責任之意。

史載:"上默然良久,乃曰:'朕欲卿録文字,且早録進。'安石曰:'臣所著述多未成就,止有訓詁文字,容臣綴緝進御。'"據李燾注,這段對話出自王安石《日録》[1]。

王安石使用"馮河"之喻,顯然知道程昉的缺點,於是強調其才能出衆。然神宗本就未否認其才能,只是強調需"駕馭",即監督控制,以免其魯莽行事。這並没錯。但王氏很不滿意,再次避實就虚,話鋒一轉,長篇大論,指責神宗對小人不加點檢,且以告病相威脅。對此,神宗似乎覺得委屈,但仍克制自己,轉移話題,表示對王安石學問之敬仰,以此安撫王氏。古今中外,不知還有哪位皇帝,能做到神宗這般?

熙寧五年四月,神宗又與王安石談到程昉,曰:"程昉誠得氣力,然作事過當,宜少沮抑。近李若愚病,却奏舉内臣陳舜臣替李若愚管勾唐泊。"安石對曰:"**如此事誠爲僭越,非是蔽欺陛下聰明,於國事有何所害?** 至於挾奸爲邪,内外交結,蔽欺陛下聰明,陛下不寤者,乃當深懲。漢元帝、唐文宗所以危社稷、宗廟,端在此輩也。陛下不能懲此輩,專欲沮昉,未爲得計。如昉有罪,自不爲衆所容,**陛下亦不須深察**。"

事涉親信,即便違反制度,有僭越之嫌,王氏仍輕描淡寫,以爲無害,且總是如此這般,將話題轉變爲對神宗的指摘。更有甚者,王安石以爲,嫉恨程昉的人極多,有"群衆"代爲監督,足以使其不敢爲非,故程昉無需朝廷監督。而這一荒唐意見,居然也爲神宗所認同[2]。

是年閏七月,因討論市易法,王安石又無端牽扯到程昉,再度表示對神宗之不滿:"天錫陛下聰明曠絶……拔程昉於近習以治河,昉果可以治河,乃天錫陛下聰明曠絶也。然……昉盡力公事,而陛下乃用讒説,謂其所舉人有私。此則陛下雖有曠絶之聰明,而每爲小人所蔽,不能稱天所以錫陛下之資。"史稱"上笑"[3]。對於王氏之責難,神宗並不生氣,往往以笑應之。

---

[1]《長編》卷二二九,熙寧五年正月壬寅,5573—5575頁。
[2]《長編》卷二三二,熙寧五年四月辛未,5635頁。
[3]《長編》卷二三六,熙寧五年閏七月丙辰,5738—5739頁。

九月,程昉因治河功,遷皇城使、端州刺史。王安石欲除程昉押班,神宗不同意,曰:"昉固盡力,然性氣不中,又好把持人。"安石答曰:"陛下聰明,有此一蔽,唯象、共善柔,能窺伺陛下眉睫之間爲欺者,陛下乃以爲忠良,臣以爲害陛下政事乃在此輩人,若剛强孟浪之人必不能害政。今昉功狀如此,與一押班固當;若疑不可親近,第專令在外勾當可也。"

所謂"剛强孟浪之人必不能害政",恐怕只是王安石的先入之見,也是關於程昉他從一開始就堅持、絶無任何妥協餘地的剛愎之見。但這次,神宗堅持己見:"侍中珥貂,取其溫柔。"安石對曰:"《書》以爲'僕臣正',僕臣要正,亦不專取溫柔。况陛下所謂溫柔,又或象、共誕謾,非實溫柔。"故伎重演,再次無理攻擊神宗。但這次,神宗最終没有讓步[1]。

熙寧六年十二月,提舉河北路常平等事韓宗師劾程昉導滹沱河水淤田,而堤壞水溢,廣害民稼,欺罔十六罪。詔程昉分析。七年正月進呈,宗師言:"昉奏稱百姓乞淤田,臣勘會百姓,元不曾乞淤田。昉分析,據差去檢踏官取到逐縣乞淤田狀,但不曾户户取狀。"王安石辯解説:"淤田得差去官及逐縣官吏狀足矣,何用户户取狀?程昉奏乞淤田既無狀,即難明虚實,然爲朝廷宣力淤田至四千餘頃,**假令奏狀稱人户乞淤田一句不實,亦無可罪之理。陛下於讒慝小人尚能容覆**,如何爲國宣力之人,乃不録其功,惟求其一言半句之差,便以爲罪?"王氏一貫護短,且每每避實就虚,攻擊神宗。

神宗表示:"若果淤田有實利,即小小差失,豈可加罪?但不知淤田如何爾。"安石對曰:"程昉淤田,既爲韓宗師所奏,故令程昉差一官,又令京東轉運司差一官,同檢量定驗。韓宗師乃不依常法,差一獨員監當官往定驗,決無庇蓋程昉之理。今檢定到出却好田一萬頃,又淤却四千餘頃好田,陛下猶以爲不知淤田如何,**臣實不審陛下所謂**。"是説誠有理,然辭氣悖慢,朋友相處,似亦不可如此。不過,神宗並不介意,最後表態:"若韓宗師所言果不實,朝廷何惜行遣,令轉運司考按其事。"[2]

是年二月,神宗論及擇將帥之難,王安石對曰:"今人材乏少,當由陛下是非、好惡、賞罰不明,人人偷惰取容,莫肯自盡故也。如趙子幾在河北未嘗按一人,獨程昉盡力,乃興數獄危之,昉終無一罪可劾,惟以壕寨取受杖罪收坐免勘。安有一年提舉四五處大役,乃以一壕寨取受杖罪收坐之理?子幾宣言陛下極稱其能劾程昉。子幾向在府界,真能不畏强禦,修舉法令,陛下每以衆毀疑之,臣

---

[1]《長編》卷二三八,熙寧五年九月己酉,5793—5795頁。
[2]《長編》卷二四九,熙寧七年正月甲子,6073—6075頁。

數辯其無罪。及使河北,更專按盡力之吏,以取悦流俗,陛下始極稱之。如此,即人臣何故不務爲偷惰取容?"

上云:"朝廷獎用程昉如此,安得不盡力?内臣極有願爲昉所爲者,内臣得舉京官,祖宗以來未有。"王氏答曰:"昉以職事得舉京官,不知受賂否,若不受賂,但以要人營職故同罪,舉官不知於昉私家有何所利?若人人能爲昉所爲,陛下何不降出姓名代昉職事?"其咄咄逼人可見一斑。

神宗曰:"祇是修水利,又不似王繼恩平西川。"安石不服:"人材各有用,民功曰庸,乃先王所甚貴,何必能平西川然後能保。惜陛下長育人材如此,則人材乏少,臣何敢任其罪?"[1]程昉一事,神宗並無過錯,而王氏如此上綱上綫,即非君王,乃一普通人,設身處地,能不能長期與安石共事?奇妙的是,神宗居然做到了。

十月,王安石已罷相,然程昉再遷官[2]。神宗並未因王氏屢屢爭論,而對程昉別有芥蒂,始終委以重任,只是強調要警惕其缺點。熙寧八年五月,是時安石已復相,又向神宗進言:"吕嘉問、程昉盡力,然爲衆所攻,陛下不察而問之,則天下事孰肯爲陛下盡力?"神宗曰:"如程昉非不勾當得事,但不循理。"安石對曰:"**程昉舉吕公孺誠爲不識理分,然於國事有何所損**?如文彦博去位,舉劉庠,陳升之去位,舉林旦,乃可責,陛下待遇此兩人如何?此兩人有何功利及國,而所舉人如此?此放誕無忌憚之甚!陛下不務責此,而乃責昉,恐非所急。昉亦何可如此責備?但以其有功盡力,在陛下所保而已。"王氏黨同伐異,護短心切,所遵循的依然是此事誠不當,然不當者有大於此者,陛下爲何不加處理的獨特邏輯[3]。

然神宗仍心平氣和,以理服人:"如文彦博等才舉人,不當便責。"並指出,程昉升遷已經很快:"如程昉數年間致位至此,昉亦足矣。"安石駁斥曰:"昉功狀比衆人合轉數官,即才轉一官,若一有疑罪即數處置獄,豈得謂足?且陛下前日宣諭程昉恃中書知察,方能盡力。臣比見昉數處置獄被劾,但能令人嘆息而已!昉乃爲臣言:'不須爲昉深辨,但令昉得罪,追一兩官,或被停廢,蔡諫議自然息怒。不然,即紛紛未有了時。昉但得爲朝廷了公事,利澤及民足矣。若因此停廢,昉亦能營生,必不寒饑,相公不須過憂。'其言如此,乃非恃中書營救,故敢自肆也。今忠邪、功罪未盡照明,則事功何由興起?如臣者,若欲尸禄保位可也,

---

[1] 《長編》卷二五〇,熙寧七年二月丁丑,6089—6090頁。
[2] 《長編》卷二五七,熙寧七年十月丙子,6273頁。
[3] 如潘星輝兄所言,這樣的論辯邏輯,恐怕古今獨步。

若欲行義以達其道,未見其可也。"[1]

事實上,多年來,雖然一直有爭議,程昉仍不斷升遷,足以證明神宗雖然對其有所警惕,但並未忽視其功績。在程昉甜言蜜語之下,王安石步步緊逼,大放厥詞,而神宗始終不予計較。很難想像,這是臣下在指摘君王,而仿佛是君主在向臣下問責。且需注意的是,關於程昉,王氏多年如一日,幾乎不放過任何可借此指摘神宗之機會。

茲再舉一例。熙寧六年,關於鄜延路宋軍後勤問題,神宗與王安石意見不同。王氏以爲,鄜延路經略使趙卨"私憾(轉運使)楊蟠多點檢鄜延不法事",故意給轉運司製造難題[2]。神宗則懷疑楊蟠是"奸險小人",認爲"卨所擘劃甚善"。王安石大怒,曰:"陛下既以爲善,何故不行?臣既備位宰相,不敢不布所懷,若陛下不以臣言爲可,何必用臣言決事?"後來又談到借鄜延路弓箭手草料,王氏不同意神宗意見,並再次發颷:"若陛下要支與,有何不可,何必黽勉從臣所言也?"[3]

不論誰對誰錯,這樣的小事,王安石如此跋扈,不也太過分了嗎?反觀神宗,幾天後,"輔臣奏事已,上顧王安石曰:'聞卿子雱久被病,比稍愈否?'安石曰:'雱病足瘍下漏,徧用京師醫不效,近呼泰州瘍醫徐新者治之,少愈。'上曰:'卿子文學過人,昨夕,嘗夢與朕言久之。今得稍安,良慰朕懷也。'"[4]對王氏父子不僅尊崇有加,且細心體貼,關懷備至。

一個已成年、心智健全、且有雄心壯志的君主,並非因爲大權旁落而受制於權臣,主動放低姿態,忍受大臣之訓斥,仍對其尊寵備至,長達八年之久。其後安石雖罷相,尊寵依舊,神宗絕無一絲怨恨之情、報復之意。這不能不說是個奇迹。不知古今中外,能否找到第二個例子?將心比心,諸位讀者,不知有誰能做到神宗這般?筆者絕無此自信。

三、初罷相與兩宮太后

熙寧七年三月,反變法派利用大旱,展開了對新法的攻擊,矛頭主要指向市

---
[1] 《長編》卷二六四,熙寧八年五月丙子,6469—6470 頁。
[2] 李燾《長編》卷二四六,熙寧六年八月丁酉,頁 5998—5999。
[3] 李燾《長編》卷二四七,熙寧六年九月乙巳,頁 6009—6010。
[4] 李燾《長編》卷二四七,熙寧六年九月癸丑,頁 6012。

易法。是案之初,宋神宗似乎頗受反新法派影響,對市易法疑慮重重,主動派遣曾布調查。曾布調查的結果,對市易法加以否定,遭致王安石的強烈反對。然神宗力挺曾布,王安石因此被迫辭職。

傳統觀點認爲,王氏初罷相,乃神宗對新法產生動搖所致。王廣林先生則指出,神宗只是利用市易務事件,逼迫王安石辭職:"如果説宋神宗對新法動搖了,爲了平息反變法派的進攻,他首先應該停止市易法的實行,而不是罷去王安石;起碼,隨著王安石的罷相,也應廢棄或修改市易法。都沒有。宋神宗沒有理會反變法派的進攻,在王安石罷相後的第三天,下詔……公開聲明,要堅持變法改新路綫。"[1]不僅如此,王安石罷相後,神宗態度陡變,極力反對曾布繼續追究市易務問題,並將其落職外放,而支持市易法的吕惠卿則出任參知政事。王先生將曾布稱爲神宗"陰謀的犧牲品"[2],甚爲允當。

筆者還可以爲王説補充兩條證據。是年十一月,"端明殿學士、兼翰林侍讀學士、龍圖閣學士、知河陽韓維落端明殿學士,以侍御史知雜事張琥言維與孫永同定奪免行錢不當,故責及之"[3]。韓維、孫永都反對新法,是除曾布外,參與調查市易務案的主要官員。十二月,"虞部員外郎、新知常州吕嘉問提舉河北糴便糧草,復理提點刑獄資序,以檢正中書户房公事張諤訟嘉問不應黜陟故也"[4]。而吕嘉問正是市易務的主持人[5]。

王安石之初罷相,還牽涉到一個重要問題,即是否與兩宮太后有關。《長編》云:

> 上一日侍太后,同岐王顥至太皇太后宫,太皇太后謂上曰:"吾聞民間甚苦青苗、助役錢,盍罷之?"上曰:"此以利民,非苦之也。"太皇太后曰:"王安石誠有才學,然怨之者甚衆,上欲保全,不若暫出之於外,**歲餘復召**可也。"上曰:"群臣中,惟安石能横身爲國家當事耳。"……不樂而罷。(李燾注:此據邵伯温《聞見録》,云是司

---

[1] 王廣林《試論王安石兩次罷相》,《史學集刊》1986年第3期。
[2] 王廣林《試論王安石兩次罷相》,《史學集刊》1986年第3期。
[3] 《長編》卷二五八,熙寧七年十一月庚子,6289頁。
[4] 《長編》卷二五八,熙寧七年十二月乙亥,6301頁。
[5] 仲偉民先生(《宋神宗》,143頁)以爲,神宗與王安石始終在市易法上意見不同。其主要證據來自《長編》卷二六二(熙寧八年四月甲申,6407頁):"金部員外郎、檢正中書户房公事吕嘉問兼提舉市易司。王安石言:'近京師大姓多止開質庫,市易摧兼並之效似可見,方當更法制驅之,使就平理。'上曰:'均無貧固善,但此事難爾。'"仲先生以爲,所謂"此事難爾",表明宋神宗對市易法持保留意見。然筆者認爲,神宗只是擔心難度大,恐怕沒有王氏所想像得那樣容易而已,並非對市易法本身不滿。神宗對市易司官員之酬奬不絕於書。如《長編》卷二七七(熙寧九年九月辛未,6783—6784頁):"中書言,市易務收息錢、市利錢總百三十三萬二千餘緡,法應酬奬。詔提舉官、金部員外郎吕嘉問,太子中允吴安持各遷一官,升一任,賜錢三百千,嘉問更減一年磨勘,餘監官以下等第推恩,仍自今三年一比較。"

馬光記富弼語。然伯温云:"時宗祀前數日,太皇太后曰:'天氣晴和,行禮日如此,大慶也。'帝曰:'然。'太皇又曰:'吾昔聞民間疾苦,必以告,仁宗常因赦行之,今亦當爾。'帝曰:'今無他事。'太皇又勸帝因赦罷青苗、助役錢。"按四年九月祀明堂時,太皇未必有此言,七年九月祀明堂,則安石以四月去相位矣。此時必有錯悮,今略加删削,使不相抵牾。)

安石益自任,時論卒不與。他日,**太皇太后及皇太后又流涕**爲上言新法之不便者,且曰:"王安石變亂天下。"〔1〕

關於《邵氏聞見録》,除了李燾指出的疑點外,方誠峰兄還以爲:"即使曹氏某時有某些言論,已經離開京師的富弼如何能詳道宫中之語,又是一個難以確認的問題。實際上,《邵氏聞見録》所記王安石父子之事,基本都難以采信。李燾明知不可信,仍然删削采用,與《長編》一書在王安石變法問題上的立場有關。"〔2〕此外,曹、高兩太后流涕事,又見紹興重修《神宗實録》所附《王安石傳》。舊説在並無實際證據的情況下,斷言爲僞造〔3〕。

然而,我們注意到,《邵氏聞見録》記載此事時,又云:"崇寧中,蔡京等修哲宗史,爲《王安石傳》,以王安石爲聖人,然亦書慈聖光獻後、宣仁聖烈後因間見上,流涕爲言安石變亂天下,已而安石罷相。"〔4〕既然崇寧本《王安石傳》已見此説,顯然不會是邵伯温無中生有。

筆者以爲,雖然《邵氏聞見録》在時間等細節上有問題,但太后促成王氏罷相,恐怕是事實。富弼雖已不在朝廷,然作爲三朝元老,通過某種渠道得知宫中之事,並非没有可能。更重要的是,有其他材料可以證明兩宫太后捲入此事,在神宗面前流涕。

熙寧七年三月戊午,關於市易法,神宗告訴王安石:"近臣以至后族無不言不便,何也? **兩宫乃至泣下**,憂京師亂起,以爲天旱更失人心如此。"〔5〕次日,王氏上言:"陛下昨宣諭**兩宫**憂致亂,臣亦憂致亂。然所憂致亂之由,乃與**兩宫**所憂適異。"〔6〕

熙寧八年十月,因天有異象,神宗詔中外臣僚直言朝政闕失。王安石以爲

---

〔1〕《長編》卷二五二,熙寧七年四月丙戌,6169頁。
〔2〕方誠峰《北宋晚期的政治體制與政治文化》,北京大學出版社,2015年,283—284頁。
〔3〕蔡上翔《王荆公年譜考略雜録》卷一,《君臣考》,載《王安石年譜三種》,裴汝誠點校,中華書局,1994年,596頁;裴汝誠《論宋元時期的三個〈王安石傳〉》,載《半粟集》,河北大學出版社,2000年,126—128頁。
〔4〕邵伯温《邵氏聞見録》卷三,李劍雄、劉德權點校,中華書局,1983年,25頁。
〔5〕《長編》卷二五一,熙寧七年三月戊午,6124頁。
〔6〕《長編》卷二五一,熙寧七年三月己未,6127—6128頁。

星象不足憂,又曰:"然竊聞**兩宫**以此爲憂,臣等所以仿徨不能自已。伏望陛下以臣等所陳開慰太皇太后、皇太后,臣等無任兢惶懇激之至。"李燾注:"安石札子,據陸佃所編增入。"[1]是皆可爲兩宫太后不滿新法之證。

又熙寧九年,關於折二錢,神宗有過動摇,後被王氏説服,"乃令復行之。然**兩宫**訖不欲用折二錢,故折二錢未嘗進入禁中。安石争不能得,退遂移疾不出,上使人諭之曰:'朕無間於卿,天日可鑒,何遽如此!'安石乃出"。李燾注云,這段話至"復行之"出自朱本《實録》,而安石移疾,出自《涑水記聞》[2]。

按《涑水記聞》録此事云:"介甫請並京師行陝西所鑄折二錢,既而宗室及諸軍不樂,有怨言。上聞之,以問介甫,欲罷之。介甫怒曰:'朝廷每舉一事,定爲浮言所移。如此,何事可爲?'退,遂移疾,臥不出。上使人諭之曰:'朕無間於卿,天日可鑒,何遽如此?'乃起。"[3]恰恰是"兩宫訖不欲用折二錢,故折二錢未嘗進入禁中"二句,李燾没有點明下落。筆者以爲,這應非李燾作僞,編造不實之詞,可能出自墨本《實録》,故李燾在交代了源自朱本及他處的材料後,似無必要再對此加以説明[4]。這是又一條證據。

生性仁孝的神宗迫於兩宫壓力,決定讓王安石暫時離朝。但以安石之執拗,神宗又不能將自己的想法合盤托出,不得已故意製造大力調查民怨最深的市易司的假象,一方面安撫反對派,同時逼迫王氏主動辭職。而《聞見録》中曹太后"歲餘復召"一語,恐亦確有其事。

神宗同意王氏去位時,曾賜手詔云:"繼得卿奏,以義所難處,欲得便郡休息。朕深體卿意,更不欲再三邀卿之留,已降制命,除卿知江寧,庶安心休息,以適所欲。朕體卿之誠,至矣,卿宜有以報之。手札具存,無或食言,從此浩然長往也。"[5]神宗最初希望王安石留居京師,"處以師傅之官"[6]。王氏堅求出外,並稱"至於異時或賜驅策,即臣已嘗面奏,所不敢辭"[7]。手詔所謂"無或食言"當即指此,可見神宗在王氏罷相之際,就有讓其復相之意向。

此外,神宗還手詔王安石,讓其在離京前與韓絳會面,交代"方今人情政事之所宜急者",並讓其致書王韶,使其安心邊事[8]。這也表明,王氏此番罷相,

---

[1]《長編》卷二六九,熙寧八年十月乙未,6596頁。
[2]《長編》卷二七六,熙寧九年六月壬辰,6745頁。
[3] 司馬光《涑水記聞》卷一六,312—313頁。
[4] 李燾固然反對新法,但並未因政治立場而有意歪曲事實。對此,容筆者另文討論。
[5]《長編》卷二五二,熙寧七年四月丙戌,6170頁。
[6]《長編》卷二五二,熙寧七年四月丙戌,6169頁。
[7] 王安石《臨川先生文集》卷四四,《答手詔留居京師札子》,王水照主編《王安石全集》第6册,復旦大學出版社,2016年,833頁。
[8]《長編》卷二五二,熙寧七年四月丙戌,6170頁。

極不尋常,君臣間似有很深的默契。而就在王安石正式罷相之前幾天,神宗態度陡變,不再支持曾布追究市易司[1]。

根據這些綫索,筆者懷疑,神宗通過曾布,把市易司案鬧大,迫使王安石辭職,但顯然又不希望造成王氏誤會,與之決裂。所以在同意安石離朝時,可能與之有過深入溝通,一方面表示自己受曾布蒙蔽,將停止市易司案,以示安撫,另一方面向其説明,鑒於兩宮太后之壓力,王氏以短暫去位爲宜。"歲餘復召",本就出自太后建議。曹后之本心,未必願意如此,然爲避免給神宗造成太大壓力,反將事情鬧僵,遂出此策。神宗則將計就計,安石罷相不足一年即復相,似是君臣已達成之默契,而太后亦無話可説。

關於王氏復相,《邵氏聞見録》有這樣的記載:"公不辭,自金陵溯流七日至闕,復拜昭文相。"[2]李燾已發現此説不確:"嘉祐驛程,江寧府至京二十二程,此云溯流七日而至,恐未必然。"故在《長編》中改云"倍道赴闕"[3]。而當代學者多認爲,此乃邵伯温編造的誣妄之辭[4]。然鄧廣銘先生以爲,"當他(王安石)接到恢復相位的詔命之後,雖然不是像有人所説,溯流一周而至開封,可的確是在接到這一詔命之後,以最積極快速的行動而趕往開封重登相位的"[5]。

筆者贊同鄧先生的意見。神宗下詔復相王氏,在二月癸酉(十一日),次日遣中使賫詔赴江寧[6]。東京至江寧,陸路約二十二天,水路約十四天。而三月一日,王安石即從江寧啓程赴京,十四日已抵京[7]。可資對比的是,治平四年(1067)九月,神宗召王安石爲翰林學士。是時王氏亦在江寧,晚至熙寧元年(1068)四月,方抵汴京。又,熙寧八年九月,吕惠卿在神宗面前攻擊王安石,提到:"臣意安石在江寧時,心有所疑,故速來如此。"[8]亦可爲證。當然,速來之

---

[1]《長編》卷二五二,熙寧七年四月甲申,6159頁。
[2] 邵伯温《邵氏聞見録》卷九,92頁。
[3]《長編》卷二六〇,熙寧八年二月癸酉,6336頁。
[4] 如高紀春《關於吕惠卿與王安石關係的幾點考辨》,《河北大學學報(哲學社會科學版)》1997年第3期。
[5] 鄧廣銘《北宋政治改革家王安石》,244—245頁。
[6]《長編》卷二六〇,熙寧八年二月癸酉,6336頁。
[7] 劉成國《新見史料與王安石生平行實疑難考》,《文學遺産》2017年第1期。劉氏根據《臨川先生文集》所存兩通《辭免除平章事昭文館大學士表》,認爲王安石在啓程前,曾兩度辭相。從時間上看,絶無可能。即便在中使抵達江寧後,王氏即上第一表,但在三月一日啓程前也絶不可能收到神宗不允的批答,並上第二表。筆者懷疑,至少第二表當是王氏抵京後所進。《長編》卷二六一(熙寧八年三月丙午【十四日】6359頁)云:"召輔臣對資政殿。是日,清明節也。"李燾注:"王安石云云。"劉成國據以爲,是日王氏已抵京,似可從。但王安石《日録》所見君臣對話,則始於三月己未(二十七日)。李燾(6365—6366頁)根據談話內容判斷,這應當是王氏拜相後第一次入對。王氏抵京後辭相,正可解釋丙午至己未的時間差。這説明,王安石此番辭相,只是習見的表示謙遜的一種方式,並不具備真正的政治意義。其《辭免除平章事昭文館大學士表二》(《臨川先生文集》卷五七,王水照主編《王安石全集》第6册,1077頁)曰:"或令補闕拾遺,追參侍從,尚能罄竭,小補緒餘。"似乎也可理解爲雖辭相仍進京的形式上的解釋。
[8]《長編》卷二六八,熙寧八年九月辛未,6563頁。

因，恐非吕氏所謂"心有所疑"，而是罷相時已有默契。

四、復相與再罷相

上文提出熙寧八年王安石之復相乃罷相時已有之默契的新説，仍需對舊説作一説明。傳統看法認爲，在王氏罷相後，出任參知政事的吕惠卿野心膨脹，使用種種手段，既要取宰相韓絳而代之，同時也力圖防止王安石再入朝。這一險惡用心被韓絳覺察後，向神宗匯報，並建議從速召回王氏，以穩定局面。神宗遂有再召王安石拜相之舉。此説的主要證據來自《長編》："始，安石薦韓絳及吕惠卿代己。惠卿既得勢，恐安石復入，遂欲逆閉其途，凡可以害安石者無所不用其智，又數與絳忤，絳乘間白上請復相安石，上從之，惠卿聞命愕然。"[1]

不過，對於這一條材料及其他涉及吕惠卿力阻王安石入相的史料，高紀春先生已有精彩考辨，指出並不可信。相反，王氏復相，吕惠卿有贊助之功[2]。對於後者，由於高先生只是點到爲止，對所列三條材料未加詳細分析，筆者不揣淺陋，擬狗尾續貂。

熙寧八年三月，王安石甫入朝，神宗談到："自卿去後，小人極紛紜，獨賴吕惠卿主張而已。"並稱贊吕惠卿兄弟難得。安石對曰："諸兄弟皆不可得。和卿者，臣初不知其人，昨送臣至陳留，道中與語，極曉時事。"李燾注云，此事出自王安石《日録》，但由於他相信吕惠卿阻止王氏入朝之説，故懷疑"獨賴吕惠卿主張"的可靠性[3]。既然吕惠卿作梗説不成立，自然李燾的懷疑大可不必。

是年六月，王、吕有隙，神宗對王安石説："吕惠卿甚怪卿不爲升卿辦事，言卿前爲人所誣，極力爲卿辨，今己爲人所誣，卿無一言。朕説與，極爲卿兄弟解釋。又疑小人陷害，朕問是誰，乃云在側，似疑練亨甫。深疑練亨甫，何也？"又曰："惠卿自許太過，言：'望卿來勠力時事，却屢稱病不治事，積事以委臣，臣恐將來致傾敗，臣預其責。'"[4] 關於王、吕交惡，詳見下第二小節。此處要説明的是，吕惠卿在神宗面前抱怨，當初自己盼着王氏回朝"勠力時事"，而安石復相後

---

[1] 《長編》卷二六〇，熙寧八年二月癸酉，6336頁。
[2] 高紀春《關於吕惠卿與王安石關係的幾點考辨》，《河北大學學報（哲學社會科學版）》1997年第3期。另參吕一燃《吕惠卿與王安石變法》，《史學月刊》2003年第2期；古麗巍《宋神宗元豐之政的形成及展開》，55頁。
[3] 《長編》卷二六一，熙寧八年三月己未，6365、6366頁。
[4] 《長編》卷二六五，熙寧八年六月丁未，6488、6489頁。

却總是推卸責任。而神宗極力調解矛盾,試圖向吕惠卿證明,他誤會了王安石。這表明,吕惠卿曾力阻王氏回朝事乃子虛烏有,否則吕氏及神宗的舉動完全不可理解。

九月,王、吕關係進一步惡化。吕惠卿在神宗面前攻擊王安石,提道:"臣意安石在江寧時,心有所疑,故速來如此。"[1]如果王氏復相真是因爲神宗察覺吕惠卿之異動,吕氏怎會自揭瘡疤?神宗對吕惠卿談道:"聞升卿求安石進用,以謂有復相之功。"惠卿堅決否認:"升卿剛介自守,理必無之,可質諸神明。且陛下擢在經筵,尚可進用,縱使好利,豈至如此!"神宗爲了避免吕氏懷疑王安石進讒言,特意聲明:"此乃他人言之,非安石也。"[2]不論升卿求安石進用事真相如何,吕氏兄弟於王氏復相有功,恐怕不假,否則神宗根本不會相信吕升卿以此求安石進用這一説法。

事實上,安石罷相期間,一直通過吕惠卿遥控時局。熙寧八年閏四月,在討論一次人事任命時,王安石提到:"以田募役不便,臣自江寧以書與吕惠卿言之。不敢深言利害者,以在外,不欲極論朝政得失故也。"[3]"不敢深言利害""不欲極論朝政得失"云云,恐係掩飾之辭,王氏幕後操縱政局,由此可見一斑。

要之,舊説不可從。王安石復相,應當是君臣早有之默契。

王氏入朝後,神宗對他的尊重與敬仰一如既往[4]。熙寧八年五月,神宗談到:"立學校,變貢舉法,將以造士。今判國子監,亦自相乖異,士人不務爲忠厚,則他時風俗復何所望?"並對王安石説:"**卿與提舉,則士人自然化服。**"於是命王氏提舉國子監,後因安石固辭,乃寢其命[5]。六月,因《三經新義》成書,王安石加左僕射、兼門下侍郎。王氏辭所遷官,神宗曰:"卿修經義與修他書不類,又非特以卿修經義有勞也,乃欲**以卿道德倡導天下士大夫**,故有此拜,不足辭也。"[6]安石爲《詩經新義》作序,稱頌上德,以文王爲比,神宗以爲不妥。然王氏並未據以修改,定本進呈,神宗曰:"以朕比文王,恐爲天下後世笑。**卿言當爲人法**,恐如此非是。"安石曰:"稱頌上德,以爲比於文王,誠無所愧。"[7]凡此種

---

[1]《長編》卷二六八,熙寧八年九月辛未,6563頁。
[2]《長編》卷二六八,熙寧八年九月乙酉,6574頁。
[3]《長編》卷二六三,熙寧八年閏四月癸丑,6448頁。
[4] 需要説明的是,《長編》所録神宗與王安石對話,主要來自王氏《日録》。而《日録》之下限,是熙寧九年六月,且李燾所見《日録》非全本,缺熙寧八年九月至九年四月。(參孔學《緒言》,《王安石日録輯校》,四川大學出版社,2015年,7—8、20頁。)因此,在相關時期,《長編》幾乎看不到神宗與王安石之對話,這不代表君臣關係有所改變。
[5]《長編》卷二六四,熙寧八年五月丁亥,6479頁。
[6]《長編》卷二六五,熙寧八年六月辛亥,6495頁。
[7]《長編》卷二六五,熙寧八年六月甲寅,6514頁。

種,皆説明初罷相不可能是君相争權所致。

王安石復相後,迅疾先後與變法的主要助手韓絳、吕惠卿、王韶交惡。在這些衝突中,神宗始終站在王安石一邊。

(一) 韓絳之去

熙寧八年三月,王安石回到朝廷,出任首相,韓絳退居次相。王氏初罷相之時,"薦絳代己,仍以惠卿佐之。於安石所爲,遵守不變也。時號絳爲'傳法沙門',惠卿爲'護法善神'"[1]。表面上看,似乎韓絳深得王氏信任。其實不然,韓氏出任宰相,是王安石不得已的選擇,因爲吕惠卿資歷尚淺。

熙寧八年閏四月討論趙世居案涉及人員時,吕惠卿發過一通牢騷:"王鞏與韓絳親戚,取下狀三日不奏,王珪點檢,方奏元狀。甚疑韓知情,後勘得乃無罪。若使鞏與臣及王安石親戚,三日取下狀不奏,因王珪點檢方奏,即大涉嫌疑也。"[2]將韓絳列爲一方,而將自己與王安石列爲對比的另一方。

吕氏與安石交惡去位後,進呈《日録》,向神宗申訴,表示自己在王氏罷相期間勞苦功高:"安石去後,是他所立底法,爲愛護如此,只是恐他來不得,聞朝班中有曹號呼臣爲'護法善神'。只如市易事,吴安持怎盡會得? 只見**韓絳、馮京要壞此事**。"[3]強調自己才是真正維護新法之人,而韓絳則與馮京一道,有意攪局。

韓絳不是王安石路綫的正宗傳人,並非吕惠卿一人之見,同時也是神宗及王氏本人的共識。上文提到,王安石甫入朝,神宗談到:"自卿去後,小人極紛紜,**獨賴吕惠卿**主張而已。"[4]韓絳被排除在外。而王氏退居江寧時,也是選擇與吕惠卿而非韓絳書信往來,以掌控政局。

安石復相後未久,是年五月,王、韓之間就爆發了嚴重衝突:

> 提舉市易司舉劉佐。佐前在市易司坐法沖替事理重,代佐者不知買賣次第,比較所收息,大不及佐。王安石欲許之,韓絳固争,以爲佐未合與差遣。安石曰:"市易務自來舉官不拘條制,且七八萬貫場務須付之能者。"絳固争,以爲如此則廢

---

[1]《長編》卷二五二,熙寧七年四月丙戌,6169頁。
[2]《長編》卷二六三,熙寧八年閏四月壬子,6447頁。
[3]《長編》卷二六五,熙寧八年六月戊申,6489—6490頁。
[4]《長編》卷二六一,熙寧八年三月己未,6365、6366頁。

法。上曰:"且令勾當,候合受差遣,方許理任如何?"絳猶以爲不可,再拜**乞辭位**,曰:"如此,則宰相不可爲。"上愕然曰:"茲小事,何必爾!"絳曰:"**小事尚弗能争,況大事乎?**"安石曰:"劉佐之罪只爲拆換却官文字,然無避事之罪,此何足深責!如杜純者,**陛下親選擇**,令勘王韶事。韶受陛下一方邊寄,爲郭逵所誣,若不獲辨雪,則壞陛下事不細。純既受命,密院即擇以爲檢詳,特遷一官。臣問密院,與杜純轉官用何條貫?曰無條貫。用何例?曰無例。有何意義?**但曰奉聖旨而已。臣當是時固疑純必不直**。及見韶無罪,乃云文籍證據皆不分明,不可勘;反奏劾王韶討殺蕃部不當,中書將前後奏報畫一條析,有文籍證據可以勘得事狀行下。蔡確所以不能易情節,而王韶獲雪。如杜純欺罔如此,亦是冲替事理重,**韓絳亦不候合受差遣,便奏差在會計司**,此與差劉佐亦何異?若比劉佐則純爲罪重,情理難恕。"……絳曰:"劉佐違條貫甚多,不合奏舉。又**吕嘉問到中書專欲捃舊事,改更前來聖政,臣所以住不得**。臣若不去,**又是一馮京**。"安石曰:"韓絳用心必與馮京不同,但此一事所見與臣異爾。吕嘉問若非理捃舊事,自可條例進呈,陛下必有處分。"絳曰:"如何更一一條列?"安石曰:"嘉問只是言朱温,其恩澤事乃是臣令作文字,言檢正官不合奏薦,臣亦以既往止之。嘉問遂自入奏,然此事嘉問亦不爲無理。"

絳又固求去位,安石……爲上言路適不職,佐前有績效,方今理財不可緩。絳曰:"臣嘗領三司,亦何嘗闕乏!"安石曰:"鄭州枷栲百姓,令賤賣産以給軍賞,大臣、近臣乃或賤買民産,**此韓絳所見**。"絳曰:"其時誠是闕乏,然小人喻於利,不可用。"安石曰:"市易務若不喻於利,如何勾當?且今不喻於義,又不喻於利,然尚居位自如;況喻於利,如何可廢!"[1]

從兩人對話來看,起因雖是劉佐,但似乎韓絳對王安石非常不滿。韓氏以馮京自比,正印證了上引吕惠卿之語。不過,與馮京不同的是,韓絳並非反新法派,他與王安石發生争論,都只是小事。兩人之不和,似乎王氏素所信任、且在韓絳前爲之辯護的吕嘉問要承擔很大責任。

此外,如同與神宗争論一樣,安石總是咄咄逼人,反唇相譏。如舉杜純例説明劉佐合與差遣,反復强調只有自己有先見之明,他人皆誤——包括劉佐事上支持王氏的神宗,並直言"杜純欺罔如此",韓絳却"不候合受差遣,便奏差在會計司"。再如論理財,亦寸步不讓,將韓絳駁斥得體無完膚。這恐怕並不是用來幫助"用心必與馮京不同,但此一事所見與臣異"的同道改正錯誤的好辦法。韓絳貴爲次相,在王氏面前顔面掃地,恐怕是經常之事。韓絳没有神宗之修養,心

---

[1]《長編》卷二六四,熙寧八年五月丙子,頁6467—6468。

生不滿,欲挂冠而去,良有以也。

由於韓絳固請去位,稱疾不出。王安石決定讓步,罷免劉佐,以安撫韓絳。神宗最初尚不願罷佐,安石勸道:"後有大於此,則不可容。此監當小臣若固爭,致絳去位,臣所不敢安也。"於是韓絳復起[1]。但王安石的作風不變,終究只是暫時緩和矛盾而已。

就在韓絳復起四天後,史載:

> 王安石進呈曾布案,言:"布合追四官,據案甚明,而法官但追兩官。尚有兩事,各合追兩官,而勘官不坐月日,不知事發先後,若事發更爲,即又合各追兩官。呂嘉問乃無一罪可書。"韓絳言:"此勘不盡。"安石曰:"若勘不盡,如何却勘不合書罪之事,又妄引刑名斷罪?聞韓絳看此案,問難甚悉。絳非滅裂此獄,但衆奸協比,絳不察見爾。"又進呈馬玹、范純粹所爭,絳爲純粹釋解,上不聽,令送御史臺取劾[2]。

對於韓絳的質疑,王氏仍是盛氣淩人,步步緊逼,只是最後稍作開脱,以避免將其定爲奸邪。還要注意的是,此時神宗完全站在王安石一邊。是月末,神宗對王安石説:"卿任事無助,極不易。韓絳須令去,不然,扇動小人,若無已,大害政事。"安石固請留絳,曰:"待其復旅拒,黜之未晚。"[3]

是年七月,《長編》云:

> 詔右贊善大夫、檢正中書刑房公事范純粹,太子中允、檢正孔目房公事馬玹,各罰銅六斤。純粹送審官東院,……絳又不以純粹所坐爲然,且言純粹有才,欲別與差遣。王安石言:"豈可因罪更升差遣?"上從安石言,遂送審官,絳力爭,弗聽,乃曰:"陛下所見如此,則無可奈何。"即自劾[4]。

八月,韓絳罷相[5]。

---

[1]《長編》卷二六四,熙寧八年五月戊寅,6475頁。
[2]《長編》卷二六四,熙寧八年五月壬午,6476—6477頁。
[3]《長編》卷二六四,熙寧八年五月丁亥,6480頁。又卷二六五(熙寧八年六月戊申,6491頁)載:"都提舉市易司言,漢州積滯茶至千五百七十七駄,不如雇步乘,乞選官體量。詔遣都官郎中劉佐,維州團練推官、都水監勾當公事杜常往究利害以聞。王安石初欲遣佐,以韓絳所惡,乃乞用常。既而上令佐與常同往。"亦可見神宗之態度。
[4]《長編》卷二六六,熙寧八年七月辛巳,6530頁。
[5]《長編》卷二六七,熙寧八年八月庚戌,6551頁。

（二）王、吕交恶

首先要説明的是，吕惠卿被罷後，將在朝時奏對的記録（《日録》）進呈神宗，爲自己洗冤[1]。《長編》這一時期所載神宗與吕惠卿之對話，主要出自吕氏《日録》，除個别地方容記憶失誤外，内容應當非常可信。

上文提到，熙寧八年三月，王安石剛剛重回朝廷，神宗對其盛稱吕惠卿兄弟。但五月韓絳與王氏爆發衝突之時，吕惠卿亦與安石交惡，神宗對吕氏兄弟看法大變。

就在韓絳復出的同一天，吕惠卿欲出宣撫諸路，神宗不允[2]。月末，御史蔡承禧上章彈劾吕升卿及惠卿，"安石與惠卿俱對，上顧安石稱其獨無私，前此亦屢有此言，蓋爲惠卿發也"。次日，惠卿求去，神宗認爲吕氏兄弟"忌能、好勝、不公"，對王安石説："惠卿不濟事，非助卿者也。"還特别提到練亨甫："（惠卿）前留身極毀練亨甫。亨甫頗機警曉事，觀惠卿兄弟，但才能過己便忌嫉。"此時王氏尚極力爲吕惠卿辯護，並曰："如對惠卿數稱臣獨無適莫，獨無私，則惠卿何敢安位。國家所賴，恐不宜如此遇之。"在王氏勸説下，神宗令安石敦勉惠卿就位[3]。

是年六月，神宗對安石談到，吕惠卿對王氏甚爲不滿，深疑練亨甫挑撥王、吕關係。神宗對練亨甫深信不疑，王安石也認爲吕氏兄弟疑心過重[4]。據吕惠卿《日録》，關於河北運米事，王、吕意見不同。吕氏在《日録》中向神宗抱怨：**"才與（王安石）商量便惡發。安石去後，是他所立底法，爲愛護如此……（引者按，已見上引，故從略。）自吕嘉問到來，説並措置得不是，道是無他不得。臣見安石來，便不能管得，而今也又有一百一十餘萬息錢，其餘措置若無本末，臣怎敢做？臣亦量臣力，尋常事開陳得官家，一時會盡，方始奉行。見得安石奏事，陛下有沈吟，中間安石便自道了：'你既如此，須是無心始得。'然其他不曾見别**

---

[1]《長編》卷二六八熙寧八年九月辛未條注（6567頁）引陳瓘《答劉羲仲書》云："吕太尉《日録》未之見，但於《宛丘奏議》中，見其《進日録劄子》爾。蓋自其與荆舒反目以後，既進二手簡，又進《日録》四卷。"又卷二七八熙寧九年十月戊子條注（6794頁）引陳瓘《尊堯録》曰："惠卿進《日録》三策，其《進日録劄子》曰：'臣私記策子皆有其事，其事多出於陛下之德音，與所親聞，宜不廢忘，而其文非一二日可以撰造者也。'"
[2]《長編》卷二六四，熙寧八年五月戊寅，6476頁。
[3]《長編》卷二六四，熙寧八年五月丁亥，6480—6481頁。
[4]《長編》卷二六五，熙寧八年六月丁未，6488—6489頁。

有事,只是臣面上如此許多年相知,厮共做了許多事,下梢却恁地!"〔1〕看來王、吕矛盾,首先與王安石作風粗暴有關〔2〕。其次,除練亨甫外,仗勢欺人的吕嘉問也要負很大責任。王氏爲小人蒙蔽,晚節不保,哀哉!還要注意的是,吕惠卿借機挑撥神宗與王安石關係,雖然居心不良,但揆諸王氏一貫風格,所言安石之語似非誣妄。

九月,因《詩經新義》之撰作,王、吕裂痕進一步加深。是書王安石主修,其子王雱及吕惠卿均參與其間。吕氏曾改動王氏之說,代以己說,後安石又將吕說删去。吕惠卿在神宗面前攻擊王氏曰:"臣意安石在江寧時,心有所疑,故速來如此。既至,必是陛下宣諭,及嘗借臣《奏對日録》觀之,後頗開解。忽兩日前,余中、葉唐懿來爲臣言,安石怒臣改其《詩義》。……臣甚怪之,而未喻其怒之意,此必爲人所間爾。"〔3〕吕惠卿認定,王安石在小人挑撥下,對他產生不滿,並將小人鎖定爲練亨甫。

王、吕關係正式破裂後,御史中丞鄧綰彈劾吕惠卿以權謀私〔4〕。吕氏上章自辨,再次攻擊王安石難以共事:"陛下置兩府大臣,今吴充雖與之小異,特自固之計耳。王珪絶好人,王韶又如此,臣若不與較,則天下事誰當辦之?檢正、堂後官作文字,**皆不與臣議**。"〔5〕又曰:"安石常言用兵須嚴名分,**使雖有志者不敢出諸口**,則事歸一。安石之意不徒爲軍,爲國亦欲如此。天下即是敵人,雖能禁近者言,其如天下何?……自古只有人主堂陛隔絶,人情難通,即聽讒納譖。安石尚聽讒納譖,每日只被吕嘉問、練亨甫幾個圍合了。練亨甫東面一向守却王雱,吕嘉問才不去,便守却安石,其餘人更下語言不得。"〔6〕力言王氏剛愎自用,堅拒不同意見,以此受小人蒙蔽。

十月己丑,吕升卿外放〔7〕。次日,吕惠卿罷政〔8〕。此前御史蔡承禧上章彈

---

〔1〕《長編》卷二六五,熙寧八年六月戊申,6489—6490頁。
〔2〕王安石作風一貫如此,非復相始然。那麽,爲何吕惠卿遲至此時才與王氏發生衝突呢?這恐怕是因爲,此前吕氏地位尚低,完全有賴安石提携。而王氏復相時,惠卿已爲執政有年,其自我期許及對他人之要求,當然會大不一樣。
〔3〕《長編》卷二六八,熙寧八年九月辛未,6563—6564頁。李燾注云:"已上並據《惠卿家傳》增入。……惠卿別有《日録》載此段尤詳要,不異《家傳》所載,更不別出。"
〔4〕《長編》卷二六八,熙寧八年九月辛巳,6570—6571頁。
〔5〕《長編》卷二六八,熙寧八年九月乙酉,6573頁。據李燾注(6575頁),這部分內容出自吕惠卿《家傳》所附《惠卿自辨》。注又詳引《日録》,記載吕惠卿指責王安石剛愎自用,聽不得不同意見,動輒發怒,並向神宗控訴曰:"臣此事不争亦得。然陛下置許多大臣,吴充雖與他小異,只是自固之計,豈敢違他?王珪又絶好人,王韶又如此,臣更饒過放他使性氣,更有甚人?奈何!"與《自辨》合。
〔6〕《長編》卷二六八,熙寧八年九月乙酉,6574—6575頁。據李燾注,省略號前內容出自《自辯》,後者出自《日録》。
〔7〕《長編》卷二六九,熙寧八年十月己丑,6582—6583頁。
〔8〕《長編》卷二六九,熙寧八年十月庚寅,6591頁。

劾吕惠卿,謂其"有滔天之惡""章惇、李定、徐禧之徒皆爲朋黨,曾旼、劉涇、葉唐懿、周常、徐伸之徒又爲奔走"[1]。當月,在鄧綰攻擊下,權三司使章惇受到牽連,亦罷職出守[2]。其後,同樣被視爲惠卿党人的曾旼、王庭老、張靚、陳睦等相繼被罷黜[3]。

與王、韓矛盾時一樣,在王安石與吕惠卿的衝突中,神宗堅決站在王氏一邊。多年之後,談到李稷,神宗云:"稷,吕惠卿所薦,人物甚似惠卿,可誅,好大言,無誠實,外似剛直,質極污邪。"又曰:"惠卿性極貪鄙。"[4]對吕惠卿極爲不齒。

(三) 與王韶的衝突

吕惠卿去後,王安石又逐漸與軍事上的主要助手樞密副使王韶產生矛盾。事情源於熙河主帥高遵裕與轉運判官馬瑊有矛盾,韶右遵裕,安石右瑊。神宗同樣站在王氏這邊,處罰了高遵裕。但與韓絳、吕惠卿不同,他對王韶尚無惡感,故諭王安石曰:"王韶疑卿迫之,力求去,恐復如吕惠卿。韶幸無他,冀後尚有可任使,卿宜勉留之。"又言:"韶論事時不燭理,然不忌能,平直。"爲安撫王韶,神宗同時將馬瑊調離熙河[5]。

王韶與王安石的衝突,史料中可明確的只有高、馬矛盾這一小事[6]。雖然史料闕如,想來兩人不會有什麽原則性的大分歧。而王韶之崛起,全賴王安石鼎力支持。王韶知恩不報,反應如此激烈,且舉吕惠卿爲前車之鑒,讓人匪夷所思。當然,這應與王韶之獨特個性有關。但聯想到韓絳當日也因小事求去,並引馮京爲況,王韶所爲與韓絳如出一轍,這不能不讓人懷疑,王安石之性格與作風,恐怕在很大程度上須爲他與三位最重要的副手交惡負責。至此,除吕嘉問外,王安石的主要助手均與其反目成仇。

---

[1]《長編》卷二六九,熙寧八年十月庚寅,6589頁。
[2]《長編》卷二六九,熙寧八年十月庚子,6598—6599頁。
[3]《長編》卷二六九,熙寧八年十月壬寅,6601頁;癸丑,6607頁;卷二七〇,熙寧八年十一月辛未,6622頁。
[4]《長編》卷三二六,元豐五年五月辛卯,7847頁。
[5]《長編》卷二七一,熙寧八年十二月丙申,6638頁;卷二七四,熙寧九年四月庚子,6708頁;卷二七五,熙寧九年五月己巳,6730頁。
[6]《長編》卷二八〇(熙寧十年二月己亥,6865頁)載王韶乞出時,抗疏上言,提到"屢與王安石爭熙河劾獄"。然不詳所指。

（四）詭異的罷相

熙寧九年六月，其時呂惠卿雖已罷政，針對他的調查仍在如火如荼地進行。《長編》云：

> 安石既與惠卿交惡，令徐禧、王古等按華亭獄，不得惠卿罪，更使周輔按之。安石子雱猶恐弗得，切責練亨甫、呂嘉問，亨甫、嘉問共議取鄧綰等所條惠卿事，雜他書下制獄，安石初不知也。
>
> 惠卿素結堂吏，吏遽告惠卿於陳，惠卿即自訴，且訟綰及安石，前後凡數十紙，其略曰："綰等入奏，中書出敕，如出一口。"又曰："夕出於有勢之口，朝書於言者之奏。"又曰："……（安石）犯命矯令，罔上要君。……此皆奸賊之臣得以擅命作威於暗世者也，奈何安石今日之所爲乃與之同事耶？"……
>
> 上既以惠卿所訴事示安石，安石謝無有，歸而問雱，雱乃言其情，安石始咎雱。雱先病疽，忿恚增劇，而嘉問等相繼得罪。安石由是愧，上疏求去，上待安石自是意亦稍衰矣[1]。

所云"鄧綰等所條惠卿事"，有引人誤解之嫌。是月丁酉，《長編》載："權檢正中書五房公事呂嘉問、檢正刑房公事張安國、提點五房公事劉袞、刑房堂後官張奕各展磨勘二年，主事黃九皋以下各降罰有差。以呂惠卿言推究弟溫卿札子誤帶出御史中丞等疏內因依，下兩浙制勘院故也。"李燾注："朱本取《王雱傳》所書附此云：'時方下兩浙制獄鞫呂惠卿，未具，而嘉問等乃以鄧綰乞責降其弟和卿疏雜他書行下，執政初不知，堂吏遽告惠卿於陳，惠卿以聞，特旨罰之。'"[2]所謂"鄧綰等所條惠卿事"，應即此處"鄧綰乞責降其弟和卿疏"。

很快，呂惠卿所指摘的鄧綰、練亨甫，受到了更嚴厲的處罰。熙寧九年十月戊子，上批："翰林學士、權御史中丞鄧綰操心頗僻，賦性奸回，論事薦人，不循分守，可落學士、中丞，以兵部郎中知虢州。"所謂"薦人"之過，其一如下："王安石初得（彭）汝礪《詩義》，善之，故用爲學官。鄧綰以安石故，欲召見之，汝礪不往。既舉充御史，而練亨甫紿綰以安石不悅，綰遂自劾失舉。上怒，黜綰，即日除

---

[1]《長編》卷二七六，熙寧九年六月辛卯，6742—6744頁。
[2]《長編》卷二七六，熙寧九年六月丁酉，6747頁。

汝礪。"[1]

四天后，練亨甫亦罷，起因於王安石之上書：

> 臣久以疾病憂傷，不接人事，以故衆人所傳議論多所不知。昨日方聞御史中丞鄧綰嘗爲臣子弟營官及薦臣子婿可用，又爲臣求賜第宅。綰爲國司直，職當糾察官邪，使知分守，不相干越，乃與宰臣乞恩，極爲傷辱國體。兼綰近舉御史二人，尋却乞不施行，必別有所因。臣但聞其一人彭汝礪者，嘗與練亨甫相失，綰聽亨甫游説，故乞別舉官。亨甫身在中書習學公事，兼臣屢嘗説與須避嫌疑，勿與言事官子弟交通。今審知所聞，即豈可令執法在論思之地？亨甫亦不當留備宰屬。乞以臣所奏付外，處以典刑[2]。

時至今日，王安石仍拒不承認識人不明，以"疾病憂傷不接人事""屢嘗説與須避嫌疑"爲自己開脱。但另一方面，如上所論，王氏一向聲色俱厲地護短，而此番主動要求貶黜鄧綰、練亨甫，可見他意識到今非昔比。是月，王安石再度罷相。

王安石剛愎自用、好勝太過，除了神宗，任何人似皆難以與他長久合作。蹊蹺的是，吕嘉問以鄧綰乞責降吕和卿疏雜他書行下事也罷，鄧綰、練亨甫暴露諂媚嘴臉也罷，無非是小人討好王氏，這顯然是神宗早已知曉的存在多年的老問題、小問題。以神宗對王安石之信任，從未因此懷疑王氏本人，爲何這回突然如此大動干戈，甚至將王氏罷相？這一次，終神宗餘生，王安石再没被起用，儘管神宗對在野的他始終優禮有加，尊崇備至。

我們注意到，王氏罷相次月，宋遼邊界糾紛正式達成協議，宋方割地數百里，换取和平。而二度拜相後，王安石與神宗最大的分歧，就發生在宋遼邊界糾紛的應對上。當時出現了極其罕見的一幕——王氏與反對變法的元老重臣韓琦、富弼等意見一致，都堅決反對退讓，但最終神宗還是讓人難以理解地選擇了割地求和。筆者以爲，對遼策略上的根本分歧，可能才是王安石二度罷相並不再復出的根本原因。當然，這需要詳細分析宋遼邊界事件，只能留待另一篇文章了。

（本文初稿曾得潘星輝兄、李二民兄、吴錚强兄、朱義群兄及聶文華兄賜正，謹致謝忱！文責自負。）

〔林鵠，中國社會科學院古代史研究所副研究員〕

---

[1]《長編》卷二七八，熙寧九年十月戊子，6794、6795頁。
[2]《長編》卷二七八，熙寧九年十月壬辰，6797—6798頁。

鄭樵《通志二十略》的學術批判與精神關懷

雷 博

鄭樵《通志二十略》對前人著史方法及時代學術風氣多有批評,甚至有十分激烈刻薄的言辭。錢大昕即以其爲反例,囑後學平心静氣,勿以古人爲仇敵。[1]這種看法從學術立場上講固然不錯,然而换一個角度,鄭樵的負氣之論,所負者究竟何"氣",又是從怎樣的環境際遇中衍生出來？筆者以爲,深入解讀鄭樵的學術批判與精神關懷,不僅有助於更好地理解這個人物,同時也是一個值得探討的思想史課題。

一、鄭樵的時代環境與問題意識

鄭樵是福建莆田人,生於宋徽宗崇寧三年(1104),卒於宋高宗紹興三十二年(1162),正值兩宋之際,政治上發生天翻地覆的重大變故。靖康之變(1126)後,鄭樵與堂兄鄭厚上書給時任要職的宇文虚中。自比程嬰、杵臼、荆軻、聶政,求爲一用:

> 然則厚也、樵也,何人也？沉寂人也！仁勇人也！古所謂能死義之士也。謂人生世間一死耳。得功而死,死無悔！得名而死,死無悔！得義而死,死無悔！得知己而死,死無悔！死固無難,恨未得死所耳。今天子蒙塵,蒼生鼎沸,典午興亡,卜在深源一人耳。厚兄弟用甘一死,以售功、售名、售義、售知己,故比見閤下以求其

---

[1] 錢大昕《潛研堂文集》卷三五,《答王西莊書》。

所也!〔1〕

恥天子蒙塵而求死於功名義氣,雖然是書生情懷,但也有一股激蕩豪邁的英雄氣概。宇文虛中雖溫言褒答,然而他自己不久也出使金國被扣留,終身不返。鄭氏兄弟想要"據生靈之憤,刷祖宗之辱"的經邦志願難覓門路,於是在夾漈山蓋草堂,與"時風、夜月、飛禽、走獸"爲伍,絕意世事,一心學問。

然而宋金戰爭塗炭生靈的現實,使他們依然被痛苦與無奈籠罩,《林竹溪集》中存有鄭樵佚詩一首"建炎初秋不得北狩消息作":

> 昨夜西風到漢軍,塞鴻不敢傳殷勤。
> 幾山衰草連天見,何處悲笳異地聞。
> 犬馬有心雖許國,草茅無路可酬君。
> 微臣一縷申胥淚,不落秦庭落暮雲。〔2〕

天翻地覆的巨變,推動鄭樵回顧歷史,探究興亡之機。在《都邑略》中,他分析指出,靖康變亂的地理因素,在於北宋都城汴梁絕非定都之上選,"其地當四戰之沖,無設險之山,則國失依憑,無流惡之水,則民多疾癘"〔3〕。歷史上,無論秦滅魏國還是五代更替,之所以易如拾芥,汴京難守易攻是一個重要原因。因此鄭樵感慨云"宋祖開基,大臣無周公宅洛之謀,小臣無婁敬入關之請,因循前人,不易其故,逮至九朝,遂有靖康之難,豈其德之不建哉,由地勢然耳。"〔4〕

鄭樵更進一步擷取唐人朱樸的觀點,建議以南陽爲新都,所謂"去已衰之衰,就未王而王"〔5〕。跳出宋代一朝的利害得失,延展到更宏闊的歷史維度來看待地理與王朝興衰的關聯。

除了靖康之變帶來的歷史思考,鄭樵關懷的另一個維度則是當時的學問風氣,他批評時興的"義理之學""辭章之學",生平絕意科舉。在《通志總序》中,他將種種弊端歸納爲"學術之末",儒學末流迷而生弊,"去本太遠",而造成這一現象的直接原因是開科取士,以祿利誘學者:

---

〔1〕 吳懷祺《鄭樵文集・鄭樵年譜稿》,書目文獻出版社,1992年,44頁。
〔2〕《鄭樵文集・鄭樵年譜稿》,56頁。
〔3〕 鄭樵著、王樹民點校《通志二十略》,中華書局,1995年,563頁。
〔4〕《通志二十略》,563頁。
〔5〕《通志二十略》,563頁。

禄利之路,必由科目,科目之設,必由乎文辭。三百篇之詩,盡在聲歌,自置《詩》博士以來,學者不聞一篇之詩。六十四卦之易,該於象數,自置《易》博士以來,學者不見一卦之易。皇頡制字,盡由六書,漢立小學,凡文字之家,不明一字之宗。伶倫制律,盡本七音,江左置聲韻,凡音律之家,不達一音之旨。經既苟且,史又荒唐,如此流離,何時反本?[1]

在這段激烈甚至偏苛的言論中,我們可以感受到鄭樵對於當時學術功利化與政治、學術合流的現象深惡痛絕。更有深意的是,他所針對的焦點不是學者在利禄誘惑下的曲學阿世,而是學術本身的豐富性在科舉制度下被扁平化,即"科目之設,必由乎文辭",因爲"文辭"成爲考試干禄的工具,所以凡是文辭之外的其他學術樣貌如聲歌、象數、圖譜、音律等,都被邊緣化而逐漸淪亡。失去了血肉而只剩下文辭骨架的學術,也就失去了生機,而與其本旨大相徑庭。正是在這個意義上,鄭樵指斥漢唐以來的學術"經既苟且,史又荒唐",這種批評不能簡單看作書生意氣,其中也包含著深刻的精神理想。

二、鄭樵的學術批判

鄭樵的著述不僅限於考辯,而是疑惑攻訐,意氣飛揚,所針對的也不僅僅是當時的學風,更對漢唐以來的學術傳統給予尖銳的批評。主要有如下三個方面。

第一方面是"斷代爲史,盲人摸象"。鄭樵對斷代史的態度可以用"痛恨"二字形容。在《通志總序》中,他對開創斷代史體例的班固使用了幾乎是最激烈的批評語言:

　　班固者,浮華之士也,全無學術,專事剽竊。……《史記》一書,功在十表,猶衣裳之有冠冕,木水之有本原。班固不通旁行邪上,以古今人物强立差等,且謂漢紹堯運,自當繼堯,非遷作《史記》廁於秦、項,此則無稽之談也。由其斷漢爲書,是致周、秦不相因,古今成間隔。……後世衆手修書,道旁築室,掠人之文,竊鐘掩耳,皆固之作俑也。[2]

----

[1]《通志二十略》,11—12頁。
[2]《通志二十略》,2—3頁。

此論在當時即激起軒然大波,而後來爲班固辯護而指鄭樵爲狂妄者,更是不計其數。然而鄭樵意氣所指,與其說是班固其人,倒不如說是他所開創的體例。他的批判針對四個方面:其一是襲取前人成文以爲己說;其二是廢十表不用而強立古今人物高下;其三是斷漢爲書,使周、秦不相因,古今成間隔;第四是開後世衆手修書的先例。其中第三條拋棄通史之方法而斷漢爲書是關鍵,在鄭樵看來,班固的做法造成了後來斷代成史的規矩,而史學的眞精神幾乎全部淪喪。

在《通志總序》中,鄭樵具體分析了斷代史的種種弊端:首先是昧因革損益之道,遂失會通之意;其次是紀傳重出,天文、五行諸志前後相襲卻無甚變化,不勝繁文;第三是前王不列後王,後事不接前事,使"郡縣昧遷革之源,禮樂成殊俗之政"[1];最後也是鄭樵認爲最爲傷風敗義的一點,就是史家立足於某一王朝的立場,成爲宣揚正統,是此非彼的工具,"南謂北爲索虜,北謂南爲島夷",甚至"桀犬吠堯,吠非其主"[2],玩弄史筆,混淆黑白,史家之公心正義蕩然無存。鄭樵批評道:

> 自唐之後……凡秉史筆者,皆准春秋,專事褒貶。夫《春秋》以約文見義,若無傳釋,則善惡難明。史冊以詳文該釋,善惡已彰,無待美刺。讀蕭、曹之行事,豈不知其忠良?見莽、卓之所爲,豈不知其凶逆?夫史者,國之大典也,而當職之人不知留意於憲章,徒相尚於言語,正猶當家之婦不事饔飧,專鼓脣舌,縱然得勝,豈能肥家?此臣之所深恥也。[3]

可見鄭樵對斷代史的批評,不僅因爲其"斷",更因爲在"斷"中,歷史的書寫者失去了超然於一朝一代之短時段利益之上的敘述角度,畫地爲牢,自限格局。太史公所謂"鑒往事知來者"、《春秋》"別嫌疑,明是非,定猶豫"的種種經世之用,都在這種斷代史的視角中被遺忘了。

第二方面是"名實相隔,執此遺彼"。對"名實相懸"之學術弊端的反思在《通志二十略》中處處可見,可以說"循名責實"的立場,是推動鄭樵觀察與思考的基本動力。在鄭樵看來,當時學術中的名實割裂,亦表現在三個方面。

首先是書本中的内容自成系統,而缺乏與現實世界的緊密關聯,在《總序》

---

[1]《通志二十略》,4頁。
[2]《通志二十略》,4頁。
[3]《通志二十略》,4頁。

述《昆蟲草木略》宗旨時,鄭樵指出:

> 語言之理易推,名物之狀難識。農圃之人識田野之物而不達詩書之旨,儒生達詩書之旨而不識田野之物。〔1〕

這與蘇東坡《石鐘山記》所述"士大夫終不肯以小舟夜泊絕壁之下,而漁工水師雖知而不能言"是同一種困境,即知識在經學的框架中自成系統,訓詁與傳承的機械方法,遮蔽了大部分知識同天地萬物、人間百態的印合。後果就是不斷大量地造就出抱殘守缺、百無一用的腐儒。在《寄方禮部書》中,鄭樵針對這種陋習評論説:

> 凡書所言者,人情事理,可即己意而求,董遇所謂讀百遍,理自見也。乃若天文、地理、車輿、器服、草木、蟲魚、鳥獸之名,不學問,雖讀千回萬復,亦無由識也。奈何後之淺鮮家,只務説人情物理,至於學之所不識者,反没其真。遇天文,則曰:此星名。遇地理,則曰:此地名、此山名、此水名。遇草木,則曰此草名、此木名。遇蟲魚,則曰:此蟲名,此魚名。遇鳥獸,則曰:此鳥名、此獸名。更不言是何狀、何星、何地、何山、何水、何草、何木、何蟲、何魚、何鳥、何獸也。縱有言者,亦不過引《爾雅》以爲據耳,其實未曾識也。〔2〕

但見其名,不知其實,只糾纏在名相的亂麻中爭訟,而隔斷了"名—實"之間的基本聯繫。學者生活在這樣的學術環境和思維習慣中,逐漸習焉不察,甚至反指實學爲有傷體面、飣餖瑣碎,則爲害尤深。

其次是某些"名"的系統没有把握到真正的"實",即知識的對象没有指向確定不移的實體,當條件變化的時候,會引發知識系統的混亂。這一反思尤其體現在鄭樵《七音》《地里》兩略中。

對於"聲音"而言,其根本是"天籟",亦即自然聲音之清濁高下,所以"縱有四聲以成經,橫有七音以成緯",古代文字本來就是奠基於這一發音系統,所謂"皇頡制字,深達此機",而"江左四聲,反没其旨,凡爲韻書者,皆有經無緯"。〔3〕因爲缺少了七音的定位,也就使得四聲變易無常,學者難於確考。

---

〔1〕《通志二十略》,10頁。
〔2〕《鄭樵文集·鄭樵年譜稿》,29—30頁。
〔3〕《通志二十略》,6頁。

對於地理而言,從《漢書》開始,歷代史書的《地理志》都以政治地理即郡國方輿爲基本內容。鄭樵對此深致不滿,蓋"地理之家在封圻,封圻之要在山川""九州有時而易,山川千古不移"。[1]這種思想實際上指出了人文地理與自然地理之間不可分割的聯繫,而對自然地理即"山川"的考察與認知,是地理學所必須關注的根本,否則就會造成"郡國並遷,方隅顛錯"的混亂。因此鄭樵效法《禹貢》,以山川定其經界。儘管這樣的嘗試並不能從根本上解決問題,但是提供了一個符合實際的方向角度。

事實上,鄭樵在考察所有名物關係的問題時都注意到了這一點,特別是用《本草》的記載和實地經驗來矯正《爾雅》,就是因爲《爾雅》作爲古代的字書,與當代的語言和名物已經有了很大的差距,後人如果還抱持著《爾雅》的訓釋,則無異於按圖索驥。鄭樵在《寄方禮部書》中舉朮、山薊,梅、柟之例說明:

> 古曰朮,當《爾雅》之時則曰山薊,或其土人則曰山薊也。古曰梅,當《爾雅》之時則曰柟,或其土人則曰柟也。今之言者又似古矣,謂之朮,不謂之山薊;謂之梅,不謂之柟也。人若以朮爲山薊,則人必以今朮爲非朮也;以梅爲柟,則人必以今梅爲非梅也。[2]

這種古名、今名、更古之名、各地方之名相互混淆,茫然難辨的狀況,最令學者頭疼,如果不通過嚴格的考證把握其實,並察知其演變的源流規律,則難免導致以訛傳訛。因此鄭樵要從文字與聲韻的層面直指"名之所生"的起點,通過直接的"擬象"與"擬聲"把握最基礎的符號,進而通過符號內部的構造規律探究意義的起源與變化。這也是《六書》《七音》兩略的意圖所在。

第三,鄭樵強烈斥責各種類型的"妖妄"。所謂"妖妄",實際上就是"以名符實"的知識系統中人爲摻雜的迷信或訛傳。這種虛妄的知識不但沒有辦法反映世界的真相,甚至會反過來染汙那些正確的、有價值的見解。歷代史書《天文》《五行》諸志就是這樣,前者如《甘石星經》之類,依天象言吉凶禍福,在鄭樵看來是"惑人以妖妄,速人於罪累";後者於一蟲之妖、一物之戾,都在陰陽五行上牽合附會,所謂災異妖祥、天人感應,鄭樵說這些都是"史官自愚其心目,俯首以受

---

[1] 《通志二十略》,6頁。
[2] 《鄭樵文集·鄭樵年譜稿》,30頁。

籠罩而欺天下"。名實懸隔之害,以此爲最甚。[1]

鄭樵批判的第三方面是"源流不分,類例不明"。事實上,不論是斷代爲史還是名實相蔽,都存在著同一個方法論上的漏洞,就是没有用正確的體系去分辨歷史事物演進中的源流關係。任何一方面的知識,如果不曾對其産生、演變的過程做一個縱向考察,而只是從當下樣貌或現實需求入手拿來就用,則必然蔽於果而不知因,陷入一葉障目的困境中。同樣,如果没有一個體系框架,則所謂知識見聞將成爲孤立的碎片,無法統合成整體,自然也就失去了延展與細化的可能性。這就是鄭樵所批評的"源流不分,類例不明"。

以氏族研究爲例,魏晉以來,門閥漸衰,譜牒之書遂盛,至於"人尚譜系之學,家藏譜系之書",門第貴賤皆有書籍徵考,然而鄭樵指出"其書雖多,大概有三種:一種論地望,一種論聲,一種論字。論字者則以偏旁爲主,論聲者則以四聲爲主,論地望者則以貴賤爲主。然貴賤升沈,何常之有,安得專主地望?以偏旁爲主者可以爲字書;以四聲爲主者可以爲韻書,此皆無關於姓氏"[2]。源流的迷失還會帶來更深層的惡果,以地望貴賤爲主區別姓氏,出於政治實用的考慮,造成自矜門閥的惡俗。崔必河東,李必隴右,甚或改姓易氏,認賊作父,正如孔子所謂"非其鬼而祭之,諂也"。

生民之本在姓氏,書契之本則在文字。文字本於六書,所謂象形、指事、會意、諧聲、轉注、假借。鄭樵認爲,"文"與"字"的區别在於前者是"獨體成文",如象形、指事,是符號與事物的直接關聯,而後者則是"合體爲字",是在象形與指事的基礎上,對符號進行關聯與重構以獲得新的意義,比如會意、諧聲、轉注,而假借則是"文與字"。這樣一種從最初的聲音與符號系統逐漸複雜化、多樣化的過程,也就是六書發展的源流。然而這種方法從許慎之後就逐漸被人淡忘,甚至最早表述此種方法的《左傳》也存在"止戈爲武""反正爲乏"的淆溷。在鄭樵看來,六書源流的淆亂是小學荒唐鹵莽的根本原因,不從這一方面重新梳理,則經旨不明、穿鑿附會的學術狀況就不會有根本改變。

因此在《藝文略》《校讎略》中,鄭樵明確提出了"類例"的觀念。即在一個全域性的框架内,分門别類並以例統攝。類例不僅僅是一種静態的劃分方法,同樣還包含著動態的思維導向與操作指南。以書册爲例,就不僅需要一個合理的分類方法,還需要有可行的方案統籌管理並求考亡佚。他爲此專門撰寫《編次

---

[1] 《通志二十略》,9—10頁。
[2] 《通志二十略》,2—3頁。

必謹類例論》六篇,《求書之道有八論》九篇,系統闡述其觀念。

三、鄭樵學術中的精神理想

以上所述,都是鄭樵因學術現狀的種種弊端而創發的方法,自從章學誠、梁啓超、顧頡剛、吳懷祺、瞿林東等學者表章之後,其在學術史上的地位已爲當代學界充分認可。另一方面,鄭樵不僅有基於時代的憂患意識和面對學風的激烈批評,在他的著作中還可見一種高昂的精神理想,深層的沉痛與這種理想交織在一起,顯現出一種宏大的文化關懷。

如《七音略》中,鄭樵明確提出,這一學問的最終目的在於"明七音之本、擴六合之情,然後能宣仲尼之教,以及人面之俗,使裔夷之俘皆知禮義"。[1] 一言蔽之,即通過語言自身在發音層面的精確化與標準化,使優美生動的華語能夠爲異域殊俗的人民學習掌握,從而將中華文化傳播四海。近代以來,漢語面對拉丁語言的挑戰,捉襟見肘甚至幾乎爲之取代的慘痛教訓,讓人對鄭樵的洞見有更深刻的領悟。

而在《樂略》中,鄭樵更是通過考證先秦風、雅諸樂音在漢代之後逐漸亡失的過程,指出正是因爲漢代詩學論"義"不論"音",導致聲歌漸失,風雅不分、雅頌無別,最後至於禮樂淪亡:

> 古之達禮三:一曰燕,二曰享,三曰祀。……古之達樂三:一曰風,二曰雅,三曰頌。……禮樂相須以爲用,禮非樂不行,樂非禮不舉。自后夔以來,樂以詩爲本,詩以聲爲用,八音六律爲之羽翼耳。仲尼編詩,爲燕享祀之時用以歌,而非用以說義也。……不幸腐儒之說起,齊、魯、韓、毛四家,各爲序訓而以說相高,漢朝又立之學官,以義理相授,遂使聲歌之音湮没無聞。……義理之說既勝,則聲歌之學日微。東漢之末,禮樂蕭條,雖東觀、石渠議論紛紜,無補於事。曹孟德平劉表,得漢雅樂郎杜夔,夔老矣,久不肄習,所得於三百篇者,惟《鹿鳴》《騶虞》《伐檀》《文王》四篇而已,餘聲不傳。太和末又失其三,左延年所得惟《鹿鳴》一笙,每正旦大會,太尉奉璧,群臣行禮,東廂雅樂常作者是也。古者歌《鹿鳴》必歌《四牡》《皇皇者華》,三詩同節,故曰"工歌《鹿鳴》之三",而用《南陔》《白華》《華黍》三笙以贊之,然後首尾相承,節奏有屬。今得一詩而如此用,可乎? 應知古詩之聲爲可貴也。至

---

[1]《通志二十略》,6頁。

晉室,《鹿鳴》一篇又無傳矣。自《鹿鳴》一篇絕,後世不復聞詩矣。然詩者,人心之樂也,不以世之汙隆而存亡,豈三代之時,人有是心,心有是樂,三代之後,人無是心,心無是樂乎?[1]

鄭樵《詩辨妄》中痛陳"以義説詩"之非,下啓朱子《詩集傳》,在經學史上有重大意義。而"以聲説詩"背後的精神指向,一方面是傳統《詩經》學源流内的主題,即詩的義理與聲歌的關係和作用,另一方面,則從《詩經》之"樂"延伸到了所有音樂,即把"樂"看作人心的節律感發,所謂"人有是心,心有是樂",這樣就大大擴展了"詩"的内涵,與樂相合的"詩"不再是一個静態的、僵死的經學範疇,而可以由世代人心情感之蘊積鼓蕩,以變化萬千的形態發露出來。

因此鄭樵雖然感傷唶歎於漢代以後,《詩》三百篇之聲歌的淪亡,然而他並没有悲觀地把這一過程看成墮落的歷史,相反,"人有是心,心有是樂"的結論爲現實的改善提供了一種新的可能性。如果能夠像三代時候的作者那樣,把握到樂音與人心情緒之間的微妙關聯,同樣可以依憑心地的情韻發揮製作成新的"三百篇",重振禮樂文明。其中隱含的理想是:正聲雖失,未必不能復致;三代雖遠,未必不能重來。

總之,與其説鄭樵是一位淵博該洽的學者,毋寧説他是在用"整理學術"的方式,試圖爲禮樂文化與王道政治尋找可思可行的理路。這是他自己,同時也是兩宋很多士人共同的精神理想。而鄭樵不僅僅要提出一個理想、一種思路,還要用自撰通史,自著表志的方式來貫徹這一理想。這大概是所有可能的方法中最艱難,也最不容易討好的一種,讓後人對他產生很多誤解,也讓我們今天的學者對他給予更深的敬意。

〔雷博,中國社會科學院古代史研究所助理研究員〕

---

[1]《通志二十略》,883—884頁。

自由市場存在嗎?

——從斯蒂文·沃格爾《市場治理術》說起

王 申

一

政府與市場在經濟活動中的關係,是經濟學者和歷史學者都十分關心的問題。至少從亞當·斯密(Adam Smith)提出"看不見的手"開始,所謂市場自身具有的調節能力日益被學者們重視。這一觀點甚至成爲了某些學派思考問題的出發點和他們提出的某些觀點的邏輯前提。基於自由市場的學術理論由此逐漸建構起來,政府的"干預"就理所當然地被視爲干擾市場運作的不利因素。

當然,自由市場的能力也被一些經濟學家懷疑,他們多認爲自由市場擁有固有的缺陷,有時無法很好地自我調節,此時可能需要政府采取手段加以調整。其中較有代表性者,當屬宏觀經濟學領域中最重要的學者之一約翰·梅納德·凱恩斯(John Maynard Keynes)。他在專著《就業、利息和貨幣通論》(*The General Theory of Employment, Interest, and Money*)中將充分就業視爲邏輯鏈條中重要的一環,認爲造成非自願失業的原因是有效需求不足,進而討論政府干預如何解决有效需求不足,從而解决失業問題。[1] 可以看到,凱恩斯雖然十分強調政府干預的積極作用,卻也還是將政府與市場視爲兩個相互獨立的概念。此後,無論贊成或反對,凱恩斯的理論都難以被宏觀經濟學研究者回避。

中央計劃經濟理論家和實踐者則試圖在二十世紀的經濟實踐中盡力取消

---

[1] 參見約翰·梅納德·凱恩斯《就業、利息和貨幣通論》(重譯本),高鴻業譯,商務印書館,1999年。

自由交易，並建立一個計劃式、指令式、科層式的經濟體制。這裏牽扯出一個非常複雜的概念問題：中央計劃經濟是否包含市場？要做出回應，首先需要參考浩繁的研究成果，從而界定"市場"這個概念的外延和內涵。本文無意在此討論"市場"概念。[1]但無論如何，即便認爲中央計劃經濟存在市場，這個市場也不同於今日人們所習見和廣爲討論的"市場經濟""自由市場"等概念中的市場，可以肯定。[2]因此，中央計劃經濟制度實質上也將政府與市場對立起來，力圖充分發揮前者的能量，盡量削弱甚至消滅後者。

如果說上述兩種觀點都立足於理論和當下，經濟人類學、經濟社會學學者的強項則在於時序分析。其中最具開創性和代表性的學者，則是匈牙利經濟學家卡爾·波蘭尼（Karl Polanyi）。他在代表作《巨變：當代政治與經濟的起源》(*The Great Transformation: The Political and Economic Origins of Our Time*)一書中指出工業化時代的現代市場體系不是自發產生的，需要通過政府來創造和維繫。經濟從屬政治、社會、宗教等關係中，用波蘭尼的經典術語"嵌入"(embedded，又譯"嵌含"）來表述的話則是經濟嵌入在社會之中。而市場也不是經濟活動的主要形式，人們交換的形式十分多樣。但伴隨工業革命的展開，現代市場體系在多種因素的促進下逐漸建立起來。一些自由主義學者極力強調市場的意義，指出市場擁有自我調節的功能，市場邏輯是經濟活動的最優邏輯。波蘭尼總結此類觀點，稱："這就是何以市場對經濟體制的控制會對社會整體產生決定性的影響，即視社會爲市場的附屬品，而將社會關係嵌含於經濟體制中，而非將經濟行爲嵌含在社會關係裏。"[3]換言之，這些自由主義學者試圖讓市場從社會關係"脫嵌"出來。而現實的情況也的確如此，不斷擴大的自由市場深刻地改變了原有的社會關係。只是波蘭尼本人并不認可自由市場是自發產生的，他在《巨變》一書中寫下了一句著名的論斷："自由放任絕非自然產生的；如果讓事物自然發展，絕不會產生自由市場。"[4]這句話暗示自由市場本身就是由法律、習俗、政策等構建出來的制度，《巨變》其他章節已有論證。那麽將政府與市場簡單區分開來，似乎就存在問題。

----

[1] 儘管沒有討論中央計劃經濟，最近關於市場問題較爲全面的概念和學術史梳理可參閱黃國信《市場如何形成：從清代食鹽走私的經驗事實出發》，北京師範大學出版社，2018年。

[2] 一些蘇聯經濟學者否認價值規律的作用，如索波里《國民經濟平衡表問題概述》，一禾、柳谷岡等譯，生活·讀書·新知三聯書店，1962年。然而即便承認價值規律，計劃和指令本身也往往充當價值規律破壞者的角色。這可能是在當時的條件下實施中央計劃經濟的痼疾。爲了盡量排除人爲影響，獲得經濟效率最大化，經濟數學方法逐漸在蘇聯興起，代表性研究如B. C.涅姆欽諾夫《經濟數學方法和模型》，烏家培、張守一譯，商務印書館，1980年。

[3] 卡爾·波蘭尼《巨變：當代政治與經濟的起源》，黃樹民譯，社會科學文獻出版社，2013年，129頁。

[4] 卡爾·波蘭尼《巨變：當代政治與經濟的起源》，250頁。

二

美國經濟學家斯蒂文·沃格爾(Steven K. Vogel)的新作《市場治理術：政府如何讓市場運作》是學界對於波蘭尼上述論斷的新回應之一。原書 *Marketcraft: How Governments Make Markets Work* 在2018年由牛津大學出版社出版，中文版由廈門大學法學院助理教授毛海棟先生翻譯。[1]我們很欣慰地看到國外高質量學術著作的翻譯、出版進程越來越快，使中文語境的讀者在閱讀這些學術作品時減少了"過時"的遺憾。

作者斯蒂文·沃格爾爲美國加利福尼亞大學伯克利分校政治學教授、政治經濟學項目主任，他專注於發達工業化國家，尤其是日本的政治經濟學研究。作者的另一個身份是《鄧小平時代》一書作者傅高義(Ezra F. Vogel)之子，中文名傅士文。儘管《鄧小平時代》更被國人熟知，但傅高義也是美國頗爲重要的日本問題專家。看來，對於日本經濟和社會狀況的研究是作者的"家學"。

從分析時段上看，本書接續了波蘭尼《巨變》的討論時段。後者聚焦前工業化社會向工業化社會轉型的時期，或者說市場逐漸成爲人類經濟活動中最主要形式的時期；本書則重點討論發達工業國家的市場治理模式，尤其關注發達工業國家如何向更具競爭力和更成熟的市場體系轉型。作者回應了一個在許多人看來可能是常識的論斷：若要邁向更爲自由的市場，必須放鬆政府的管制。但是，如果我們同意波蘭尼關於現代市場體系如何產生的觀點，本書作者的回應在邏輯上可能就是順理成章的。作者認爲："如果市場是一系列制度，那麽培育市場就需要建設制度而不是破壞制度。簡言之，經濟自由化并不是指將經濟從束縛中解放出來。"(9頁)本書的前兩章就圍繞這一邏輯起點闡述"市場治理術"的核心主張和主要內容。回到波蘭尼的術語，作者其實主張工業化之後的市場也沒有從社會中"脫嵌"，而依然需要在政治、法律、文化、習俗等因素的影響下逐漸完善。

作者最具有反思意義，可以令人反復咀嚼的觀點應當是反對政府、市場的簡單二分法。他首先替自由主義學者提出了一個觀點：即便沒有純粹的自由市場，我們仍然應該將其作爲理想和典範，作爲政策改革的目標(11頁)。但是，大

---

[1] 斯蒂文·K.沃格爾《市場治理術：政府如何讓市場運作》，毛海棟譯，北京大學出版社，2020年。下文引用該書時僅在正文中標注頁碼，不再單獨出注。

多數政策選擇並不是在政府和市場之間簡單選擇,而是關於如何治理市場。政策的數量、政策組合的方式,與市場自由化程度的高低很難直接對應。人們看不清某種政策究竟促進了還是減少了市場自由化程度。作者拋出了幾個例子,反壟斷政策從更加自由放任的方式向更加促進競爭的方式轉變,哪一種方式是更加市場化的呢?如果收緊版權規則,這是朝向自由市場的方向還是遠離的方向呢?恐怕在不同國家、不同政黨、不同文化中,我們會獲得截然不同的答案。如果以政府和自由市場相對立的視角來簡單衡量上述方案,真正合適的選擇恐怕難以得出。相反,減少國際貿易關稅,儘管被亞當·斯密和自由主義經濟學家視爲促進市場自由化的典型方式,可能才是少數容易被證實的案例。

簡單對立政府和自由市場,不僅模糊了政策選擇的合理性,更忽略了政府在市場之中起到的重要作用。作者援引查爾斯·林德布洛姆(Charles Edward Lindblom)的觀點,指出政府不僅僅是裁判,還是現代市場經濟中最大的消費者、雇主、放款人、借款人、保險人以及財產所有人(13頁)。因此,即使政府僅僅在內部做出某些調整、實施某些政策,也可能深刻地影響市場的運行。哪怕我們仍然堅持政府、市場的二分法,恐怕也不得不承認二者是你中有我、我中有你的關係。

第三、四章中分別討論美國和日本的市場經濟來支撐第一、二兩章中的觀點。在第三章中,作者從歷史的角度指出,美國是市場自由化程度最高的國家,但市場自由化是由世界上最爲嚴密的市場管制所打造的。如果沒有政府積極治理,美國的市場不可能擁有目前的自由化程度,甚至難以被構建起來。當然,自由主義的"幽靈"仍然徘徊在美國經濟政策制定者和管理者的腦海中。在作者看來,2008年金融危機的爆發,說明美國監管機構犯下了市場設計的根本錯誤(127頁)。監管者過於相信市場參與者解決問題和自我規制的能力,卻不料市場參與者利用規則的漏洞,和規則組合之間的縫隙牟利,最終釀成慘劇。這恰恰說明政府的治理不應減少,反而需要增加,並做得更正確。

在第四章對日本的討論中,作者指出日本經濟在經歷了1990年代以降的長期衰退后,許多學者和意見領袖指出日本經濟應該轉向美國式的自由市場模式。畢竟日本之前的經濟成功似乎違背了諸多關於自由市場的信條,例如政府有計劃地改變國家的產業結構。儘管在日本成功之時,所謂日本模式得到了很多讚揚,但在失敗時,日本模式又給了自由主義者絕佳的批評案例。那麽日本若要轉向美式自由市場,需要政府停止干預,讓自由市場茁壯成長嗎?作者給出了徹底的否定答案,他認爲日本政府必須做更多。它必須在市場模式轉型的過程中,建立相應的法律和規制,以支持更具競争力的資本市場、勞動力市場和產品市場(133—134頁)。作者總結日本轉型成效不佳的主要原因是政府試圖照搬美國經驗,複製出不適合日本環境的制度生態系統。日本應該更好地利用自己在官僚機構、强大的政府—產業紐帶,以及公司、銀行、工人之間的密切關係等方面的優勢,來推動轉型(197頁)。

不過在我看來,本章可能是全書問題最大的一章。原因主要在於我們從本章的討論中可以明確地看到,日本政府爲推動市場模式轉型付出了很大的努力,在積極地實施"市場治理術",只是努力的方向和具體的政策可能存在問題,導致效果不佳。日本政府沒有停止干預,相反正在努力地通過干預來調整政策,換言之我們無法得出在市場轉型的過程中,日本政府在爲市場"鬆綁"。畢竟正如作者在第一章中指出的,人們很難看清某種政策究竟促進了還是減少的市場自由化程度。因此,本章反而可能爲自由主義者提供了論據,即日本政府應該在轉軌的過程中徹底放棄干預。如果說第三章成功地佐證了作者的核心主張,本章則實質上沒有正面回應自由主義者的觀點。

第五章是補充性質的章節。本章討論了一些容易被混淆的概念,説明本書是如何使用這些概念的,並對由概念歧義生發出來的學術史略作梳理。由此堵上了可能會遭到輕率批評的漏洞。

三

必須指出,本書雖然提出了頗有價值的創見,卻也存在一些可以被更細緻地探討或商榷的內容。在上文的簡評之外,中外學界也有了一些評價。尤其如美國斯坦福大學社會學教授周雪光在爲本書所作的代序中所言,要注意到作者寫作本書的目的、語境、預期的讀者;注意到不同社會中政府角色性質的差異,以及由此造成干預實質的區别。另外,儘管作者已强調政府的治理術未必總是正確,而且市場是包括政府在內的諸多主體一起創造和設計出來的,周教授還是認爲需要正視政府作爲正式組織本身面臨有限理性甚至非理性的種種局限,本書在相關方面的討論十分不足(6—7頁)。我認爲,儘管某些用詞和觀點稍顯激進,本書的觀點或將引發相關領域研究者的精彩回應,周教授的評介無疑開了一個好頭。

作爲一名宋史研究者,我總是會嘗試把考察當代問題的社會科學研究"爲我所用"。誠然,歷史研究與當代問題研究的考察對象不同,使用的方法也不盡相同,雖不能簡單套用後者的具體觀點,但可用於視角反思的提示可能實際存在。

就本書而言,顯而易見作者試圖延續波蘭尼"嵌入"觀點,且集中體現於本書的核心主張:市場是被創造出來的(9頁)。如果我們接受這一觀點,也許可以形成一個很有意思的推論:即使市場好像真的從社會中"脫嵌",也應該是人為設計的結果。又由於市場是一種制度,或若干種制度的集合,需要人設計大量配套的制度"基礎設施"去維護,所謂的"脫嵌"從本質上看其實是不存在的。因此,市場的"脫嵌"只是決策者有意強調市場機制在資源分配中的作用,進而讓它成為社會中最重要的制度,讓市場關係成為社會中最重要的關係而已。[1]

以此為切入點思考宋代經濟史,可能會產生一些新的火花。我們提到中國傳統時期的經濟,首先冒出來的兩個標誌性詞彙或許是"重農抑商"和"自給自足的小農經濟"。被二者描述的歷史進程可以延續到明代中後期,此後"資本主義萌芽"出現,中國經濟逐漸發展到了另一個階段。即便"資本主義萌芽"説越來越鮮見於新研究中,傳統經濟在明中後期以降出現的某些新變化、新發展仍然受到了中外學者的極大關注。[2] 而在此前的經濟中,宋代經濟多被認為是異類。一種經典且廣為人知的觀點是宋代經濟發展到了相當高的程度,但發展進程不幸被北方民族政權打斷。不過,宋代在農業生產上的發展固然被研究者所知,然較前代進步的程度卻也遭到學者質疑。[3]

另一方面,高度繁榮的商業被認為是體現宋代經濟發展程度的重要標誌,具體表現為海外貿易繁榮、商稅高額、銅錢和紙幣廣汎使用、商業和商人獲得重視,等等。然而這些重要標誌大多遭到了學界有分量的質疑。蒙文通根據熙寧十年(1077)商稅數指出:商稅額高的都市一般都是政治中心;在被認為是商業流通要道的長江沿綫上,沿江城市的商稅額没有明顯高於國内其他地區。這反映出宋代的大城市幾乎都不是因經濟發展而興起的,又説明當時不存在全國範圍内的商品大流動。商稅的多少無法反映商品經濟的發展程度。[4] 如果説蒙

---

[1] 在此基礎上,我們或許可以繼續討論馬克思的"異化"理論和制度經濟學的某些觀點。
[2] 當然也有很多研究指出這些所謂的新變化、新發展其實沒有脫離傳統,不具有現代化的特徵。但總之,明清經濟發展形態長期以來是中國經濟史研究的重點。
[3] 如李伯重《"選精""集粹"與"宋代江南農業革命"——對傳統經濟史研究方法的檢討》,《中國社會科學》2000年第1期,177—192頁。
[4] 蒙文通《從宋代的商稅和城市看中國封建社會的自然經濟》,《歷史研究》1961年第4期,45—52頁。

文通考察的長江流域側重於東西向的商品流通,宮澤知之則把討論商稅和貨幣流通的重點放在南北向。他指出北宋商稅在慶曆—嘉祐年間大幅縮水主要是由西北鹽法的改變造成的,這表示大部分商業活動是通過國家財政物資流通組織起來的。而北宋銅錢大量流通也不是商品經濟自然發展的結果,王安石通過青苗法、免役法等新法措施,使得銅錢在全國範圍内,在國家財政與鄉村基層社會之間循環流動起來。[1] 包偉民提出宋代紙幣不是信用關係發展的成果,主要是因金屬幣材不足出現的替代性通貨。[2] 郭正忠在計算南宋市舶收入和國家財政收入後指出,南宋海外貿易收入大概僅占國家財政收入的 1%—2%。[3] 因此,上述重要標志是否正確,或退一步說,能在多大程度上反映宋代史實,就值得仔細檢討了。

對於宋代經濟史的上述反思也得到了一些梳理整個中國古代經濟狀況的研究的呼應。足立啓二認爲,中國前近代國家是主權集中的專制國家,國家以貨幣、勞動力等爲工具,通過財政體系組織、分配社會資源。[4] 劉志偉近年來提出"食貨國家"體制概念,認爲在賦役等"食"的範疇之外,包括市場、流通、交易在内的"貨",也是傳統國家貢賦體系的重要組成部分。[5] 這説明市場、流通、交易等傳統意義上屬於社會經濟的内容並非被國家財政"借助",而在本質上也屬於國家財政的一部分。這就和本書作者的觀點不謀而合,不應把政府和市場簡單地對立。

那麽屬於國家財政的那部分市場,就可以認爲是被國家精心設計的。在宋代的代表,就是前引宮澤知之所描述的那種被國家財政物資流通需求組織起來的市場。[6] 但很顯然市場還有看起來没有被國家財政包括在内的部分,比如一定區域内的小規模物資流通,基層零散的生存資料交易即所謂"米鹽之市"。這部分交易似乎和國家財政没有太多關係,屬於民間自發。因此包括我在内的不少研究者,會把兩種市場大致區分開,分别叫做國家財政組織的市場和民間自發的市場。至少對宋史研究者來説,由於許多明顯的經濟活動已被歸入國家

---

[1] 宫澤知之《北宋の財政と貨幣經濟》,《宋代中國の國家と經濟—財政・市場・貨幣—》,創文社,1998年,33—90頁。
[2] 包偉民《試論宋代紙幣的性質及其歷史地位》,《中國經濟史研究》1995年第3期,21—29頁。
[3] 郭正忠《兩宋城鄉商品貨幣經濟考略》,經濟管理出版社,1997年,389—405頁。
[4] 足立啓二《專制國家と財政・貨幣》,中國史研究會編《中國專制國家と社會統合——中國史像の再構成Ⅱ》,文理閣,1990年,119—146頁。
[5] 劉志偉《王朝貢賦體系與經濟史》,林文勳、黄純艷主編《中國經濟史研究的理論與方法》,中國社會科學出版社,2017年,441—463頁。
[6] 關於宋代國家設計、調整西北鹽業市場的具體方案,可參閲王申《論范祥鈔鹽法的設計邏輯與實施效果——以鹽鈔銷售環節爲核心》,《中國經濟史研究》2017年第1期,137—144頁。

财政組織的市場中,可用於研究民間自發的市場的史料大多零散、細碎且未必準確,給研究造成了很大困擾。問題是,所謂民間自發的市場才真正貼近人們日常生活,也是不容忽視的考察對象,但因史料不足,研究者可能只能利用明清、近代的史料與研究去感受和想象宋代的狀況。

史料不足既給研究者造成了困難,又帶來了想象的空間。回到本書的思路上來,我們可以進一步提問:宋代民間自發的市場,真的是民間自發的嗎?首先,這些市場當然受到社會習俗、宗教、文化觀念、慣例等因素的制約和塑造;其次,國家真的缺位嗎?舉例而言,王安石變法大量鑄造、發行銅錢,南宋朝廷大量印發紙幣,都逐漸使官方發行的貨幣滲透到基層民間市場,銅錢、紙幣在一定程度上成爲民衆重要的手交貨幣,從而壓縮了物物交換和糧食、布帛等實物貨幣的流通空間。因爲糧食、布帛是民衆自己的產品,而銅錢、紙幣爲國家通過強制力發行的貨幣,二者流通量的消長,是否表示國家的力量逐漸滲透並改變了民間基層市場,國家的經濟意志甚至其他方面的想法可能通過貨幣間接地傳導至每一個人身上呢?類似的思考方向還有很多,尤其是關於基層民間市場究竟如何產生這一關鍵問題,更應該另闢蹊徑,將更多因素納入考慮範圍中。

筆者清楚從完全的社會經濟自然發展論倒向國家主導論,似乎是從一個極端轉移到了另一個極端,一定會受到批評。不過正像作者爲不那麼熟悉"市場是精心設計出來的"這一觀點的美國讀者寫作此書(中譯本序,1頁),要跳脫某種慣常的解釋邏輯和研究視角,恐怕需要狠踩一腳油門。

〔王申,中國社會科學院古代史研究所助理研究員〕

"利之所在,害亦從生":試論宋代乳香貿易的財政意義及影響

年慧龍

宋元時期往往被認爲是中國古代海上自由貿易的時代,宋代市舶司的設立、海上貿易的繁榮也成爲學界長期關注和研究的課題。1914 年,日本學者桑原騭藏搜集有關中國福建的研究資料時,發現十三世紀居住在泉州的蒲壽庚當爲阿拉伯人。經過他一番詳實考訂,十二至十三世紀中國繁榮的海外貿易漸爲學人所熟知。[1]中國學者以 1975 年泉州灣出土宋代海船爲契機,合作撰寫了《宋元時期的海外貿易》,這成爲國內學界該領域第一部全面、系統、翔實的學術著作。[2]美國學者賈志揚(John W. Chaffee)認爲:"五代時期南方各政權以及宋代所進行的海外貿易跟唐代頗不同。政府開始採取鼓勵貿易的政策,貿易的規模也大得多,交易商品種類更豐富,參與者更多。"[3]黄純艷則明確指出:"宋代完成了對外貿易重心由西北陸路向東南海路的轉移。"宋代朝貢貿易不同於漢唐時期重"禮"的一面,而是以貿易爲基礎。[4]總之,對宋代海外貿易發展的高度評價已基本成爲學界共識。

雖然,經郭正忠細緻梳理與考證,南宋市舶收入占國家財政歲入比重從來不曾達到 3%,僅在 1%—2% 之間擺動。[5]但是,從北宋神宗朝開始,宋廷已經意識到"東南利國之大,舶商亦居其一","籠海商得術"漸漸成爲當時宋廷"富

---

[1] [日]桑原騭藏著,陳裕箐譯訂《蒲壽庚考》,中華書局,2009 年。
[2] 陳高華、吳泰《宋元時期的海外貿易》,天津人民出版社,1981 年。
[3] [美]賈志揚著,胡永光譯《宋代與東亞的多國體系及貿易世界》,《北京大學學報》(哲學社會科學版)2009 年第 2 期,102 頁。
[4] 黄純艷《宋代朝貢體系研究》,商務印書館,2014 年,448、456—457 頁。
[5] 郭正忠《兩宋城鄉商品貨幣經濟考略》第六章《兩宋財制與貨幣歲收》,經濟管理出版社,1997 年,389—405 頁。

國"戰略的一環。[1]南宋紹興年間,宋高宗針對蕃商蒲亞里留居廣州不歸之事,對臣僚説:"市舶之利最厚,若措置合宜,所得動以萬計,豈不勝取之於民?朕所以留意於此,庶幾可以少寬民力耳。"[2]在宋廷看來,與直接增收"取之於民"的二税相比,從海外貿易所得似乎可以在不增加民衆負擔的基礎上,助益國家財政。

乳香是宋代市舶貿易中的大宗商品。有學者指出,唐宋兩代朝貢貿易進口的主要香料有一個從沉香到乳香轉變的過程,宋代乳香市場的形成與當時乳香的市場價格、醫藥價值、阿拉伯醫藥文化輸入、宗教信仰活動、周邊朝貢國家貿易頻繁等因素有關。[3]作爲一種主要產自阿拉伯半島南端阿曼的香料,乳香很可能在公元前5世紀已傳到中國,並對中國熏爐文化產生重要影響;在古代,乳香因產量有限、便於攜帶,在紅海貿易中還一度起到等價物的作用。[4]曾管理福建泉州市舶司的葉庭珪和趙汝适(1170—1231),都詳細介紹過乳香的產地、性狀、等級類别等。趙汝适在《諸蕃志》中記載稱:

> 乳香一名薰陸香,出大食之麻囉拔、施曷、奴發三國深山窮谷中。其樹大概類榕,以斧斫株,脂溢於外,結而成香,聚而成塊。以象輦之至於大食,大食以舟載易他貨於三佛齊,故香常聚於三佛齊。番商貿易至,舶司視香之多少爲殿最。[5]

《諸蕃志》所載乳香的三個產地,今屬阿曼境内;三佛齊即今印度尼西亞西部蘇門答臘島的占碑。[6]我們從中可以看到一條乳香貿易流動的綫路:即先由阿拉伯半島東南部的土著在深山僻谷中採集乳香(實際是一種"樹脂",葉庭珪認爲"其樹類松"[7]),然後由大象輦運至港口,再裝船運至三佛齊囤積,最後由蕃商從東南亞的蘇門答臘島輸送至當時宋廷設立市舶司的口岸。[8]

---

[1] 楊仲良編《皇宋通鑑長編紀事本末》卷六六《神宗皇帝·三司條例司》,熙寧二年九月丙子,江蘇古籍出版社影印宛委别藏本,1988年,2135—2136頁。按,此爲神宗手詔時任東南六路發運使薛向之言。

[2] 李心傳撰,胡坤點校《建炎以來繫年要錄》(以下簡稱《要錄》)卷一一六紹興七年閏十月辛酉,中華書局,2013年,2158頁。

[3] 詳參溫翠芳《從沉香到乳香——唐宋兩代朝貢貿易中進口的主要香藥之變遷研究》,《西南大學學報》(社會科學版)2015年第5期,196—204頁。

[4] 詳參王小甫《香絲之路:阿曼與中國的早期交流——兼答對"絲綢之路"的質疑》,《清華大學學報》(哲學社會科學版)2020年第4期,2、13頁。

[5] 趙汝适撰,楊博文校釋《諸蕃志校釋》卷下《志物·乳香》,中華書局,2008年,163頁。

[6] 楊博文校釋《諸蕃志校釋》,164頁;王陽《乳香之路:對絲綢之路的另一種認知》,《社會科學戰綫》2015年第7期,105頁。

[7] 虞載編撰《古今合璧事類備要·外集》卷四一《香附香爐》引葉庭珪《香譜·乳香》,北京圖書館出版社影宋刻本,2006年,5葉A。

[8] 北宋時期,先後設立市舶司有廣南東路(廣州)、兩浙路(杭州、明州、溫州等地)、福建路(泉州)以及京東東路(密州)。南宋時期,除位於山東半島的密州不在版圖内,其他市舶司都有所延續,廣州、泉州與明州三處市舶司地位較高。

有宋一代，乳香自始至終都被官方視爲重要的禁榷物，其財政方面的意義與影響有一個逐漸加強的過程，不少研究者已注意到這一歷史現象。林天蔚通過梳理香藥的價格變動、出售量以及香藥貿易收入佔歲入比重來揭示這一過程。[1] 吴泰則指出市舶貿易品（尤其是香藥）可以品搭茶鹽、布帛、銀錢等物作爲和糴之本、軍費支出等，進而彌補財用。[2] 黄純艷梳理了市舶貿易品在市糴、收兑會子方面的作用，總結稱：“宋代市舶收入雖然有限，但是宋政府從海外貿易中的得利途徑是多樣的，海外貿易在宋代財政上的影響仍不可忽略。”[3] 日本學者土肥祐子圍繞《中書備對》《慶元條法事類》等宋代文獻中有關乳香的記載，詳細考訂熙寧十年廣州市舶司乳香貿易量和各等級香藥的價格，並結合王安石變法的背景，説明乳香對市易務融資的積極作用；此外，她還指出主管市舶司官員的黜陟也與乳香密切相關，説明"舶司視香之多少爲殿最"爲不刊之論。[4]

　　雖然以上研究已分梳不少乳香貿易對宋廷財政影響的史事，但像土肥祐子將乳香貿易與宋廷財政改革結合的研究思路仍屬少見，乳香作爲禁榷物嵌入國家財政運作的過程仍有進一步討論的空間。宋廷南渡後，中央財政更加倚賴專賣收入，這種財政結構的變化對乳香貿易又有怎樣的影響？此外，李心傳（1167—1244）在總結"市舶本息"時言：“然所謂乳香者，户部常以分數下諸路鬻之。郴州，當湖、湘窮處，程限頗急，宜章吏黄谷、射士李金數以此事受笞，不堪命。乾道元年春，因嘯聚峒民作亂，遂陷桂陽軍。上命劉恭甫爲帥，調鄂州兵討平之。蓋利之所在，害亦從生，此可爲理財者之戒。”[5] 這説明乳香作爲禁榷物對宋廷財政補益愈發重要的同時，在社會層面也引發不小波動，而這也是前賢多未措意之處。[6] 筆者不揣淺陋，擬從財政調撥的角度出發，重新梳理宋代乳香作爲禁榷物嵌入國家財政運作的過程，並著意於"官—商—民"三者互動，以期揭示乳香對宋代經濟與社會更深層面的影響。

----

〔1〕林天蔚《宋代香藥貿易史》，中國文化大學出版社，1986年，330—344頁。
〔2〕陳高華、吴泰《宋元時期的海外貿易》，182—187頁。
〔3〕黄純艷《宋代海外貿易》，社會科學文獻出版社，2003年，176—179頁。
〔4〕詳見〔日〕土肥祐子《乳香考（一）——『中書備対』の記述について》，《乳香考（二）——『慶元條法事類』と乳香の用途》，俱收入氏著《宋代南海貿易史の研究》，汲古書院，2017年，205—221、223—250頁；《乳香考（二）》中文節譯可參汪瀟晨譯《海外貿易品"乳香"考—〈慶元條法事類〉與乳香的用途》，沈翔、何忠禮主編《第三屆中國南宋史國際學術研討會論文集（上）》，浙江大學出版社，2017年，169—180頁。
〔5〕李心傳撰，徐規點校《建炎以來朝野雜記》（以下簡稱《朝野雜記》）甲集卷一五《財賦二·市舶司本息》，中華書局，2000年，330頁。
〔6〕本文草就於2017年6月，今得知有土肥祐子《乳香考——李金の亂（1165年）と科買》[《南島史學》第85號（2017年11月），13—26頁]一文，惜未得見。

一、從禁榷到市場：北宋乳香交易與國家財政

有學者認爲"宋代平民消費力量的興起推動了乳香貿易的活躍"。[1] 如果單從乳香的藥用價值和民間宗教信仰使用來看，似乎切中肯綮。但此論斷無疑忽略了宋廷國家的禁榷政策和官方力量。

宋太祖平定南漢、南唐後，割據漳、泉二州的陳洪進和偏安吴越的錢俶都曾向汴京入貢乳香萬斤以上，[2] 二人所得無疑來自海外貿易。錢俶所進主要是"以助郊祭"，[3] 顯然與民間市場力量無關。有宋一代，宮廷祭祀、賞賜等活動會消耗大量乳香。太宗至道年間（995—997），任荆湖路轉運使的高紳因見南嶽天王廟未有"晨薦之香"，遂申請"南嶽諸殿逐日共破乳香一兩"，其他四嶽亦有賜香；真宗咸平末，高氏知華州，點檢西嶽嶽廟所焚之香，"全然闕少，奏復添之"。[4] 仁宗天聖五年（1027），位於鞏、洛之間永安縣永定陵青龍山的浄惠羅漢院，"每季賜乳香四十四兩半，充逐日供燒具"。[5] 天聖初，章獻太后劉氏因個人信仰，特遣内臣楊懷吉到杭州拜謁天台宗高僧慈雲（964—1032），並"賜之乳香"。[6] 北宋皇帝過世後的週年忌（小祥忌），會賜到相國寺行香官員每人二斤乳香。[7] 徽宗朝政和七年（1117）後，"神霄宫事起"，"群道士無賴，官吏無敢少忤其意。月給幣帛、硃砂、紙筆、沉香、乳香之類，不可數計，隨欲隨給"。[8] 南宋時期，皇帝聖節道場祭祀，會給皇子、中央官僚分賜乳香，

---

[1] 温翠芳《從沉香到乳香——唐宋兩代朝貢貿易中進口的主要香藥之變遷研究》，《西南大學學報》（社會科學版）2015年第5期，201頁。
[2] 《宋史》卷一《太祖一》，中華書局，1985年，16頁，《宋史》卷四八三《世家六·陳氏·陳洪進傳》，13961頁；《宋史》卷三《太祖三》，46頁。
[3] 《宋史》卷四八〇《世家三·吴越錢氏·錢俶傳》，13900頁。
[4] 詳見韓見素《敕賜西嶽乳香記》，王昶編著《金石萃編》卷一二六《宋四》，《石刻史料新編》第1輯第3册，（臺北）新文豐出版社，1982年，2342頁上B—下A。
[5] 《大宋新修浄惠羅漢院碑》，民國《鞏縣志》卷一八《金石三》，《中國地方志集成·河南府縣志輯》第10册，上海書店出版社，2013年影印，383頁下B—384頁上A。
[6] 釋契嵩撰，紀雪娟點校《鐔津文集》卷一八《碑記銘表辭·杭州武林天竺寺故大法師慈雲式公行業曲記》，西南師範大學出版社，2016年，403頁。
[7] 真宗、神宗皇帝小祥日，都有明確賜乳香的記載，有云"樞密使已下、副指揮使已上，並赴相國寺行香，依太宗小祥日例，賜乳香二斤"，說明至少從太宗之例即爲定制，詳見《宋會要輯稿·禮》二九之三二、六六，天聖元年正月十五日、元祐元年二月二十九日，1336頁下、1358頁下；天聖二年正月二十五日，經太常禮院奏請，以後大祥日行香禮亦同小祥例（《宋會要輯稿·禮》二九之三五，1338頁上一下）。
[8] 《宋史》卷二一《徽宗三》，398頁；陸游撰，李劍雄、劉德權點校《老學庵筆記》卷二，中華書局，1979年，27頁。

"用助薰修"。[1]

宫廷祭祀與賞賜等活動,無疑使乳香成爲一種消耗國家財政的奢侈品。正因爲這種奢侈品的形象,使得宋廷對於乳香有時表現出排斥的姿態。元豐初,西域于闐國在熙州向宋廷進貢時,除驢、馬外,"乳香以無用不許進奉"。[2] 建炎四年(1130),宋廷正處於兵革擾攘之際,大食入貢至熙州,高宗本欲下詔"津遣赴行在",但時任右正言呂祉(1092—1137)認爲"所獻真珠、犀牙、乳香、龍涎、珊瑚、梔子、玻璃,非服食、器用之物,不當受",高宗順勢一番表演,誠喻大臣言:"捐數十萬緡,易無用珠玉,曷若愛惜其財以養戰士",但仍對入貢之人"加賜遣之"。[3] 事實上,從北宋前期起,乳香卻一步步地被納入國家財政體系,扮演起了越來越重要的角色。

下文稍梳理一下其中過程。

《宋會要輯稿·食貨》五五之二二載:

> 太平興國中,以克平嶺南,及交趾、海南諸國連歲入貢,通關市,商人歲乘舶販易外國物,自三佛齊、勃泥、占城,犀、象、香藥、珍異之物充盈府庫,始議於京師置香藥榷易院,增香藥之直,聽商人市之。命張遜爲香藥庫使以主之,歲得錢五十萬貫。[4]

宋太祖開寶四年(971)平嶺南,至太宗即位,有五年左右。此時據有漳、泉二州的陳洪進和兩浙之地的錢俶尚未獻土納降,但由廣州一地入貢的外國物,已使府庫充盈。宋廷也未有嚴密的禁榷政策。太平興國二年(977)三月,在香藥庫使張遜的建議下,"大出官庫香藥、寶貨,稍增其價,許商人入金帛買之,歲可得錢五十萬貫,以濟國用,使外國物有所泄"。[5] 與此同時,宋廷爲壟斷香

---

[1] 見於文獻記載的有高宗天申節、孝宗會慶節、寧宗瑞慶節、理宗天基節,詳參周必大《玉堂類稿》卷一一《敕·賜三省官滿散會慶節道場乳香》,王蓉貴、[日]白井順點校《周必大全集》(二),四川大學出版社,2017年,1042頁上—1045頁下;崔敦詩《崔舍人玉堂類稿》卷一三《口宣》、卷一四《口宣》、卷一五《口宣》、卷一六《口宣敕書附》,《叢書集成》初編本,中華書局,1985年,102、110—111、119、120—121、126、131、137—138頁;樓鑰撰,顧大朋點校《樓鑰集》卷四一《内制·瑞慶節滿散道場賜乳香口宣》,浙江古籍出版社,2010年,747—748頁;劉克莊著,辛更儒箋校《劉克莊集箋校》卷五九《内制·口宣十六首·賜天基聖節道場乳香四道、賜尚書省滿散天基聖節道場乳香》,中華書局,2011年,2834—2835頁。

[2] 李燾撰,上海師範大學古籍整理研究所、華東師範大學古籍整理研究所點校《續資治通鑑長編》(以下簡稱《長編》)卷二九五元豐元年十二月乙丑,中華書局,2004年,7190頁。

[3] 《要錄》卷三二建炎四年三月己酉,732—733頁。

[4] 徐松輯,劉琳、刁忠民、舒大剛、尹波等點校《宋會要輯稿·食貨》五五之二二,上海古籍出版社,2014年,7263頁下。標點有改動。

[5] 《長編》卷一八太平興國二年三月壬申附,401頁。

藥、犀牙的利益,下詔"禁買廣南、占城、三佛齊、大食國、交州、泉州、兩浙及諸蕃國所出香藥、犀牙",並制定相應的處罰條例。[1]香藥榷易院歲入所得金帛,當入內藏庫,以待非常之用。[2]

太平興國七年(982)閏十二月,由於"在京及諸州府人民或少藥物食用",除"珠貝、瑇瑁、牙犀、賓鐵、鼊皮、珊瑚、瑪瑙、乳香"等八物於"廣南,漳、泉等州舶船上"禁榷外,龍腦、沉香、檀香等三十七種藥物,在官方買賣之餘,放行通商。[3]乳香作爲禁榷物的法令在社會層面得到有效落實。哲宗元祐初,陳侗(1024—1088)知陝州,時"潼關關出入商旅……商人以神事藏乳香一兩者,吏論以爲犯禁,没其資財且百萬",雖然最後此吏因緣爲奸,受到陳侗處罰,但其以乳香"犯禁",在當時是有法條依據的。[4]應該説,在宋廷嚴密的禁榷政策下,乳香的市場價值在很大程度上受到政府的影響。

太宗晚年,有詔"榷貨務博賣香藥收錢帛,每月收十次送納"。[5]真宗即位後,香藥庫所儲犀牙、香藥漸有在京榷貨務博賣的趨勢。大中祥符二年(1009)二月,"詔香藥榷易院自今併入榷貨務,一處勾當"。[6]真宗朝香藥的博賣,開始與備邊産生聯繫。

《宋會要輯稿·食貨》三六之五載:

> 〔景德二年〕三月二十四日,三司言:"請令河北轉運司,有輸蒭入官者,准便糴粟麥例,給八分緡錢,二分象牙、香藥。其廣信、安肅、北平粟麥,悉以香藥博糴。"時邊城頗乏兵食,有司請下轉運司經度之。帝曰:"戎人出境,民初復業,若責成外計,不免役兵飛輓,何以堪之?"因命祠部郎中樂和乘驛與轉運使同爲規畫。還,奏請以香藥博買,遂從其議,出內帑者香藥二十萬貫往彼供給。[7]

澶淵之盟剛剛訂立不久,宋廷在邊備方面仍處謹慎狀態。時大名府出現饑荒,"邊城頗乏兵食"。[8]三司命河北轉運司以"八分緡錢,二分象牙、香藥"爲

---

[1] 詳見《宋會要輯稿·食貨》三六之一至二,6785頁上—6786頁上。
[2] 雖未見有文獻明確記載,但從太宗時期内藏庫的地位逐漸凸顯,見《宋史》卷一七九《食貨下一》,4369—4370頁;林天蔚認爲"出售香藥後,其獲益本來也是屬於皇室"(《宋代香藥貿易史》,247頁)。
[3] 《宋會要輯稿》職官四四之二,4203頁下—4204頁上;《宋會要輯稿·職官》四四之一,4203頁上。
[4] 劉攽撰,逯銘昕點校《彭城集·補編》之《墓誌銘·故朝奉大夫權知陝州軍府事陳君墓誌銘》,齊魯書社,2018年,1070—1071頁。
[5] 《宋會要輯稿·食貨》五五之二二,至道二年十一月,7263頁下。
[6] 《宋會要輯稿·食貨》五五之二三,7264頁上。
[7] 《宋會要輯稿·食貨》三六之五,6787頁下。標點有改動。
[8] 《長編》卷五九景德二年三月壬申,1326頁。

本錢,向商人購買草料,而在沿邊廣信軍、安肅軍和定州的北平縣,則專以香藥作爲糴買粟麥之本。象牙、香藥皆爲內帑之財,符合真宗不"責成外計"的要求。那麼如何避免"役兵飛輓"？所謂"役兵飛輓",即指差派士兵遠程運輸,在當地博糴糧草可解決此問題,但象牙、香藥又該如何運往邊地？實際上,"出內帑者香藥二十萬貫"說明當時並沒有把香藥運往邊地。一般而言,宋廷都是以"斤"作爲象牙、香藥的計量單位,此處"二十萬貫"當指作爲請買香藥的憑證"交引"的總價值。景德三年五月,香藥榷易院即有上奏:"所賣第一等香,每斤元估錢四貫文,如入交引,即五千,今又令每斤增價百錢。"即當時第一等香料每斤估價4貫,相應的交引則值5貫;真宗針對香料增價不易售賣一事,對王欽若說:"〔比〕來禁榷,不許私販,有司累曾定價,所貴通商。況享神之外,別無所用。可令依舊,勿復增價。"[1]香藥榷易院併入在京榷貨務,榷貨務開始承擔香藥專賣和交引兌換功能。大中祥符七年五月二十七日,有詔:"應入中交引請乳香者,元保鋪户引客於監務處,當面支給。"[2]入中商人持交引兌換乳香時,需原來出售給這些商人交引的鋪户作爲擔保人,帶他們到榷貨務換易乳香。客商在河北州軍入納糧草,到汴京兌換茶貨、香藥、象牙之事,貫穿於真宗朝中後期;仁宗即位後,爲解決榷貨務官賣虧空問題,調整客商入納見錢筭請香藥、象牙的比例,並要求"榷貨務分明出給公據交付,及一面關牒商稅院,候客人將出外處破貨,即據數收納稅錢,出給公引放行"。[3]

仁宗朝中期,再次出現榷貨務年額虧空。爲此,三司"乞從京支乳香赴京東等路,委轉運司均分於部下州軍出賣"。[4]一方面,這說明客商入中糧草筭請乳香數量有限;另一方面,宋廷府庫積壓不少乳香。從實際出賣效果來看,不免對社會造成一定擾動。慶曆元年(1041),方偕(992—1055)任體量安撫使,到江南東路視察,時任江南東路轉運使王隨"第民產高下,給以乳香,令其輸絹",但"民輸之絹,而吏奪其香,率空手去"。[5]元豐末,呂公著(1018—1089)知揚州時,不顧"符檄督迫",避免"乳香萬斤配賣郡中"。[6]總之,宋人當時已經意識

---

〔1〕《宋會要輯稿·食貨》三六之八,6789頁上。
〔2〕《宋會要輯稿·食貨》五五之二三至二四,7264頁下。
〔3〕《宋會要輯稿·食貨》三六之一七至一八,6794頁上下。
〔4〕《宋會要輯稿·食貨》三六之二八,康定元年二月二十一日,6800頁上。
〔5〕蔡襄著,徐烽等編,吳以寧點校《蔡襄集·宋端明殿學士蔡忠惠公文集》卷三七《神道碑·光禄少卿方公神道碑》,上海古籍出版社,1996年,672頁;《長編》卷一三〇慶曆元年正月壬戌,3083頁;《長編》卷一三二慶曆元年七月己未,3151頁。
〔6〕朱熹輯《三朝名臣言行録》卷八之一《丞相申國吕正獻公》引《吕公著家傳》,王雲五主編《四部叢刊正編》第15冊,臺灣商務印書館,1979年影印,384頁上A;萬曆《揚州府志》卷九《秩官志中·漢晉以來秩官列傳》,《中國地方志集成·善本方志輯》第1編第47冊,鳳凰出版社,2014年影印,453頁上B—下A;《長編》卷三四一元豐六年十一月乙未,8200頁;《長編》卷三五四元豐八年四月丁丑,8476頁。

到類似茶、鹽、香藥這樣的產品，在國家禁榷政策下可以帶來豐厚的利潤，但"民所資有限""民間既積壓不售，價日益損，而公私兩失之"。[1]

神宗、哲宗兩朝仍然承繼自太宗以來的乳香禁榷政策。熙寧五年(1072)七月，在京榷貨務爲市易西務下界，同年三月所設在京市易務爲市易東務上界。[2]作爲"收天下之貨自作經營"的市易務，在地方亦有設立。熙寧七年，時任京東路轉運判官的王子淵，因"海舶多私販乳香"，遂於密州置市易務，借官錢賤價購買。[3]雖然王子淵因此事而貶，但之後在范鍔兩次請求下，宋廷最終於密州板橋鎮設市舶司。[4]元豐五年新官制推行，諸寺監之一的太府寺"始正職掌"，"掌財貨給納、貿易之事。凡貨賄輸京都者，至則別而受之。供君之用及待邊費，則歸於內藏；供國之用及待經費，則歸於左藏"。[5]分八案，所隸二十四司，其中有：掌"蕃貢、市舶香藥、寶石"的香藥庫；平准百貨的市易上界；入中糧草等事的市易下界(原在京榷貨務)。[6]作爲執行在京具體事務性工作的機構，其政令則由尚書省六部統合。元豐六年六月，戶部上言："乳香民間所用，乞依舊條給長引，許商販。"得到批准。[7]乳香長引之法已不可細考，但參考宋廷有"長引茶許往路分"的規定，[8]或可推測取得乳香長引的商人，可將乳香運往各路自由販賣，不受禁榷政策的限制，從此也可看出宋廷在有意識地擴大乳香銷售市場。元祐二年，戶部取得奏辟香藥庫官員的權力。[9]

綜括言之，在太宗朝，香藥榷易院設立之初本是補益內藏收入以備不時之須。真宗景德年間，香藥交易開始與河北沿邊軍糧入中政策相勾連。這種趨勢在仁宗中期宋廷應對西夏戰爭時更爲顯見。到神宗時，宋廷雖也有拓邊西北的軍事行動，但更重要的是通過中央官制整合，尚書省總領下的太府寺成爲"香藥最高的管理機構"。[10]主管國家財政事務的戶部，自然可以在相應制度下，調用太府寺下轄諸司庫務資源。哲宗元祐五年，經戶部建議，宋廷通過"加饒"(官

---

[1] 皇祐初，時知定州韓琦與河北都轉運司分析河北沿邊州軍入中糧草之事時所言，見《宋會要輯稿·食貨》三六之二九至三〇，6800頁下—6801頁上；《長編》卷一七〇皇祐三年二月己亥，4079—4080頁。
[2] 《長編》卷二三一熙寧五年三月丙午，5622頁；《長編》卷二三五熙寧五年七月壬午，5696頁。
[3] 《長編》卷二五五熙寧七年八月癸酉，6233—6234頁；李燾注引《龍川略志》見蘇轍撰，俞宗憲點校《龍川略志》卷五《王子淵爲轉運以賤價收私販乳香》，中華書局，1982年，27—28頁。
[4] 詳見《長編》卷三四一元豐六年十一月戊午，8199—8200頁；《長編》卷四〇九元祐三年三月乙丑，9956—9957頁。
[5] 《宋會要輯稿·職官》二七之二引《神宗正史·職官志》，3709頁下—3710頁上。
[6] 此據《哲宗正史·職官志》，當承襲元豐之制，見《宋會要輯稿·職官》二七之二至三引，3710頁上—下；"八案"說見龔延明《宋史職官志補正》五《太府寺》，中華書局，2009年，310—311頁。
[7] 《長編》卷三三五，元豐六年六月戊申，8075頁。
[8] 據紹興元年三月十二日任點所言，見《宋會要輯稿·食貨》三二之二四，6710頁上。
[9] 《宋會要輯稿·職官》二七之一四，元祐二年三月六日，3717頁下。
[10] 林天蔚有系統梳理宋代香藥儲銷機構，但相對靜態，詳參《宋代香藥貿易史》，247—265頁。

方給商人的一種額外補貼)的形式,招誘商人到河北、陝西、河東三路入納見錢並給予相應鈔引,汴京所藏乳香等物成爲抵换之物。[1] 此時乳香除了供給前揭宫廷祭祀與賞賜等活動外,已然成爲一種重要的禁榷物嵌入國家財政運作中。

二、南宋乳香打套給賣與李金之亂

前引元豐年間吕公著事例,可見當時已有令州軍"配賣"乳香的現象,到南宋,隨著國家財政的更趨困窘,强行抑配竟逐漸成爲宋廷推動乳香市場的主要手段,並因此引發了不小的社會動蕩。

約成書於理宗景定五年(1264)的《百官箴》中有這樣一段文字:

> 炳炳祖訓,舶利最博。庶寬民力,免於椎剥。……版曹興利,如桑弘羊。令吏坐市,販物取赢。抑配天下,散粥乳香。黄谷、李金,遂陷桂陽。命帥出師,乃克討平。利之所在,害亦隨之。言善理財,尚鑒兹幾。[2]

此爲許月卿(1216—1285)爲規誡提舉市舶官員所作。前揭紹興七年,高宗即有"市舶之利最厚""少寬民力"之説,此可視之"祖訓"。所謂"版曹"乃指户部,漢代桑弘羊(前152—前80)因在漢武帝時推行鹽鐵官營等法,在後世被視爲興利之臣的典型代表。許氏認爲當時户部多有興利之舉,除了以榷貨務、雜賣場爲主的"販物取赢",還有乳香的抑配。其後果則是李金、黄谷之亂。那麽許氏凝練的四字箴言背後,有著怎樣廣闊的社會歷史背景?南宋時期乳香何以成爲"抑配天下"之物?

紹興八年(1138)五月二十六日,宋廷向廣南、福建、兩浙三路市舶司及諸州軍下達一道詔書:

> 三路市舶司香藥物貨,并諸州軍起到無用臟物等,係左藏東、西庫收納。先經編估局編揀,定等第、色額,估價;申金部下所屬復估審驗了當;本部連降估帳,行

---

[1]《長編》卷四四一元祐五年四月戊申,10620頁。
[2] 許月卿撰,楊光、何天白點校《百官箴》卷六《提舉市舶箴》,《宋代官箴書五種》,中華書局,2019年,290—291頁。標點有改動。

下打套局施行。[1]

高宗建炎至紹興初,宋廷爲應對北方金人的軍事行動,財政壓力陡增,誠所謂"今日之急,莫先財賦,若按籍可考,則無容失陷"。[2]爲使户部可以調度更多財政資源,總制司、經制司相繼設立,其中户部長貳或專切措置或兼領行事。建炎三年,本是專供内廷用度的内香藥庫被裁撤,"以其物歸左藏"。[3]爲"多創科目以廣生財之路",[4]宋廷對一絲一毫能變轉補益財用之物,採用編估打套之法。據上引詔書,市舶司的"香藥物貨"和諸州軍的"贓物"等,首先要經過編估局"編揀",編揀的目的在於"定等第、色額"和估定價值;編估局編揀好後,向金部司申報,金部司派遣相關人員勘驗審核;審驗無問題後,金部司將估價的帳簿下發打套局,打套局根據帳簿信息將"香藥物貨""贓物"等分揀裝套;最後入藏左藏東、西庫以備變賣折抵。

高宗時期施行的編估打套之法,實非宋廷渡江首創。神宗熙寧年間,市易務上、下界中已有專門編估"兩界諸處閑雜物色"的官員。[5]到徽宗朝,此法被發揚光大。《皇朝編年綱目備要》卷二六載:

> 蔡京初拜相,有鉅商六七輩,負官鈔至庭下,投牒索償,且曰:"此章相公開邊時,此曾相公罷時所用。"合三百七十萬緡不能償者。至會罷邊棄地之費,乃過於開邊也。京奏之,上感頞曰:"辱國且奈何!"京進曰:"臣請償之。"上喜曰:"卿果能爲朕償之耶?"時國用常匱,視三百七十餘萬緡爲未易償。故京因創行打套折鈔之法,命官剗刷諸司庫務故弊之物,若幕帝、漆器、牙札、錦段之屬,及龕、細色香藥,皆入套爲錢,其直若干等,立字號而支焉。套始出,客猶不願請,有出而試者,其間惟乳香一物,足償其本,而他物利又自倍。於是欣然,不半年盡償所費。然打套有三,或謂之折鈔套者,此也;或謂之乳香套者,皆乳香也;或謂之香藥套者,龕細色香藥也。[6]

---

[1]《宋會要輯稿·食貨》五六之六,7285頁下。標點、文字有改動。
[2] 紹興五年張浚所在都督行府上言,《要錄》卷八九紹興五年五月辛巳,1715頁。
[3]《要錄》卷二五建炎三年七月壬辰,594頁。
[4] 章誼《論財賦疏》,黃淮、楊士奇編《歷代名臣奏議》卷二七〇《理財》,上海古籍出版社,1989年影印,第4册,3533頁上B。
[5]《宋會要輯稿·職官》二七之一〇,熙寧八年二月十四日,3714頁上一下。
[6] 陳均編,許沛藻、金圓、顧吉辰、孫菊園點校《皇朝編年綱目備要》卷二六《徽宗皇帝》"崇寧元年十二月行打套折鈔法"條,中華書局,2006年,668頁。

南宋淳祐七年(1247)進士吕中將此總結爲:"行《打套折鈔法》,打套有三:折鈔套、乳香套、香藥套,以償各商官鈔錢。"[1]哲宗紹符時期,章惇(1035—1105)、曾布(1036—1107)二人都力主對西夏用兵;徽宗即位初,太后向氏權同處分軍國事,參用新舊兩黨之人,曾布爲鞏固自身地位,始有罷邊之議。[2]爲償還開邊、罷邊時虧欠入中商人三百七十萬貫鈔引,[3]崇寧元年七月拜相的蔡京(1047—1126)想到了打套折鈔法。通過"劃刷諸司庫務故弊之物"折抵商人所買鈔引,這對於蔡京來説實非新鮮之事。哲宗紹聖三年四月十七日,時任户部尚書的蔡京向朝廷建言:"香藥庫等處應出賣之物甚多,久賣不售,請給公據,募商人沿邊入中糧草,赴户部等請。"[4]在"諸司庫務故弊之物"中,乳香因"足償其本"的價值而受到商人青睞。宣和二年(1120)八月十八日,宋廷不專差官吏負責打套新法香藥,將之歸併於権貨務,"編估局、劃刷折鈔官物併爲一局";[5]九月十八日,"劃刷折鈔官物并編估局官吏並罷,并歸権貨務管勾。差文武官各一員管勾打套新法香藥并編估折鈔"。[6]前揭已指出在京榷貨務主要由太府寺負責管理。高宗在建炎三年四月十三日"罷太府寺,撥隸金部",但很快又在紹興元年五月復置。[7]南宋太府寺所設八案中,第三、第四案"掌支買三省、樞密院、六部等處所須錢物,雜買務、雜賣場、編估局、打套局、交引庫、祗候庫隸焉。"[8]這裏的編估局、打套局,無疑與徽宗朝打套新法香藥、劃刷折鈔官物并編估局淵源頗深。

紹興四年七月二十六日,宋廷下發兩道有關編估、打套出賣物品的詔書:

1. 編估、打套局今後行衆逐旋供剌增減名件價數,委自雜賣場官審實,限當日實封,申太府寺;本寺畫時實封,備申户部尚書廳,隨宜增減。

2. 客人 箅 (?)請香藥等套欲出外路販賣者,照引與免出門并沿路商税。如敢夾帶不係套内官物者,依匿税法加二等。[9]

---

[1] 吕中撰,張其凡、白曉霞整理《類編皇朝大事記講義》卷二二《徽宗皇帝·夷狄、邊備》,上海人民出版社,2013年,375頁。
[2] 詳參李華瑞《宋夏關係史》,中國人民大學出版社,2010年,74—77頁。
[3] 土肥祐子引用宋元話本《大宋宣和遺事》指出這裏有作三千七百萬貫(《北宋末の市舶制度——宰相·蔡京をめぐって》,《宋代南海貿易史の研究》,20頁)。結合吕中《大事記講義》所記,筆者以爲三百七十萬貫爲實。
[4]《宋會要輯稿·職官》二七之一六,3718頁下。
[5]《宋會要輯稿·職官》五六之四八至四九,4553頁上。
[6]《宋會要輯稿·職官》二七之二二至二三,3722頁上。
[7]《宋會要輯稿·職官》二七之二七,3724頁下;《要錄》卷四四紹興元年五月戊午,944頁。
[8]《宋會要輯稿·職官》二七之一,3709頁上。
[9]《宋會要輯稿·食貨》五四之一九,7248頁上下。

從第一道詔書中,我們可以看到行人在編估、打套局中增減物品種類和價格的作用。[1]經過雜賣場官員的審核後,當日即實封申太府寺,太府寺則立即詳備地向户部尚書廳申報,官方非常重視編估、打套物品市場價格的時效性。第二道詔書是給籌請香藥套到其他路分出售的商人,提供免税的優惠政策。除了由商人到行在籌請乳香外,宋廷還會將乳香作爲糴買之本分發諸路。例如,紹興二十六年六月,官復舊秩的孫覿(1081—1169)上書宰相沈該控訴地方偷盗馬料本錢之事,有提到兩浙西路轉運司或用乳香作爲錢本。[2]紹興二十八年,荆湖地區歲稔,户部請出見錢關子、乳香套作爲和糴之本。[3]户部向地方分發乳香套作爲糴買本錢,主要原因在於"見錢"不夠,只能以物抵充。地方在接收到這樣的償價物,還要想盡辦法出售變現。隆興二年(1164)左右,在吉州"治郡有聲"的王佐(1126—1191)調入中央,他向孝宗奏對時說:"户部以江東歲歉,有江西和糴之令。臣在江西,實見一路決不能獨出百五十萬石,而關子、茶藥、乳香之屬,既不能售,必至抑配,其爲民病,且甚於江東之饑。"[4]乳香銷售壓力從中央轉移到地方,地方採取强賣的形式而使民爲之所困,當遇到天災,生民不濟,自會揭竿而起。朱熹(1130—1200)爲劉珙(1124—1178)所作行狀載:

> 會湖南旱饑,官吏不之恤,而郴州宜章縣方抑民市乳香,期會峻迫。有李金者乘衆怒奮起爲亂,衆餘萬人,南踰嶺徼,分道犯英、韶、連、廣、德慶、肇慶、封、梧、賀州之境,旁入道州、桂陽軍,殺掠萬計。州縣不知所爲,至斂民間金帛賂之以免,由是賊勢日盛。而帥守、監司更共蔽匿,不以實聞。賊遂犯宜章,陷桂陽,聲震遠近,朝廷憂之。以公爲敷文閣待制、知潭州、荆湖南路安撫使。是歲乾道元年也。[5]

孝宗乾道元年(1165),荆湖南路因旱災發生饑荒,加之路分抑配民户購買乳香,宜章縣出現以李金爲首的動亂。當時荆湖南路安撫使、監司等官員的消極應對,使動亂波及廣南東、西兩路部分州軍,宋廷遂調時任兩浙東路知衢州劉

---

[1] 另可參《宋會要輯稿·職官》二七之七〇,紹興九年六月二十一日,3747頁上。
[2] 孫覿《南蘭陵孫尚書大全文集》卷三《書·與沈相書一》,《宋集珍本叢刊》第35册,綫裝書局,2004年影印,330頁上B。
[3] 《宋會要輯稿·食貨》四〇之三〇,6893頁上一下;《要録》卷一八〇紹興二十八年十月壬辰,3460頁。二書記事相同,所繫月日及撥給的見錢關子、乳香套的數目不同。
[4] 《宋會要輯稿·選舉》三四之一三,5914頁上;陸游著,馬亞中、涂小馬校注《渭南文集校注》(四)卷三四《墓誌銘·尚書王公墓誌銘》,浙江古籍出版社,2015年,82頁。
[5] 朱熹撰,曾抗美、徐德明校點《晦庵先生朱文公文集》(六)卷九七《行狀·觀文殿學士劉公行狀》,朱傑人、嚴佐之、劉永翔主編《朱子全書》(修訂本)第25册,上海古籍出版社、安徽教育出版社,2010年,4490頁。標點有改動;此行狀是代劉珙從弟劉玶所撰。

珙赴荆湖南路平亂。李金之亂發生在是年春,五月劉珙入境湖南,在潭州攸縣縣令趙像之(1128—1202)的建議下,請知鄂州兼沿江制置使沈介派軍南下。[1]時居潭州的張栻(1133—1180)在給朱熹的一封書信中稱:"湖南緣向來有位者惠姦長惡,養成郴賊,共父(劉珙)到,頗能明信賞罰,上下悦之。今鄂兵集者五千人,若措置得宜,當數月而定。"[2]八月七日,"賊徒曹彦、黄拱遂執李金與其腹心黄谷以降"[3]。十二月三日,"命廣東提刑司招安李金餘黨"[4]。次年四月一日,"以措置李金賊徒了畢"推賞劉珙等人,孝宗對劉珙説:"近時儒者多高談無實用,卿則不然,能爲朝廷了事,誠可賞也。"[5]

李金之亂對地方社會影響很大,從文獻留存的關於民間信仰記載中可見一斑。洪邁(1123—1202)在《夷堅志》中記載稱:"乾道元年六月,郴盜李金、黄谷犯道州,破寧遠縣,焚官民居室皆盡。"道、郴、桂四州都巡檢使王政戰死,在時任湖南提舉常平茶鹽公事鄭丙(1121—1194)的建言下,宋廷於戰地立"褒忠廟"以祀。[6]乾道九年,范成大(1126—1193)到廣西桂林静江府赴任,途經袁州,遊仰山見張王廟,迎接范成大的吏人説桂林亦有此廟,范氏問及信仰來源,吏人解釋道:"前帥中書舍人張安國赴鎮,適湖南賊李金方作亂,廣西岌岌,張過袁,禱於二王,如西廣不被兵,當於桂林爲神立行廟云。"[7]張安國即張孝祥(1132—1170),曾任廣西經略安撫使,其所作《仰山廟記》即詳記此事。[8]此外,李金之亂引發不少士人憂思。楊萬里(1127—1206)賦詩感歎:"餓夫相語死不愁,今年官免和糴不?"[9]淳熙六年(1179),辛棄疾(1140—1207)任湖南轉運副使,因"盗連起湖湘",上札言:"比年李金、賴文政、陳子明、陳峒相繼竊發,皆能一呼嘯聚千百,殺掠吏民,死且不顧,至煩大兵翦滅。良由州以趣辦財賦爲急,吏有殘民害物之政,而州不敢問;縣以並緣科斂爲急,吏有殘民害物之狀,而縣不敢問。

---

[1] 楊萬里撰,辛更儒箋校《楊萬里集箋校》卷一一九《行狀・朝請大夫將作少監趙公行狀》,中華書局,2007年,4593頁。

[2] 張栻著,楊世文點校《張栻集》卷二一《書・答朱元晦秘書四》,中華書局,2015年,1079頁。

[3] 《宋史》卷三三《孝宗一》,632頁;《晦庵先生朱文公文集》(六)卷九七《行狀・觀文殿學士劉公行狀》,4491頁。

[4] 《宋史》卷三三《孝宗一》,633頁。

[5] 佚名撰,汪聖鐸點校《宋史全文》卷二四下《宋孝宗二》,乾道二年四月甲戌,中華書局,2016年,2031—2032頁;另參徐自明撰,王瑞來校補《宋宰輔編年録校補》卷一七《孝宗皇帝上》"乾道四年八月辛亥劉珙罷同知樞密院事"條,中華書局,1986年,1199頁,表達相對書面化。

[6] 洪邁撰,何卓點校《夷堅志》支甲卷十,"褒忠廟",中華書局,2006年,792頁;《衡州府圖經志・拾遺》,馬蓉等點校《永樂大典方志輯佚・湖南省・衡陽市》,中華書局,2004年,2270頁。

[7] 范成大撰《驂鸞録》,癸巳歲閏正月十九日至二十二日,孔凡禮點校《范成大筆記六種》,中華書局,2004年,52頁。

[8] 張孝祥著,辛更儒校注《張孝祥集編年校注》卷一三《記・仰山廟記》,中華書局,2016年,530頁。

[9] 《楊萬里集箋校》卷三《詩・江湖集・旱後郴寇又作》,143頁。

田野之民,郡以聚斂害之,縣以科率害之,吏以乞取害之,豪民以兼并害之,盜賊以剽奪害之,民不爲盜,去將安之?"[1]因"趣辦財賦爲急",官、吏、民負擔皆重,辛氏所言可謂鞭辟入裏。

前揭李心傳在《朝野雜記》中已指出李金、黄谷分別是宜章縣的射手和吏人。户部向諸路分發乳香,諸路將此攤派到所屬州軍,各州軍又撥隸屬縣。縣司則由像李金、黄谷這樣的"公人"接手處理。乳香售賣的對象,主要有兩種群體:普通民户和師巫等宗教人士。向普通民户售賣時要經過鄉都保正,例如《名公書判清明集》中有載"鄭河以保正而私買乳香,又且低價收買"。[2]鄭河最後被判犯有"私罪",自是其以"保正"身份低價收買乳香之故,實際上他本職應是向民户分發售賣,不當有藉助職務便利而低價收買的行爲。關於師巫等宗教群體,乾道四年左右,長沙知縣王師愈(1122—1190)向孝宗上呈的《乞禁止師巫疏》中載:

> 臣竊聞荆楚之俗,自古信師巫,然而近世爲尤甚。其最爲害者,有所謂把門師是也。……在律法,事邪神、言禍福,自有常刑,奈何州縣欲賣乳香,或貪其微利,返給公據,縱而不問,甚可駭也。[3]

師巫信仰在宋代南方地區較爲普遍。乾道五年,李大正上言:"紹興府諸縣自舊以來,將小民百工技藝、師巫、漁獵、短趁雜作瑣細估紐家業,以應科敷官物,差募充役。"[4]紹興府諸縣能對師巫等小民瑣細估紐家業錢,一方面説明官方可控制師巫這一群體,另一方面也説明師巫信仰在此地存在的合法性。淳熙七年有臣僚上言"廣南諸郡創鬻沙彌、師巫二帖以滋財用",[5]當地政府通過發放身份合法證明的文帖彌補財用,可知師巫群體數量可觀。荆楚地區"俗尚師巫"之風,到寧宗朝初期也較流行,師巫"歲有輸於公,曰師巫錢,自謂有籍於

---

[1]《宋史》卷四〇一《辛棄疾傳》,12162頁,標點有改動。另詳參辛棄疾著,辛更儒箋注《辛棄疾集編年箋注》卷四《奏議·淳熙己亥論盜賊劄子》,中華書局,2015年,380—383頁。

[2] 張四維輯,中國社會科學院歷史研究所隋唐五代宋遼金元史研究室點校《名公書判清明集》卷二《官吏門·鬻爵·鬻爵人犯罪不應給還原告》,中華書局,2002年,46—47頁;此書判的作者和事發地點,柳立言認爲可能是吳勢卿和嚴州,筆者以爲證據不足,"嶽州"爲"岳州"可能性較大,作者則難以判斷,見柳立言《〈名公書判清明集〉的無名書判——研究方法的探討》,徐世虹主編,中國政法大學法律古籍整理研究所編《中國古代法律文獻研究》第5輯,社會科學文獻出版社,2012年,148—149頁。

[3] 王師愈《乞禁止師巫疏》,《歷代名臣奏議》卷二一四《法令》,第3册,2809頁上B—下A;上疏時間推定,據辛更儒《于湖先生張孝祥年譜》卷四《兩湖宦遊期》,《張孝祥集編年校注》卷四五,1632頁。

[4]《宋會要輯稿·食貨》六六之八六,7937頁上一下。

[5]《宋會要輯稿·刑法》二之一二〇,8348頁下。

官"。[1]紹興三十二年十二月,孝宗即位不久,兼任編類聖政所檢討官的陸游(1125—1210)應詔上言七事,其中有痛陳各路"習左道"之風:

> 惟是妖幻邪人……則其爲害,未易可測。伏思此色人處處皆有,淮南謂之二檜子,兩浙謂之牟尼教,江東謂之四果,江西謂之金剛禪,福建謂之明教、揭諦齋之類,名號不一。明教尤甚,至有秀才、吏人、軍兵亦相傳習,其神號曰明使。……燒乳香,則乳香爲之貴;食菌蕈,則菌蕈爲之貴。[2]

陸游在紹興二十八年至三十年曾任福建寧德縣主簿和福州司法參軍,其所言閩中明教之盛,當是親見親聞。[3]其中明教信衆享神用乳香,導致乳香翔貴。其他信仰雖未見文獻明確記載使用乳香,但從前揭王師愈所言官府給付師巫受買乳香的公據,以及元祐初陳侗知陝州時"商人以神事藏乳香"來看,民間宗教信仰當對禁榷物乳香有較大的需求量。

或許正是上述潛在的乳香市場,宋廷並沒有因李金之亂而停止乳香貿易和售賣。乾道三年十二月二十三日,有命福建市舶司從泉、漳、福州和興化軍截撥上供銀内窠名二十五萬貫,"專充抽買乳香等本錢"。[4]乾道七年,江西南康軍大旱,爲"湊糴軍糧",南康軍"借兑過乳香、度牒錢一萬餘貫"。[5]乾道九年二月二十二日,時任户部郎官薛元鼎拘催諸路賣到乳香錢,赴左藏南庫椿管。[6]甚至在淳熙年間,李椿(1111—1183)在湖南任官時,户部仍"配鬻乳香"。[7]朱熹於淳熙七年(1180)左右知南康軍時直言:"乳香變賣不行,不敢科抑。"[8]因乳香打套給賣易引發民變,爲使統治穩定,淳熙十五年,孝宗"以諸路分賣乳香擾民,令止就榷貨務招客算請"。[9]南宋後期市買日用百科之書《百寶總珍集》載:"官員帶到滴乳香,承攬發付惹災殃。只許場務官自賣,私香法重不可當。"

---

[1]《宋會要輯稿·刑法》二之一二九至一三〇,慶元四年五月六日,8358頁上。
[2]《渭南文集校注》(一)卷五《狀·條對狀》,149頁。
[3] 另詳參《老學庵筆記》卷十,125頁。
[4]《宋會要輯稿·職官》四四之二九,4218頁下—4219頁上。
[5] 朱熹撰,劉永翔、朱幼文校點《晦庵先生朱文公文集》(一)卷一六《奏狀·乞放免租税及撥錢米充軍糧賑濟狀》,《朱子全書》(修訂本)第20册,738頁。
[6]《宋會要輯稿·食貨》五六之五六,7314頁上。
[7]《楊萬里集箋校》卷一一六《傳·李侍郎傳》,4452—4453頁。
[8] 朱熹撰,劉永翔、朱幼文校點《晦庵先生朱文公文集》(二)卷二〇《申請·與曾左司事目劄子》,《朱子全書》(修訂本)第21册,897—898頁;束景南《朱熹年譜長編》(增訂本)卷上,華東師範大學出版社,2014年,679頁。
[9]《宋史》卷一八五《食貨下七·香》,4538頁。

並進一步解釋説:"乳香不可私下發付,不可承攬。有人要買,於官場請買。"[1]這或許就是淳熙之後乳香於榷貨務招商請筭的生動寫照。

三、結語

元人修《宋史·食貨志》有言:"宋之經費,茶、鹽、礬之外,唯香之爲利博,故以官爲市焉。"[2]此"香"從廣義内涵來看,應包括各種香藥。但經元人修史删潤之後,多是留存南宋乳香打套給賣之事。一方面雖可批評元人修史之失疏,另一方面亦可見修史之人能萃取其要。通過遠洋貿易來到中國的乳香,在宋代嚴密的禁榷政策下,逐漸嵌入國家財政運轉中。這背後無疑有當時市場需求的推動(無論是官方還是民間),但更爲重要的是國家財政調撥的影響。

從北宋真宗朝開始,宋廷爲解決沿邊入中糧草本錢支撥問題,便開始藉助乳香品搭支付。隨著後來開邊、罷邊政策的擺動,這種趨勢更爲明顯。到徽宗朝,以蔡京打套折鈔法爲淵藪,專門負責編估、打套官員的出現,意味著宋廷利用乳香等物助益財政的方式臻致精熟。南宋無疑繼承此法,在太府寺專設編估、打套二局。宋廷政府打套給賣乳香的行爲,正是中國傳統王朝國家通過市場交換流通,實現社會財富聚斂的典型案例。

在宋廷國家强力的禁榷政策和財政調撥需求下,海外乳香源源不斷地來到中國。以荆湖南北二路爲主的南方各地,民間信仰(尤以師巫、明教等信仰爲代表)成爲乳香市場形成的主要推動力,中央政府在這些地區或傾銷售賣,或轉移支給。在罔顧民間市場的承載力時,基層社會的不穩定自然會反噬國家的秩序與權威。

〔年慧龍,中國人民大學歷史學院博士研究生〕

---

[1] 佚名著,李音翰、朱學博整理校點《百寶總珍集》卷八,乳香,上海書店出版社,2015年,57—58頁。按,"滴"原作"滴",殊難理解,沈括《夢溪筆談·筆談》卷二六《藥議》載:"薰陸即乳香也,本名薰陸,以其滴下如乳頭者謂之'乳頭香',鎔塌在地上者謂之'塌香',如臘茶之有滴乳、白乳之品"(金良年點校,中華書局,2015年,263頁);朱熹有言"子細看,又不是石,恰似乳香滴成樣"(黎靖德編,王星賢點校《朱子語類》卷一三八《雜類》,中華書局,1986年,3296頁);據趙汝适《諸蕃志》卷下《志物·乳香》,可知乳香十三等中第一等揀香别名"滴乳"(163頁);據此改"滴"爲"滴"。

[2]《宋史》卷一八五《食貨下七·香》,4537頁。

《宋會要·食貨類·酒麴雜録門》復原研究[*]

劉應莎

會要之書記載一朝的典章制度,其將禮、職官、食貨、兵、方域等故事分類别門按年繫月加以收録。趙宋曾多次撰修載本朝事跡的《宋會要》,於趙宋政權而言《宋會要》是"祖宗故事之總轄,不可闕也"[1]。但宋人不能直稱本朝爲"宋",故《宋會要》"並不是原名……不但是後人加給它的名稱,而且是後人對多部宋朝會要的總稱"[2]。

南宋末秘書省將多部《宋會要》編成甲、乙合訂本[3],後明人修《永樂大典》(以下簡稱《大典》)時按《洪武正韻》的字韻順序"用韻以統字,用字以繫事"收録了以上兩合訂本的《宋會要》。嘉慶十五年(1810),清人徐松利用編修《全唐文》的職務之便,將《宋會要》從《大典》中輯出爲"徐松原輯本"[4],此後該輯本先後爲廣雅書局、嘉業堂所整理,二十世紀三十年代北平圖書館將多次整理後留下的徐松原輯本影印出版,是爲《宋會要輯稿》(以下簡稱《輯稿》)。[5] 其後陳智超先生將北平圖書館所藏的被嘉業堂當作復文剔除的徐松原輯本,以及少量"廣雅稿本""嘉業堂稿本"遺文,編爲《宋會要輯稿

---

[*] 本文係國家社會科學基金重大項目"《宋會要》的復原、校勘與研究"(14ZDB033)階段性成果。

[1] 李心傳撰,胡坤點校《建炎以來繫年要録》卷一八八紹興三十一年正月庚寅條,中華書局,2013年,3643頁。

[2] 陳智超《解開〈宋會要〉之謎》,社會科學文獻出版社,1995年,64頁。

[3] 陳智超《解開〈宋會要〉之謎》,79頁。甲合訂本包括《元豐增修會要》《乾道續國朝會要》《國朝中興會要》和第一部《淳熙會要》,乙合訂本包括第二、三部《淳熙會要》及《孝宗會要》《光宗會要》《寧宗會要》。

[4] 陳智超《解開〈宋會要〉之謎》,6頁。

[5] 具體參見:湯中《宋會要研究》卷三《大典本〈宋會要〉輯訂始末》,上海商務印書館,1932年,1—61頁;王雲海《〈宋會要〉的流傳》《〈宋會要輯稿〉的整理與刊行》,《〈宋會要輯稿〉研究》,《河南師大學報》增刊,1984年,55—70頁,71—86頁;陳智超《解開〈宋會要〉之謎》,5—20頁;劉琳《〈宋會要輯稿〉整理序言》,《宋代文化研究》第21輯,四川大學出版社,2014年,82—87頁;尹波《古籍校勘的路徑——以〈宋會要輯稿〉爲例》,《文獻》2015年第6期。

補編》(以下簡稱《補編》)[1]。而今本《輯稿》即是經過兩次整理後準備丟棄的本子,故其舛誤頗多,以《宋會要輯稿·酒曲雜錄》爲例,因其經多次轉錄與整理,其復原工作有待具體探討。

一、《酒麴雜錄門》標目復原

酒稅是宋代財政收入之大宗,自北宋仁宗朝起直至南宋"榷酒收入在宋朝財政中僅次於兩稅、榷鹽而居第三位"[2],南宋初年江南西路轉運司就言:"漕計之實,惟仰酒稅課利資助支遣。"[3]朱熹更言軍隊財賦也"全仰酒稅課利分隸相助"[4],故《宋會要》中爲酒設有專門,今《輯稿》食貨一九至二一是也,且均有標目爲"酒麴雜錄"。何故用"酒麴雜錄"來命名？這與宋代榷酒制度息息相關,宋初承襲了五代時各地以榷麴爲主的制度。此後兩宋榷酒制度雖屢有變革,但基本是以榷麴爲核心發展起來的酒政制度,故以"酒麴雜錄"爲門名。

今《輯稿》食貨一九至二一載酒事,卻抄錄自《大典》不同地方。其中《輯稿》食貨一九之一至二〇之八抄錄自《大典》卷17558,食貨二〇之九至二一之一二抄錄自《大典》卷17559。雖食貨二一之八至九原記作抄錄自《大典》卷17557,但考其與前後文連貫當爲17559誤作17557,以上諸內容均輯自《大典》"貨"字韻"食貨"事目[5]。食貨二一之一二至二二還載有其他與酒相關的內容,然不僅各有標目,又在《大典》不同韻目下,爲"買撲坊場""公使酒""榷醋"。"買撲坊場"標目下載宋高宗一朝事。陳智超先生言"某一門,可能只在某一部或幾部會要中存在,而在其他會要中不存在……它確爲一門"[6],故我們將"買撲坊場"單列爲一門,不歸入"酒麴雜錄"標目下。"公使酒"標目下關涉太宗太平興國六年(981)至孝宗淳熙二年(1175)公使酒事,亦當自成一門。"榷醋"標目下內容則應歸入"酒麴雜錄",具體原因詳見下文。

---

[1] 陳智超《宋會要輯稿補編》,全國圖書館文獻縮微複製中心出版,1988年。
[2] 汪聖鐸《兩宋財政史》,中華書局,1995年,265頁。
[3] 徐松輯《宋會要輯稿》食貨二〇之一五紹興四年四月十二日條,中華書局,1957年,5140頁。
[4] 朱熹撰,劉永翔、朱幼文點校《晦庵先生朱文公集》卷二〇《乞減移用錢額劄子》,收入《朱子全書》,上海古籍出版社、安徽教育出版社,2002年,第21冊,924頁。
[5] 《永樂大典目錄》卷四六,連筠簃叢書刻本,頁7a。
[6] 陳智超《解開〈宋會要〉之謎》,98頁。

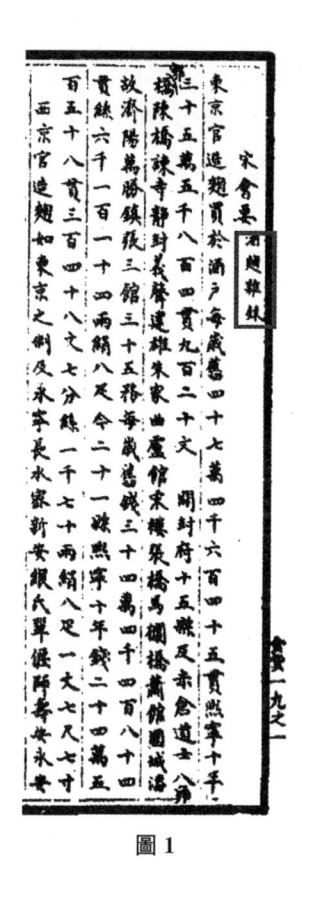

圖 1　　　　　　　　　　圖 2

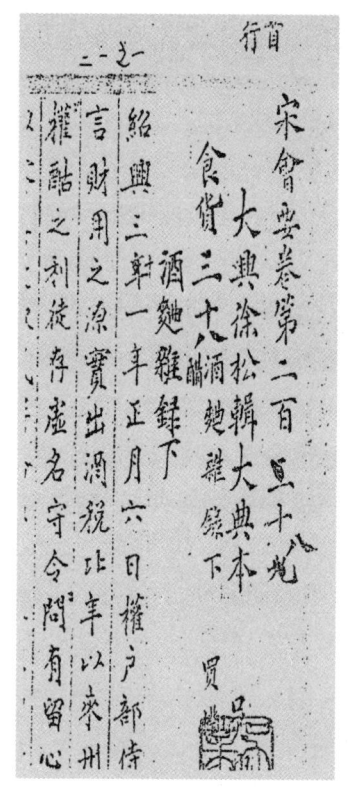

　　《輯稿》食貨一九之一至二一之一二標目均爲"酒麴雜録"（參見圖1、圖5、圖8）。然食貨一九與食貨二〇、二一内容截然不同，食貨一九記載了宋朝疆域内各地酒務之酒税祖額及熙寧十年（1077）酒税額、買撲收入，食貨二〇之一至二一之一二則記載了以皇帝詔令、大臣奏議爲主的兩宋酒政之具體内容。故陳智超先生復原這三部分時，將今《輯稿》食貨一九稱之爲《酒麴門》，食貨二〇至二一之一二稱作《酒麴雜録門》[1]。四川大學古籍研究所整理校點的《輯稿》遵從了陳先生的觀點，卻將食貨一九稱之爲"酒麴歲額"[2]。筆者同意陳智超先生的復原意見，即稱今《輯稿》食貨一九爲《酒麴門》，食貨二〇之一至二一之一二爲《酒麴雜録門》。

（一）《酒麴門》之内容

　　《輯稿》食貨一九稱作《酒麴門》，原因有二。其一，從成於宋代的諸本他朝

─────────
〔1〕　陳智超《解開〈宋會要〉之謎》，268頁。
〔2〕　徐松輯，劉琳、刁忠民、舒大剛等點校《宋會要輯稿》，上海古籍出版社，2014年，6391頁。

205

《會要》之體例而言，《會要》先有某標目，後緊跟"雜録"。《唐會要》爲首部會要體史書，該書雖始修於唐德宗時期，然終成於宋初王溥之手。此後王溥又修《五代會要》，南宋寧宗朝、理宗朝時徐天麟又撰成《西漢會要》《東漢會要》。以上諸部《會要》，皆是分類别門收録歷代故事，先有某標目，後緊跟"雜録"，此"雜録"中載與前一標目有關聯但又不便另立標目的史事。如《唐會要》帝系類下有帝號門，後緊跟"雜録"標目。"帝號"標目下收録唐代歷位皇帝的尊號，"雜録"標目下載大臣上言請上尊號諸事的具體記載等，二者均與帝號有關。[1]《五代會要》《西漢會要》《東漢會要》皆與之類似[2]。故成書於宋代的《會要》中的"雜録"是緊跟在前一標目之後，收録與前一標目有關卻又未收入前一標目的諸事。基於此，《宋會要》從理論上也要遵守這一準則，即先有"酒麴"，再有"酒麴雜録"，而並非全如《輯稿》現有標目爲"酒麴雜録"。故而，食貨一九的標目當爲"酒麴"。

其二，《中書備對》收録了與今《輯稿》食貨一九的相同内容，卻稱爲"酒麴"。《輯稿》《文獻通考》《大典》中不乏注明爲《中書備對》的内容，考其所載内容有三大特徵：(1) 有大致相同的時間範圍，即都在元豐三年(1080)八月《中書備對》成書之前；(2) 有大致相同的政區範圍，即多是覆蓋至全國各路；(3) 有新、舊(元)額數據之别，即均有舊額或祖額和新額或某年額。食貨一九記載的内容完全符合以上三個特徵：食貨一九載北宋四京二十三路各酒務舊額及熙寧十年(1077)酒課祖額、買撲收入，故而在馬玉臣先生在輯佚《中書備對》時將食貨一九的内容納入[3]。又畢仲衍的《西臺集》收録了《畢仲衍〈上編次官制卷目稿劄子〉》，劄子完整記録了《中書備對》的目録，卻稱與《輯稿》食貨一九相同的内容爲"酒麴"[4]。

故綜合上述兩點理由，我們認爲今《輯稿》食貨一九的標目爲"酒麴"，而並非原稿上所標注的"酒麴雜録"，食貨一九當爲《酒麴門》。

(二)《酒麴雜録門》之内容

《輯稿》食貨二〇之一至二一之一二的標目爲"酒麴雜録"。從成於宋代的

---

[1] 王溥《唐會要》，中華書局，1955 年，1—19 頁。
[2] 王溥《五代會要》，上海古籍出版社，2006 年；徐天麟《西漢會要》，上海古籍出版社，2006 年；徐天麟《東漢會要》，上海古籍出版社，2006 年。
[3] 畢仲衍撰，馬玉臣輯校《〈中書備對〉輯佚校注》，河南大學出版社，2007 年，37—38 頁。
[4] 畢仲遊《西臺集》卷五附《畢仲衍〈上編次官制卷目稿劄子〉》，收入楊訥、李曉明編《文淵閣四庫全書補遺》，北京圖書館出版社，2006 年，集部，第 2 册，85—96 頁。

諸部他朝《會要》體例來看,某標目後若再記相關之事,則有"雜錄"標目。既然食貨一九已爲"酒麴",而後載與酒相關諸事的食貨二〇之一至二一之一二,它們的標目從理論上當爲"酒麴雜錄"。

事實上,食貨二〇之一至二一之一二的標目也確爲"酒麴雜錄"。《輯稿》食貨五六之四四紹興十年(1140)閏六月一日條後有小注"詳見酒麴雜錄"[1],此條恰能在食貨二〇中找到[2]。《輯稿》食貨五一之六"淳熙十一年(1184)十月一日"條後亦有小注"詳見酒麴雜錄"[3],此條不見於今《輯稿·酒麴雜錄》,按"詳見XX門"即爲宋人原注來看[4],無疑《宋會要·食貨類·酒曲雜錄門》應包含此條。今《輯稿》食貨二〇之一至二一之一二,載建隆二年(961)至乾道九年(1173)酒政,不見乾道九年後事,既然此後淳熙十一年十月一日條所載酒事仍隸於《酒麴雜錄門》,那麼記載時間在這條之前的食貨二〇之一至二一一二的標目當爲"酒麴雜錄"。綜上,今《輯稿》食貨二〇之一至二一之一二當爲《宋會要·食貨類·酒麴雜錄門》。

二、《酒麴雜錄門》的具體復原

上文我們已經論證今《輯稿》食貨二〇之一至二一之一二爲《宋會要·食貨類·酒麴雜錄門》。然本門的復原不當僅限於此,還存在四個較大的問題亟待解決。

(一) 歸《宋會要輯稿·榷醋》條文入《酒麴雜錄門》

已經確定的《酒麴雜錄門》中有3條内容與《輯稿》食貨二一之二二"榷醋"標目下内容一致。只因《酒麴雜錄門》依照《宋會要》書寫體例,即按既有則省原則不載皇帝廟號、年號。那麼,《輯稿·榷醋》與《酒麴雜錄門》是何關係?宋人"買糟造醋供食"[5],榷醋自然與酒相關。既如此,我們又該如何處理《輯稿·

---

[1] 徐松輯《宋會要輯稿》食貨五六之四四紹興十年閏六月一日條,中華書局,5794頁。
[2] 徐松輯《宋會要輯稿》食貨二〇之一八紹興十年閏六月一日條,中華書局,5141頁。
[3] 徐松輯《宋會要輯稿》食貨五一之六淳熙十一年十月一日條,中華書局,5677頁。
[4] 陳智超《解開〈宋會要〉之謎》,55頁。
[5] 徐松輯《宋會要輯稿》食貨二〇之三開寶六年十月條,中華書局,5134頁。

榷醋》内容,這一問題關乎本門的復原。

《輯稿·榷醋》内容抄自《大典》卷 14701 "醋"字韻及事目,此部分内容來源於何處?按自徐松從《大典》中輯出《宋會要》之後,繆、屠二人所修的廣雅稿還未涉及食貨部分,嘉業堂清本雖有整理食貨,但内容時限一致,《補編》也不見《酒麴雜録門》内容,可見本部分是保持了徐松等人從《大典》中抄出後的原貌。既然如此,那麽我們只需探究今《輯稿》中"榷醋"内容爲《宋會要》原有,還是《大典》編者所造。

筆者認爲《輯稿》本身原無"榷醋"内容,此爲《大典》編修者所新造,其原因如下:

第一,《宋會要輯稿·榷醋》原無標目。"榷醋"這一標目以加粗字寫於"全唐文"與"宋會要"之下,横跨兩行,字跡也與本頁不同,明顯是後代整理者所加(參見圖3)。

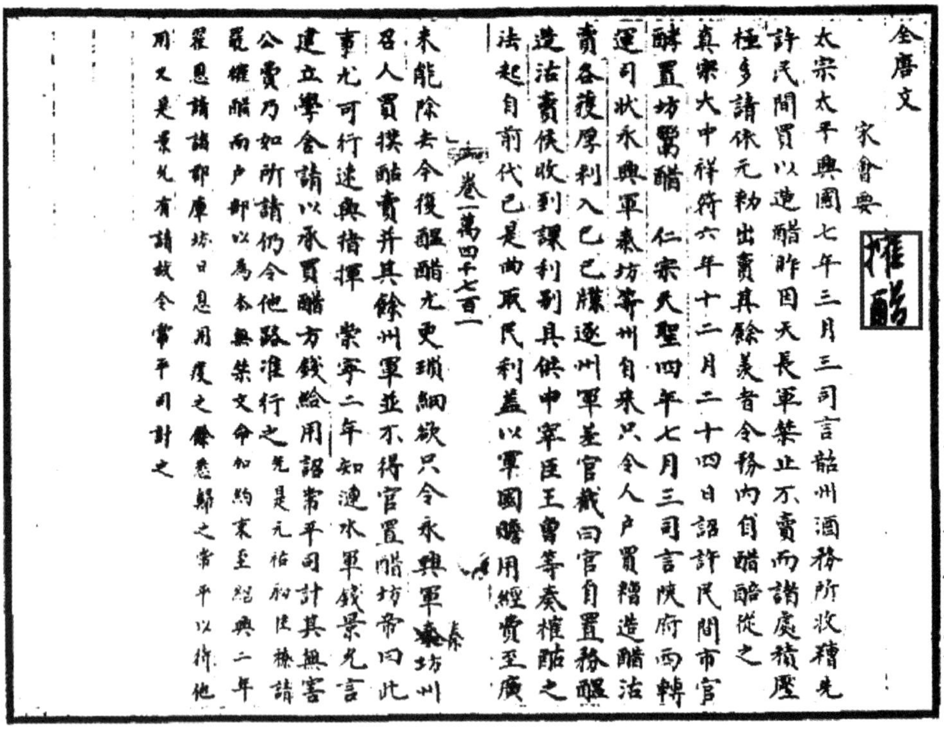

圖3

第二,"榷醋"標目下 4 條内容,前 3 條抄自《酒麴雜録門》,第 4 條爲《大典》編者抄自《文獻通考》,此外《酒麴雜録門》中尚有 2 條與榷醋相關卻未收入"榷醋"標目下。若"榷醋"爲《宋會要》原標目,宋人應不會漏抄,更不會出現抄於元初的《文獻通考》的情況。

"榷醋"標目下有4條內容,分別爲太宗太平興國七年(982)三月三日條[1]、真宗大中祥符六年(1013)十二月二十四日條、仁宗天聖四年(1026)七月條、徽宗崇寧二年(1103)知漣水軍錢景允言條,其中前3條又見於食貨二〇《酒麴雜錄門》,崇寧二年條詳析於下:

> 崇寧二年,知漣水軍錢景允言:"建立學舍,請以承買醋方錢給用。"詔常平司計其無害公費,乃如所請,仍令他路准行之。先是,元祐初臣僚請罷榷醋,而戶部以爲本無禁文,命加約束。至紹興(聖)二年,翟思請諸郡庫坊日息用度之餘,悉歸之常平以待他用。及是,景允有請如,故令常平司計之。[2]

本條有正文、注文之分,正文之事在《輯稿》崇儒二之一〇崇寧二年四月十四日條爲原文[3],注文先後提及元祐、紹聖年間事,但其書寫體例與《酒麴雜錄門》諸條不符。如本門景德元年(1004)閏九月條文先言"罷江淮荊湖制置榷酤",後在條文中回顧置榷酤的緣由"發運制置使秦羲等上言,乞差朝臣乘傳諸郡,增榷酤之課",最後再回歸罷榷酤本身"至是特令罷之"[4]。由此可知,《酒麴雜錄門》中載涉及前事的條文之書寫體例爲:先書某時某事,再於正文中回顧之前與此相關之事,而後回歸到條文涉及之事的本身。然崇寧二年條,先言崇寧年事,注文中再回顧元祐及紹聖年間事,其書寫體例與《酒麴雜錄門》諸條不同。此外,崇寧二年條還與"榷醋"標目下其他條亦不同,即未出現在《酒麴雜錄門》中。上述兩點都説明,崇寧二年條之事,不當是出自《宋會要》。恰好,此條完整見於《文獻通考》當中[5]。王雲海先生早已考證出明人在修《大典》時曾補入諸多內容[6],據此,我們推測崇寧二年條當爲明人修《大典》時照錄《文獻通考》內容補入的。

此外,《酒麴雜錄門》中尚有2條與榷醋相關的卻未收入"榷醋"標目下,即

---

[1] 《宋會要輯稿》食貨二〇之三將此條繫時記爲太宗太平興國七年正月,然二者只有記時之月份不同,其餘無差別。
[2] 徐松輯《宋會要輯稿》食貨二一之二二開寶六年十月條,中華書局,5155頁。
[3] 徐松輯《宋會要輯稿》崇儒二之一〇崇寧二年四月十四日條,中華書局,2192頁。
[4] 徐松輯《宋會要輯稿》食貨二〇之四景德元年閏九月條,中華書局,5134頁。
[5] 馬端臨著,上海師範大學古籍研究所、華東師範大學古籍研究所點校《文獻通考》卷一七《征榷考四·榷酤》,中華書局,2011年,492頁。
[6] 王雲海《〈永樂大典〉所收〈宋會要〉增入書籍考》,收入氏著《〈宋會要輯稿〉研究》,《河南師大學報》1984年3月增刊,170—172頁;後收入氏著《王雲海文集》,河南大學出版社,2006年,124—125頁。

開寶六年(973)十月條與政和四年(1114)四月十六日條。[1] 前者爲"買糟造醋",後者爲賣"糟酵",無疑二者均與"榷醋"相關,卻不見這2條收入"榷醋"標目下。如若爲宋人所編寫《宋會要》中内容,不會出現如此疏漏。

第三,"榷醋"標目下内容與《酒麴雜録門》互見,《買撲坊場門》卻與《酒麴雜録門》不互見,二者體例不一。今《輯稿》食貨二一之一二至一五有"買撲酒坊"標目,收録宋高宗建炎至紹興年間諸買撲酒坊事,爲《國朝中興會要》中的一門。《酒麴雜録門》中也不乏關乎買撲酒坊之事,卻與《買撲坊場門》不互見。而"榷醋"標目内容竟與《酒麴雜録門》互見,二者體例不同,若爲宋人編撰的《宋會要》原門,則不會出現一書中前後體例不一的情況。

綜上,《輯稿·榷醋》内容當爲《大典》編修者在抄録《宋會要》時,挑出《文獻通考》及部分《宋會要》與"醋"相關條文,編入《大典》"醋"字韻及事目,而在書寫其出處時索性就扣上了《宋會要》的帽子。在復原時,當删去今《輯稿》食貨二一之二二"榷醋"標目及其下内容,將前3條納入《酒麴雜録門》中。又因《酒麴雜録門》原有"榷醋"標目下前3條内容,且是遵照《宋會要》按年繫月與皇帝廟號、年號前文既省原則來書寫,故雖是删去"榷醋"標目下内容而歸入本門,但卻對《酒麴雜録門》無甚影響。

(二) 調整《酒麴雜録門》條文順序

《輯稿·酒麴雜録》中有因錯誤而導致條文順序錯亂的現象,故而需對繫時錯誤的條目次序進行重新調整。如紹興二十五日三月二日條[2],顯然是將"二十五年"誤寫爲"二十五日",故《輯稿》此條内容是在紹興二十四年(1154)六月二十二日條之後,紹興二十五年(1155)八月二十四日之前。[3] 但關於此事發生於何年,史書卻有不同記載,《建炎以來繫年要録》將此事繫於"二十六年",《文獻通考》《宋史》將此事記在"二十五年"。那麼本條繫年究竟該如何?知本

---

[1] 徐松輯《宋會要輯稿》食貨二〇之三"開寶六年十月,詔許諸道州府縣鎮、鄉村人户自買糟造醋供食。"(中華書局,5134頁。)食貨二〇之一二至一三"政和四年四月十六日,荆湖南路轉運司奏:'本路諸軍監在城外縣沽賣酒貨,有糟酵亦係出賣,依條所收價錢内,五分以提舉司、五分本司支用。緣每斤只計錢一文三分或一文五分,況糟酵並係民間要用,其合收錢數,自來未有關防。逐年諸州縣歲賣酒糟不下千萬,理合添價出賣。今相度,欲將本路州縣見賣糟酵價上,不以官私收買,每斤添價三文足出賣,每十斤仍加耗三斤。舊額錢依法與提舉司分撥外,其今來新添錢數,乞專充本路直達糧綱水夫工錢支費。州縣輒將他用,乞科杖一百之罪。'詔從之。始從來有賣價高處自依舊,其應行直達綱路分依此。"(中華書局,5139頁。)

[2] 徐松輯《宋會要輯稿》食貨二〇之二〇,中華書局,5142頁。

[3] 徐松輯《宋會要輯稿》食貨二〇之二〇至二一,中華書局,5142—5143頁。

條言侍御史湯鵬舉請罷諸路漕司寄造酒之事,考湯鵬舉的履歷,其紹興二十五年冬方爲殿中侍御史[1]。若按二十五年三月繫時,湯鵬舉還未擔任侍御史,與史不合,故此事應繫於"二十六年",當乙正。既然此條繫時已改,如此本條原位置的次序就與《宋會要》按時序排列的原則不符,故應將此條置於紹興二十五年八月二十四日條之後。

（三）增補《酒麴雜録門》脱漏條文

今《輯稿》是歷經多次轉録、整理後準備丢棄的本子,作爲《輯稿》中的一門,《輯稿·酒麴雜録》亦存在不少問題,其中一項便是內容的脱漏。

理論上,《酒麴雜録門》應收録自北宋太祖建隆元年至南宋寧宗嘉定十七年的内容。今《輯稿·酒麴雜録》卻僅載自太祖建隆二年至孝宗乾道九年的酒事,恰爲甲合訂本内容,缺少淳熙元年(1174)至嘉定十七年的乙合訂本之内容。但我們能在文獻梳理中發現今《輯稿·酒麴雜録》所缺失的部分條文。如《輯稿》食貨五一之六淳熙十一年十月一日條後有宋人原注"詳見酒麴雜録",此條卻不見於《酒麴雜録門》,由此我們得知至少今《酒麴雜録門》缺此條文,在復原時應將此條補入。

（四）删去清代整理者所加標目

今《輯稿》食貨二〇之一至二一之一二的標目分別爲"酒麴雜録一""酒麴雜録下",前後所用表示順序的用詞不同,分別爲"一"和"下"。就書寫字跡而言,先是"酒麴雜録"中"録"字明顯不同,又"麴"字書寫不一,食貨二〇標目寫作"麴",食貨二一爲"麯"(參見圖5、圖8)。故這兩個標目明顯不是同一書手所寫。那麽,它們分別是出自何人之手,是否爲《輯稿》原標目？

要解決上述兩個問題,我們先從版式上來看。徐松等人從《大典》中抄録出來食貨一九之一至食貨二一之一二,用每半頁8行的稿紙,雙行小字書寫。食貨一九之一九占4行又一單行的三分之一,食貨二〇之一恰好與此相接,二者能夠完全拼合(參見圖4、圖5、圖6)。食貨二〇之一,先在本頁第5行第一單行

---

[1]《建炎以來繫年要録》卷一七〇紹興二十五年十一月壬子條,3224頁;熊克《中興小紀》卷三六紹興二十五年十二月甲戌條,上海商務印書館,1936年,第3册,420頁。

图4

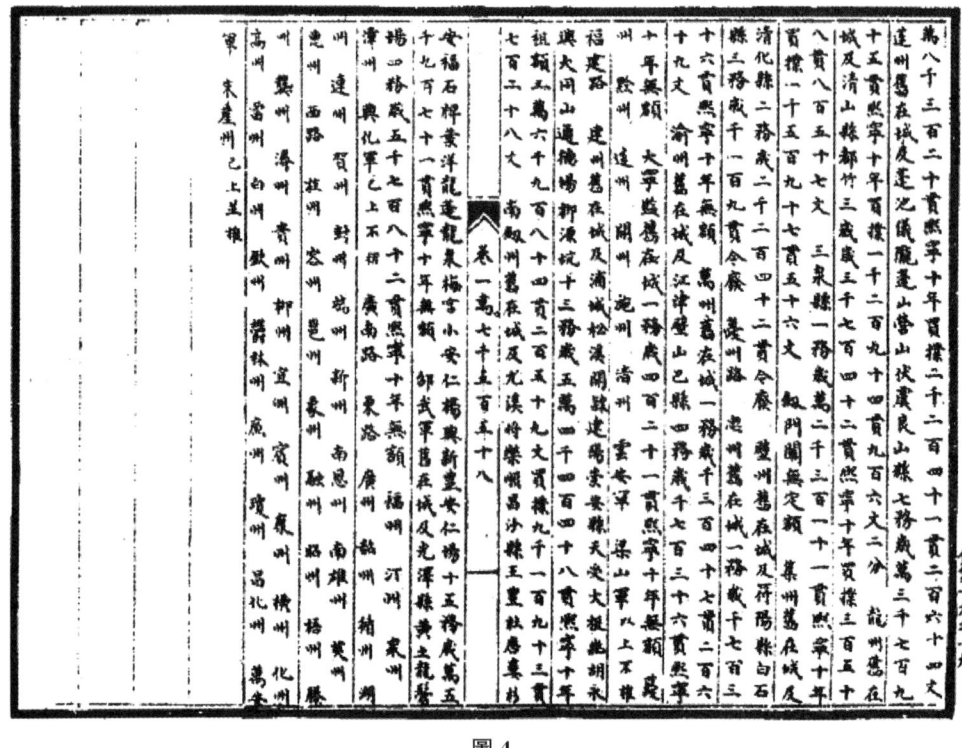

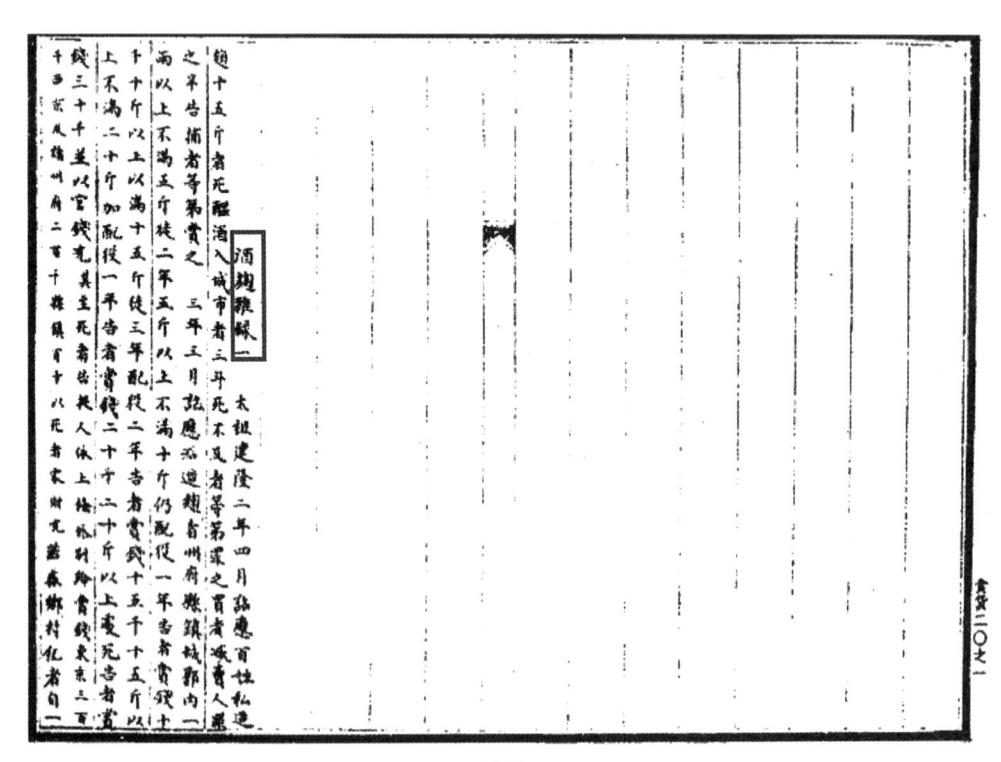

图5

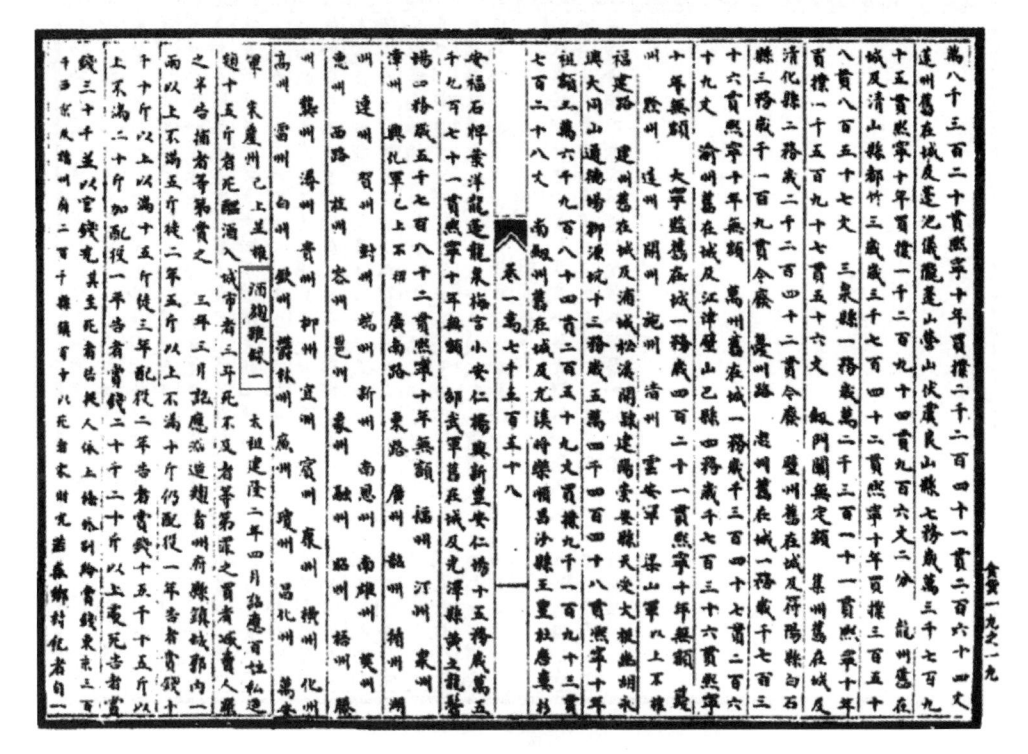

圖 6　食貨一九之一九與食貨二〇之一拼合圖

書"酒麴雜錄一",後空格書"太祖建隆二年四月"條的內容,無疑食貨二〇緊接在食貨一九之後,當爲徐松等人從《大典》抄出的原標目。

　　食貨二〇之二三、食貨二一之一所在頁,每單行 28 字(參見圖 7、圖 8)。食貨二〇之二三占後半頁的 1 行又一單行 23 字(參見圖 7),按例該空一格,故食貨二一之一起自第 2 行第一單行,僅寫"紹興三年"4 字(參見圖 8),恰好爲 28 字,與本頁書寫版式相合,且前後時間接續("紹興三年","十"誤作"年",此條爲"紹興三十一年"事),況且二者均爲《酒麴雜錄門》內容,故應是食貨二一是緊跟在食貨二〇之後,其間原無標目(參見圖 9)。至於寫在第 2 行第一單行上的"酒麴雜錄下",無論從版式,還是字跡分析,應都不是徐松等人抄出的原標目,當爲後人所加。恰好,嘉業堂清本將今《輯稿》食貨二一之一上加有標目爲"酒麴雜錄下"(參見圖 2),故而我們有理由相信"酒麴雜錄一"爲從《大典》中抄出的原標目,"酒麴雜錄下"這一標目爲劉富曾等人所加。故在復原本門時應將食貨二一之一上的標目"酒麴雜錄下"刪去。

圖7

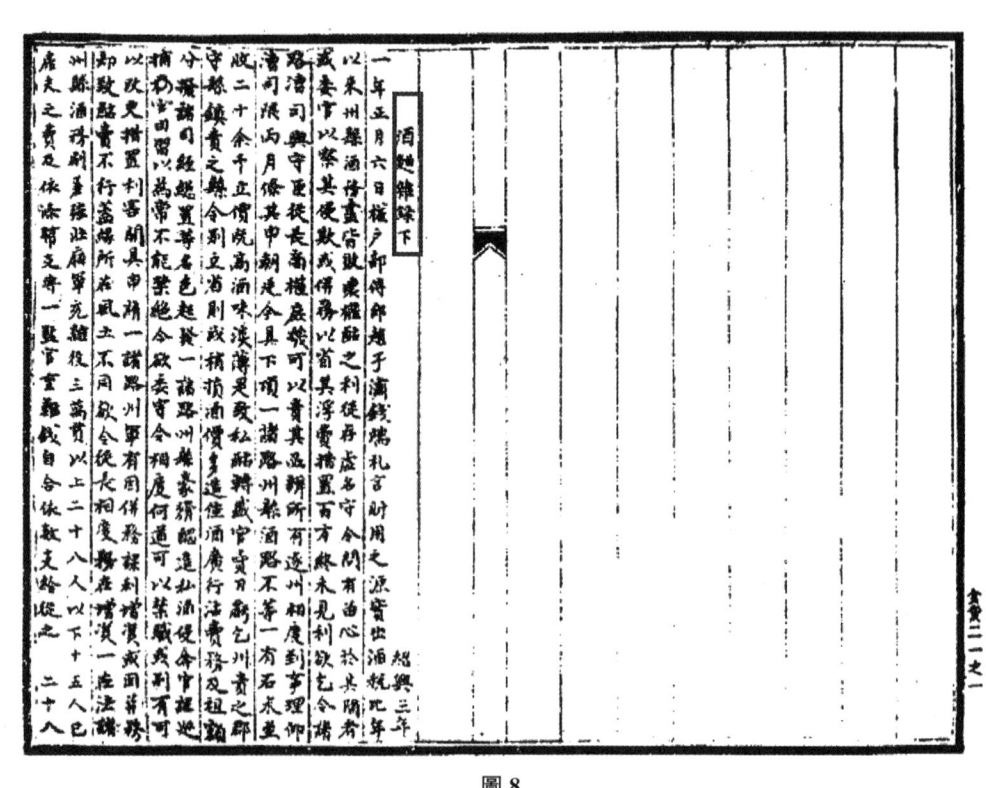

圖8

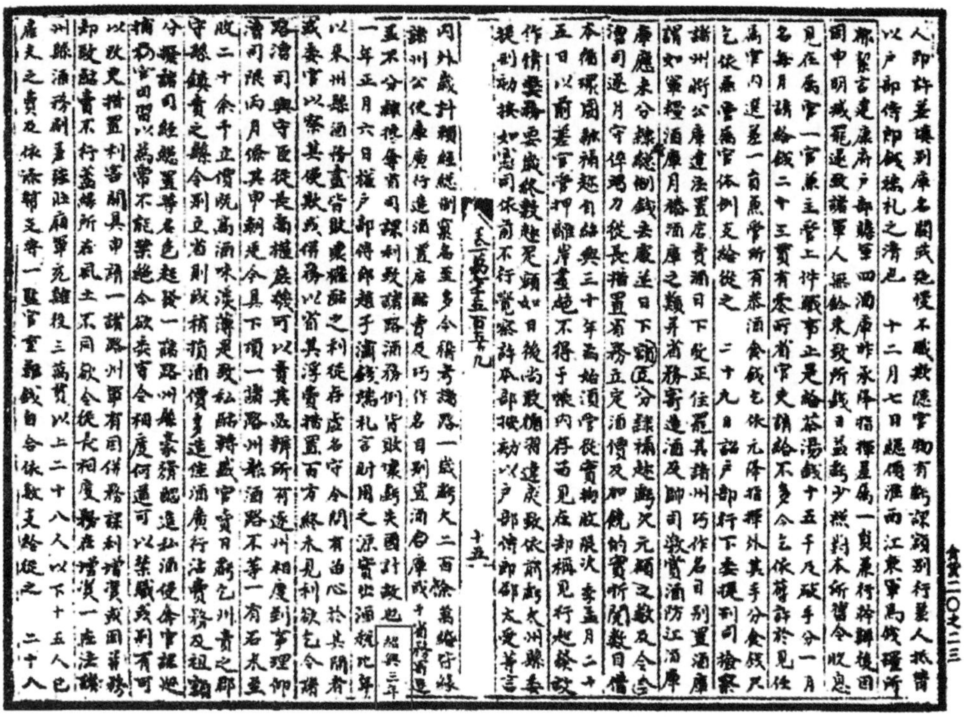

圖 9　食貨二〇之二三與食貨二一之一拼合圖

三、餘論

　　前文已經證明，今《輯稿》食貨一九當爲"酒麴"標目，食貨二〇之一至二一之一二爲"酒麴雜録"標目，各爲一門。然今本《輯稿》卻書食貨一九標目爲"酒麴雜録"，食貨二一之一至一二"酒麴雜録下"標目又是劉富曾等在編修嘉業堂清本時所增添的。[1]故我們可見《輯稿》關乎酒麴這三部分的標目實則不是出自同一批人之手，所以其體例錯亂、標目無序也無可厚非。那麼，造成《輯稿》食貨一九至二一標目如此是何人呢？

　　對比《輯稿》食貨一九、二〇標目"酒麴雜録"的書寫，二標目"麴"的書寫均用"麴"，且"録"等的書寫十分相似，故而筆者大膽推測食貨一九、二〇標目爲同一書吏所書。如前文所述，無論從《會要》體例上，還是版式上食貨二〇標目"酒麴雜録一"爲《宋會要》原標目。既然如此，那麼食貨一九的"酒麴雜録"這一標

---

[1] 按湯中言費有容"下筆極謹慎，除注明清諱應缺筆之外，餘無發明"。具體參見：湯中《宋會要研究》卷三《大典本〈宋會要〉輯訂始末》，上海商務印書館，1932年，60頁。

目,也是書吏所書,但卻不是《宋會要》原標目。就這一標目書寫錯誤的歸責,自然與熟悉又看重本朝《會要》體例的宋代編修者無關,只能是《大典》編修者或徐松手下的書吏。那麼,食貨一九標目書寫的錯誤究竟是誰造成的呢?

　　《輯稿·酒麴雜録》中尚有一處我們未加注意的標目,或許可以爲我們解決問題提供綫索。《輯稿·酒麴雜録》涉及建隆二年(961)至乾道九年(1173)之事,收録了《元豐增修會要》《續國朝會要》《國朝中興會要》和第一部《淳熙會要》即甲合訂本《酒麴雜録門》的内容。[1]《元豐增修會要》《續國朝會要》關於治平四年(1067)正月神宗即位至熙寧十年(1077)末之記事是處於交叉狀態。那麼,在重合的時間範圍内,《輯稿》取何本《宋會要》的記載? 對於此問題,陳智超先生在討論甲、乙合訂本時曾有過探討,陳先生認爲秘書省官員在編甲合訂本時將《元豐增修會要》這一段重復的内容删去,而在英宗末年加"以上國朝會要"的小注,個别門《續國朝會要》没有此項内容,或合併到其他門。[2]《酒麴雜録門》的確如此編撰,今《輯稿》食貨二〇之九在神宗即位後首條,即治平四年五月十四條前加一"酒麴"標目,以示區别(參見圖10)。"酒麴"標目書於首行"宋會要

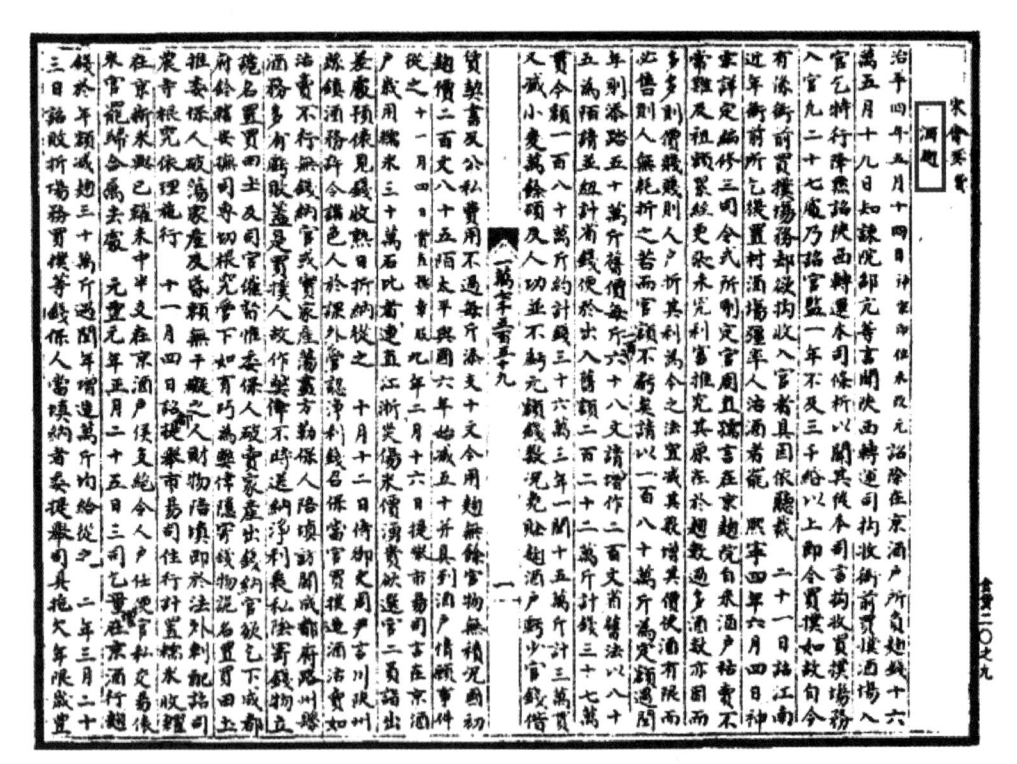

圖10

〔1〕 陳智超《解開〈宋會要〉之謎》,79頁。
〔2〕 陳智超《解開〈宋會要〉之謎》,79頁。

貨"之次行,書吏不可能預先留出正文的空白或空行給後人填寫標目,這肯定是書吏從《大典》中録下的標目。[1] 按《宋會要》的體例,這裏的標目應該是"酒麴雜録",而非"酒麴",這一錯誤是書吏從《大典》中抄出時疏忽而致的,還是《大典》中的標目就是如此?

徐松手下的書吏從《大典》卷 17558 至 17559"貨"字韻"食貨"事目下連續抄録出《輯稿》食貨一九之一至二一之一二。筆者將《輯稿》其他内容與食貨一九至二一的《輯稿·酒麴雜録》進行對比之後,發現抄寫這三部分的書吏素質可謂極高,其具體表現在版式上的抄寫,書吏幾乎完全遵照《大典》原格式。《大典》用每頁 16 行稿紙,雙行小字書寫,每一單行 26—28 字。若另起一條目,則空一格。[2] 今《輯稿·酒麴雜録》亦如此。而上文已述,食貨一九之一九和食貨二〇之一,食貨二〇之二三與食貨二一之一,這兩處的兩頁拼合,甚至可以完全恢復到《大典》中的原貌(參見圖 6、9)。書吏極力保留了《輯稿》食貨一九之一至二一之一二在《大典》中的原貌。至於這三部分的標目,自是十分重要的。故而,作爲一個素質極高的書吏,不可能將如此重要的標目摘抄錯誤。那麼,今本《輯稿》食貨一九之一至二一的標目,除上文已述的食貨二一的"酒麴雜録下"標目爲劉富曾等所加外,其他標目應是《大典》中的原標目。宋人對本朝《會要》體例自是十分熟悉,況且編修者均是學識極佳的史官,更不會將多本《宋會要》體例弄混。所以,造成《輯稿》這三部分標目不符合《宋會要》體例的責任,自當大多歸於《大典》編修者。

此外,還有兩個問題值得我們去探討:一是,《宋會要》原《酒麴雜録門》的整體大概面貌如何?或者説甲、乙合訂本俱在的《酒麴雜録門》該爲何樣?二是,《酒麴雜録門》現今面貌的造成者是誰?

原則上《酒麴雜録門》應該收録自太祖建隆元年至寧宗嘉定十七年之事,今卻僅存建隆二年至乾道九年的甲合訂本内容,缺乙合訂本之内容。這種内容的脱漏是何人造成的?按前文已述本部分保持了徐松等人從《大典》中輯出後的原貌。又雖徐松從《大典》中輯《宋會要》時,《大典》已缺 2404 卷、1154 册[3],然考《酒麴雜録門》後緊跟《買撲酒坊門》,均抄自《大典》卷 17559,故徐松所見《大典》之《酒麴雜録門》即是我們今所見《輯稿》中的内容。按南宋秘書省官員自不出此大錯,所以今《酒麴雜録門》内容的脱漏當歸因於《大典》編者的失誤。

----

[1] 陳智超《解開〈宋會要〉之謎》,47 頁。
[2] 姚廣孝、解縉等《永樂大典》,中華書局,1986 年。
[3] 張升《〈永樂大典〉流傳與輯佚新考》,社會科學與文獻出版社,2019 年,48—50 頁。

既然今我們能見的《酒麴雜録門》已經缺失乙合訂之内容,那若乙合訂本内容俱在,其標目當如何?或者説若將乙合訂本《酒麴雜録門》收入《大典》,其該擁有何種標目?由前文我們已知今《輯稿》食貨二〇之一至二一之一二爲《酒麴雜録門》,其中書於食貨二〇之一開頭的"酒麴雜録一"爲《大典》原標目,書於食貨二一之一的"酒麴雜録下"爲清人劉富曾所加的新標目應刪去。且無論是食貨一九之一九與食貨二〇之一,還是食貨二〇之二三與食貨二一之一,這兩頁原本可以完美拼合,那麼今《輯稿》食貨二一之内容原本緊接在食貨二〇之後,其間本無標目,即歸屬於甲合訂本《酒麴雜録門》的只有一個標目,即爲"酒麴雜録一"。據此我們可以大膽推測,若乙合訂本編入《大典》,其内容當原則上包含從淳熙元年至嘉定十七年,其標目應被明人編爲"酒麴雜録二"。

　　綜上,今《輯稿》食貨一九當復原爲《酒麴門》,食貨二〇之一至二一之一二復原爲《酒麴雜録門》。在復原本門時,我們還應當注意以下四個方面。首先,食貨二一之二二標目雖爲"權醋",看起來似乎能單獨成一門,但經過分析,《宋會要輯稿·權醋》内容當爲《大典》編修者據《酒麴雜録門》與《文獻通考》内容來新造的内容。因此,在復原時應將"權醋"標目下内容刪去。其次,我們還當注意因《輯稿》原有繫年錯誤,需基於重新辨析,將《酒麴雜録門》按年繫月重調順序。再次,今《輯稿·酒麴雜録》尚還存在脱漏,至少缺《輯稿》中明確認定爲本門的淳熙十一年十月一日條,復原是應補入。最後,《輯稿》食貨二〇、二一標目雖均爲"酒麴雜録",卻在表示順序時分別用了"一"和"下"。經過對比版式、嘉業堂清本的情況,"酒麴雜録一"當爲原標目,"酒麴雜録下"卻爲嘉業堂清本所加,復原時當刪去後一標目。

　　今《輯稿·酒麴雜録》標目錯亂無序,應歸因於《大典》編修者。此外,他們在編修《大典》時更未將《宋會要》乙合訂本收録,使得我們在《宋會要》原本佚失的今天更無法得知《宋會要·食貨類·酒麴雜録門》的全貌。至此,我們也大致釐清了《酒麴雜録門》的狀況,對其進行了範圍的確定,並依靠現有文獻對本門進行了一些復原。

〔劉應莎,大足石刻研究院助理館員〕

遼金元國家建構中的民族認同和國家認同
——以渤海人、契丹人爲例

關樹東

古代民族是族群共同體,民族認同是族群意識和行爲,指人們對自己族群的血緣、文化、歷史記憶和鄉土懷有的强烈感情和歸屬感、責任感,及相應的行爲實踐。國家是政治共同體,中國古代的國家認同即王朝意識及與之相應的政治行爲,指人們(人群、族群)對王朝政權正統性合法性及其制度和文化的認同,以及隨之而來的歸屬感、忠誠感和政治實踐。族群意識先於國家意識而産生,比國家意識更强烈更穩定更持久;國家認同以民族認同爲基礎,民族認同可以提升爲國家認同,也可以解構國家認同。[1]遼宋金元是中國歷史上又一個民族大遷徙大融合、從分裂到建構更加鞏固的統一多民族國家的時期。中國古代少數民族建立的遼金元朝各民族的民族認同和國家認同,突出表現了民族衝突和民族交融相互激蕩的時代特點。

一、渤海人對遼金兩朝認同的差異

契丹建國後,主要的戰略目標是南下中原,奪取其人口、財富和土地。首先恩威並施征服了鄰近的奚部落。耶律阿保機一面出兵,一面派族弟耶律曷魯持信箭説服奚人首領:"契丹與奚言語相通,實一國也。我夷離堇於奚豈有鞿轈之心哉?漢人殺我祖奚首,夷離堇怨次骨,日夜思報漢人。顧力單弱,使我求援於

---

[1] 參見王茂美《村落・國家:少數民族政治認同研究——以雲南爲例》,中國社會科學出版社,2015年;韋詩業《民族認同與國家認同的和諧關係建構研究》,中央編譯出版社,2017年。

奚,傳矢以示信耳。"[1]奚人遂降,成爲契丹征戰四方的得力武裝。爲了解除南下的後顧之憂,耶律阿保機决策先平定東西兩翼。天贊三年(924)六月,親征吐渾、党項、阻卜等西方諸部,至十月,"盡取西鄙諸部。"[2]次年九月,凱旋歸來。十二月,耶律阿保機舉兵親征渤海,詔曰:"所謂兩事,一事已畢,惟渤海世讎未雪,其宜安駐!"[3]唐朝前期,契丹人武裝反抗唐朝的統治,渤海人有可能曾協助唐朝鎮壓契丹。唐中期以後,唐朝中央對北邊部族的影響力下降,作爲"海東盛國"的渤海企圖控制相鄰的契丹。契丹建國後,四處征戰,對渤海國構成極大的威脅。渤海企圖阻遏契丹崛起,雙方的衝突升級。天贊三年五月,契丹"徙薊州民實遼州地。渤海殺其刺史張秀實而掠其民"。[4]一場决戰在所難免。故耶律阿保機對國人説契丹與渤海有"世讎",鼓舞他們同讎敵愾。《遼史》説:"東京故渤海地,太祖力戰二十餘年乃得之。"[5]

遼朝滅亡渤海國的戰争進行得異常激烈。耶律阿保機舉全國之力親征,率領各族將士,經過苦戰,兵臨渤海國都城下,國王大諲譔被迫投降,不久再次舉兵反抗,城陷被俘。耶律阿保機改渤海國爲東丹國,作爲契丹國的附庸國,册封長子耶律倍爲人皇王,任東丹國王;東丹國設置四個宰相,契丹人和渤海人各占兩席。渤海境内的反抗此起彼伏,待局勢緩和後,耶律阿保機帶大諲譔及渤海王族成員(後被安置在契丹腹地)班師,同時遣次子大元帥耶律德光等繼續鎮壓渤海人的反抗。[6]天顯元年(926)七月,耶律阿保機在歸途中病逝。隨行的述律皇后稱制攝政,護梓宫繼續向上京進發,耶律德光、耶律倍相繼趕到。述律皇后誅殺了支持立東丹王耶律倍爲皇帝的貴族大臣,扶持耶律德光繼承皇位。耶律倍怏怏失意回到東丹國。[7]此時東丹國的實權掌握在忠於述律太后和太宗耶律德光的契丹皇族、東丹國左相耶律羽之手上。在耶律羽之的謀劃和實施下,遼朝將渤海人的主體部分從牡丹江流域和長白山地區南遷到遼東地區,以便於控制。[8]升東平郡(今遼寧遼陽)爲南京,作

---

[1]《遼史》卷七三《耶律曷魯傳》,點校本二十四史修訂本,中華書局,2016年,1346頁。
[2]《遼史》卷二《太祖本紀下》,22頁。
[3]《遼史》卷二《太祖本紀下》,23頁。
[4]《遼史》卷二《太祖本紀下》,21頁。
[5]《遼史》卷二八《天祚皇帝本紀二》,374頁。
[6] 渤海國王出降後,渤海諸府州的反抗,見《遼史》卷二《太祖本紀下》,24—25頁。
[7] 參見《遼史》卷七二《耶律倍傳》,1334—1335頁;卷二《太祖本紀下》天顯元年十一月,述律太后"殺南院夷離堇耶律迭里、郎君耶律匹魯",25—26頁;耶律迭里擁戴東丹王耶律倍即帝位,被太后殘殺,見卷七七《耶律安搏傳》,1390頁。
[8] 參見《遼史》卷七五《耶律羽之傳》,1366頁;《耶律羽之墓誌》,向南等輯注《遼代石刻文續編》,遼寧人民出版社,2010年,3—4頁。

爲東丹國的政治中心。失意的耶律倍浮海流亡後唐，其妻蕭氏成爲名義上的東丹國主。[1] 耶律羽之死後，遼世宗封叔祖安端爲明王，主政東丹國，遼穆宗任命渤海族軍將高模翰爲中臺省右相，遷左相。[2] 遼聖宗即位之初，"省置中臺省官"，[3] 即精簡東丹國中臺省的官員；后來廢罷中臺省和東丹國，例由契丹貴族擔任的東京（由南京改稱）留守成爲渤海聚居區的最高行政、軍事長官。

契丹建國前後，多次出兵擄掠渤海邊民，安置在契丹腹地新建的州縣堡寨，與漢人交錯雜居，從事農業和手工業生產。渤海亡國後，契丹繼續將一部分渤海人遷徙到契丹、奚人分佈區，或隸屬州縣，或隸屬皇家宫分（斡魯朵），同時"徙其名帳千餘户於燕（南京地區）"。[4] 還有一些渤海人流亡到黑水靺鞨（女真）諸部和朝鮮半島。[5] 遼境内的渤海人，承擔賦税徭役，以及簽軍義務。遼朝的渤海軍是單獨編組的，主要屯駐於東京地區，是遼與高麗邊防的主力。如聖宗太平年間，渤海族軍將夏行美統領渤海軍屯戍保州。[6] 遼朝中後期，一部分渤海人被遷置東北路州縣。[7] 渤海人彪悍善戰，遼朝既簽徵渤海人從軍，驅使他們爲遼朝征戰，守衛國土，又對他們處處設防。

渤海人對遼朝的政治認同，遠低於遷徙到塞外的漢人，也低於幽雲地區的漢人。主要原因是渤海人有亡國之恨，亡國於契丹的慘痛記憶，使渤海人很難融入新朝。雖然塞北漢人也有流離之苦，但相當一部分人是爲躲避唐末五代戰亂主動北來的；即便那些被擄掠來的中原漢人，當契丹貴族讓他們營建城邑堡

---

[1] 據《遼史》卷三《太宗本紀上》，東丹王於天顯五年（930）十一月出走後唐，次年正月，太宗"如南京（遼陽府）"，三月，"人皇王倍妃蕭氏率其國僚屬來見。"五月，太宗"至自南京"。34—35頁。

[2] 安端，"天禄初以功王東丹國，賜號明王"，見《遼史》卷六四《皇子表》，1071—1072頁。高模翰爲東丹國左、右相，見《遼史》卷七六本傳，1378頁。

[3] 《遼史》卷一〇《聖宗本紀一》乾亨四年十二月，116頁。據《遼史》卷三《太宗本紀上》（35頁），中臺省置於天顯六年四月，時遼太宗正巡幸南京遼陽府。統和十六年二月，耶律喜羅被任命爲中臺省左相。卷一四《聖宗本紀五》，167頁。此後不再見除授中臺省官員的記録，東丹國也不再見諸史籍或石刻。

[4] 洪皓《松漠紀聞》，趙永春輯注《奉使遼金行程録》（增訂本），商務印書館，2017年，317頁。

[5] 契丹擄掠渤海人，安置在契丹、奚人分佈區，或隸屬州縣，或隸屬皇家宫分，散見於《遼史》卷三七《地理志一》"上京道"，卷三九《地理志三》"中京道"，卷三一《營衛志上》"宫衛"。渤海亡國後國人的去向，參見郭素美等《遼金時期的渤海移民研究》上篇第一章《渤海移民的流向》，黑龍江人民出版社，2012年，13—33頁。

[6] 渤海軍屯戍保州，見《遼史》卷八七《夏行美傳》，1470頁。遼末，女真將起兵，東北路統軍司急奏，"北樞密院劄付東京兵馬都部署司重遣渤海子弟一千人，以海州（今遼寧海城）刺史高仙壽充統領官，應援寧江州（今吉林松原境内）。"《三朝北盟會編》卷二一，引史愿《亡遼録》，上海古籍出版社，2008年影印本，150頁。《契丹國志》卷一〇《天祚皇帝上》天慶四年八月條作三千人，上海古籍出版社，1985年，102頁。

[7] 如建置於遼興宗重熙八年的長春州（今吉林松原他虎城），兵事隸東北路統軍司，管轄一縣即長春縣，"燕薊犯罪者流配於此，户二千。"《遼史》卷三七《地理志一》，503頁。但據《遼史》卷二八《天祚皇帝本紀二》記載，天慶六年（1116）七月，"春州渤海二千餘户叛，東北路統軍使勒兵追及，盡俘以還。"375頁。春州即長春州，遼朝皇帝春捺鉢之地，很可能初置時人口主要來自於流配的燕薊罪犯，後來補充以渤海人。長春州以北的寧江州也有渤海人。據《金史》卷二《太祖本紀》記載，女真攻打寧江州之前，派人抓捕遼鷹障官寧江州渤海人大家奴。時任寧江州防禦使大藥師奴，也是渤海人。中華書局，2020年修訂本，26—27頁。寧江州，初置於遼道宗清寧中，領混同一縣（《遼史》卷三八《地理志二》，539頁），居民可能渤海人居多。

寨,定居生産,男女婚配,他們便逐漸聽天由命。[1] 援立石晉而得的幽雲地區,依舊保持原來的生産生活方式,遼朝也没有剥奪當地人的財産權。遼朝"官分南北,以國制治契丹,以漢制待漢人",對各民族的統治,"因俗而治"。[2] 與唐末五代的戰亂相比,相對和平的環境讓幽雲地區以及來自幽雲、河北地區的塞北漢人可以過上安定的生活,而經過長期的胡人統治和胡漢雜居,幽雲、河北地區漢人的華夷之辨和正統觀念亦比較淡漠。

漢人是遼朝人口最多的民族,幽雲地區也是遼朝稅賦的主要來源地。遼朝優待漢人土著地主和軍功地主,讓他們加入政權,輔助契丹貴族的統治。遼朝漢人的政治參與度明顯高於渤海人。渤海人在遼朝的政治地位不高,明顯低於漢人和奚人。渤海人和漢人一樣都屬於南面官管理系統,南面官的最高中樞機構南樞密院、輔政機構中書省的長貳官,以及五京留守、州節度使、財賦路計使這樣的高官,極少見渤海人,而漢人佔據明顯優勢。東京留守和東京統軍使均由契丹貴族擔任,絶大多數出身皇族或后族,渤海人只能擔任副留守以下官員和副將以下軍官。《遼史》入傳的渤海人,前期只有高模翰(官至中臺省左相),中期只有夏行美(東京統軍使副將、蔚州節度使)、大康乂(南府宰相),後期只有大公鼎(東京户部使、中京留守),[3] 一共4個人,低於奚人的7人,遠低於漢人的58人,更低於契丹人的230多人,這大體上反映了各民族在遼朝政權中的地位。[4]

渤海人的反抗鬥争,貫穿遼朝始終。遼景宗保寧七年(975),黄龍府(渤海國時期稱扶餘府)軍將、渤海人燕頗舉兵反遼,率部北投兀惹部。[5] 兀惹部和燕頗部衆聯合反抗遼朝的鬥争持續了30年以上。遼聖宗統和十三年(995),遣奚王和朔奴討伐兀惹部和渤海燕頗聯軍;開泰年間(1012—1020),遼聖宗曾親征渤海,可能指的也是這支渤海遺民。[6] 遼聖宗太平九年(1029)八月,東京軍官渤海人大延琳舉兵反抗遼朝的統治,稱帝建國,得到女真各部落的支持,被鎮

---

[1]《新五代史》卷七二《四裔附録第一·契丹》記載:"劉守光暴虐,幽涿之人多亡入契丹。阿保機乘間入塞,攻陷城邑,俘其人民,依唐州縣置城以居之……阿保機率漢人耕種,爲治城郭邑屋廛市如幽州制度,漢人安之,不復思歸。"點校本二十四史修訂本,中華書局,2015年,1002—1003頁。參見《遼史》卷七四《韓延徽傳》,1357頁。

[2]《遼史》卷四五《百官志一》,773頁。

[3] 見《遼史》卷七六《高模翰傳》,1377頁;卷八七《夏行美傳》,1470頁;卷八八《大康乂傳》,1481頁;卷一〇五《大公鼎》,1608頁。

[4] 見漆俠《從對〈遼史〉列傳的分析看遼國家體制》,《歷史研究》1994年第1期。

[5] 兀惹部原隸屬渤海,渤海亡國後建立定安國,見《宋史》卷四九一《定安國傳》,中華書局,1985年,14128頁。

[6]《遼史》卷一三《聖宗本紀四》統和十三年七月,159頁;《遼史》卷九二《耶律古昱傳》,1507頁。

壓。部分渤海人因之被從東京地區遷出,分散到上京、來州等地。[1]遼末,乘女真起兵之機,各地渤海人再次掀起反抗浪潮。契丹腹地饒州的渤海人古欲發動起義,自稱大王;契丹貴族耶律章奴反叛,與饒州等地渤海起義軍組成聯軍,進攻遼帝行宮,攻陷高州。[2]規模最大的是東京渤海人起義,"嚴酷,渤海苦之"的留守蕭保先被殺害,東京裨將高永昌率領渤海軍民攻佔東京,稱帝建元;長春州、廣州等地的渤海人舉兵起義,響應高永昌。[3]在反抗遼朝的鬥爭中,渤海人的民族認同得到強化,對遼朝的認同一再被解構。

女真之外的族群,渤海人最早認同金政權。在舉兵抗遼之初,完顏阿骨打便提出"女真、渤海本同一家"的口號,[4]意爲他們都是勿吉七部的組成部分,以爭取渤海人的政治認同。金朝釋放俘獲的渤海兵士,連同已經歸附的渤海人,讓他們回家鄉宣傳女真對渤海人的懷柔招撫政策。完顏阿骨打與高永昌聯絡,互相呼應,予以支援。當高永昌稱帝建國時,完顏阿骨打迅速調兵圍剿,攻陷東京遼陽府,完成遼東地區的統一。[5]渤海復國的夢想破滅後,渤海人轉而支持"本同一家"的女真,"永昌敗,渤海人爭縛永昌以爲功",共同參加到推翻遼朝統治的戰鬥中。辰州渤海人王政,拒從高永昌反金,高永昌敗亡後,授盧州渤海軍謀克,"從破白霫,下燕雲",滅遼後復從征宋朝,被授以滑州安撫使。此前,宋朝多個州郡在投降金軍後又殺害守將反水,王政的處境十分危險。面對衆人的擔憂,他表示"苟利國家,雖死何避"。[6]在渤海人看來,大金國是女真和渤海人共同的國家。

金朝佔領遼東後,"詔除遼法,省賦稅,置猛安謀克一如本朝之制"。[7]金熙宗時期,因爲猛安謀克組織不便於渤海人和漢人的生產生活,所以恢復了遼東地區渤海人和漢人的州縣建置,不再繫於猛安謀克。[8]女真貴族扶持渤海

---

[1]《遼史》卷一七《聖宗本紀八》太平九年八月,230頁。同卷太平十年十一月記載,詔遷渤海人分居來、隰、遷、潤等州,232頁。參見卷三九《地理志三》來州,553—554頁。隰、遷、潤三州是來州節鎮之屬州。大延琳起義失敗後,東京渤海人外遷目的地還有上京易俗縣、遷遼縣、渤海縣。見卷三七《地理志一》,498頁。

[2]《遼史》卷二八《天祚皇帝本紀二》天慶五年二月、九月,六年二月、三月,371、373、374頁。

[3]《遼史》卷二八《天祚皇帝本紀二》天慶六年正月、閏月、七月,374—375頁。

[4]《金史》卷一《太祖本紀》,27頁。

[5] 女真釋渤海俘,招諭高永昌及取東京事,見《金史》卷七一《幹魯傳》。"初,太祖下寧江州,獲東京渤海人皆釋之……至是,東京人恩勝奴、仙哥等,執永昌妻子以城降,即寧江州所釋東京渤海人也。"在命將討伐高永昌的詔書中,完顏阿骨打就說:"東京渤海人德我舊矣,易爲招懷。如其不從,即議進討,無事多殺。"1733、1735頁。

[6]《金史》卷一二八《王政傳》,2912頁。

[7]《金史》卷七一《幹魯傳》,1735頁。

[8]《金史》卷八〇《大臭傳》,金熙宗"天眷三年(1140),罷漢、渤海千户謀克"。1923頁。卷四四《兵志》載,金太宗"天會二年(1124),平州既平,宗望恐風俗揉雜,民情弗便,乃罷是制"。意即此後不再於新佔領的漢地推行猛安謀克行政制。"熙宗皇統五年(1145),又罷遼東漢人、渤海猛安謀克承襲之制。"這和《大臭傳》所記天眷三年有異。1063頁。

大氏、李氏、高氏、張氏等大族,與他們通婚,如"天輔間,選東京士族女子有姿德者赴上京",[1]與皇族及女真貴族子弟通婚,後來一直保持這種通婚關係,並讓他們加入金政權。正如南宋人所言:"有兵權、錢穀,先用女真,次渤海,次契丹,次漢兒……契丹時不用渤海,渤海深恨契丹。女真兵興,渤海先降,所以女真多用渤海為要職。"[2]《金史》立傳的大㚖、大磐父子(卷八〇),大懷貞(卷九二),高六哥、高彪父子(卷八一),李石、李獻可父子(卷八六),張浩、張汝霖父子(卷八三),張玄素、張玄徵、張汝弼兄弟父子(卷八三),高楨(卷八四),高德基、高錫父子(卷九〇、卷一二一),高衎(卷九〇),高守約(卷一二一),高竑(卷一〇〇),高松(卷八二),王政、王庭筠祖孫(卷一二六、卷一二八)等渤海人,或以戰功,或以科舉,或以蔭補,在地方政府和中央擔任要職,直至宰執。《金史》無傳的渤海人楊樸、高慶裔,在女真建國、金與遼宋交涉、交戰中發揮了重要作用。[3]金朝統治者希望通過渤海大族和官員的政治認同帶引渤海民眾的認同。特別是金海陵王的母親和元妃,金世宗的母親和三個妃子,出自渤海大族大氏、李氏、張氏,她們的家族在金朝享有榮寵,對金政權的認同度高,對渤海人的政治認同具有重要影響。金代的漢人、契丹人、奚人都屢有反叛行徑,唯獨渤海人例外,說明金朝對渤海人的民族政策是成功的,渤海人對金政權具有高度認同。渤海人自身的民族認同逐漸淡化,或者融入女真,或者被漢族同化。

二、契丹人在金元兩朝的政治認同

遼亡以後,除追隨耶律大石西遷的部眾,以及少量投奔宋朝和西夏者,大多數契丹人被迫接受了金朝的統治。金境內的契丹人,仍以故地為主要分佈區,一部分被編置成猛安謀克組織,另一部分仍以部落形式存在。[4]契丹人痛恨宋朝背信棄義,撕毀遼宋澶淵之盟,與女真結盟,夾攻遼朝,致使遼亡國。為報復宋朝,契丹人在金朝征服北宋、追擊南宋的戰爭中十分賣力。[5]但女真統治

---

[1]《金史》卷六四《睿宗貞懿皇后李氏傳》,1616頁。
[2] 徐夢莘《三朝北盟會編》卷九八,引趙子砥《燕雲錄》,上海古籍出版社,2008年影印本,725頁。
[3] 參見郭素美等《遼金時期的渤海遺民研究》下篇第二、三章,黑龍江人民出版社,2012年,105—130頁。楊樸、高慶裔,詳見李秀蓮《金朝"異代"文士的民族認同之路》第二章,中華書局,2017年,72—118頁。楊樸,見於《遼史》和《三朝北盟會編》等宋籍,《金史》作楊璞。
[4] 詳見夏宇旭《金代契丹人研究》第三章《金代契丹人的社會組織》,中國社會科學出版社,2014年,94—121頁。
[5]《大金國志校證》卷三《太宗文烈皇帝一》,中華書局,1986年,44頁。

者對契丹將士並不信任,多加戒備。遼朝亡國前歸降金朝的契丹皇族、金元帥左監軍耶律余睹,奉命征討耶律大石,因逗留不進,並丢失信符,受到懷疑和監視。他聯絡其他契丹將領,如南京統軍使蕭高六、蔚州節度使蕭特謀等,欲發動契丹、漢人舉行兵變。結果密謀提前洩露,耶律余睹率少數親兵出逃,被北方的轄韃人奉金朝之命殺害。金朝下令嚴厲搜捕耶律余睹餘黨,"凡預謀者悉誅。契丹之黠,漢兒之有聲者,皆不免"。[1]金境内契丹人紛紛逃亡,"諸契丹相穩酋首率衆蜂起,亡入夏國,及北奔沙漠"。[2]金海陵王統治時期,奚人蕭裕官至右丞相,君相生隙,害怕招致殺身之禍,便與契丹五院部節度使耶律朗、前真定尹蕭馮家奴、前御史中丞蕭招折等契丹、奚族官員謀反,密商擁戴遼天祚帝之孫爲帝,結果被西北路招討使蕭懷忠告發,遭到誅殺。[3]此後,契丹人大大小小的反抗從未間斷。規模較大者,有金海陵王正隆末至金世宗大定初契丹人撒八、移剌窩斡領導的大規模起義,金章宗明昌、承安年間的契丹人起義,以及金末耶律留哥起義。[4]這説明契丹人對金朝的政治認同十分有限。

　　金朝對契丹人的民族歧視和壓迫是政治認同薄弱的重要現實原因。女真統治者頑固堅持女真本位主義,對包括契丹人在内的異族始終懷有戒心。經過契丹起義軍的打擊以及契丹人逃亡西遼事件,金世宗對契丹人的偏見加深。他對宰臣們説:"海陵時,契丹人尤被信任,終爲叛亂,群牧使鶴壽、駙馬都尉賽一、昭武大將軍术魯古、金吾衛上將軍蒲都皆被害。賽一等皆功臣之後,在官時未嘗與契丹有怨。彼之野心,亦足見也。"金世宗認爲:"大石在夏國西北。昔窩斡爲亂,契丹等響應,朕釋其罪,俾復舊業,遣使安輯之,反側之心猶未已。若大石使人間誘,必生邊患。"[5]他進一步加强了對契丹人的管控。大定十七年,"以西南、西北招討司契丹餘黨心素狠戾,復恐生事,它時或有邊隙,不爲我用,令遷之於烏古里石壘部及上京之地"。次年,"命部族、乣分番守邊"。[6]分佈在西北路、西南路兩招討司轄區的契丹、奚人部落,統稱乣軍,承擔繁重的戍邊和群牧任務,以及諸如修築城堡界壕等勞役。金章宗承安年間的契丹人起義被鎮壓後,金廷"移諸乣居之近京地",[7]以便於控制。

---

　　〔1〕　洪皓《松漠紀聞》,趙永春輯注《奉使遼金行程録》,321頁。參見《金史》卷一三三《耶律余睹傳》,3004—3007頁。
　　〔2〕　《大金國志校證》卷七《太宗文烈皇帝五》,117頁。
　　〔3〕　《金史》卷一二九《蕭裕傳》,2944—2947頁。
　　〔4〕　詳見夏宇旭《金代契丹人研究》第一章第三節,42—53頁。
　　〔5〕　《金史》卷八八《唐括安禮傳》,2086—2087頁。
　　〔6〕　《金史》卷四四《兵志》,1064—1065頁。
　　〔7〕　《金史》卷九四《完顔襄傳》,2218頁。

金朝對契丹上層人物也採取籠絡政策,把他們納入官僚體系。對契丹官僚、上層、富民的經濟利益也予以適當保護,保留他們的財產和奴隸。但契丹官員、將領常被疑忌有貳心,與叛軍或西遼串通。金海陵王篡位後誅殺女真貴族,相對疏遠女真官員,提拔重用了一批契丹、奚、漢人官員。他派遣契丹族官員西京留守蕭懷忠、北京留守蕭賾、右衛將軍蕭禿剌等人鎮壓契丹起義軍,圍剿失利,於是懷疑"懷忠與蕭裕皆契丹人,本同謀,逾年乃執招折(蕭裕同黨)上變。而撒八亦契丹部族,恐其合",[1]便藉口追剿叛軍不力,下令將他們處死。當然,加入金政權的多數契丹官員,在儒家忠義思想的薰陶下,還是效忠金朝的。早期的代表人物如蕭仲恭、蕭仲宣兄弟,[2]中後期的代表人物如耶律履、耶律辨才、耶律善才、耶律楚材父子兄弟。[3]《金史》列傳契丹人傳主30餘人,絕大多數堪稱忠良之臣,還有4個契丹人載入《金史·忠義傳》。[4]蒙古軍攻陷金南京開封府後,中書省員外郎耶律楚材被帶到蒙古汗廷,成吉思汗對他說:"遼金世讎,朕爲汝雪之。"耶律楚材回答說:"臣父祖嘗委質事之,既爲之臣,敢讎君耶?"[5]這種思想觀念在仕金之契丹官員中具有一定的普遍性。

　　相較於在金朝仕宦的契丹上層人物,普通契丹人,包括部分基層官員,長期遭受壓迫和剝削,對金朝的政治認同度始終不高。直到金末,不少契丹人仍難忘家讎國恨,抱有報讎復國的信念。成吉思汗以滅亡金朝、幫助契丹人報讎雪恥爲號召,積極爭取契丹人的認同和效忠。耶律阿海、耶律禿花兄弟早在成吉思汗建國前就投奔其麾下,都是"同飲班术河水"爲盟的功臣。[6]遼代后族遺裔石抹(蕭)也先,"其祖庫烈兒誓不食金禄,率部落遠徙……父脱羅華察兒亦不仕。"石抹也先十歲時"從其父問宗國之所以亡,即大憤曰:'兒能復之!'"後"聞太祖起朔方,匹馬來歸"。[7]蒙金戰爭爆發前就主動投奔蒙古,並在後來的滅金戰爭中建立功勳的契丹人當不在少數。蒙金戰爭爆發後,投奔蒙古的契丹人更多。1215年,迪列紇部的石抹阿辛"率北京(治今内蒙古寧城縣)等路民一萬

---

[1]《金史》卷九一《蕭懷忠傳》,2147頁。
[2]《金史》卷八二《蕭仲恭傳》,1965—1967頁。
[3] 參見《金史》卷九五《移剌履傳》,2227—2229頁;元好問《龍虎衛上將軍耶律公墓志銘》、《尚書右丞耶律公神道碑》,《元好問全集》卷二六、二七,山西人民出版社,1990年,630頁,651—656頁;宋子貞《中書令耶律公神道碑》,《元文類》卷五七,四庫文學總集選刊,上海古籍出版社,1993年,751頁。
[4]《金史》卷一二一《訛里也傳》《石抹元毅傳》《移剌古與涅傳》,2784、2787、2793頁;卷一二二《移剌阿里合傳》,2813頁。
[5]《元史》卷一四六《耶律楚材傳》,中華書局,1976年,3455頁。
[6]《元史》卷一四九《耶律禿花傳》,卷一五〇《耶律阿海傳》,3532、3549頁。
[7]《元史》卷一五〇《石抹也先傳》,3541頁。

二千餘户"歸附蒙古。[1]同年,蒙古大軍圍攻金中都(時金廷已南遷南京開封府),駐防中都以北的乣軍叛金降蒙。

蒙古軍南征,金朝北邊千户耶律留哥等契丹將領乘機起義,數月間就結集了以契丹人爲主力的各族軍民十餘萬人。起義軍雖然在是否臣屬蒙古人的問題上有意見分歧,但反金主張是一致的。耶律留哥反對稱帝,主動朝覲成吉思汗。起義軍内訌,幾經爭鬥,獨立建國派失勢。耶律留哥在蒙古軍的幫助下返回遼東,受封遼王,子孫世襲王爵。[2]對其他征戰有功的契丹人,蒙古統治者亦授予其官職,並允許世襲,這對籠絡契丹上層人物發揮了重要作用。元朝將境内人口按族群、地域以及入元前的隸屬關係,分成蒙古人、色目人、漢人、南人四大類,政治待遇和社會地位有所不同,類似民族等級制度。漢人實際是金朝治下各民族的泛稱,包括漢、契丹、女真、渤海等族。[3]成吉思汗接受衆將覲見,下令"漢人先納款者,先引見",太傅阿海奏報劉伯林最先納款,成吉思汗卻説:"伯林雖先,然迫於重圍而來,未若留哥仗義效順也,其先留哥。"[4]因爲契丹人能征善戰,又較早歸附,故多數被納入軍户,他們的處境要比一般的民户好一些,多有因軍功被授予官職者。有元一代,契丹人對蒙古統治者的政治認同和效忠是比較高的。他們逐漸融入漢族、蒙古族中。

三、遼金元國家建構中的認同問題

中國古代多民族國家内的民族關係,與王朝國家的建構過程及其實行的統治政策,存在緊密聯繫。遼金元朝都是少數民族建立的專制主義中央集權多民族國家,對各民族大致採取因俗而治政策,並籠絡各民族上層人物協助其統治,都逐步確立了儒家思想文化的主導地位,這是王朝建構中各民族政治認同的基礎。如遼朝對契丹、奚族等遊牧民族實行部落制,採用契丹傳統的習慣法;對渤海人和漢人實行州縣制,適用唐代律令制法律體系。這樣的統治制度和政策,比較有利於各民族對遼朝的認同。但是,作爲少數民族通過武力征服建立的王朝,推行民族本位政策,統治民族的貴族、官僚享有超强的政治、經濟特權,致使

---

[1]《元史》卷一五二《石抹阿辛傳》,3603頁。或以爲石抹也先即石抹阿辛,見《元史》卷一五二校勘記[一四],3608頁。
[2]《元史》卷一四九《耶律留哥傳》,3511—3515頁。
[3]《南村輟耕録》卷一"氏族·漢人八種",中華書局,1959年,13—14頁。
[4]《元史》卷一四九《耶律留哥傳》,3512—3513頁。

國内民族矛盾錯綜複雜,民族認同和王朝國家認同之間的矛盾對立比較突出。上文對居於被統治民族地位的渤海人、契丹人在遼金元王朝國家建構中民族認同和國家認同問題的展開,説明由於歷史際遇和社會環境不同,不同的民族,對同一王朝國家的認同存在很大的差異;同一個民族,對不同王朝國家的認同也有很大的差異。這兩種差異進一步凸顯了遼金元王朝國家建構中民族問題的複雜性。

在遼朝直接統治的幾大民族中,渤海人的政治認同最低。主要原因是渤海人有亡國之恨。亡國於契丹的慘痛歷史記憶,使渤海人始終懷有一種亡國奴心態,民族認同與遼朝認同很難對接。對於金治下的契丹人而言,金朝滅亡遼朝的家讎國恨,以及耶律大石建立的西遼的存在,是他們難以認同金朝的重要原因。西遼政權是遼朝的延續,對契丹人有很强的吸引力。金初鎮壓耶律余睹餘黨,出奔沙漠的契丹人,有不少人遠投西遼。[1] 金中期撒八領導契丹人反抗金朝,一度欲投奔西遼。[2] 金世宗大定間,有監察御史巡視邊境,從行的四個契丹押剌(拽剌,漢譯勇士)"自邊亡歸大石"。[3] 金末契丹人移剌捏兒,幼有大志,"聞(元)太祖舉兵,私語所親曰:'爲國復讎,此其時也。'率其黨百餘人詣軍門,獻十策"。[4] 這説明如果王朝國家曾給某個民族造成創傷性歷史記憶,如暴力滅亡他國,他國主體民族對母國的懷念和復讎心理强烈,就會凝聚民族認同,難以建立對王朝國家的認同,而視滅亡"讎國"的新政權爲解放者,容易産生親近感和認同感。國家認同度高,民族意識就不那麽强,有利於該民族與其他民族的融合發展。

遼朝對渤海人、金朝對契丹人的社會控制比較嚴。如遼朝爲防範渤海人反抗,幾次强制渤海人集體遷徙,並長期"禁渤海人擊毬"。遼興宗重熙七年(1038),蕭孝忠出任東京留守,上書稱:"東京最爲重鎮,無從禽之地,若非毬馬,何以習武? 且天子以四海爲家,何分彼此? 宜弛其禁。"朝廷才解禁。[5] 金朝爲防範契丹逃亡和反抗,把與亂的契丹人强制遷徙到東北地區。[6] 女真統治者頑固堅持女真本位主義,對異族始終懷有戒心。尤其經過契丹起義軍

---

[1] 《大金國志校證》卷七《太宗文烈皇帝五》所載"亡入夏國,及北奔沙漠"(117頁)的契丹人,不少應是投奔了耶律大石。外山軍治《金朝史研究》(李東源譯,黑龍江朝鮮民族出版社,1988年,67頁)和孫進己《北方民族史研究》(中州古籍出版社,1996年,449頁)均持此説。
[2] 《金史》卷一三三《移剌窩幹傳》,3008頁。
[3] 《金史》卷八八《唐括安禮傳》,2086頁。
[4] 《元史》卷一四九《移剌捏兒傳》,3529頁。
[5] 《遼史》卷八一《蕭孝忠傳》,1417頁。
[6] 見前揭《金史》卷四四《兵志》(1064頁),參見卷八八《唐括安禮傳》(2087頁)。

的打擊,金朝統治者加深了對契丹人的偏見。如有的大臣主張女真和各民族"今皆一家",不應該區別對待,金世宗則堅持認爲"所謂一家者,皆一類也。女直、漢人,其實則二。朕即位東京,契丹、漢人皆不往,惟女直人偕來,此可謂一類乎?"又狡辯道:"朕非有分別,但善善惡惡,所以爲治。異時或有邊釁,契丹豈肯與我一心也哉!"[1]這種思想無非就是"非我族類,其心必異"。他下令把捲入過叛亂的契丹人強制遷徙到東北地區,解散契丹人的猛安謀克組織,將契丹人編入女真猛安謀克,強制契丹與女真雜居通婚,"漸化成俗",[2]即削弱契丹民族屬性,實行強制同化措施。金末蒙古人崛起後,金朝把大量契丹人南遷到中都以北,又"疑遼遺民有他志,下令遼民一户以二女真户夾居防之。"[3]歷史一再證明,如果統治者對某個民族缺乏信任,過分限制某個民族的個體和群體行爲,強迫某個民族的成員從鄉土遷出,強制同化某個民族,會使被統治民族對"他者"與"我者"做出強烈區隔,嚴重削弱對王朝國家的認同。

遼初強制渤海人從舊地向遼東遷徙,"其民或亡入新羅、女直,因詔困乏不能遷者,許上國富民給贍而隸屬之"。[4]"上國"即契丹國,意即允許契丹貴族、牧主役使貧困的渤海人爲私奴部曲。遼前期遼東地區"未有榷酤鹽麴之法,關市之征亦甚寬弛",至遼聖宗統治的後期,馮延休、韓紹勳相繼任東京户部使,一如南京漢地征榷征商,"民不堪命";又值南京饑荒,東京主計官獻計造船,招募熟悉航海的渤海人往南京運糧,"水路艱險,多至覆没。雖言不信,鞭楚搒掠,民怨思亂"。[5]這成爲渤海大延琳反叛的導火索。強制遷徙,也造成渤海人財産的損失。金朝的契丹人承擔繁重的賦役,特別是戍邊和出征,往往導致貧窮破産。金朝常疑忌契丹官員和將領有貳心,與叛軍或西遼串通。統治民族過分剥奪或剥削某個民族的政治、經濟資源,使之感受到強烈的"被剥奪感",會在客觀上強化該民族的自我認同,解構其國家認同,造成民族認同與國家認同的對立。

中國統一多民族國家的歷史源遠流長。各民族友好交往、互通有無、融合發展、共同開發和建設祖國是中國古代民族關係史的主流,各民族的民族(族群)認同和國家認同呈現同向同構共生的趨勢。但由於歷代王朝執行民族歧

---

[1]《金史》卷八八《唐括安禮傳》,2086—2087 頁。
[2]《金史》卷八八《唐括安禮傳》,2087 頁。
[3]《元史》卷一四九《耶律留哥傳》,3511 頁。
[4]《遼史》卷三《太宗本紀上》,32 頁。
[5]《遼史》卷一七《聖宗本紀八》,230 頁。

視和民族壓迫政策,加之各民族統治階級的貪婪,民族認同和國家認同這對矛盾統一體也存在一定程度的對立,中國歷史上的民族衝突現象史不絶書。唯有中華人民共和國的建立,爲中華民族各成員民族認同與國家認同的互輔共生提供了思想、制度、道路的保障。

〔關樹東,中國社會科學院古代史研究所副研究員〕

宋人所記遼代地方區劃簡析*

康　鵬

　　宋人對於契丹之風土人情、山川地理諸方面相當重視,使臣出使之後需提交語録,契丹官員逃奔宋朝後會介紹遼朝狀況,宋人在編纂某些書籍時也會對契丹境土予以關注。這些都爲我們探討遼朝地方區劃提供了文獻上的基礎。目前學界關於遼代政區爭議的焦點在於五京道的有無,本文無意於陷入此一爭論,只是想從宋人記載的角度談談他們對此的認知。是故,筆者擬從宋朝使臣之記載、由遼入宋歸明人的匯報、宋方書籍中的契丹史地資料三個方面對此略作申説。

一、宋朝使臣之記載

　　宋人余靖曾於宋仁宗慶曆三年至五年(遼興宗重熙十二年至十四年,1043—1045年)三使遼廷,他本人懂契丹語,曾作契丹語詩,深受契丹君臣喜愛。[1] 是故,余靖對於契丹的瞭解,顯然要多於其他使臣。他在《契丹官儀》中詳細介紹了契丹地方的軍政、財政狀況,其文曰:

　　　　契丹之掌兵者,燕中有元帥府,雜掌蕃漢兵,太弟總判之。其外則有北王府、南王府分掌契丹兵,在雲州、歸化州之北,二王皆坐在樞密下、帶平章事之上,舊例皆賜御服。節度使參於旗纛之南。乙室王府亦掌契丹兵,然稍卑矣。其有居雁門

---

* 本文係國家社會科學基金重大項目"《宋會要》的復原、校勘與研究"(14ZDB033)階段性成果。
〔1〕《契丹國志》卷二四"余尚書北語詩",中華書局,2014年,260頁。

之北,似是契丹別族,其坐在上將軍之上。又有奚王府,掌奚兵,在中京之南,與留守相見則用客禮。大抵契丹以元帥府守山前,故有府官,又有統軍掌契丹、渤海之兵,馬軍步軍一掌漢兵。以乙室王府〔守〕山後,又有雲、應、蔚、朔、奉聖等五節度營兵,逐州又置鄉兵。其西南路招討掌河西邊事,西北路招討掌撻笪等邊事,其東北則有撻領相公掌黑水等邊事,正東則有注展相公掌女真等邊事,此皆守邊者也。

胡人司會之官,雖於燕京置三司使,唯掌燕、薊、涿、易、檀、順等州錢帛耳;又於平州置錢帛司,營、灤等州屬焉;中京置度支使,宜、霸等州隸焉;東京置戶部使,遼西、川、錦等州隸焉;上京置鹽鐵使,饒、澤等州隸焉;山後置轉運使,雲、應等州屬焉。置使雖殊,其實各分方域,董其出納也。[1]

表一 《契丹官儀》所載遼朝地方區劃簡表[2]

財政	司會之官六處	燕京三司、平州錢帛司、中京度支、東京戶部、上京鹽鐵、山後轉運
行政	未載	未載
軍政	山前	元帥府、統軍、馬步軍
	山後	乙室王府;雲、應、蔚、朔、奉聖等五節度營兵
	中京之南	奚王府
	河西邊事	西南路招討
	撻笪等邊事	西北路招討
	東北黑水等邊事	撻領相公
	正東女真等邊事	注展相公

由於遼朝於重熙十四年升雲州爲西京,以西京都部署司統雲、應等五州節度使之兵,《契丹官儀》未及西京事,故所載當是重熙十四年西京建立之前的情況。同樣,余靖亦未提及遼朝的"京道"建置。他首先介紹的就是遼朝地方的軍事情況。山前之軍由燕京元帥府統轄,管蕃漢之兵。這與下文《亡遼錄》所載燕京總管府的情況一致(按總管府即元帥府,前後名稱不一耳)。山後之軍,則有南北王府、奚王府、乙室王府之軍,又有雲、應、蔚、朔、奉聖等五節度營兵。此外遼代西南、西北、東北及東部邊境亦設有相應的軍事機構。余靖對於遼朝地方軍事機構的敘述,在層級、統屬關係上多少有些含混不清,不過這很有可能是遼朝的真實狀況,即遼朝在地方的軍事架構上並沒有特別規整的制度設計。

---

[1] 余靖《武溪集》卷一八《契丹官儀》,《北京圖書館古籍珍本叢刊》影明成化九年刊本,書目文獻出版社,1998年。

[2] 余靖《武溪集》卷一八《契丹官儀》。

至於財賦機構,余靖的介紹較爲清楚,重熙十四年前遼朝的財賦路劃分情況爲上京鹽鐵使司、中京度支使司、東京户部使司、燕京三司使司、山後轉運使司、平州錢帛司,共計六路財賦路。山後轉運使司的設置表明,遼朝在山後諸州財賦機構的整合上,要早於軍事機構的整合。在西京建立之後,遼朝才將山後五節度州的兵權統歸西京都部署司。

二、歸明人之匯報

關於此類,有契丹歸明人李信的記載。宋真宗咸平六年(遼聖宗統和二十一年,1003)七月,契丹供奉官李信逃歸宋朝,他向宋廷匯報了遼國的諸多情況,其中牽涉到遼代地方軍政、地理者如下:

> 國中所管幽州漢兵,謂之神武、控鶴、羽林、驍武等,約萬八千餘騎,其僞署將帥、契丹、九女奚、南北皮室當直舍利及八部落舍利、山後四鎮諸軍約十萬八千餘騎,内五千六百常衛戎主,余九萬三千九百五十,即時入寇之兵也。其國境自幽州東行五百五十里至平州,又五百五十里至遼陽城,即號東京者也。又東北六百里至兀惹國,其國用漢文法,使印八角而圓。又東南接高麗。又北至女真,東踰鴨江,即新羅也。[1]

李信上報之時,遼有上、東、南三京。不過他並未提及上京的狀況,而是重點介紹幽州漢兵,山後四鎮諸軍以及契丹、奚等蕃兵,在敘述契丹國境時亦只提及幽州(南京)、東京以及東部的兀惹、女真、高麗等屬國、屬部,李信的介紹當是爲了宋朝備禦遼朝而有所選擇。其中的"山後四鎮"即雲、應、朔、奉聖四節度州,[2]李信不僅將此四節鎮軍與幽州漢兵分開敘述,復將其與蕃兵合在一起計算軍兵數額,似乎暗示山後四鎮與幽州漢兵有所區別。但此四鎮之軍是否歸幽州方面轄制,李信並未交代。我們從中無法獲知遼朝是否存在"京道"這樣的軍政區劃。

另一份記錄來自遼人史愿,他在亡歸宋朝後,撰成《亡遼錄》一書,書中詳細敘述了遼朝的地方軍政建置。其敘述模式可歸納如下表:

---

[1]《續資治通鑑長編》卷五五,真宗咸平六年七月己酉條,中華書局,2004年,1207—1208頁。
[2] 統和四年,降蔚州爲刺史州,屬奉聖州;開泰元年三月,升蔚州爲觀察州,後復升節度。故此時山後爲四鎮。參見《遼史》卷四一《地理志五》"蔚州"條,點校本二十四史修訂本,中華書局,2016年,584頁;卷一五《聖宗紀六》,186頁。

表二 《亡遼録》所載遼朝地方區劃簡表[1]

財政	五京五計司	燕京三司、西轉運、中度支、上鹽鐵、東户部
	三路錢帛司	長春、遼西、平州
行政	大藩府六	黄龍、興中、奚王、南北王府、乙室王府
	節鎮州三十三	略
	觀察團練防禦使州八	略
	刺史州七十	略
	諸藩臣投下州二十三	略
	縣二百餘	無
軍政	沙漠之北	西北路都招討府、隩隗烏隗部族衙、盧溝河統軍司、倒撻嶺部衙,以鎮懾韃靼、蒙古、迪烈諸國
	雲中路	西南面都招討府,西京兵馬都部署司,金肅、河清軍、五花城、南北大王府,乙室王府,山金司,控制夏國
	燕山路	燕京總都管府、侍衛馬步軍控鶴指揮使、都統軍司、牛欄監軍寨、石門詳穩司、南北皮室司、猛拽剌司,**並隸總管府**,備禦大宋
	中、上京路	諸軍都虞侯司、奚王府大詳穩司,大國舅司,大常袞司,五院司,六院司,杳温司
	遼陽路	東京兵馬都部署司、契丹奚漢渤海四軍都指揮使司、保州都統軍司、湯河詳穩司、金吾營、杓窊司,控扼高麗
	長春路	黄龍府兵馬都部署司、咸州兵馬詳穩司、東北路都統軍司,鎮撫女真、室韋諸部

史愿在介紹遼朝地方區劃時,並没有按照五京道的次序介紹,而是按照職能劃分,此點頗類似宋朝分類而治的複合政區。《亡遼録》在以行政劃分時按照府州之級别排序。如果遼朝真的存在更高一級政區,恐怕史愿不會絲毫不提。遼朝末年的真實情况很可能是存在類似於宋朝路制的複合政區,但實際情况可能更爲複雜、混亂,既存在節鎮這樣的高層政區,又存在複合政區,且在不同的區域以及職能上,複合政區的整合程度也存在差異。要言之,在財賦上,存在五京計司、三路錢帛司八個機構,類似宋代之轉運司路,遼計司的地位要高於錢帛司,但在區域劃分上,二者當無統屬關係。在行政上,則承襲了唐以來的節鎮體

---

[1] 《三朝北盟會編》卷二一引《亡遼録》,上海古籍出版社影印許刻本,1987年;參見曹流《〈亡遼録〉與〈遼史地理志〉所載節鎮州比較研究》文末附《輯本〈亡遼録〉點校稿》,《北大史學》第14輯,北京大學出版社,2009年,158—162頁。

制,即府、節鎮——州——縣三級體制。在軍事上,則較爲混亂,《亡遼錄》所稱"某某路"之"路",非區劃之"路",僅僅是依據備禦對象的不同,分爲不同的單元,表示的是一種方位概念,與文中"沙漠之北"的用例相似。其中燕雲地區的軍事劃分較爲清晰,燕京方面由燕京總管府統御境内全部的蕃漢之兵,雲中方面則由西京都部署司統五節度之軍、西南面招討司(即西南面都招討府)統豐、雲内、東勝、寧邊、金肅、河清等州軍之兵。[1] 總而言之,從史愿《亡遼錄》的記載來看,遼朝的地方區劃應是一種復合雜糅的狀態,並没有什麽整齊劃一的政區模式。

另據高宇先生研究,《契丹國志》"州縣載記"部分皆抄自史愿《亡遼錄》,且很有可能是直接抄自《亡遼錄》而非轉抄自《三朝北盟會編》,[2] 故將其所載遼朝地方區劃狀況一併附後,以便參閲。[3]

總而言之,史愿《亡遼錄》所載,與余靖所叙重熙十四年之前遼朝地方區劃有近似之處,二者皆是按職能叙述,而不是按更高一級的"京道"來叙述遼朝的地方區劃。無論是由遼返宋的使臣,還是由遼入宋的歸明人,在叙述模式上高度一致,皆没有提及遼朝存在"京道"一級的政區。

表三 《契丹國志》所載遼朝地方區劃簡表[4]

財政	建五京五處	燕京三司、西京轉運、中京度支、上京鹽鐵、東京户部錢鐵司
	錢帛司三處	長春路、遼西路、平州
行政	大藩府六處	南大王府、北大王府、乙室王府、黄龍府、興中府、奚王府
	節鎮三十三處	略
	建觀察防禦團練使八處	略
	刺史州七十餘處	略
	遼東邊遠不記州十餘	無
	縣二百餘	無
	(縣二百餘)外見記五處	金肅、河清、曷董、五花、振武
	諸藩臣投下州二十三處	略

────────

[1] 參見康鵬《遼代燕雲地區的統治方式——以軍事職能爲中心的考察》,《北方文化研究》2 卷 1 號,(韓國)檀國大學北方文化研究所,2011 年 6 月,63—75 頁。
[2] 高宇《〈契丹國志〉研究》,北京大學博士研究生學位論文,2012 年,35—37 頁。
[3] 《契丹國志》所載的順序與《三朝北盟會編》所引《亡遼錄》略有不同,但整體架構上,二者完全一致。爲便於閲覽,此表在排列順序上略有調整。
[4] 《契丹國志》卷二二"州縣載記",233—236 頁。

(續表)

軍政	沙漠府控制沙漠之北	置西北路都招討府、奧隗部族衙、驢駒河統軍司、倒撻嶺衙,鎮撫韃靼、蒙骨、迪烈諸軍
	雲中路控制夏國	置西南面都招討府、西京兵馬都部署司、金肅、河清軍、五花城、南北大王府、乙室王府、山金司
	燕山路備禦南宋	置燕京都總管府、節制馬步軍控鶴指揮使、都統軍司、牛欄監軍寨、石門詳穩司、南北皮室司、猛拽剌司,並隸總管府
	中、上京路控制奚境	置諸軍都虞候司、奚王府大詳穩司、大國舅司、大常衮司、五院司、六院司、沓溫司
	遼東路控扼高麗	置東京兵馬都部署司、契丹、奚、漢、渤海四軍都指揮使、保州統軍司、湯河詳穩司金吾營、杓窊司
	長春路鎮撫女真、室韋	置黃龍府兵馬都部署司、咸州兵馬詳穩司、東北路都統軍司

三、宋方書籍中的契丹史地資料

曾公亮、丁度等人修撰的《武經總要》參照宋朝諸多資料,詳細編寫了遼朝的山川、里程及所屬州軍等內容,這對於我們研究遼朝地方區劃狀況無疑具有重要的參考價值。余蔚先生曾對該書《北蕃地理》部分的史料價值、弊端予以考辨,令人信服。[1] 又據姜勇先生考證,《武經總要》當成書於宋仁宗慶曆七年(遼興宗重熙十六年,1047年)四至六月間,[2] 故該書《北蕃地理》反映的應當是遼重熙年間或其之前的狀況。

《北蕃地理》以"京"爲中心的編排方式(參見表四),顯然有異於《亡遼錄》《契丹官儀》的臚列形式,而且這樣的編排很容易讓人誤以爲宋人是按照五京道的政區予以排列。但是"四面州軍""四面諸州"的提法,更像是一個地理概念,而不是一級政區的表述模式。檢諸《武經總要》,在敘述宋代諸路州軍時,皆以"路"爲綱,絕無以某路首府爲中心臚列"四面州軍""四面諸州"之類的排列方式。[3]《武經總要》中僅《北蕃地理》用此方法,這說明曾公亮等人並不認爲遼朝存在"五京道"這樣的一級政區,或存在類似宋代"路"一級的復合政區。《武

---

[1] 余蔚《中國行政區劃通史·遼金卷》(第二版),復旦大學出版社,2017年,8—10頁。
[2] 姜勇《〈武經總要〉纂修考》,《圖書情報工作》2006年第11期,131—135頁。
[3] 其他史籍也罕見此種排列方式。

經總要》編者恰恰是爲了表述方便,才以諸京爲中心,將各京周邊的州、軍臚列在相應的"京"下,這才有了"四面州軍""四面諸州"的説法。[1]

此外,《北蕃地理》的編者將女真一十八州單獨置於全文末尾,並稱諸州"居於東京三面,皆僑立州立名",[2]這也説明曾公亮等人並不是依據"京道"這種一級政區來排列諸州,而是依據具體的情況予以劃分,且最終的着眼點皆是以"京"爲中心予以排列或説明。

如果將《武經總要・北蕃地理》的編排與《遼史・地理志》的編排作一比對,即可發現兩者實際上都是依"京"劃分地理區域,而非依據已有的政區予以劃分。例如《武經總要・北蕃地理》"燕京州軍十二(幽州四面州軍)"條有遼州、潤州、北安州、招延州諸州。《遼史・地理志》的編排則與此迥異,遼州屬東京道,潤州、北安州屬中京道,無招延州。又《北蕃地理》"中京四面諸州"之海北州、禄(淥)州,《遼史・地理志》皆屬東京道;"東京四面諸州"之錦州、嚴州、隰州,《遼史・地理志》皆屬中京道;"上京四面諸州"之"通州",《遼史・地理志》屬東京道。造成這種差異的原因應當就是兩者所記皆是一種地理區劃而非行政區劃,故而在某些州的從屬關係上,無需那麼準確、統一。

表四 《武經總要・北蕃地理》所載遼朝地方區劃簡表[3]

題　　名	内　　　　容
燕京州軍十二(幽州四面州軍)	幽州、薊州、檀州、順州、**平塞軍**、易州、灤州、**遼州**、**潤州**、平州、**北安州**、**招延州**(以上並幽州四面州軍)
西京州軍十一(雲州四面諸州)	雲州、媯州、蔚州、朔州、新州、儒州、應州、寰州、振武軍、安北都護府、故豐州
中京四面諸州	澤州、渝州、來州、利州、建州、興中府、新州(本契丹國之地)、白川州、宜州、北白川州、**海北州**、暉州、**禄州**、惠州、高州
東京四面諸州	沈州、韓州、同州、耀州、信州(黃龍府)、銀州、雙州、貴州、顯州、乾州、宗州、岩州、開州、來遠城、保州、吉州、鹽州、**錦州**、**嚴州**、**隰州**

---

[1] 何天明先生雖然認爲《武經總要》没有直接反映出遼朝是否"京""道"並存,但他認爲"四面"之"面"蓋以某一京級所在地爲中心的有效管轄區,是這個管轄區範圍内的四至州縣。但他又認爲這與北宋編者是否承認遼朝存在"道"並無直接關係。同時,他又推測元朝史官有可能參考了《武經總要・北蕃地理》的記載,並將"道"强行加入其中。何先生的推測在謹慎之餘,似乎也顯示他對於《遼史》"道"的編纂方式之由來有些猶豫。故最終何先生放棄了這一研究理路,而重點探討京道的統治機構。詳見氏著《遼代五京與道級政區析疑》,《北方文化研究》第 6 卷,韓國檀國大學北方文化研究所,2015 年 12 月,71—75 頁。

[2] 女真十八州之蠔、教、朝、郵四州不見於《遼史・地理志》,其餘十四州皆見於"東京道",與"東京三面"相合。

[3] 《武經總要》前集卷二二《北蕃地理》,明萬曆二十七年金陵富春堂刻本,葉 1a—19a。

(續表)

題　　名	内　　　容
上京四面諸州	長春州、永州、烏州、龍化州、降聖州、宜坤州、祖州、懷州、慶州、饒州、**通州(夫餘府)**
女真一十八州	耀州、蟻州、海州、銅州、教州、崇州、興州、荆州、荷州、朝州、盧州、賓州、郵州、鐵州、定理州、懷北州、麓州、廣州。**居於東京三面**,皆僑立州立名,民籍每州千户至百户,餘依山林。

南宋紹興年間成書的《宋朝事實》亦曾簡要記載遼朝的地方區劃,該書卷二〇"經略幽燕"(原作"經略夷狄")門稱"契丹有五京,上鎮十二,中鎮六,下鎮七,觀察州十三,刺史上州九,中州十一,下州三十四。自京、鎮等處土田豐好,兵馬強盛,地利物産頗有厚利,其他自中下州固已寂寥荒漠"。[1] 從李攸的記載中,我們只能看出京、鎮、州的重要性或有高低,無從看出諸州與五京之間的統屬關係。李氏將"京""鎮"並列敘述,稱"京、鎮等處土田豐好"云云,多少反映出京、鎮當爲同一層級。

從宋朝使臣之記載、契丹歸明人匯報以及宋方書籍中契丹史地資料三個方面來看,都没有提及遼朝存在"京道"這樣的一級的政區。然而證有易、證無難,遼朝五京道之有無及其實情究竟如何,仍是一個需要繼續探討的論題。

〔康鵬,中國社會科學院古代史研究所副研究員〕

---

[1] 李攸《宋朝事實》卷二〇"經略幽燕",中華書局,1955年,314頁。參見羅炳良《李攸〈宋朝事實〉的編撰及其史料價值》,《江西社會科學》2011年第12期,105—108頁。

全真教的經教觀

宋學立

《道德經》云："道可道，非常道。"此語除了指出"大道"高妙之外，還有一層意思，即"道是否可説可學"的問題，這實際上涉及的是"言意之辯"的問題。《莊子·外篇》也關注了這個問題。如《秋水篇》云："可以言論者，物之粗也；可以意致者，物之精也；言之所不能論，意之所不能察致者，不期精粗焉。"從"言意之辯"引申出來的問題隨之而來，即讀經能否助教，也就是説閲讀經書能否探其奧旨、得其精密，進而能否有助於修道弘教的問題。金元時代全真道士對此大體有三種認識。一種觀點認爲，讀經與進道毫無關係，有些道士終其一生不看經書，成爲所謂的純粹實修者。另一種觀點截然相反，認爲讀經是必要的，經書有助於學道。據王磐觀察，張志敬掌教時期(1256—1270)全真教風發生了從創教之初不立經教文字向注重文字經典的轉變："全真之教，以識心見性爲宗，損己利物爲行，不資參學，不立文字，自重陽王真人至李真常，凡三傳，學者漸知讀書，不以文字爲障蔽。及師掌教，大暢玄旨，然後學者皆知講論經典、涵泳義理，爲真實入門。"[1]第三種觀點，以廬山清溪道士劉志玄所作《金蓮正宗仙源像傳·序》(作於1326年)爲代表，其文云："大道之妙，有非文字可傳者，有非文字不傳者，此《仙源像傳》所以作也。"他認爲，五祖七真道高德著、丘處機西行覲見等全真教重大事蹟，蓋不待文字而後傳。而諸真"事蹟之詳，未易推究"，如不加以載録整理，來日即爲不可後傳者。正是本著這樣一種認識、背負著"鑒往知來"的弘道使命，劉、謝二人"博搜傳記，旁及碑碣，編録數年，始得詳悉"，旨在使"同志之

---

[1] 王磐《玄門掌教宗師誠明真人道行碑銘》，《甘水仙源録》卷五，《道藏》，文物出版社、上海書店、天津古籍出版社，1988年，第19册，758頁下、759頁上。

士覽之者,因其所可傳求其所不可傳"[1]。這明顯是對前兩種經教觀的折中。總的來看,全真道士認爲,讀經並不礙道,衆多全真道士是比較看重經書的。否則,大蒙古國初期宋德方主持纂修《大元玄都寶藏》就多此一舉了。即便是創教早期王嚞、馬鈺師徒主張刻苦實修,也不妨礙他們對經教的肯定。

一、王嚞、馬鈺重實修

王嚞在東邁海濱之前曾在活死人墓築環苦修。到達山東之後,"百日鎖庵"勸化馬鈺夫婦,亦有"以經書爲修道屏障"的認識[2]。馬鈺接掌教事後,於大定十四年(1174)秋,與丘、劉、譚三友在秦渡鎮真武廟各言修道之志,以"鬥貧"爲志,歸劉蔣後,"構一廣庭,爲環居之所,手書'祖庭心死'"[3]。"鬥貧"並非與貧窮抗争之意,而是指全真教早期環堵清修的古樸教風。這一點可以在馬鈺"十勸"文中得到印證:"七勸慎言語,節飲食,薄滋味,棄榮華,絕憎愛。八勸不得學奇怪事,常守本分。只以乞化爲生,不惹纖毫塵勞。九勸居庵不過三間,道伴不過三人。如有疫病,各相扶持,你死我埋,我死你埋。或有見不到處,遞相指教,不得生意心。十勸不得起勝心,常行方便,損己利他。雖居暗室,如對口(聖)賢。清貧柔弱,敬順於人。隨緣度日,絕盡慳貪。逍遥自在,志在修行。始終如一,慎若怠墮。"[4]經教與苦修相比,王、馬師徒心中的天平都不約而同地向後者傾斜,相關論述散見於二人文集中。例如,王嚞《西江月》詩云:"堪歎一靈真性,得來笑殺惺惺。不燒香火不看經,走入這條捷徑。"[5]修得一靈真性,就能實現生命的超越。不燒香、不看經,專注於一靈真性的修行,充分反映了全真教從生死處下手的實修之風。王嚞認爲,這是實現生命超越的一條捷徑。類似的説法還有"休心積善勝看經"[6]。在《重陽真人授丹陽二十四訣》中,他視道、經、師爲外三寶,精、炁、神爲内三寶。所謂經寶即指道教經籍。從内外之分來

---

[1] 劉天素《金蓮正宗仙源像傳·序》,《道藏》第 3 册,365 頁中。
[2] 王頤中《丹陽真人語録》:"師一日呼僕,良久而赴。問:那裏去來?僕對曰:午窗睡方足,神情湛然,床頭有《莊子》書一册,因拈而讀之。所以不在此也。師曰:夫道要心契,若復以文字繫縛,何日是了期。所以道,悟徹南華迷更迷。"《道藏》第 23 册,702 頁上。
[3] 王利用《全真第二代丹陽抱一無爲真人馬宗師道行碑》,《甘水仙源録》卷一,《道藏》第 19 册,729 頁下。
[4] 《丹陽馬真人十勸碑》,陳垣編纂,陳智超、曾慶瑛校補《道家金石略》,文物出版社,1988 年,432—433 頁。按,"慎若怠墮",文意不通,"若"當爲"勿"之誤。《真仙直指語録》卷上"慎若怠墮"作"慎勿怠惰"。
[5] 王嚞《重陽全真集》卷九,《道藏》第 25 册,739 頁中。
[6] 王嚞《重陽全真集》卷十,《道藏》第 25 册,743 頁上。

看,内三寶即所謂精炁神内煉功夫顯然占得分量更重。楊兆華提出,馬鈺十分重視老莊之學,將之作爲道教教育最重要的内容。同時引《丹陽真人語録》云:"學道者,不須廣看經書,亂人心思,妨人道業。若河上公注《道德經》,金陵子注《陰符經》,二者時看亦不妨。"[1]實際上,這段引文之後還有一句話,更能説明馬鈺的經教觀:"亦不如一切不讀,觜盧都地養氣,最爲上策。"[2]前後結合起來看,和内在的修煉相比,《道德經》《陰符經》就顯得没有那麽重要了。

二、歷代宗師論經教

在王嚞、馬鈺看來,經教相比於實修而言是次要的。次要不等於完全没有、不重要。他們在重實修宏大語境下,關於經教重要性的論述並不鮮見。因此,在閲讀王、馬文集時,常給人一種困惑感或者説行文之間的内在張力感。

王嚞大量引用《道德經》《清静經》《靈寶經》《黄庭經》甚至衆多佛教經典,爲徒衆答疑解惑,説明他本人曾廣閲經書。同時留下多篇論述讀經、念經、講經重要性的詩文。例如,《紅窗迥》云:"五千言,二百字。兩般經秘隱,神仙好事。靈中省悟徹玄機,結金丹有自。"[3]《遲法師注道德經》云:"遵隆太上五千言,大道無名妙不傳。"[4]《又秦渡墳院主僧覓》:"善看經,能禮懺,金面胭脂,正好頻頻蘸。"[5]《詠眼》:"只觀粉貌空虚景,肯覽黄庭内外經。"[6]《武陵春》:"天地唯尊人亦貴,日月與星臨,道釋儒經理最深,精氣助神悟。"儒釋道三家經典並重,三教會通思想可見一斑。《風琴》云:"不入俗人聆,占得仙音講道經。唯我傍邊全善聽,叮嚀,攜爾蓬萊在玉庭。"[7]《重陽立教十五論》論學書之道時談到,"不可尋文而亂目",而要"窮書之本意""捨書探意采理"[8]。

馬鈺《贈濰州苗先生》云:"閑想輪回生死,閑閑看、丹經子書莊老。"《贈杜公及衆道友》云:"勤勤香火,謹謹看經,專專供養他人。"他還曾因看《清静經》而特意爲徐司判作詞:"孤眠獨處,不迷外境,常常留心内認。悟徹男清女濁,男動女

---

[1] 楊兆華《馬鈺研究》,復旦大學出版社,2017年,83頁。
[2] 王頤中《丹陽真人語録》,《道藏》第23册,704頁中。
[3] 王嚞《重陽全真集》卷八,《道藏》第25册,735頁中。
[4] 王嚞《重陽全真集》卷一,《道藏》第25册,692頁上。
[5] 王嚞《重陽全真集》卷四,《道藏》第25册,716頁上。
[6] 王嚞《重陽全真集》卷十,《道藏》第25册,743頁上。
[7] 王嚞《重陽全真集》卷四,《道藏》第25册,714頁中、715頁上。
[8] 《重陽立教十五論》,《道藏》第32册,153頁上、中。

静。即非世間男女,是無中、些兒結正。誰信道,卻元來便是,自家性命。捉住遮般妙趣,便澄心遣欲,絶乎視聽。杳杳冥冥,恍恍惚惚相應。其中有精有物,覺男兒、自然懷孕。常清静,産胎仙出現有准。"[1]《漸悟集》收《贈任守一》詩云:"一不輕師慢法,二遵清静仙經。"《贈解劉仙》云:"奉勸須看清静經,脱仙模子好搜尋。"[2]按,《清静經》是道教史上一部重要經典,唐宋以來對之注解者不乏其人。金末,王嘉弟子劉通微曾作《太上老君説常清静經頌注》。入元以後,李道純作《太上老君説常清静經注》。馬鈺主教時,曾多次應信衆之請,主持各類齋醮儀式。念誦道經是齋醮活動的重要組成部分。其《戰掉醜奴兒》《赴黄籙醮贈道衆》等詩都曾談到舉行黄籙醮儀需要念經[3]。需要注意的是,王嘉、馬鈺關於經教的論述,很多時候呈現"場景化""功利化"的特點。換言之,他們的經教觀在不同的場景下,會出現前後不一致甚至截然相反的認識。這一切都是以有利於傳法弘道爲基本出發點的。

劉處玄、丘處機、王處一等曾在不同場合論述讀經、看經的重要性。劉處玄主張閑時看經,看經能保命,"應變悟仙經""心閑看道經""保命悟仙經"[4]。類似表述很多,如"閑念真經""未能達道,閑看真經""萬卷聖經,忻時頻檢""念道思真,閑看經卷""有時忻則看仙經,自然理達真明異""無事誦仙經"。修道生活當以琴、劍、仙書爲伴,即"真樂琴書爲伴,忘塵世、趂了熬煎""琴劍仙經爲伴,蜕形去、真上雲頭"[5],如此方能登紫府、升入大羅天、永住瀛洲。而且他主張可以廣看三教經書,繼承了王嘉"三教合一"思想,"三教經書爲伴,真閑處、勝似貪忙"[6]。其《十勸》文,規約道衆修行、社交等活動。其中第五勸就是"不得不依經教説道理",第九勸"未達理未開悟,不得不看書"[7]。《清和真人北游語録》録尹志平之語稱,劉長生自己並不讀書:"長生師父雖不讀書,其所作文辭自肺腹中流出,如《瑞鷓鴣》一百二十首,《風入松》六十首,皆口占而成。又注三教經,筆不停綴,文不足而理有餘。知者以爲脱神仙模範,云雖不讀其文,而盡得其理。"[8]據《長生真人劉宗師道行碑》,劉處玄曾注《道德經》《陰符經》《黄庭

---

[1] 馬鈺《丹陽神光燦》,《道藏》第25册,628頁下—629頁中。
[2] 馬鈺《漸悟集》卷上,《道藏》第25册,463頁中、465頁下。
[3] 《戰掉醜奴兒》云:"萊州道衆修黄籙,各各虔誠。無不專精,邀我加持默念經。"馬鈺《洞玄金玉集》卷七,《道藏》第25册,598頁中。《赴黄籙醮贈道衆》云:"尋思地獄心寒顫,救拔亡靈念經。枷鎖自然脱免,總赴蓬萊宴。"馬鈺《洞玄金玉集》卷十,《道藏》第25册,617頁上。
[4] 劉處玄《仙樂集》卷二,《道藏》第25册,428頁上、429頁中、431頁上。
[5] 劉處玄《仙樂集》卷四,《道藏》第25册,442頁上。
[6] 劉處玄《仙樂集》卷四,《道藏》第25册,442頁上。
[7] 劉處玄《仙樂集》卷二,《道藏》第25册,433頁下。
[8] 尹志平述,段志堅編《清和真人北游語録》卷二,《道藏》第33册,161頁下、162頁上。

經》諸經[1]。結合劉處玄詩文和留下的注經之作，不看經書之説不攻自破。需要指出的是，劉長生並非一味地執著於讀經看書，和其他全真宗師一樣，和讀經相比，劉處玄更看重心性的修煉了悟。《真仙直指語録·長生劉真人語録》："欲要心無礙，千經萬論都要通，卻不得執著，心神明都照破也。"[2]金章宗承安二年(1197)，王處一第三次受宣赴闕，七月三日曾爲章宗講述《清静經》[3]。除了閲經、講經外，他還曾買紙墨印經抄經。《萊陽縣東長直庵結冬》："印經買紙墨，結冬在長直。補接日精華，搜藏玄妙理。"《抄化孤魂經紙》云："同垂救，巡門拜覆，乞紙復抄經。"[4]《磻溪集》收《次韻銀張八秀才》詩，其中提到"經書突奥君常究，返照何須更繫束"[5]。丘處機談到，每年正月都會在關中集衆，"午後於聖前禮誦經懺"。這種誦經活動稱之爲禮正[6]。其在《疏慵》詩中痛斥不看經教不燒香的行爲，認爲行爲懶散最終不僅不能成道反倒會身患貧病、無藥可醫："懶看經教懶燒香，兀兀騰騰似醉狂。日月但知生與落，是非寧辨短和長。客來座上心慵問，飯到唇邊口倦張。不是故將形體縱，養成貧病療無方。"[7]他提倡貫通三教，對道經、儒書、梵典無所不讀。其本行碑稱，"師於道經無所不讀，儒書梵典，亦歷歷上口"[8]。

元太宗五年(1233)尹志平應宣差侯公之邀，赴北京(今遼寧錦州)講道。分章講解《道德經》是其北游宣道的重要内容，詳見《清和真人北游語録》卷三、卷四。太宗五年冬十月，尹志平在義州通仙觀，命郭志全講《道德經》。涉及"玄之又玄"一章時，尹志平談道，"夫人稟元氣以生，性中各具一天，若人人能自通明，而所行盡合其道，則雖無經教可也。蓋緣衆人爲物欲所引，迷不能復，是故聖人重哀之，設此教法，以開覺拯救之。學者當因其經而究其用，貴在躬行，行之既熟，從容中道尚何待？爲學未至此地，欲棄學亦不可也"[9]。尹志平以欲揚先抑之法，強調了經教對信衆修學的重要作用。另外，"貴在躬行"説明全真教是爲學與爲道合一的宗教，學習經教並不是僅停留在口頭講說層面，而是與躬行

---

[1] 秦志安《長生真人劉宗師道行碑》云："所有遺文，仙樂太虛，盤陽同塵，安閑修真，仍注道德，演陰符，述黄庭，奥涉理窟，條達聖真，足以爲萬世之規繩。"《甘水仙源録》卷二，《道藏》第19册，734頁上。
[2] 玄全子《真仙直指語録》卷上，《道藏》第32册，435頁下。
[3] 王處一《雲光集》卷一云："承安丁巳，受第三宣，於六月二十五日到都下天長觀。七月初三日宣見，賜坐。帝問《清净經》。師解之。"《道藏》第25册，648頁上。
[4] 王處一《雲光集》，《道藏》第25册，卷三，673頁下；卷四，682頁上。
[5] 丘處機《磻溪集》卷一，《道藏》第25册，812頁上。
[6] 丘處機《磻溪集》卷二，《道藏》第25册，816頁下。
[7] 丘處機《磻溪集》卷二，《道藏》第25册，841頁上。
[8] 陳時可《長春真人本行碑》，《甘水仙源録》卷二，《道藏》第19册，735頁下。
[9] 尹志平述，段志堅編《清和真人北游語録》卷三，《道藏》第33册，168頁中。

實修緊密結合的。棲雲真人王志謹將出家入道者分爲三個層次:雲朋霞友、良朋知友、狂朋怪友。其中第一層次指的是絶塵棄智、專於心地修煉者。第二層次指的是習學經教、彈琴作畫、高談闊論、褒貶是非者。第三層次則指既不煉心又不看經、好起是非、爲非作歹者[1]。將學習經教者劃入第二梯隊,既體現了棲雲真人對早期苦修教風的認可,又凸顯了其對經教"次重要性"的肯定。

三、結語

王磐所説的全真創教初期"不資參學,不立文字"是站不住腳的。王嚞、七真時代,諸全真高道留下了衆多文集。他們注重環堵苦修的同時,從創教之初即以文字立教傳教。隨着歷史的發展,實修苦修之風呈下滑曲綫、經教則呈上行曲綫的發展態勢。至李志常、張志敬掌教時,伴隨着全真玄學(玄門庠序)的全面興起,注重經典文教之勢蔚然成風。

張廣保指出,經教大興對心性修煉來説未必是好事[2]。元末明初陸道和編《全真清規》,其中"坐鉢規式""鉢室賦"對坐鉢修行日期、時辰、各時辰活動内容、心性境界以及違反規式的懲罰措施等都提供了"標準答案"。例如《鉢室賦》對心性境界的描述云:

> 入坐時含光默默以虚心,開靜時返視徐徐而出定。睡魔倏至,人人不覺頭點身搖;昏障忽來,個個鮮知口開氣迸。巡行專在於警提,掛牌務存於救正。當自返以謙柔,休昧己而强硬。本爲生死修持,毋生人我辯競。切宜起離昏散,抖擻精神。恭身先拜仙聖,回首次謝志仁。當生歡喜,毋起怒嗔。自然心中安泰,快樂壺内熙春。克己報德,實於上士;强懷反恨,真是小人。莫自是徒爲虛詐,當省非厚養樸淳。詳夫先聖規矩,祖師鉢義。金返本乃鉢之源,情歸性乃鉢之理。鉢圓混以象乾元,中虚猶太始。森羅悉備其中,造化皆全個裏。因有透漏,不覺而沉;由無點滴,忽然而起。冰澄湛而悟歸源,鉢浮沉而明返己。大抵以無喻有,假實體虚。琢磨必從師友,了達須下功夫。當參明父母未生之始,常返照身心徹動之初。實純志士,須謙卑而遵近;怪友狂朋,必柔順以遠疏。壺公甕牖,真樂無極;顔子簞瓢,至樂有餘。體聖仙隱几而密處,效真人圜堵以淵居。得乎安静,樂乎恬如,審

---

[1] 論志焕《盤山棲雲王真人語録》,《道藏》第23册,719頁下、720頁上。
[2] 張廣保《全真教的創立與歷史傳承》,中華書局,2015年,106—107頁。

乎缽室,連單叢林,知識共處。歷劫希逢,宿生難遇。空碧煉真兮,共樂始青;虛室生白兮,同安太素。自始了終,從朝至暮。中期不可改移,圓滿任從去住。閑閑上智,心豁暢飄逸白雲;戚戚下愚,性執蔽迷蒙黑霧。二時綿密育神靈,百日安常凝氣固。旦夕緩舒,食可接氣,衣堪禦寒。過用則臟腑失理,調停則神氣常安。苦志精修,廢寢忘餐。常寂照甘心磨煉,返真觀捨身努力。養得氣神一定,自然性命雙全[1]。

元末全真教的集體坐缽實修活動開始以規範的修行文本爲指導,與金末蒙初全真家獨自苦修、不拘一格的心性體驗,形成鮮明對比。前者未免有"先入爲主"之嫌,後者則有"實踐出真知"之意。

全真文集、史傳發達,向有以文傳道、以史弘道的傳統。相形之下,自身的經書相對貧乏。這與全真教以丹道實修開宗立派的教旨有直接關係。誠如上文所言,大蒙古國時期宋德方扛鼎《大元玄都寶藏》纂修工程,可謂全真教將道教的文教傳統發揮到了制高點。全真家多是通過讀經、講經、抄經、注經的方式,接續傳承道教經書、文教傳統。應該看到的是,全真教的注經解經之作,並非對傳統經書的陳陳相因,而是與丹道心性之學、三教合一等理論相融合,對傳統經書做出時代性新詮釋。以前面談到的頗受歷代注家青睞的《太上老君説常清静經》爲例,杜光庭、白玉蟾等對"常能遣其欲而心自静,澄其心而神自清"的注解,主要是採用了訓詁、以經(包括《西升經》《了真經》《水火真經》)解經、以聖言仙真(老子、煙蘿子、吕洞賓)解經的方式,大體未突破傳統的注經方式。全真道士劉通微徑直以丹道解經,并以全真教習用的詩文唱和方式,對此句做出詮釋:"若遣諸情欲,澄心妙洞觀。同真非物物,歸寂棄般般。水遠連天静,山高戴月寒。圓融通智慧,壺内衮金丸。"[2]李道純融合南北二宗爲一家,吸收借鑒三教心性之論,"中和"思想成爲其丹道性命之學的突出特色。他在注解此句時,從"道"和"欲"相對的視角,提出"有道之士,常以道制欲,不以欲制道。以道制欲,神所以清,心所以静",相反如果"以欲制道",就會"失道",不能"神清心静"。同時還引用《中庸》"致廣大而盡精微"、《易傳》"山下有澤,損;君子以懲忿窒欲"之語釋"以道制欲",體現了李氏會通儒道、發明心性的注經特點[3]。

全真教對傳統道經的匯纂與多形式傳承,不但使道教文脈並未因政權易

---

[1] 陸道和《全真清規》,《道藏》第32册,158頁下—159頁中。
[2] 劉通微《太上老君説常清静經頌注》,《道藏》第19册,816頁中。
[3] 李道純《太上老君説常清静經注》,《道藏》第17册,141頁中、下。

代、漢族和少數民族政權的紛爭而中斷,而且還在很大程度上增進了包括少數民族在内的各族民衆對以道家道教爲核心的中華文脈的認知和踐行,爲中華文脈延綿不絶、傳承發展貢獻了帶有本派特徵的智慧和力量。

〔宋學立,中國社會科學院古代史研究所副研究員〕

落日餘暉

——花剌子模沙與蒙古夾擊下的哈剌契丹（上）*

彭曉燕（Michal Biran）著，王蕊、曹流譯

與 13 世紀初大多數歐亞國家一樣，哈剌契丹（Qara Khitai）也爲蒙古人（Mongols）所降服，這是成吉思汗（Chinggis Khan）鮮有的兵不血刃的良性征服之一。然而，早在蒙古軍隊出現在八剌沙袞（Balāsāghūn）前，西遼的都城及其東部藩屬皆已感受到成吉思汗在蒙古高原（Mongolia）活動帶來的影響。而且隨著蒙古崛起，在哈剌契丹西部叛服不常的（problematic）藩屬花剌子模沙（Khwārazm Shāh）也日漸勢強。加之内患重重，從而造成了末代葛兒罕（Gürkhan）統治時期的動蕩不安。

直魯古元年：西部邊疆

1178 年，末代葛兒罕直魯古登基，係夷列次子，也被稱作摩尼（Mānī），年號天禧（上天保佑之意），在位 34 年[1]。

即位前的蕭牆醜聞給新任葛兒罕直魯古留下了一個爛攤子。他必須維護自己的權威，以對付在廢黜普速完時已權勢熏天的蕭幹里剌之流。而且，其即

---

* 本文係彭曉燕（Michal Biran）《歐亞歷史中的哈剌契丹》（*The Empire of the Qara Khitai in Eurasian History*）一書第三章"The fall: between the Khwārazm Shāh and the Mongols"譯文，題目爲譯者所加。此文亦係 2019 年國家社科基金專項《宣威、平衡與寬容：12 至 13 世紀西遼對西域及中亞地區的統治》階段性成果。承蒙郭筠、唐均、陳春曉、麥什一、劉春艷、凡秋莉、唐倩若、郭偉超、董衡、姚江、姜可人、王子涵等師友賜教，在此謹致謝忱！

[1]《遼史》卷三〇《天祚皇帝四》，中華書局，1974 年，358 頁；海答兒（Ḥaydarī）/舍弗爾（Schefer），《中亞蒙兀兒史——拉失德史》（*Ta'rīkh-i Ḥaydarī*），Paris，1892，p. 240。

位不僅遭到了長兄的挑戰,甚至在皇室中也頗受爭議[1]。哈剌契丹的封疆大吏(provincial cadres)利用中央權力的薄弱對轄內藩屬民衆索求日重,因而葛兒罕對之加強管控,在13世紀初變成了另一至關重要的問題[2]。這些封疆大吏的行爲致使哈剌契丹的藩屬改投他主,當其他勢力在八剌沙袞東、西部疆域崛起之時此情況尤爲突出。

花剌子模帝國是首個崛起的力量,直魯古深受其擾。在其即位之際,駙馬(已故太后之夫)正率哈剌契丹大軍護送蘇丹沙(Sulṭān Shāh)趕赴花剌子模,欲以取代其兄特克什(Tekish)。然而,特克什使出花剌子模的慣用伎倆,掘開阿姆河(Oxus),淹没行軍道路,成功阻止了敵軍前行。或是對輕鬆制敵和蘇丹沙在花剌子模受擁護的程度不抱任何希望,或是意識到八剌沙袞已生巨變,駙馬決意還軍。但在蘇丹沙大肆孝敬駙馬後,駙馬將部分軍隊留給了他。這部分軍士在呼羅珊(Khurāsān)與蘇丹沙共擊烏古斯突厥(Oghuz Turks),並於1181年助其奪取木鹿(Marw)、薩拉赫斯(Sarakhs)、納薩(Nasā)與阿比沃德(Abīward)[3]。蘇丹沙在呼羅珊據有一席之地後,送哈剌契丹人滿載而去[4]。哈剌契丹軍隊於1178年前西進,1181年始還,在呼羅珊一駐三年,這無疑是他們參與過最遠的一次西部紛爭了。朱茲賈尼(Jūzjānī)提到呼羅珊的一些統治者向哈剌契丹進貢,很可能就發生在這一時期[5]。

然而哈剌契丹捲入呼羅珊的紛爭也付出了代價,因爲特克什的確是一個強悍的對手。1181年春,哈剌契丹軍隊在呼羅珊征戰時,喀喇奧贊汗(Qara Ozan Khan)治下的欽察(Qipchaqs)剛通過聯姻與特克什結盟,便從氈的(Jand)與蘇納

---

[1] 志費尼(Juwaynī),《世界征服者史》(*Ta'rīkh-i Jahān-Gushā*),London,1912-1937,2:89,波義耳譯(tr.Boyle),《世界征服者史》(*History of a World Conqueror*),Manchester,1997,pp. 357-358。志費尼描述了葛兒罕兄弟二人的即位之爭,二人可能即指夷列次子直魯古(《遼史》卷三〇《天祚皇帝四》,358頁)與其長兄(魏特夫、馮家昇,《中國社會史:遼[907—1125]》(*WF*),Philadelphia,1949,p. 644。爲行文之便,以作者名代替該書名)之爭。

[2] 參見劉祁《北使記》(*譯者按,原文將此書作者誤作"劉郁"),收入王國維編《古行紀四種校錄》,《王國維遺書》,上海書店出版社,1983年,5692頁;伊本·阿西兒(Ibn al-Athīr),《全史》(*al-Kāmil fi al-ta'rīkh*),Beirut,1966,12:266-267;志費尼《世界征服者史》,2:90頁,波義耳譯《世界征服者史》,358頁。

[3] 伊本·阿西兒《全史》,11:378—380頁;拉施特(Rashīd)/卡利米(Karīmī),《史集》(*Jāmi' al-tawārīkh*),Tehran,1338/1959,1:254;拉施特/花剌子模(Khwārazm),《史集》("Jāmi' al-tawārīkh") MS BM Or 1684, fol. 157a;志費尼《世界征服者史》,2:19—22頁,波義耳譯《世界征服者史》,292—294頁;朱茲賈尼(Jūzjānī)/哈比卜(Ḥabībī)編,《衛教者列傳》(*Ṭabaqāt-i Nāṣirī*),Kabul,1342-1344/1963-1964,1:303;米爾洪德(Mīrkhwānd),《純潔之園:記載先知、君王與哈里發生平之書》(*Ta'rīkh-i rawḍat al-ṣafā*),Tehran,1960,4:379-380;穆塞維(Mūsawī),《善事繫年》("Ta'rīkh-i khayrāt"),MS BM Or. 4898, fol. 244b;納坦茲(Naṭanzī),《木因歷史選》("Ta'rīkh-i Mu'īnī"),MS SPb C 381, fol. 174a;奧菲("Ta'rīkh-i alfī"),MS I. O. 3291, fol. 95a-b;達哈比(Dhahabī),《歷史大事記》(*al-'Ibar fī khabar man ghabar*),Kuwait,1960,4:268。

[4] 達哈比《歷史大事記》,4:268頁;沙班合剌伊(Muḥammad b. 'Alī Shabānkāra'ī),《宗譜彙編》(*Majma' al-ansāb*),Tehran,1984,pp. 136-137。

[5] 朱茲賈尼/哈比卜編,《衛教者列傳》,2:96頁。

克(Sughnaq)進擊,重創了哈剌契丹境内的怛羅斯(Talas)[1]。雖然特克什在信中說,遠至怛羅斯的整個區域都已(通過人數衆多的欽察異教徒)"從異教徒(哈剌契丹)手中解救出來"[2],但從後來與哈剌契丹交戰中怛羅斯的大將塔陽古(Tayangu)所處的核心地位,以及古爾(Ghūrids)、花剌子模與欽察次年願爲特克什再戰來看[3],欽察的進擊只是一次取得小規模勝利的突襲。

也許這次突襲的成功是對 1182 年前後特克什染指布哈拉(Bukhara)最好的宣揚方式,因而特克什在致佩赫雷宛的一封詳細書信(fathnāmah,一封征服信件)中歡慶了勝利[4]。彼時,特克什可能正在追擊從呼羅珊撤退的哈剌契丹軍隊。據其本人所述,他爲一場偉大的"聖戰"(jihād)而來,卻遭到城中一群"陷入無信仰網絡"、反對穆斯林將士的民衆的激烈抵抗[5]。雖然特克什在一位穆斯林宗教領袖的協助下盡可破城而入,但他希望舉城皆降,故仍等待至次日清晨。是夜,該城渠帥與隨從出逃,卻與同行千餘人一起被俘,但最終特克什寬宏大量將之赦免[6]。

特克什致佩赫雷宛的書信與伊本·阿西兒(Ibn al-Athīr)對特克什征服布哈拉的記述基本一致,伊本·阿西兒將此事繫於 1198 年。特克什同樣以暴力征服了布哈拉,儘管布哈拉人激烈反抗,特克什還是饒恕了他們。在伊本·阿西兒的版本中,布哈拉人甚至牽著一隻獨眼狗(特克什一目失明),爲之披上皇室衣衫,曳之繞行城牆之上,最後讓狗躍牆跑入花剌子模的隊伍,並對之高呼:"這是你們的國王!"[7]特克什已充分介入布哈拉的事務,重新任命了一位宗教官員[8],由此看來特克什很可能對盟友進行了大肆封賞,但他在布哈拉逗留的時間必定不長。當時的史家並未提及此役(除伊本·阿西兒外,無人言及此次

---

[1] 巴格達迪(Baghdādī),《公務入門》(Kitāb al-tawassul ilā al-tarassul),Tehran,1936,pp. 158,174 - 175。因爲後來派來對付古爾和花剌子模沙的哈剌契丹軍隊皆來自怛羅斯(見下文),那麼很可能 1181 年介入呼羅珊紛争的哈剌契丹軍隊也來自怛羅斯。他們班師離去無疑爲欽察突襲的成功提供了便利。

[2] 巴格達迪《公務入門》,158、174 頁。

[3] 巴格達迪《公務入門》,174 頁以及參見下文。

[4] 巴格達迪《公務入門》,125 ff.;關於此事日期見於巴托爾德(Barthold),《蒙古入侵時期的突厥斯坦》(Turkestan v epokhu 'mongol' skogo nashestiva),St. Petersburg,1900,pp. 341 - 346。亦見於博斯沃思(Bosworth),《伊朗世界的政治史與王朝史(1000—1217)》("The Political and Dynastic History of the Iranian World(1000—1217 AD)"),《劍橋伊朗史》(CHI5),pp. 191 - 192;布尼亞托夫(Buniiatov),《阿努什的斤時期的花剌子模王朝》(Gosudarstvo Khorezmshakhov-Anushteginidov),Moscow,1986,pp. 47 - 48;卡拉耶夫(Karaev),《喀喇汗王朝史》(Istoriia Karakhanidskogo kaganata),Frunze,1983,pp. 182 - 183。

[5] 巴格達迪《公務入門》,125—127 頁;巴托爾德《蒙古入侵時期的突厥斯坦》,342 頁。

[6] 巴格達迪《公務入門》,100—101、127—130 頁;巴托爾德《蒙古入侵時期的突厥斯坦》,342 頁。

[7] 伊本·阿西兒《全史》,12:137—138 頁;把·赫卜烈思(Bar Hebraeus),《格里哥里·阿布·法剌茲(俗稱把·赫卜烈思)編年史》(The Chronography of Gregory Abu'l-Faraj ... commonly known as Bar Hebraus),London,1932,pp. 346 - 347。

[8] 巴格達迪《公務入門》,102ff.。

對布哈拉的征服),並且特克什本人也只將之稱爲"河中的買賣",而非像他早年擊敗欽察那樣吹噓自己的功績便暗示了這一點[1]。錢幣資料也揭示,最晚至1193年,布哈拉就重歸哈剌契丹的藩屬喀喇汗伊卜拉欣·本·侯賽因(Ibrāhīm b. Ḥusayn)治下[2],而且大約與此同時,布哈拉的薩德爾(ṣadr)也曾歌頌伊卜拉欣[3]。至於特克什,在1180年代則將主要精力放在了其弟蘇丹沙身上,因爲蘇丹沙的地位顯然已對特克什在花剌子模統治的合法性構成了挑戰[4]。因此,1182—1183年以降,特克什大部分時間都在呼羅珊。兄弟爭衡持續不斷,直至1193年蘇丹沙逝世才告終,其間像古爾這樣逐鹿呼羅珊者也被牽連到雙方爭鬥中[5]。特克什意識到哈剌契丹可能會以其弟的名義再度介入此事,因此他不止一次在對蘇丹沙的進攻中,派遣3 000軍士扼守阿姆河,讓欲逃往哈剌契丹的蘇丹沙未能如願[6]。奇怪的是,無論是特克什對哈剌契丹使者的態度還是後來他的挑釁行爲,我們均未看到哈剌契丹對此做出任何反制。可能皇室醜聞與直魯古最初的軟弱讓他免遭一劫。

在1194/1195年遠征伊拉克(Iraq)前,特克什欲將哈里發首級獻於哈剌契丹,很可能那時他已與哈剌契丹達成了某種和解[7]。而且可以肯定的是,和解一事必定發生在1198年哈剌契丹協助特克什征戰古爾之前[8]。和約應是建立在貢賦協定(financial settlement)基礎上的。一些重要的穆斯林文獻稱,特克什盡心盡力向哈剌契丹納貢,並令其子以例行事[9],這可能也爲後續之事埋下了伏筆。

---

[1] 巴格達迪《公務入門》,164頁。
[2] 闊奇涅夫(B. D. Kochnev),《從錢幣資料看喀喇汗人與布哈拉薩德爾的關係》("Numizmaticheskie materialy dlia kharakteristiki vzaimootnoshenij Karakhanidov i Bukharskikh Sadrov"),收入《中東地區封建時代的神職人員和政治生活》(*Dukhovenstvo i politicheskaia zhizn'ha bliznem i srednem vostoke v period feodalizma*), Moscow, 1985, p. 106。
[3] 奧菲('Awfī),《心靈之純潔》(*Lubāb al-albāb*),Tehran, 1954, p. 148.
[4] 《宗譜彙編》,137頁。
[5] 關於特克什與蘇丹沙之爭參見伊本·阿西兒《全史》,11:378—384頁;朱茲賈尼/哈比卜編《衛教者列傳》,1:302—303頁;志費尼《世界征服者史》,2:22—30頁,波義耳譯《世界征服者史》,294—301頁;《奧菲書》,fols. 94a—98a;博斯沃思《伊朗世界的政治史與王朝史(1000—1217)》,189—191頁;布尼亞托夫《阿努什的斤時期的花剌子模王朝》,38—45頁。
[6] 伊本·阿西兒《全史》,11:382頁;也見於努威里(Nuwayrī),《文苑觀止》(*Nihāyat al-arab fī funūn al-adab*), Cairo, 1985, 27:203.
[7] 詩人扎哈兒丁·法亞比(Ẓahīr al-Dīn Faryābī),引自朱茲賈尼/哈比卜編《衛教者列傳》,1:301頁。有關特克什終結塞爾柱王朝統治的伊拉克之戰,以及後來又對哈里發發起的挑戰,參見博斯沃思《伊朗世界的政治史與王朝史(1000—1217)》,181—184頁。
[8] 伊本·阿西兒《全史》,12:135—136頁。
[9] 朱茲賈尼/哈比卜編《衛教者列傳》,1:302頁;志費尼《世界征服者史》,2:89頁,波義耳譯《世界征服者史》,357頁;拉施特/卡利米編《史集》,1:335頁;阿布·加茲(Abū Ghāzī),《蒙古和韃靼的歷史》(*Histoire des Mongols et des Tatars*), Rpr., Amsterdam and St. Leonards, 1970, p. 50。將特克什塑造成這一形象實爲一種修辭手法,爲的是突出特克什與其子摩訶末的不同,摩訶末滅亡哈剌契丹被這些史料(或其他史料)認爲是他的一個致命錯誤,因爲他將蒙古人引入伊斯蘭世界(無異於引狼入室)。

東部邊疆

　　直魯古必須秉承先輩之志繼續開拓的另一片疆場,便是哈剌契丹的東部邊疆。不幸的是,相關記載匱乏且含混不清。有些模糊的證據表明,1185 年哈剌契丹欲與党項(Tanguts)結盟,以便借道西夏攻金[1]。宋諜從金宋邊界附近的盱眙(位於今安徽)攜此邊報至宋廷。* 儘管消息的真實性倍受質疑,卻使宋廷寄予厚望。數日後,盱眙又傳來一份密報,奏稱金以八千軍力剿絶哈剌契丹,宋廷要員將之斥爲金人詆詐之語[2]。1186 年宋帝甚至考慮:若西夏讓哈剌契丹借道,則許夏國主稱帝,"彼此用敵國禮"[3]。宋帝欲讓邊臣與西夏締約,卻爲宰相周必大勸止。周必大是參與此事的主要人員,先前也曾在背後極力推動此事,後來卻奏言西夏人不可信,且與之秘密聯絡極易外泄。若金像以前一樣截獲秘信,發覺宋、夏、西遼的行動,很可能對宋金關係產生嚴重的後果[4]。的確,鑒於 1161 年宋金議和後和平局面已逾二十年,一旦計劃提早泄露,宋將得不償失[5]。皇帝隨後對周必大的建言讚譽有加,因爲"所傳果妄"[6]。但尚不清楚哪部分傳言"果妄",因而無法判定哈剌契丹是否確有此意。哈剌契丹將之付諸實踐及其後被金軍制止的可能更微乎其微。人們雖極力從後來的党項文獻中找尋哈剌契丹聯夏抗金的結論,但皆未如願[7]。儘管党項人侵入金界以及一些小的貿易糾紛偶有發生,但該時期金夏關係總體以和平爲主[8],因此哈剌契丹的提議無甚吸引力。

---

[1] 周必大《奉詔録》卷三,收入《周益國文忠公集》,N. p. ,1848 年,頁 9a、10a;脱脱《宋史》卷三五《孝宗三》、卷四八六《外國二》,中華書局,1977 年,683、14026 頁;吳廣成《西夏書事》卷三八,(臺北)廣文書局,1968 年,頁 10b;戴錫章《西夏紀》,寧夏人民出版社,1988 年,610 頁;魏特夫、馮家昇,647 頁。

* 譯者按,盱眙位於今江蘇,非安徽。

[2] 周必大《奉詔録》卷三,頁 12b;魏特夫、馮家昇,647 頁。

[3] 周必大《奉詔録》卷四,頁 12a、12b;魏特夫、馮家昇,648 頁。在此之前只有遼、金二朝先後與宋享有平等地位,參見羅沙比(M. Rossabi),《前言》("Introduction"),收入羅沙比編,《中國棋逢對手:10—14 世紀中國與鄰國的關係》(*China among Equals: the Middle Kindom and its Neighbors, 10th to 14th centuries*),Berkeley,1983,pp. 1 - 13。

[4] 周必大《奉詔録》卷四,頁 12a、12b;魏特夫、馮家昇,648 頁。

[5] 關於金世宗(1161—1189 年在位)鼎盛時期宋金議和,參見傅海波,《金朝》("The Chin Dynasty"),《劍橋中國遼西夏金元史》(*CHC6*),p. 244。

[6] 樓鑰《攻媿集》卷九三(* 譯者按,原誤作《玫瑰集》),《四部叢刊》本,頁 27b;《宋史》卷一五一《輿服三》,11970 頁。

[7] 《西夏書事》卷三八,頁 10b;《西夏紀》,610 頁。

[8] 鄧如萍(R. W. Dunnell),《西夏》("The Hsi Hsia"),《劍橋中國遼西夏金元史》(*CHC6*),p. 205;克恰諾夫(E. I. Kychanov),《西夏國史綱》(*Ocherk istorii Tangutskogo gosudarstva*),Moscow,1968,p. 248。

從金的舉措可以推斷出,1180 年代末,哈剌契丹仍對東方懷有野心。1188 年,深諳邊事的金朝重臣完顔襄徵收蒙古高原北部諸部貢賦後還朝,隨地圖向金帝獻上羈縻金朝屬部、鎮服控扼大石之策。其建言被悉數采納,甚至因此而獲擢升[1]。1190 年,西遼的一個屬部向金投降,可能即爲金朝新政所致[2]。

　　金人重新關注屬部之事與蒙古高原動蕩有關。12 世紀最後幾十年裏,蒙古高原諸部紛爭頻仍,後來成爲成吉思汗的鐵木真(Temüjin)也開始謀求一席之地[3]。金人的計劃中既包含哈剌契丹,也包括蒙古,則説明此時哈剌契丹多少染指了蒙古人的事務。哈剌契丹人一定是在克列亦惕部(Kereyid)首領脱斡鄰勒(Toghril),即後來所稱的王罕(Ong Khan),入境尋求避護之後,才開始注意到蒙古高原局勢的[4]。先前脱斡鄰勒在遇到家族叛亂時,也曾有過被迫逃離領地的經歷。因此,1190 年代初[5],他穿過党項、回鶻以及回回[中亞穆斯林,即阿里馬(Almaliq)的葛邏禄(Qarluqs)或塔里木盆地(Tarim basin)的喀喇汗]領地,奔赴楚河(Chu river)。在那裏,他可能爲尋求軍援而屈從於葛兒罕[6],因爲之前葛兒罕就曾將自己的西部藩屬納入脱斡鄰勒麾下。儘管我們無法正面瞭解克列亦惕部與哈剌契丹之前的關係,但是克列亦惕部[7]出現"葛兒罕"名號可能暗示著雙方確有某種聯繫。即便脱斡鄰勒的部衆後來斥責其向葛兒罕稱臣[8],後來實際上此事卻不了了之。在哈剌契丹境内不到一年,脱斡鄰勒因未獲安全感,且無法與哈剌契丹民衆和平共處,最終背叛葛兒罕。1196 年他

---

[1]《金史》卷八《世宗下》、卷九四《完顔襄傳》,203、2087 頁;魏特夫、馮家昇,648 頁。

[2]《金史》卷九四《完顔襄傳》,2094 頁;魏特夫、馮家昇,648 頁;皮科夫(G. G. Pikov),《西契丹》(*Zapadnye Kidani*),Novosibirsk,1989,p. 89。

[3] 關於 12 世紀蒙古高原史事與成吉思汗的崛起,參見拉契内夫斯基(P. Ratchnevsky),《成吉思汗:他的生平和事業》(*Genghis Khan: His Life and Legacy*),海寧譯(tr. T. N. Haining),Oxford,1991,chs. 1-2;托幹(I. Togan),《草原的靈活與限制:克烈汗國與成吉思汗》(*Flexibility and Limitation in Steppe Formations: The Kerait Khanate and Chinggis Khan*),Leiden,1998,chs. 3-4;韓儒林《元朝史》,人民出版社,1986 年,64—83 頁;周良霄《元代史》,上海人民出版社,1993 年,ch. 3。

[4]《元史》卷一《太祖紀》,6 頁;柯立甫(F. W. Cleaves)譯,《蒙古秘史》(*The Secret History of the Mongols*)卷一五一、卷一五二、卷一七七,Cambridge,MA,1982,pp. 79-80、80、104;羅依果(I. de Rachewiltz)譯注,《蒙古秘史》(*The Secret History of the Mongols: A Mongolian Epic Chronicle of the Thirteenth Century*)卷一,Leiden,2004,pp. 73-75(151-152),98(177);伯希和(P. Pelliot)、韓百詩(L. Hambis),《成吉思汗進軍史——聖武親征録》(*Histoire des campagnes de Genghis Khan*),Leiden,1951,pp. 230-231;拉施特/卡利米編《史集》,1:266、420 頁;魏特夫、馮家昇,649 頁。

[5] 關於此事時間,參見拉施特/卡利米編《史集》,1:266 頁;屠寄《蒙兀兒史記》卷二,臺北,世界書局,1962 年,頁 15a;愛爾森(Allsen),《蒙古帝國的興起及其在中國北部的統治》("The Rise of the Mongolian Empire and Mongolian Rule in North China")《劍橋中國遼西夏金元史》(*CHC*6),p. 337,n. 18;卡德巴耶夫(A. S. Kadyrbaev),《中世紀回鶻史綱》(*Ocherki istorii srednevekovykh Ujgurov, Dzhalairov, Najmanov i Kireitov*),Almaty,1993,p. 60。參較《西夏書事》卷三八,頁 2a、3a;陳得芝《十三世紀以前的克烈王國》,《元史論叢 3》,中國廣播電視出版社,1984 年,19—20 頁;托幹《草原的靈活與限制:克烈汗國與成吉思汗》,73、76—90 頁。

[6] 柯立甫譯《蒙古秘史》卷一五二,80 頁,卷一七七,104 頁。

[7] 柯立甫譯《蒙古秘史》卷一五〇,79 頁。

[8] 拉施特/卡利米編《史集》,1:274—5 頁;柯立甫譯《蒙古秘史》卷一七七,104 頁。

一路穿過回鶻與党項轄地,回到蒙古高原,在那里他孤立無援且一無所有,因而向鐵木真求助[1]。值得注意的是,脱斡鄰勒在哈剌契丹會對之施以援手的幻想破滅後,始與金結盟,由此他在 1197 年前後獲封王罕。脱斡鄰勒回到蒙古後身臨絶境,他不得不"挦五羊乳爲飲,刺橐駝血爲食",這説明他從哈剌契丹返回蒙古高原及中原途中糧草已絶。糧草問題,加之回鶻境内的紛争則解釋了哈剌契丹爲何不願幫助脱斡鄰勒[2]。其實,與此前種種相反,在 1208 年乃蠻王屈出律(Güchülüg)逃至哈剌契丹前,毫無證據表明哈剌契丹插手蒙古人的鬥争或欲領蒙古諸部攻金。哈剌契丹未予染指的主要原因是其西部疆域情勢突變,它先是捲入古爾紛争,後又陷入與花剌子模沙的糾纏之中。

古爾紛争:安德胡德之戰

1198 年,哈剌契丹蕃臣、巴里黑(Balkh)的突厥王公去世,古爾帆延(Bāmiyān)的統治者貝哈艾丁・薩木(Bahā' al-Dīn Sām)借機占據該城。他以叔父古爾蘇丹加蘇丁(Ghiyāth al-Dīn)的名義宣讀了呼圖白(khuṭba,周五布道詞),並不再向哈剌契丹納貢[3]。花剌子模沙特克什勸諫哈剌契丹不可姑息此事。特克什本人此時正與古爾人在呼羅珊膠著對峙,唯恐他們介入自己與哈里發的鬥争,故求哈剌契丹助其對付加蘇丁,而且警告他們,若不制止加蘇丁,他會像占領巴里黑一樣攻占花剌子模與河中地區(Transoxania)。哈剌契丹派塔陽古(Tayangu)率大軍渡過阿姆河。1198 年,這支哈剌契丹大軍入侵庫魯祖班[Kurzubān,呼羅珊與古爾山區邊境塔里寒(Ṭaliqān)附近的一座城鎮]周圍的古爾地區,殺俘甚衆。他們還命令貝哈艾丁・薩木,要麽撤離巴里黑,要麽據城納貢。貝哈艾丁・薩木置之不理,而且不久哈剌契丹便失去了下令的資本。幾位古爾將領趁夜聯兵偷襲哈剌契丹。酣睡在帳的哈剌契丹人慘敗。然而,次日清晨,當他們意識到襲擊自己的並非加蘇丁的主力時,隨即以牙還牙。但當由衆多穆斯林志願加入的加蘇丁援軍一到時[4],哈剌契丹根本無力對抗,終至大

---

[1] 拉施特/卡利米編《史集》,1:266、420 頁;《西夏書事》卷三八,頁 3a。有關後來成吉思汗與王罕的關係,參見拉契内夫斯基《成吉思汗:他的生平和事業》,67—86 頁;朱耀廷《成吉思汗全傳》,北京出版社,1991 年,137—145 頁;高文德《論鐵木真與王罕的聯盟》,收入成吉思汗研究所編《成吉思汗研究文集 1949—1990》,内蒙古人民出版社,1991 年,303—312 頁。

[2] 拉施特/卡利米編《史集》,1:266 頁。

[3] 伊本・阿西兒《全史》,12:134 頁。

[4] 穆塔韋(Mutaṭwwi'ūn),即指志願加入聖戰者。

敗,在阿姆河溺斃甚衆[1]。葛兒罕聽聞此事異常憤怒,要求特克什爲戰歿者提供賠償,據説 12 000 名犧牲者每人 10 000 第納爾[2]。向特克什親自索賠者正是先前將之推上花剌子模王位的駙馬蕭朵魯布,駙馬便留在呼羅珊等待賠款[3]。特克什轉而向古爾求助。加蘇丁同意幫他,前提是他要臣順哈里發,並將哈剌契丹早先占領的土地歸還穆斯林[4]。看來特克什接受了這些條件,並在古爾的幫助下,給予了哈剌契丹一定的補償,從而與哈剌契丹和哈里發的關係都恢復了正常[5]。1200 年,特克什去世,其子摩訶末(Muḥammad)開始了向哈剌契丹稱臣納貢的生涯[6]。在其即位不久後,哈剌契丹與花剌子模沙再次聯手對抗古爾。

古爾人借特克什之死再次占領呼羅珊的部分地區,他們甚至在木鹿和薩拉

---

[1] 伊本·阿西兒《全史》,12: 135—136 頁;朱兹賈尼/哈比卜編《衛教者列傳》,2: 96 頁;可疾維尼(Qazwīnī),《紀念真主之僕人的遺跡和歷史》(*Āthār al-bilād wa-akhbār al-'ibād*), Beirut, 1960, p. 430 很可能提及了這些戰鬥。亞古特(Yāqūt),《地名辭典》(*Mu'jam al-buldān*), Beirut, 1955 - 1958, 4: 450;參較巴托爾德《蒙古入侵時期的突厥斯坦》,343 頁;博斯沃思《伊朗世界的政治史與王朝史(1000—1217)》,164—165 頁。

[2] 伊本·阿西兒《全史》,12: 136—137 頁;正如巴托爾德已注意到的,與每年向花剌子模進獻 30 000 第納爾相比,所涉金額(以及受害人數)被嚴重誇大,故存疑(巴托爾德《蒙古入侵時期的突厥斯坦》,344—345 頁, n. 4)。

[3] 伊本·阿西兒《全史》,12: 137 頁;達哈比,《賢人名士事略》(*Siyar a'lām al-nublā'*), Beirut, 1982 - 1988, 22: 194,引已亡佚的書阿卜杜·拉帖法·巴格達迪('Abd al-Laṭīf al-Baghdādī,1231 年卒)所著之書,已述及此事經過,他説在特克什征討伊拉克(1194—1195)之後,哈剌契丹前來突襲特克什,因此突襲當繫於 1194—1195 年或 1120 年。

[4] 伊本·阿西兒《全史》,12: 137 頁。

[5] 此點從未被明言。相反,伊本·阿西兒在記述駙馬將至之後,講述了特克什征服布哈拉之事,我將此事繫於 1182 年。據其所言,花剌子模沙拒不賠付之際,哈剌契丹大軍抵達花剌子模。哈剌契丹戰敗,特克什追擊至布哈拉,隨即征服布哈拉(伊本·阿西兒《全史》,12: 137—138 頁)。我推測,伊本·阿西兒將 1182 年征服布哈拉之事與 1198 年之事嫁到了一起,在二者間構建起了某種邏輯鏈條。但是,伊本·阿西兒對此的記述與志費尼、朱兹賈尼、拉施特以及阿布·加蘇所言相互抵牾,比如直至特克什逝世前都與哈剌契丹相交甚歡(見上文注釋 23)、特克什之子摩訶末也確與哈剌契丹關係良好,以及摩訶末統治初期哈剌契丹的情況(見下文)。據志費尼所記特克什 1198 年的詳細行程,無一上述有關史事進展的記述。書中言,特克什雖在呼羅珊待了三個月(可能在此與古爾發生了衝突),但隨後便轉向伊拉克而非河中地區(志費尼《世界征服者史》,2: 41 頁;波義耳譯《世界征服者史》,310 頁)。上述加蘇丁建議重修舊好的方案也較爲合理地解釋了特克什與哈里發關係改善的原因,哈里發於 1199 年授予特克什一項特權,即承認他在伊拉克、呼羅珊與突厥斯坦(Turkestan)的統治權(突厥斯坦,即指特克什在 1198 年初與 1199 年初成功奪取的欽察之地)[志費尼《世界征服者史》,2: 41—43 頁;波義耳譯《世界征服者史》,310—312 頁;伊本·阿西兒《全史》,12: 152 頁;達哈比《賢人名士事略》,22: 194 頁,該特權與 1199 年特克什染指剌夷(Rayy)有關]。特克什只是被伊本·阿西兒之後的某些人描述爲河中地區的統治者,這些人很可能是從伊本·阿西兒關於布哈拉的故事中獲知這一信息的[例如,希伯特·本·賈兹(Sibṭ b. al-Jawzī),《歷史名人鏡鑑》(*Mir'āt al-zamān fī ta'rīkh al-a'yān*), Hyderabad, 1951 - 1952, 8/2, 471;達哈比《歷史大事記》,4: 292 頁],但其實伊本·阿西兒本人僅將特克什描述成花剌子模、吉八兒(Jibāl)、剌夷與呼羅珊部分地區的統治者[伊本·阿西兒《全史》,12: 156 頁,由此以下諸書皆承此説:艾布·斐達(Abū al-Fidā'),《人類簡史》(*al-Mukhtaṣar fī akhbār al-bashar*), Cairo, 1907, 3: 98;艾布·沙瑪(Abū Shāma),《12—13 世紀名人傳記》(*Tarājim rijāl al-qarnayn al-sādis wa-al-sābi' al-ma'rūf bi'l-dhayl 'alā al-rawḍatayn*), Cairo, 1947, p. 17;達哈比《賢人名士事略》,21: 331 頁]。更重要的是,597/ 1200—1201 年的布哈拉錢幣上只有喀喇汗伊卜拉欣·本·侯賽因一名(闊奇涅夫《從錢幣資料看喀喇汗人與布哈拉薩德爾的關係》,107 頁),並且花剌子模沙摩訶末一定在 1207 年再次征服了布哈拉(見下文)。基於上述原因,我選擇以此爲序來呈現這些事件。亦可參見布尼亞托夫《阿努什的斤時期的花剌子模王朝》,59—60 頁;參較《西契丹》,94 頁,據其所載,布哈拉在 1182 年與 1198 年先後兩次被佔領。

[6] 志費尼《世界征服者史》,2: 89 頁;波義耳譯《世界征服者史》,357 頁。

赫斯推舉摩訶末的侄子——另一花剌子模沙之位的有力競争者——爲興都汗(Hindū Khan),將之立爲木鹿與薩拉赫斯臣民的統治者。1200年8月,摩訶末正式加冕爲花剌子模沙後,致書古爾對此舉表示不滿。在信中,他說希望古爾能助其對抗哈剌契丹而非攻擊他,並威脅他們若不歸還侵占呼羅珊的領土,他將借哈剌契丹和突厥人之力奪回這些土地[1]。的確,1201年9月摩訶末開始征討呼羅珊,占領了沙的阿黑(Shadhyākh),進軍至木鹿[2]。興都汗聽說其叔將至,試圖逃至哈剌契丹,卻在到達前於帆延遇害[3]。此後數年裏,摩訶末與古爾就呼羅珊衝突不斷。在呼羅珊問題上,雖然摩訶末從1203年1月加蘇丁去世及嗣君施哈卜丁(Shihāb al-Dīn)將重心轉向印度(India)中有所獲益[4]。但1204年8至9月,施哈卜丁一從印度歸來,便奪回了呼羅珊。施哈卜丁既没有強攻1203年已被圍在也里(Herat)的摩訶末,也未與盤踞在木鹿的花剌子模人短兵相接,而是選擇直搗花剌子模老巢[5]。

摩訶末急忙趕回花剌子模,雖試圖以掘堤放水、焚燒草原阻止施哈卜丁前進,但也僅將古爾蘇丹的行動延緩了大約40天[6]。摩訶末在呼羅珊時,其母坐鎮花剌子模首都,兩人在古爾幹只(Gurgānj)撫育當地民衆,並從呼羅珊徵兵[7]。花剌子模軍隊在哈剌蘇(Qarasu,古爾幹只東部阿姆河的一條運河)附近大敗於古爾之手後,摩訶末攜一小撮人逃回城內[8],向葛兒罕乞援[9]。因爲古爾先前進攻過巴里黑,所以哈剌契丹人自己也想抗擊古爾,據說他們派怛羅斯

---

[1] 伊本·阿西兒《全史》,12:173頁;把·赫卜烈思《格里哥里·阿布·法刺茲編年史》,351頁;努威里《文苑觀止》,27:209ff;拉施特/卡利米編《史集》,1:296頁。參較朱茲賈尼/哈比卜編《衛教者列傳》,1:306—307頁。

[2] 志費尼《世界征服者史》,2:48—50頁;波義耳譯《世界征服者史》,316—317頁;伊本·阿西兒《全史》,12:173頁。

[3] 朱茲賈尼/哈比卜編《衛教者列傳》,1:305頁。

[4] 伊本·阿西兒《全史》,12:173—177、180—182、185—186頁;朱茲賈尼/哈比卜編《衛教者列傳》,1:307—308頁;志費尼《世界征服者史》,2:48—54頁;波義耳譯《世界征服者史》,316—321頁;拉施特/花剌子模《史集》,fols. 161b—162a;米爾洪德《純潔之園:記載先知、君王與哈里發生平之書》,4:382—385頁。

[5] 伊本·阿西兒《全史》,12:186頁;志費尼《世界征服者史》,2:54頁,波義耳譯《世界征服者史》,321頁;伊本·薩伊(Ibn al-Sāʿī),《簡史》(al-Jāmiʿ al-mukhtaṣar fī ʿunwān al-tawārīkh wa-ʿuyūn al-siyar), Baghdad, 1934, p. 123. 參校伊本·納惕夫(Ibn Naṭīf),《曼蘇爾史》(al-Taʾrīkh al-manṣūrī), Moscow, 1960, fols. 123b—124a。

[6] 伊本·阿西兒《全史》,12:186頁;伊本·薩伊《簡史》,122頁;伊本·納惕夫《曼蘇爾史》,fol. 124a。

[7] 志費尼《世界征服者史》,2:54—55頁;波義耳譯《世界征服者史》,321—322頁;奧菲《掌故與佳話廣記》("Jawāmiʿ al-ḥikāyāt wa-lawāmiʿ al-riwāyāt"), MS BM OR 2676,載於巴托爾德《蒙古入侵時期的突厥斯坦原文史料選輯》(Turkestan-texts), p. 88。

[8] 伊本·阿西兒《全史》,12:187頁;伊本·薩伊《簡史》,122頁;參校朱茲賈尼/哈比卜編《衛教者列傳》,1:401頁;拉施特/卡利米編《史集》,1:297頁。

[9] 伊本·阿西兒《全史》,12:186頁;志費尼《世界征服者史》,2:54—55頁;波義耳譯《世界征服者史》,322頁;伊本·納惕夫《曼蘇爾史》,fol. 124b;《宗譜彙編》,123頁。

的塔陽古率 10 000 或 40 000 大軍赴援[1]。大軍裏有突厥王公與軍將所率軍隊,其中就有撒馬爾罕的新蘇丹烏思蠻('Uthmān)及其堂弟訛答剌(Utrār)的喀喇汗統治者塔术丁·畢勒哥汗(Tāj al-Dīn Bilge Khan)[2]。大軍越過阿姆河直驅古爾[3]。

施哈卜丁正欲命軍隊翌日渡過阿姆河進攻古爾幹只,聽聞此消息,隨即從花剌子模撤軍,轉而南奔巴里黑[4]。此事的後續記載不甚明晰:施哈卜丁的軍隊要麼是被花剌子模軍隊追至哈扎拉斯普(Hizārasb)或更遠的賽法巴德(Saifābād,不確定),隨後落入哈剌契丹之手[5],要麼就是趁從河中開拔的哈剌契丹大軍尚處精疲力竭之際偷襲他們,得以初戰告捷[6]。而另一種説法則是,哈剌契丹抓獲了那批撤退的古爾人,他們爲逃離花剌子模,穿越沙漠,被迫化整爲零,累得筋疲力盡。哈剌契丹隨後襲擊了與 20 000 名騎兵共同殿後的施哈卜丁[7]。人數上的優勢以及古爾人遭遇強風造就了哈剌契丹的勝利[8]。

然而,所有史料均認爲,哈剌契丹將古爾人追至位於木鹿與巴里黑間的小鎮安德胡德(Andkhūd),施哈卜丁欲嬰城自守[9]。哈剌契丹已攻破城池,幾欲生擒施哈卜丁之際,蘇丹烏思蠻居間斡旋,説服後者投降[10]。蘇丹烏思蠻的調

---

[1] 志費尼《世界征服者史》,2: 89—90 頁;波義耳譯《世界征服者史》,357 頁;米爾洪德《純潔之園:記載先知、君王與哈里發生平之書》,5: 71 頁(10000);伊本·納愓夫《曼蘇爾史》,fol. 124b(40000);朱茲賈尼/哈比卜編《衛教者列傳》,1: 307 頁;志費尼《世界征服者史》,2: 55 頁;波義耳譯《世界征服者史》,322 頁;米爾洪德《純潔之園:記載先知、君王與哈里發生平之書》,4: 385 頁;拉施特/卡利米編《史集》,1: 297 頁;拉施特/花剌子模,fol. 163a。

[2] 朱茲賈尼/哈比卜編《衛教者列傳》,1: 402 頁;奈塞維(Nasawī),《蘇丹扎蘭丁·曼古貝爾蒂傳》(Sīrat al-sulṭān Jalāl al-Dīn Mankubirtī),Cairo,1953,p. 66;伊本·阿西兒《全史》,12: 188 頁;志費尼《世界征服者史》,2: 55 頁;波義耳譯《世界征服者史》,323 頁。

[3] 伊本·阿西兒《全史》,12: 186 頁;伊本·薩伊《簡史》,122 頁。

[4] 伊本·阿西兒《全史》,12: 186 頁;志費尼《世界征服者史》,2: 56 頁;波義耳譯《世界征服者史》,322 頁;米爾洪德《純潔之園:記載先知、君王與哈里發生平之書》,4: 386 頁;拉施特/卡利米編《史集》,1: 297 頁;伊本·薩伊《簡史》,122 頁;伊本·納愓夫《曼蘇爾史》,fol. 124b。

[5] 志費尼《世界征服者史》,2: 56 頁;波義耳譯《世界征服者史》,322 頁。

[6] 伊本·阿西兒《全史》,12: 187 頁;朱茲賈尼/哈比卜編《衛教者列傳》,1: 402 ff.;參較伊本·納愓夫《曼蘇爾史》,fol. 125a。

[7] 伊本·阿西兒《全史》,12: 188 頁;伊本·赫勒敦(Ibn Khaldūn),《歷史緒論》(Kitāb al-'Ibar),Beirut,1957,5: 214-215。

[8] 伊本·阿西兒《全史》,12: 187、188 頁;伊本·薩伊《簡史》,122 頁;伊本·納愓夫《曼蘇爾史》,fol. 125a。

[9] 伊本·阿西兒《全史》,12: 187、188 頁;志費尼《世界征服者史》,2: 55—56,89 頁,波義耳譯《世界征服者史》,322—323,357 頁;朱茲賈尼/哈比卜編《衛教者列傳》,1: 307、403 頁;伊本·伊斯凡迪亞爾(Ibn Isfandiyār),《陀拔思單史》(Ta'rīkh-i Ṭabaristān),n. p.,1941,p. 168;伊本·納愓夫《曼蘇爾史》,fol. 125b;米爾洪德《純潔之園:記載先知、君王與哈里發生平之書》,4: 386 頁,5: 71 頁;拉施特/卡利米編《史集》,1: 297 頁;拉施特/花剌子模,fol. 163a;亞古特《地名辭典》,1: 260 頁。

[10] 朱茲賈尼/哈比卜編《衛教者列傳》,1: 403 頁;志費尼《世界征服者史》,2: 56 頁,波義耳譯《世界征服者史》,323—324 頁;伊本·阿西兒《全史》,12: 188 頁;伊本·伊斯凡迪亞爾《陀拔思單史》,2: 170—171 頁;伊本·納愓夫《曼蘇爾史》,fol. 125b;伊本·赫勒敦《歷史緒論》,5: 215 頁;米爾洪德《純潔之園:記載先知、君王與哈里發生平之書》,4: 386 頁。

解主要是因爲他與施哈卜丁同爲穆斯林,不願讓穆斯林統治者落入異教徒手中[1],但是有關談判細節與哈剌契丹戰後所獲好處的記載卻大相徑庭。志費尼强調施哈卜丁身處絕境,被説服用全部身家,包括大象、馬匹、金銀以及"動産與不動産"來贖命[2]。該提議被哈剌契丹獲准,其實哈剌契丹人可能才是蘇丹烏思蠻與施哈卜丁談判的幕後主使者。

然而,據伊本·阿西兒、伊本·伊斯凡迪亞爾(Ibn Isfandiyār)以及《曼蘇爾史》(al-Ta'rīkh al-manṣūrī)記載,哈剌契丹僅是小勝,施哈卜丁處境並非那麼絶望,而且蘇丹烏思蠻的斡旋不僅有效還對哈剌契丹頗爲不利。蘇丹烏思蠻建議施哈卜丁派部分將士夜間出城,破曉而還,營造正獲增援的假象。當施哈卜丁依計行事時,蘇丹烏思蠻力勸哈剌契丹在施哈卜丁獲得更多增援前與之和解,同時又指向施哈卜丁英勇無畏的軍將説道:若哈剌契丹在施哈卜丁如此衰弱的情況下都無法克敵制勝,那將永遠征服不了他。因此,哈剌契丹想要議和。蘇丹烏思蠻將此動向密報施哈卜丁,古爾蘇丹依其計拒絶和議,聲稱已枕戈待旦,只待援軍到來。經過一番談判,塔陽古撤回河中,同意以阿姆河作爲哈剌契丹與古爾的邊界[3],僅獲得一頭象及一些償款[4]。真實情況可能介於二者之間:此役後施哈卜丁政權所受重創及其爲復仇極力對哈剌契丹用兵(見下文)皆表明志費尼的記述更爲可信。然而,值得注意的是,儘管哈剌契丹此役獲勝,卻未奪回巴里黑,巴里黑仍在古爾人之手[5],或許戰利品已讓哈剌契丹感到滿意。

無論哈剌契丹在安德胡德獲得了什麼好處,真正的贏家卻是花剌子模沙,古爾戰敗大大提升了其在呼羅珊的地位。事情發展至此,哈里發納西爾(al-Nāṣir)憂心忡忡,他攛掇哈剌契丹對付摩訶末[6]。但哈剌契丹認爲此時毫無理由挑釁花剌子模沙,因爲花剌子模不僅助其獲勝有功,而且盡心盡力向其納貢[7]。納西

---

[1] 志費尼《世界征服者史》,2:57頁,波義耳譯《世界征服者史》,324頁;伊本·阿西兒《全史》,12:188頁;伊本·伊斯凡迪亞爾《陀拔思單史》,2:170—171頁;伊本·納惕夫《曼蘇爾史》,fol. 125b;伊本·赫勒敦《歷史緒論》,5:215頁;米爾洪德《純潔之園:記載先知、君王與哈里發生平之書》,4:386頁。

[2] 志費尼《世界征服者史》,2:57頁,波義耳譯《世界征服者史》,324頁;拉施特/花剌子模《史集》,fol. 163a;《奧菲書》,fol. 174a;米爾洪德《純潔之園:記載先知、君王與哈里發生平之書》,4:386頁。

[3] 伊本·阿西兒《全史》,12:188頁;伊本·赫勒敦《歷史緒論》,5:215頁。

[4] 伊本·伊斯凡迪亞爾《陀拔思單史》,2:171—172頁;伊本·納惕夫《曼蘇爾史》,fol. 125b。拉施特/卡利米編《史集》,1:297頁;伊本·薩岾《簡史》,122頁以及伊本·阿西兒《全史》,12:187頁雖然省略了蘇丹烏思蠻的部分,但言及哈剌契丹同意和解,作爲回報得到一頭大象。

[5] 志費尼《世界征服者史》,2:58頁,波義耳譯《世界征服者史》,325頁;納坦兹《木因歷史選》,fol. 174b;穆塞維《善事繫年》,fol. 245a。

[6] 志費尼《世界征服者史》,2:120頁,波義耳譯《世界征服者史》,390頁。

[7] 志費尼《世界征服者史》,2:89頁,波義耳譯《世界征服者史》,357頁。

爾同樣未能成功説服施哈卜丁與哈剌契丹聯手對付花剌子模沙[1]。安德胡德一役後，施哈卜丁無奈與花剌子模達成了一紙"冷和平"協定[2]，但仍決意進取河中地區，一雪敗於哈剌契丹之恥[3]。然而，在行動之前，施哈卜丁必須在馬穆魯克(mamluks，奴隸士兵)中重塑自己的權威，因爲這些人在聽到施哈卜丁戰死安德胡德的謠言後，便在哥疾寧(Ghazna)和拉合爾(Lahore)自立。施哈卜丁在平定他們後，不得不去鎮壓居住在拉合爾與穆勒坦(Multān)山間的霍卡爾人(Khokars)之亂，因爲受此謠言蠱惑，他們封鎖了拉合爾至哥疾寧的道路。這導致施哈卜丁兩年都未獲印度的貢賦，這是他爲對付哈剌契丹命令印度預先繳納的軍餉[4]。1205年2月，施哈卜丁出兵霍卡爾，3月底贏得了決定性的戰役，攜大量俘虜與戰利品返回拉合爾，並命大軍準備與哈剌契丹開戰[5]。古爾在巴里黑的總督按計劃實施第一輪攻擊。1205年6月至7月，他從哈剌契丹手中奪取了忒耳迷(Tirmidh)，摧毀了駐扎在此的哈剌契丹軍隊，並任命其子爲總督[6]。施哈卜丁本人在拉合爾待至1206年2月。他啓程前往哥疾寧，命帆延總督在阿姆河上架橋修城以備入侵河中，並下令印度士兵加入其中。然而，1206年3月13日他被一個霍卡爾或亦思馬因人(Isma'īlī)所殺，因而他的計劃全部告吹[7]，該事件使古爾對抗河中地區的努力戛然而止。

花剌子模的進攻

施哈卜丁死後的亂局對花剌子模沙極爲有利，他接管了幾個古爾在呼羅珊——包括巴里黑在內——的領地。摩訶末最擔心的就是哈剌契丹也趁機奪

---

[1] 志費尼《世界征服者史》，2：89頁，波義耳譯《世界征服者史》，357頁。納西爾在特克什時期便鼓動古爾進攻花剌子模人(參見《宗譜彙編》，123頁)。關於納西爾轉而與哈剌契丹結盟，參見哈特曼(A. Hartmann)，《納西爾丁·安拉(1180—1225)：阿拔斯王朝晚期的政治、宗教與文化》[al-Nāṣir li-Dīn Allāh (1180—1225): Politik, Religion, Kultur in der später Abbāsidenzeit]，Berlin and New York，1975。

[2] 志費尼《世界征服者史》，2：58頁，波義耳《世界征服者史》，325頁；納坦茲《木因歷史選》，fol. 174b；穆塞維《善事繁年》，fol. 245a。

[3] 朱茲賈尼/哈比卜編《衛教者列傳》，1：403頁；伊本·阿西兒《全史》，12：209、211、213頁；穆塞維《善事繁年》，fol. 197b。

[4] 伊本·阿西兒《全史》，12：209—210頁；拉施特/卡利米編《史集》，1：314—315頁；朱茲賈尼/哈比卜編，《衛教者列傳》，1：403頁。

[5] 伊本·阿西兒《全史》，12：210頁。

[6] 伊本·阿西兒《全史》，12：206頁；伊本·薩伊《簡史》，152頁。志費尼雖未提到這段情節，但之後卻描述了摩訶末從古爾手中奪取忒耳迷之事。

[7] 伊本·阿西兒《全史》，12：213頁；志費尼《世界征服者史》，2：59頁，波義耳譯《世界征服者史》，325頁；朱茲賈尼/哈比卜編《衛教者列傳》，1：403頁。

回巴里黑以及鄰近的呼羅珊地區[1]。然而,哈剌契丹卻執著於奪回忒耳迷一事。據伊本·阿西兒記載,1206年秋,哈剌契丹與摩訶末兩翼包抄,聯手攻取該城。花剌子模沙説服古爾在忒耳迷的總督向其投降,然後將該城拱手讓與哈剌契丹,這令穆斯林極爲憤怒[2]。志費尼並未言及哈剌契丹參與攻占忒耳迷的行動,但又説此事是摩訶末下令交由哈剌契丹藩屬撒馬爾罕蘇丹完成的[3]。爲報答花剌子模將忒耳迷還回,哈剌契丹承認了花剌子模沙對整個呼羅珊的宗主權[4],或許也是希望摩訶末繼續從呼羅珊向其納貢。可是,摩訶末也許將哈剌契丹放棄巴里黑視作軟弱的表現,因爲有些史料認爲花剌子模沙接管巴里黑與其隨後在河中地區挑戰葛兒罕直接相關[5]。

實際上,摩訶末日益增長的權勢與野心,加上葛兒罕索貢專使的囂張跋扈,以及穆斯林世界對其將忒耳迷拱手讓與異教徒哈剌契丹的抨擊[6],都促使了摩訶末造反。摩訶末與撒馬爾罕的喀喇汗蘇丹烏思蠻以及河中地區民衆的利益是一致的[7]。因此,很難確定反叛哈剌契丹的提議是來自摩訶末、蘇丹烏思蠻還是河中顯貴。關於哈剌契丹的結局更是疑問重重,史書就給出了三種不同的答案,但尤爲抵牾的便是有關摩訶末與哈剌契丹衝突的記述:志費尼本人便記載了兩個互歧的版本,一是在有關花剌子模一章中的記述,另一是在有關哈剌契丹一章中的記述,前後兩章常常記載迥異[8]。而且他的這些描述又與其他主要史料不同,如朱兹賈尼與伊本·阿西兒的記載[9]。遺憾的是,在屈出律出現以前,漢文史料幾乎完全忽視了哈剌契

---

[1] 志費尼《世界征服者史》,2:62頁,波義耳譯《世界征服者史》,329頁;拉施特/卡利米編《史集》,1:312頁;拉施特/花剌子模《史集》,fol. 163b;參較巴托爾德《蒙古入侵時期的突厥斯坦》,352頁;有關施哈卜丁死後古爾王朝的動亂,參見博斯沃思《伊朗世界的政治史與王朝史(1000—1217)》,164—165頁。

[2] 伊本·阿西兒《全史》,12:231、245頁。

[3] 志費尼《世界征服者史》,2:64頁,波義耳譯《世界征服者史》,331頁。

[4] 伊本·阿西兒《全史》,12:231頁。

[5] 朱兹賈尼/哈比卜編《衛教者列傳》,2:96頁;拉施特/卡利米編《史集》,1:313頁;納坦兹《木因歷史選》,fol. 175a;穆塞維《善事繁年》,fol. 245b。

[6] 志費尼《世界征服者史》,2:75、89頁,波義耳譯《世界征服者史》,342、357—358頁;伊本·阿西兒《全史》,12:231頁。

[7] 志費尼《世界征服者史》,2:89—90頁,波義耳譯《世界征服者史》,358頁(摩訶末);伊本·阿西兒《全史》,12:259頁;伊本·薩伊《簡史》,237頁;艾布·斐達《人類簡史》,3:109頁;志費尼《世界征服者史》,2:123頁,波義耳譯《世界征服者史》,394頁(烏思蠻);志費尼《世界征服者史》,2:74頁;波義耳譯《世界征服者史》,341頁(名人)。

[8] 志費尼《世界征服者史》,2:74—84頁,波義耳譯《世界征服者史》,341—352頁(花剌子模),志費尼《世界征服者史》,2:89—93頁,波義耳譯《世界征服者史》,358—361頁(哈剌契丹),1:46—56頁,波義耳譯《世界征服者史》,61—74頁(屈出律),2:122—126頁,波義耳譯《世界征服者史》,392—396頁(喀喇汗王朝的覆滅)。

[9] 朱兹賈尼/哈比卜編《衛教者列傳》,1:307—309頁,2:96—97頁;伊本·阿西兒《全史》,12:259—271頁。

丹西疆的變局[1]。因此,仍無法確定事件的先後與結局,但總的來説(但並非在細節上)我認同巴托爾德(Barthold)比勘不同記述、條理異同所作的努力嘗試[2]。

縱然上述記載抵牾重重,但可以肯定的是,在摩訶末入侵前夕,對於哈剌契丹總督及其使臣的頤指氣使與貪求無度,河中地區已形成同仇敵愾之勢,而且隨著哈剌契丹王朝權力的衰落日益加劇。這反過來又激起了河中民衆在宗教上的不滿,畢竟宗教通常就是被用來發泄對現實不滿的[3]。

頗具諷刺的是,1207 年摩訶末真正介入河中地區事務,反而維護了代表葛兒罕治理布哈拉的顯貴階層。他被當地顯貴召來平定桑賈爾(Sanjar)之亂。桑賈爾爲制盾者之子,他反抗布林罕家族(Burhān)的薩德爾在當地的統治。布林罕這一哈乃菲派(Ḥanafite)家族從 12 世紀初就開始統治布哈拉,在哈剌契丹治下仍居其位,負責徵税,獲葛兒罕全力支持[4]。然而,13 世紀初,艾哈邁德(Aḥmad)之子薩德爾穆罕默德(Muḥammad)因橫徵暴斂、傲慢自大,甚至被冠以"薩德爾·賈罕納姆"(ṣadr jahnam,地獄支柱)的綽號,以此取代了其常用的頭銜"薩德爾·賈罕"(ṣadr jahān,世界支柱)[5]。桑賈爾可能在 1206 年薩德爾離開布哈拉前往麥加朝聖(ḥājj)之際,趁勢發動叛亂,登基稱王,並輕蔑無禮地對待那些權貴[6]。

布林罕家族首先派人聯繫哈剌契丹,一路奔向哈剌契丹人的斡魯朵(ordu)求援。哈剌契丹重申了薩德爾在布哈拉的統治權,此外没爲他們做任何事[7]。於是,布哈拉與撒馬爾罕的顯貴們向花剌子模沙摩訶末求援,並控訴了哈剌契丹的暴政,請求摩訶末將他們從異教徒的統治中解救出來[8]。

花剌子模的蘇丹早想挑戰哈剌契丹,顯係有備而來,迅速對此請求作出回應[9]。其中就包括在呼羅珊與伊朗(Iran)其他地區任命一系列官員,以及就古

---

[1] 有關屈出律,參見下文。唯有《北使記》聲稱,是回紇(穆斯林,此即花剌子模)殲滅了哈剌契丹(《北使記》,5692 頁)。

[2] 參見巴托爾德在《蒙古入侵時期的突厥斯坦》,355—361 頁中的討論。

[3] 志費尼《世界征服者史》,2: 74、75、90、123 頁,波義耳譯《世界征服者史》,341、342、358、394 頁;伊本·阿西兒《全史》,12: 259 頁;奈塞維《蘇丹扎闌丁·曼古貝爾蒂傳》,43 頁。參見 ch. 6。

[4] 參見 44,124 及 183—184 頁。

[5] 伊本·阿西兒《全史》,12: 257—258 頁;希伯特·本·賈兹《歷史名人鏡鑑》,8/2: 529 頁;艾布·沙瑪《12—13 世紀名人傳記》,57,59 頁;伊本·薩伊《簡史》,202 頁;奈塞維《蘇丹扎闌丁·曼古貝爾蒂傳》,68—69 頁。

[6] 同上。志費尼《世界征服者史》,2: 74—75 頁,波義耳譯《世界征服者史》,341—342 頁;奧菲《心靈之純潔》,51 頁。

[7] 奧菲《心靈之純潔》,517 頁,參見布朗(Browne)版細微差異之處(2: 385);參較博斯沃思,《布林罕》("Al-e Borhān"),《伊朗百科全書》(EIr 1),1985,p. 754.

[8] 志費尼《世界征服者史》,2: 74 頁,波義耳譯《世界征服者史》,341 頁。

[9] 志費尼《世界征服者史》,2: 75 頁,波義耳譯《世界征服者史》,342 頁。

爾的某些領地與古爾蘇丹加蘇丁·馬哈茂德(Ghiyāth al-Dīn Maḥmūd)達成和解。然而,摩訶末未能奪取先前古爾的也里城,只得留下軍隊包圍該城[1]。摩訶末還捎信給河中地區與費爾幹納(Farghāna)的喀喇汗統治者,欲與之結盟。喀喇汗的最高統治者、撒馬爾罕蘇丹烏思蠻欣然同意與之聯手。除對葛兒罕索求無度及對異教徒統治的不滿外,烏思蠻個人還因葛兒罕拒絕將女兒許配給他深感受辱[2]。

1207年,蘇丹摩訶末越過阿姆河,進入布哈拉,這一次,他受到當地民眾的熱烈歡迎,並將麥利克·桑賈爾(Malik Sanjar)流放至花剌子模。隨後他留下一名將領作爲在該城的代理人,繼續向撒馬爾罕進發[3]。哈剌契丹派軍迎擊花剌子模。戰爭持續了很長一段時間,起初未能一決勝負[4]。但在一些花剌子模人倒戈時,戰局可能發生了變化:花剌子模沙在撒馬爾罕新任命的專員脫兒惕-阿巴(Tört-Aba)與迦布德扎馬[Kabūd-Jāma,在陀拔思單(Ṭabaristān)]的亦思法合八忒(isfahbād)同葛兒罕聯絡,表示若在戰後將花剌子模與呼羅珊分別交予二人,他們將支持葛兒罕一方。葛兒罕慌忙同意,雖說他從未兌現承諾,但此次兵變使天平稍向哈剌契丹一邊傾斜。雖然最終雙方各自班師,但在此之前,哈剌契丹已俘獲甚眾,可能還擒獲了花剌子模沙本人[5]。據伊本·阿西兒言,花剌子模沙及其大將施哈卜丁·馬斯烏德(Shihāb al-Dīn Mas'ūd)一同被俘。後者建議摩訶末隱姓埋名假扮成其侍從,摩訶末照此行事。俘虜他們的哈剌契丹人爲僕人對主人的尊重所動容,同意將僕人送回花剌子模,爲主人籌備贖金。因此,哈剌契丹人在毫不知情的情況下,將花剌子模沙放歸故里。巴托爾德對此事的真實性提出了質疑,他認爲這僅是一則軼事,與塞爾柱蘇丹麥利克沙(Malikshāh)及其維齊爾內扎米·穆勒克(Niẓām al-Mulk)的故事如出一轍[6]。然而,其他文獻也記載了摩訶末被哈剌契丹所俘一事,哈剌契丹人沒有把他認出來,志費尼

---

[1] 伊本·阿西兒《全史》,12:259—262頁。
[2] 伊本·阿西兒《全史》,12:259頁;志費尼《世界征服者史》,2:76、90、122—123頁,波義耳譯《世界征服者史》,342—343、358—359、393頁。
[3] 志費尼《世界征服者史》,2:76頁,波義耳譯《世界征服者史》,342—343頁;奈塞維《蘇丹扎蘭丁·曼古貝爾蒂傳》,66頁;伊本·阿西兒《全史》,12:260頁。
[4] 伊本·阿西兒《全史》,12:260頁。
[5] 志費尼《世界征服者史》,2:83—84頁,波義耳譯《世界征服者史》,351頁;伊本·阿西兒《全史》,12:260、263頁。志費尼將兵變一事記述得似乎較晚,將之置於1210年之後。但志費尼將兵變一事記於花剌子模被捕之前。據伊本·阿西兒記載[(志費尼有關闊思(Közli)的記敘已證伊本·阿西兒所記,參見下文注110)],此事大約發生在1207—1208年。亦可參見布尼亞托夫《阿努什的斤時期的花剌子模王朝》,73頁;參較巴托爾德《蒙古入侵時期的突厥斯坦》,365頁。
[6] 伊本·阿西兒《全史》,12:263—264頁;時間,例如艾布·斐達《人類簡史》,3:109頁;伊本·薩伊《簡史》,240頁;巴托爾德《蒙古入侵時期的突厥斯坦》,360頁,並見穆斯塔夫·可疾維尼(Mustawfī Qazwīnī),《選史》(Ta'rīkh-i guzīda),Paris,1903,pp. 220-223有關塞爾柱的軼事。

解釋説,這是因爲摩訶末在打仗時有穿著對手衣袍的習慣[1]。

據拉施特記載,摩訶末僅失蹤三日[2],但他的消失卻足以讓呼羅珊陷入混亂。聽聞摩訶末失蹤,他的兄弟陀拔思單的維齊爾阿里沙('Alī Shāh),與留在你沙布林(Nīshāpūr)圍困也里的將領闊思立(Közli)皆試圖取代其成爲呼羅珊的統治者[3]。當摩訶末回到花剌子模時,兩個篡位者皆已竄逃,阿里沙逃至菲魯茲古(Fīrūzgūh),闊思立投奔其親屬花剌子模的禿兒罕可敦(Terken Khatun),不久便傳來他在那兒的死訊。1208—1209年,其子試圖逃至哈剌契丹,但很快被花剌子模大軍殺於阿姆河[4]。摩訶末迅速恢復了他在呼羅珊的地位,完成了對也里的征服,之後又征服了菲魯茲古。1208—1209年,他處決了謀逆的兄弟及其背後的保護者——古爾蘇丹加蘇丁·馬哈茂德,從而一舉終結了古爾王朝[5]。哈剌契丹無力借此亂局漁翁得利,則表明先前勉强獲勝已是來之不易。此外,儘管摩訶末在河中地區受挫,但他仍然控制著布哈拉,並於1207—1208年重建該城[6]。

儘管哈剌契丹讓摩訶末占據布哈拉,不干涉其征服呼羅珊,但他們並不準備允許其久不納貢。自從襲擊河中後,摩訶末一直拒不納貢,他殺死哈剌契丹索貢使臣則是明證。兩年後,大概在606/1209—1210年,葛兒罕的維齊爾馬哈茂德·太(Maḥmūd Tai)前來催繳貢賦。正欲用兵欽察的花剌子模沙不想就此斷絶與葛兒罕的關係。於是離開首都,將此事交留其母處理。禿兒罕可敦以崇高禮節接待了葛兒罕的使者,悉數繳納了歲貢。她還派數名花剌子模的貴族隨馬哈茂德·太入朝,爲遲納歲貢致歉,並向葛兒罕保證花剌子模仍是其忠實的臣屬。馬哈茂德·太不爲這樣的裝模作樣所動,上言稱摩訶末野心勃勃,將不再納貢[7]。

〔彭曉燕,以色列希伯來大學教授;譯者王蕊,中央民族大學歷史文化學院碩士研究生;譯者曹流,中央民族大學歷史文化學院講師〕

---

〔1〕 志費尼《世界征服者史》,2:84頁,波義耳譯《世界征服者史》,352頁;拉施特/花剌子模《史集》,fol. 166a;納坦茲《木因歷史選》,fol. 175a;穆塞維《善事繫年》,fol. 245b;達哈比同樣在610/1213—1214年講述了此事[《伊斯蘭史》(Taʾrīkh al-Islām),Beirut,1995,61:69],花剌子模沙披上韃靼人的衣袍隱藏身份,從韃靼被俘虜處逃回。

〔2〕 拉施特/花剌子模《史集》,fol. 166a;穆塞維《善事繫年》,fol. 245b。

〔3〕 伊本·阿西兒《全史》,12:263—264頁。

〔4〕 志費尼《世界征服者史》,2:72頁,波義耳譯《世界征服者史》,339頁。

〔5〕 伊本·阿西兒《全史》,12:264—267頁;志費尼《世界征服者史》,2:69—72頁,波義耳《世界征服者史》,336—339頁。

〔6〕 納爾沙希(Narshakhī),《布哈拉史》(Taʾrīkh-i Bukhārā),Paris,1892,p. 23.

〔7〕 志費尼《世界征服者史》,2:75、89—90頁,波義耳譯《世界征服者史》,342、357—358頁;關於此事日期,參見巴托爾德《蒙古入侵時期的突厥斯坦》,361頁。

從《蒙古襲來繪詞》看元朝征日本軍士民族成分

——兼論元朝東征回回軍及回回炮

烏雲高娃

　　《蒙古襲來繪詞》是日本人竹崎季長親身經歷對抗元朝的戰爭之後,於1293年2月9日繪製完成的長卷畫册。以繪畫的形式生動地展現了日本官兵與元朝軍隊的對決場景。繪圖之外還有解釋戰況的詞。可以說,《蒙古襲來繪詞》是研究元代軍事史、元朝與日本關係史,尤其對忽必烈兩次征日本軍隊的旗幟、軍容軍貌、軍士的族屬等問題的研究提供了較有價值的圖像資料。《蒙古襲來繪詞》具有很高的史料價值。這一資料被日本學界研究日本史的學者廣泛運用。相比之下,國内外研究元史的學者極少關注這一資料[1]。

　　元朝是多民族融合的大統一國家。在元朝的對内對外戰爭中契丹人和女真人起到過重要的作用。成吉思汗及其繼承者西征,使中亞、西亞,乃至歐洲、非洲國家和地區的軍士融入蒙漢軍隊伍中,形成多民族融合的軍隊特色。亡遼宋西夏金朝、東夏國的軍士,不同程度地融入元朝軍隊中,使元朝軍士的民族成分變得較爲複雜多樣。

　　在元朝東征高麗、日本時,東征軍成員有蒙漢軍、契丹人、女真人、渤海人以外,還有回回軍和色目人。從《蒙古襲來繪詞》所繪的人物形象以及服裝、髮髻等情況來看,元朝兩次征日本的軍士民族成分較爲複雜。結合《蒙古襲來繪詞》所繪元朝軍士的形象與《元史》《高麗史》等文獻記載相對照,可見,元朝征日本的軍士民族成分有蒙古人、漢人、契丹人、女真人、渤海人、高麗人、回回人。元

---

[1] 烏雲高娃《〈蒙古襲來繪詞〉史料價值及其運用》,《貴州社會科學》2018年第9期,71頁。

朝兩次征日本時,除蒙漢軍、高麗軍、女真軍、江南軍參加過元朝征日本的戰爭之外,元朝還曾派遣過回回軍參加過征日本的海上戰爭。元朝東征高麗、日本的對外戰爭中也曾使用過回回炮,因此,東征軍隊伍中有不少回回炮手。

一、東征軍中的女真軍

日本學者菅原正子認爲元朝征日本官兵的民族成分,參加元朝第一次征日本的有蒙漢軍、高麗軍和女真軍等。漢人包括契丹人、渤海人、女真人等。第二次征日本時除了蒙漢軍、高麗軍和女真軍之外,還增加了南宋新附的江南軍[1]。菅原正子的這一觀點與史料記載是相符的。但是,菅原正子忽略了元朝征日本軍隊民族成分中還有回回軍這一事實。並未關注到回回軍也參與了元朝征日本的海戰[2]。

關於元朝征日本的軍隊民族成分問題,據《元史》《高麗史》等相關史料記載,可見,元朝第一次征日本的軍士成分由蒙漢軍、女真軍、高麗軍組成。蒙漢軍包括蒙古人、漢人、契丹人、女真人、渤海人等。元朝第二次征日本的軍士民族成分由蒙漢軍、高麗軍、江南新附軍和回回軍組成。元朝征高麗以及忽必烈兩次征日本東征軍民族成分中應該還有色目人,即移民元朝的諸國人。

《高麗史》記載:"是年元宗薨,忠烈即位,方慶與茶丘單騎來陳慰還到合浦,與都元帥忽敦及副元帥茶丘、劉復亨閱戰艦。方慶將中軍朴之亮、金忻、知兵馬事任愷爲副使,樞密院副使金侁爲左軍使,韋得儒、知兵馬事孫世貞爲副使,上將軍金文庇爲右軍使,羅佑、朴保知、兵馬事潘阜爲副使,號三翼軍。忻既綏也,以蒙漢軍二萬五千,我軍八千,梢工引海水手六千七百,戰艦九百餘艘,留合浦以待女真軍,女真後期。乃發船入對馬島,擊殺甚眾。"[3]這段史料記載的是元朝第一次征日本時的情況。1274年十月三日東征軍從高麗合浦出發,向日本對馬島進發。東征軍由蒙漢軍和高麗軍組成,蒙漢軍以忻都爲都元帥、洪茶丘和劉復亨爲左右副元帥。高麗軍以金方慶爲都督使,金侁爲左軍使,金文庇爲右軍使。忽敦就是忻都,蒙古人,高麗屯田軍將領。東征軍在高麗合浦集聚之後,

---

[1] 菅原正子《〈蒙古襲來繪詞〉所見蒙古軍的服裝和旗》,《風俗史學》67號,2018年9月30日,4—7頁。
[2] 烏雲高娃《〈蒙古襲來繪詞〉所繪元代的旗鼓》,《中國史研究動態》2020年第2期,45頁。
[3] 鄭麟趾《高麗史》卷一百四,《金方慶傳》,(日本)東京國書刊行會,明治四十一年(1912年)版,224頁。

因爲女真軍未到達,因此,忻都等在合浦等待女真軍的到來,等女真軍後期到達之後,才從合浦出發,發船前往日本的對馬島。可見,元朝第一次征日本軍隊的民族成分除了有蒙古人、漢人、契丹人、高麗人之外,還有女真人。

元朝東征軍中的蒙漢軍應該包括契丹人、渤海人、漢人、女真人等。高麗軍中也應該含有女真人。但是,在上述史料中單獨提到女真軍,這應該是元朝征日本的東征軍中很可能有舊金的武將和軍隊。菅原正子根據《蒙古襲來繪詞》中軍士的服裝和日輪旗,認爲元朝征日本的東征軍中舊金的將領和士卒占多數,《蒙古襲來繪詞》中出現的日輪旗是金朝旗幟的特點[1]。筆者不贊同這一觀點。北方遊牧民族除了金朝女真人旗幟上繪日輪圖案之外,契丹、蒙古旗幟上也有繪日月圖案的習慣。因此,《蒙古襲來繪詞》所繪的不同形質、不同顏色的日輪旗所反映的是元代旗幟的特點。這裏包括歸附元朝的南宋江南軍、歸附元朝的契丹人、女真人,即使遼金有旗幟上繪有日輪的特點,到了元代歸附元朝的舊金女真人不可能繼續沿用金朝的旗幟。這些旗幟應該都是元朝授予南宋新附、契丹兵、女真兵、蒙古兵、高麗兵的旗幟,旗幟上統一繪有日輪,只是以不同形狀、不同顏色的旗幟和不同顏色的日輪,來區分不同統帥的軍隊。關於蒙古與高麗聯軍征日本時的女真軍的兵數問題,元朝與高麗的文獻資料中並未記載具體人數。《蒙古襲來繪詞》所繪的蒙古軍陣容只是局部的情況,因此,不能單從《蒙古襲來繪詞》所繪的蒙古軍的服裝和旗幟來得出蒙古軍中舊金的武將和軍隊占多數這一結論[2]。

二、東征軍中的回回軍

由於史料記載的局限,尚不清楚元朝第一次征日本軍隊的民族成分中是否有回回軍和色目人。但是,從《蒙古襲來繪詞》中所繪元朝軍隊的陣容來看,無論是在元朝第一次征日本時的陸地征戰的陣容還是元朝第二次征日本的海上軍船的陣容來看,元朝征日本的軍隊中有不少被繪畫成黑色皮膚、大眼睛的外國人形象。這證明元朝兩次征日本的東征軍中除了有蒙古人、漢人、契丹人、女真人、高麗人之外,應該還有回回人和色目人。

關於元朝征日本時的軍士民族成分問題,史料明確記載元朝第二次征日本

---

[1] 菅原正子《〈蒙古襲來繪詞〉所見蒙古軍的服裝和旗》,《風俗史學》67號,2018年9月30日,20頁。
[2] 烏雲高娃《〈蒙古襲來繪詞〉所繪元代的旗鼓》,《中國史研究動態》2020年第2期,45頁。

時回回軍參加過海戰。《元史》記載，元朝第二次征日本時，范文虎的軍隊中曾招集過避罪附宋的蒙古軍和回回軍。可見，元朝第二次征日本時的軍隊成分中除了有蒙古人、漢人、契丹人、女真人、高麗人之外，回回軍也確實參加了元朝第二次征日本的戰爭。

《元史》記載："至元十七年秋七月戊辰，詔括前願從軍者及張世傑潰軍，使征日本。命范文虎等招集避罪附宋蒙古、回回等軍。"[1]這段史料記載的是1280年七月二十九日元朝命范文虎等招集避罪附宋的蒙古軍和回回軍等，準備參加元朝第二次征日本的情況。這是1280年六月二十二日忽必烈招南宋降將范文虎在察罕腦兒行宮商議元朝第二次征日本的作戰計畫之後的事情。

《元史》記載："至元十七年六月壬辰，召范文虎議征日本。戊戌，高麗王王賭遣其將軍朴義來貢方物。"[2]此時忽必烈以南宋降將范文虎爲參謀，試圖聯合南宋的海軍征日本。1280年八月忽必烈命洪茶丘、忻都率蒙、麗、漢四萬軍從高麗合浦出發東征日本。命范文虎率蠻軍十萬從江南出發與蒙漢軍和高麗聯軍在日本一歧島會合。忽必烈認爲東征軍和江南軍一同出征日本，沒有不破日本的道理。

《高麗史》記載"忠烈王六年八月辛卯，王至上都，時帝在闍幹那兀[3]，王遂如行在。乙未謁帝，帝宴王仍命從臣赴宴。先是王使朴義奏曰：'東征之事臣請入朝稟旨，'帝許之。忻都、茶丘、范文虎皆先受命。茶丘曰：'臣若不舉日本何面目復見陛下？'於是約束曰：'茶丘、忻都率蒙、麗、漢四萬軍發合浦。范文虎率蠻軍十萬發江南，俱會日本一歧島，兩軍畢集，直抵日本破之必矣。'王以七事請：一以我軍鎮戍耽羅者，補東征之師。二減麗漢軍，使闍里帖木兒益發蒙軍以進。三勿加洪茶丘職任，待其成功賞之。且令闍里帖木兒與臣管征東省事。四小國軍官皆賜牌面。五漢地濱海之人，並充艄公水手。六遣按察，使廉問百姓疾苦。七臣躬至合浦，閱送軍馬。帝曰：'已領所奏。'"[4]

以上史料中所記載的"范文虎率蠻軍十萬發江南"，這裏應該包括了回回軍。可見，《蒙古襲來繪詞》中所繪的色目人形象與《元史》等文獻記載是相符合的，即回回軍和色目人也參與了元朝征日本的戰役。因此，元朝征日本的軍士民族成分中除了有蒙古人、漢人、契丹人、渤海人、女真人、高麗人以外，還有回

---

[1]《元史》卷一一《世祖本紀》，中華書局，1976年，225頁。
[2]《元史》卷一一《世祖本紀》，224頁。
[3] 注：此處的"闍幹那兀"就是"察罕腦兒"。
[4] 鄭麟趾《高麗史》卷二九《忠烈王世家》，450—451頁。

回軍和色目人,即回回軍和色目人也參與了元朝征日本的行動。

　　1281年正月忽必烈下達再次征日本的動員令,二月蒙漢軍從元朝出發到高麗合浦與高麗軍會合。《元史》記載:"(至元)十八年春正月戊戌朔,高麗國王王賰遣其僉議中贊金方慶來賀,兼奉歲幣。辛丑,召阿剌罕、范文虎、囊加帶同赴闕受訓諭,以拔都、張珪、李庭留後。命忻都、洪茶丘軍陸行抵日本,兵甲則舟運之,所過州縣給其糧食。用范文虎言,益以漢軍萬人。文虎又請馬二千給禿失忽思軍及回回炮匠。帝曰:'戰船安用此',皆不從。……壬子,高麗王王賰遣使言日本犯其邊境,乞兵追之。詔以戍金州隘口軍五百付之。……癸亥賞忻都等戰功。賜征日本諸軍鈔。二月戊辰,……賜征日本善射軍及高麗火長水軍鈔四千錠。……乙亥,敕以耽羅新造船付洪茶丘出征。詔以刑徒減死者付忻都爲軍。……詔諭范文虎等以征日本之意,仍申嚴軍律。……丙戌,征日本國軍啓行。……己丑,給征日本軍衣甲、弓矢、海青符。"[1]這段史料證明,元朝第二次征日本的軍隊中有回回軍,還有回回炮手。

三、東征軍中回回炮

　　宋元之際,隨著成吉思汗的西征,回回炮由西域東傳,因此,也被稱爲西域炮。在蒙古軍隊中較早使用回回炮。早在成吉思汗時期命薛塔剌海製造回回炮。蒙古滅金、征南宋戰爭中亦使用過回回炮,因此,回回炮有時也被稱爲襄陽炮。元朝東征高麗、日本的對外戰爭中,也使用過回回炮,因此,回回炮在元朝的海上作戰中起到了重要的作用。

　　根據《高麗史》、韓國文集《止浦集》等史料記載,早在窩闊台汗時期,蒙古第一次征高麗時,蒙古軍攻龜州城時就使用過回回炮,被後世文人稱爲蒙古征服高麗時曾使用過襄陽炮。

　　1232年正月間,蒙古窩闊台合汗派撒禮塔第一次征高麗。蒙古此次出兵高麗,以先前使者着古與被殺事件爲理由向高麗問罪。撒禮塔所率蒙古軍攻下高麗咸新鎮、鐵州、朔州、宣德鎮、龜州、静州、竹州等四十餘城。

　　在撒禮塔所率蒙古軍圍攻高麗咸新鎮時,鎮守趙叔昌(趙沖之子)歸降蒙古。守將趙叔昌與副將全僩擔心蒙古軍屠城,遂開城門迎降蒙古,使得咸新鎮

――――――
〔1〕《元史》卷一一《世祖本紀》,229—230頁。

衆百姓免遭蒙古軍屠殺。而蒙古人圍攻鐵州時,由於判官李希績的執意反抗,蒙古人攻下鐵州之後,對鐵州進行了屠城。

《止浦集》記載:"當年怒寇闌塞門,四十餘城如燎原。依山孤堞當虜蹊,萬軍鼓吻期一吞。白面書生守此城,許國身比鴻毛輕。早推仁信結人心,壯士嚾呼天地傾。相持半月折骸炊,晝戰夜守龍虎疲。勢窮力屈猶示閑,樓上管弦聲更悲。官倉一夕紅焰發,甘與妻孥就火滅。忠魂壯魄向何之,千古州名空記鐵。"[1]金坵寫此詩歌頌的正是當年蒙古軍圍攻鐵州時,判官李希績英勇頑抗,直到鐵州城中彈盡糧絕,守城即將淪陷之際,李希績將婦女、兒童關到倉庫燒死,自己率衆自刎而死。牧使李元禎也攜妻子投倉火而死的事蹟。

高麗軍民在與蒙古第一次征戰中爲何如此不能抵抗?究其原因,此時蒙古的對外戰爭中早已普遍使用回回炮,做爲攻城的精優工具。

八月撒禮塔所率領的蒙古軍攻下高麗咸新鎮、鐵州之後,攻陷静州、朔州。静州守將金慶孫和朔州守將金仲温棄城投奔龜州。蒙古軍到朔州、宣德鎮後,在趙叔昌的協助下使其守將歸降。蒙古軍與高麗軍在龜州交戰非常激烈,高麗方面的資料詳細記載了蒙古軍在高麗攻城時的戰略戰術。在龜州之戰中蒙古軍在戰略戰術上佔有優勢,蒙古軍以精銳的騎兵攻城外,他們攻城還用炮車飛石。

《高麗史》記載:"朴犀,竹州人,高宗十八年爲西北面兵馬使,蒙古元帥撒禮塔屠鐵州至龜州,犀與朔州分道將軍金仲温,静州分道將軍金慶孫,静、朔、渭、泰州守令等各率兵會龜州。犀以仲温軍守城東西,慶孫軍守城南,都護別抄及渭、泰州別抄二百五十餘人分守三面。蒙古兵圍城數重,日夜攻西南北門,城中軍突出擊走之。蒙古兵擒渭州副使朴文昌令入城諭降,犀斬之。蒙古選精騎三百攻北門,犀擊卻之。蒙古創樓車及大床,裹以牛革中藏兵,薄城底以穿地道。犀穴城注鐵液以燒樓車,地且陷,蒙古兵壓死者三十餘人。又爇朽茨以焚木床,蒙古人錯愕而散。蒙古又以大炮車十五攻城南,甚急。犀亦築臺城上發炮車飛石卻之。蒙古以人膏漬薪厚積縱火攻城。犀灌以水,火愈熾,令取泥土和水投之乃滅。蒙古又車載草爇之攻譙樓。犀預貯水樓上灌之,火焰尋熄。蒙古圍城三旬百計攻之,犀輒乘機應變以固守,蒙古不克而退。復驅北界諸城兵來攻,列置炮車三十,攻破城廊五十間。犀隨毀隨葺,鎖以鐵絙,蒙古不敢復攻。犀出戰大捷。"[2]

---

[1] 金坵《止浦集》卷一,七言古詩,過鐵州,載《韓國文集叢刊》2,(韓國)景仁文化社,1990年版,329頁。
[2] 鄭麟趾《高麗史》卷一〇三《朴犀傳》,(日本)東京國書刊行會,明治四十一年(1912年),212—213頁。

蒙古軍圍攻高麗龜州城數日，未攻克而退。蒙古軍再次圍攻龜州城，百計攻城，使用炮車飛石，但是，在朴犀、金慶孫的反擊下，蒙古軍仍未攻克龜州城。在朴犀等高麗將領的頑强抵禦下，蒙古軍未攻克龜州而退。

十二月蒙古軍再次攻龜州城。此時高麗朝廷派閔曦與蒙古講和，並派人告知龜州守將朴犀，朝廷已經派淮安公侹與蒙古軍講和，命朴犀等不要再抵抗蒙古軍了。但是，朴犀不聽，仍與蒙古軍激戰。

《高麗史節要》記載："高宗十八年十二月，蒙兵復以大炮車攻龜州，朴犀亦發炮車飛石，擊殺無算，蒙兵退屯樹栅以守。撒禮塔遣我國通事池義深、學録姜遇昌，以淮安公侹牒諭降於龜州，朴犀不聽。撒禮塔復遣人諭之，犀固守不降，蒙兵造雲梯將攻城，犀以大於浦迎擊之。無不破碎，梯不得近，大於浦者，大刃大兵也。有一蒙將年幾七十，至城下環視城壘、器械，歎曰：'吾自結髮從軍，歷視天下城池攻戰，未嘗見被攻如此而終不肯降者，城中諸將他日必皆爲將相矣。'"[1]

從以上史料可見，蒙古東征高麗時不僅蒙古軍隊使用炮車飛石，而且，高麗軍也使用炮車飛石，可見，宋元之際，抛石機應該普遍使用於東亞地區。

在高麗朝廷的再三勸説下，朴犀不敢違抗王命，無奈投降。蒙古使臣到龜州之後，認爲朴犀"固守不降"想殺他。念在朴犀忠於自己的國家，免於一死。朴犀回故鄉隱居[2]。撒禮塔在高麗京、府、州、縣置達魯花赤七十二人，監督高麗行政。高麗高宗再次向蒙古"投拜"，並派使臣向蒙古納貢。1232年正月撒禮塔從高麗撤軍，高麗遣淮安公侹與撒禮塔一同到蒙古。

從蒙古進攻高麗龜州一戰來看，蒙古軍常用的攻城器械及戰略戰術是值得關注的。蒙古軍常用的攻城器械有炮車飛石、用牛皮裹的樓車及大床、雲梯等。蒙古軍攻城常用火攻的戰術，並在城底挖通道，運用車床裹藏人等進攻戰術。進攻高麗龜州城時，蒙古炮車飛石的威力很大，使高麗將領也熟知蒙古軍常用的這一攻城機械。蒙古軍在其後攻克高麗竹州城時也用了炮車飛石。這裏蒙古所用的炮車飛石不是指火炮，是指投擲石頭的機械。蒙古軍在龜州之戰中所使用的炮車是否是回回炮，由於史料記載不詳尚不清楚。但是，這一問題應該值得關注。

---

[1] 《高麗史節要》卷一六高宗十八年十二月條，（韓國）東國文化社，1960年，374—375頁。《高麗史》卷一〇三，金慶孫傳記載："蒙古復以大炮車攻之，犀又發炮車飛石，擊殺無算。蒙古退屯樹栅以守。撒禮塔遣我國通事池義深、學録姜遇昌以淮安公侹牒至龜州諭降，犀不聽。撒禮塔復遣人諭之，犀固守不降。蒙古又造雲梯攻城，犀以大於浦擊之，無不糜碎，梯不得近。大於浦者，大刃大兵也"，214頁。

[2] 鄭麟趾《高麗史》卷一〇三《朴犀傳》，213頁。

《西厓集》記載:"我國龜州之戰,元兵及城内皆用炮車飛石,亦恐與瓊山所論襄陽砲相類。"[1]筆者認爲蒙古在高麗攻破龜州、竹州所用的炮車飛石,很有可能就是回回炮。可以説回回炮和西域炮手在蒙古征高麗過程中也起到了很大的作用。

蒙古軍以回回炮攻破襄陽城而聞名,故回回炮又被稱爲襄陽炮[2]。1268年蒙古軍開始圍攻南宋樊城、襄陽二地,連續五年未拿下二城。1271年忽必烈遣使到伊朗向伊利汗國的阿不哥征炮匠。

《元史》記載:"至元八年,世祖遣使征炮匠於宗王阿不哥,王以阿老瓦丁、亦思馬因應詔,二人舉家馳驛至京師,給以官舍,首造大炮豎幹五門前,帝命試之,各賜衣段。"[3]

伊利汗國宗王阿不哥派阿老瓦丁、亦思馬因到蒙古。二人奉忽必烈之命造回回炮,用於攻襄陽城。1272年十一月"亦思馬因創作巨石炮來獻,用力省而所擊甚遠,命送襄陽軍前用之"[4]。

亦思馬因所造的回回炮威力巨大。《元史》記載:"十年,從國兵攻襄陽未下,亦思馬因相地勢,置炮於城東南隅,重一百五十斤,機發,聲震天地,所擊無不摧陷,入地七尺。"[5]

1273年正月蒙古軍,使用回回炮攻下樊城。然後,將回回炮移到襄陽[6]。二月攻破襄陽[7]。此後蒙古軍陸續使用回回炮攻破南宋諸城。

楊志玖先生根據《元史》中1214年薛塔剌海降服蒙古,太祖命佩金符,爲炮手的記載[8],認爲在蒙古軍隊全面發動對南宋的戰爭之前,已經有回回炮手進入中國[9]。筆者認爲在1272年忽必烈命亦思馬因等在元朝本土製造回回炮之前,蒙古在對外戰爭中已經使用拋石機,即回回炮了。從上述史料中所記載的"亦思馬因創巨石炮",很難確定在此之前蒙古是否未使用過回回炮。筆者認爲亦思馬因所製造的巨石炮,很有可能是加大和改良了回回炮的威力。

忽必烈從伊利汗國徵調回回炮手東來在大都製造巨大炮,用於襄陽之戰,只憑這一點不能斷定1272年即是回回炮傳入中國的最早時間。忽必烈從伊利

---

[1] 柳成龍《西厓集》卷一六"記火炮之始",1894年刻本。
[2] 蘇天爵《國朝文類》卷四一。
[3] 《元史》卷二〇三《阿老瓦丁傳》,4544頁。
[4] 《元史》卷七《世祖本紀》,144頁。
[5] 《元史》卷二〇三《亦思馬因傳》,4544頁。
[6] 《元史》卷一二八《阿里海牙傳》,3125頁。
[7] 《元史》卷七《世祖本紀》,148頁。
[8] 《元史》卷一五一《薛塔剌海傳》,3563頁。
[9] 楊志玖《元代回族史稿》,南開大學出版社,2003年,330頁。

汗國徵調回回炮手並造炮,也許可以說是在元朝本土製造回回炮的開始,也可以說是忽必烈對回回炮進行改良,增加其威力而已。在蒙古軍攻破南宋襄樊二城之前,蒙古西征時期,回回炮手和回回炮就應該已經傳入蒙古。蒙古軍在忽必烈統治之前,應該早在前四汗時期,蒙古軍在對外戰爭中已使用過回回炮。這一時期所用的回回炮,有可能比蒙古攻破襄陽時所使用的回回炮威力小而已。

元朝兩次征日本失敗之後,忽必烈並未打消再征日本的念頭。1282年正月五日忽必烈罷征東行省,但他並未打消再次征日本的念頭。三月忽必烈想再次征日本,命天文學家張康用太一法推算看,張康認爲"南國甫定,民力未蘇,且今年太一無算,舉兵不利"[1]。忽必烈聽從張康的建議在這一年並未出征日本。但忽必烈命在江南等地造船、征糧,積極做好再次出征日本的準備。高麗忠烈王也積極籌備助征日本之事。

1283年正月十日忽必烈重新設立征東行省,四月"發大都所造回回炮及其匠張林等,付征東行省"[2]。忽必烈想第三次征日本,併發在元大都製造的回回炮及回回炮匠到征東行省,可見,元朝第三次征日計畫中,仍然派回回軍和回回炮手參加東征日本的海戰。1285年十二月忽必烈"增阿塔海征日本戰士萬人、回回炮手五十人"[3]。忽必烈兩次東征日本海上作戰,應該使用過回回炮。而且,在忽必烈的第三次征日本的計畫中仍然想使用回回炮的意圖很明顯。將大都所造回回炮及炮匠發往征東行省。並給征東元帥阿塔海增加回回炮手50人。

總之,在元朝東征高麗、日本的對外戰爭中,除蒙漢軍、高麗軍、江南軍以外,還有契丹人、女真人、回回人起到了重要的作用。尤其,忽必烈時期對回回炮進行改良,並將回回炮安裝到船上,用於海戰,這在中國軍事史上也是一大進步。

〔烏雲高娃,中國社會科學院古代史研究所研究員〕

---

[1]《元史》卷二〇三《方技傳》,4540頁。
[2]《元史》卷一二《世祖本紀》,253頁。
[3]《元史》卷一三《世祖本紀》,281—182頁。

元代國家資産管理述論

張國旺

元代國家資産有著蒙漢二元的特性。根據蒙古的習慣,所有的錢帛、馬匹車輛等都由整個蒙古貴族所有。這些資産除了維繫黄金家族的生活外,還要保持官僚機構的順利運轉。但無論如何,大部分國家資産都帶有非生産性和資産處置的消費性特點,其目的是保障黄金家族和官僚機構的順利運行,且都是由生産部門創造,官府機構直接分配的資産。

一、元代的國家資産

大體説來,元代國家資産主要有五部分組成:一是具有國家所有性質的土地、河流、湖泊及礦産資源等;一是來源於財政收入的官方糧倉的倉米、布帛、錢鈔等物;一是屬於國家所有的都城、衙署、宅舍等;一是郵驛、車、馬、船等交通設施;一是官營的手工業、畜牧業等。

(一) 國家所有的土地及礦産資源

土地是元代國家資産的大宗。元代國有田産包括官田、屯田、職田、學田等。官田,又稱作"係官田土"[1]。其主要來源於金和南宋的官田。此外,元官

---

[1]《元典章》卷一九《户部五·田宅·影占係官田土》,陳高華、張帆、劉曉、党寶海點校,中華書局;天津古籍出版社,2011年,671—672頁。

府還通過獲取因戰争所導致的無主荒田,没收前代官僚田産,甚至通過購買等方式將民田轉化爲官田。元代荒閑田較多,數目應該不少,但文獻缺少相關統計數目。元代江南官田主要集中在江浙行省,而以"浙西爲甚"[1]。據陳高華估計,包括平江、杭州、湖州、嘉興、常州、鎮江、建德等路,松江府在内的太湖流域七路一府等處的官田當在八萬頃以上,江浙行省的官田應不少於十二萬頃[2]。

元代官田大多採用租佃的形式經營。所謂"其在官之田,許民佃種輸租"[3]。也就是將官田出租給農民,然後收取地租。至元二十八年的《至元新格》明確規定:"諸應係官荒地,貧民欲願開種者,許赴官司入狀請射,每丁給四百畝。"[4]大德四年聖旨更是規定"江北係官荒田,許給人耕種者,元擬第三年收税,或恐貧民力有不及,並展限一年,永爲定例"[5]。官田的地租多是實物地租的形式收取。

元代官田中,有一部分作爲分地賜予蒙古諸王、后妃和功臣。忽必烈時期賜田的行爲逐漸多起來。最早的賜田行爲是中統二年賜給劉秉忠懷、孟、邢州田百頃[6]。但這一時期,賜田的對象以漢人功臣爲主。自成宗始賜田的對象以蒙古貴族、權臣和色目官僚爲主,而且賜田的數量也較此前增多。如至大二年,武宗賜予魯國大長公主祥哥剌吉平江稻田一千五百頃,文宗時又賜予她平江等處官田五百頃[7]。元順帝賜予權臣伯顏河南官田五千頃[8]。

元代的屯田爲數不少,其範圍較之前代有所擴大。"大抵芍陂、洪澤、甘、肅、瓜、沙,因昔人之制,其地利蓋不漸於舊;和林、陝西、四川等地,則因地之宜而肇爲之,亦未嘗遺其利焉。……由是而天下無不可屯之兵,無不可耕之地矣"[9]。但是元代屯田分佈在腹裏地區以及嶺北行省、遼陽等處行省、河南行省、陝西行省、甘肅行省、江浙行省、四川行省、雲南行省、湖廣行省。以腹裏地區屯田爲例,即有左衛、右衛屯田各一千三百一十頃六十五畝,中衛屯田一千三十七頃八十二畝,前衛屯田一千頃,後衛屯田一千四百二十八頃一十四畝,左翼屯田萬户府屯田一千三百九十九頃五十二畝,右翼屯田萬户府屯田六百九十九

---

[1] 吴師道《吴禮部集》卷一九《國學策問四十通》。
[2] 陳高華、史衛民《中國經濟通史·元代經濟卷》,中國社會科學出版社,2007年,166頁。
[3] 《元史》卷九三《食貨志一》,中華書局,1976年,2359頁。
[4] 《元典章》卷一九《户部五·荒田·荒地許赴官請射》,679頁。
[5] 《元典章》卷一九《户部五·荒田·荒田展限收税》,679頁。
[6] 《元史》卷四《世祖紀一》,71頁。
[7] 《元史》卷一一八《特薛禪傳》,2917頁;卷三四《文宗紀三》,767頁。
[8] 《元史》卷三九《順帝紀二》,835頁。
[9] 《元史》卷一〇〇《兵志三·屯田》,2558頁。

頃五十畝,左右衛欽察屯田總計六百五十六頃,左衛率府屯田一千五百頃,宗仁衛屯田二千頃,宣忠扈衛屯田一百頃。

職田,又稱"公田",是元代外任官員俸禄的一部分。路、府、州、縣和録事司、地方監察機構、運司、鹽司等官員都給予職田。至元三年擬定腹裏地區官員職田。至元二十一年規定,江南地區官員職田比腹裏地區減半授予。職田一般由地方官府"先盡係官荒閑無違礙地内"撥付,如果不夠,則"於鄰近州郡積荒地内"給予。如果没有荒地,則要於"照勘過經廉訪司體覆過無違礙户絶地内撥付"[1]。雖然撥付給官員使用,但其官田性質並没有發生變化。獲得職田的官員只能收穫職田的租米,而不得隨意買賣。其離任時要歸還相關部門。雖然元代的職田有具體的法律規定,但由於地域的不同,相同職級的官員所獲得的職田也不完全一樣。如《至順鎮江志》載鎮江路所轄丹陽縣和金壇縣都是中縣,丹陽縣達魯花赤的職田爲二頃,金壇縣達魯花赤的職田卻爲一頃五十畝[2]。更有甚者,江浙行省汀州路所轄長汀、連城二縣官員有職田,寧化縣、清流縣、上杭縣、武平縣官員則没有職田[3]。

學田,即各級官學和書院所有的用來孔廟祭祀和師生廩膳的土地。學田中既有民田,也有官田。江浙行省平陽州"爰撥在官之田若干畝歸諸學"[4]。只是學田中的官田數量有限。官撥學田的使用當和賜田一樣,學校只有使用權,而其所有權則歸官府。

除官田外,其他山川、河流、湖泊也都歸國家所有。《至順鎮江志》所載鎮江路有"田、地、蕩、池塘、雜産,實計三萬六千六百一十一頃二十七畝九分九釐一毫"。其中地方有司所有田土數額爲三萬兩千三百九十四頃九十七畝五分一釐二毫,山八百八十六頃二十二畝一分一釐六毫,蕩一百六十八頃一十九畝八分六釐一毫,池塘六十四頃四十七畝五分八釐九毫,包括山崗、圓灘、白地、荒蕩在内的雜産二百七十六頃八十六畝八分九釐九毫[5]。《元史》載元官府還要收取河泊課、山蕩課、池塘課、山澤課、蕩課等額外課[6]。

元代礦產資源也歸國家所有。"山林川澤之産,若金、銀、珠、玉、銅、鐵、水

---

[1] 方齡貴《通制條格校注》卷一三《禄令·俸禄職田》,中華書局,2001年,380頁。
[2] 俞希魯《至順鎮江志》卷一三《廩禄》,江蘇古籍出版社,1999年,567頁。
[3] 《江浙須知》,《大德毗陵志(外四種)》,楊印民輯校,鳳凰出版社,2013年,137頁。
[4] 陳高《平陽州儒學增田記》,《不繫舟漁集》卷一二,《景印文淵閣四庫全書》本,(臺北)商務印書館,1986年,2頁。
[5] 俞希魯《至順鎮江志》卷五《田土》,188—191頁。
[6] 《元史》卷九四《食貨志二》,2405—2407頁。

銀、朱砂、碧甸子、鉛、錫、礬、硝、鹼、竹、木之類,皆天地自然之利,有國者之所必資也。"[1]

產金之地分佈在腹裏地區的益都路、檀州、景州,遼寧行省的大寧路、開元路,江浙行省的饒州路、徽州路、池州路、信州路,江西行省的龍興路和撫州路,湖廣行省的岳州路、澧州路、沅州路、靖江路、辰州路、潭州路、武岡路、寶慶路,河南行省的江陵路、襄陽路,四川行省的成都路、嘉定路,雲南行省的威楚、麗江、大理、金齒、臨安、曲靖、元江、羅羅、會川、建昌、德昌、柏興、烏撒、烏蒙、東川等地。銀則產於腹裏的大都、真定、保定、雲州、般陽、晉寧、懷孟、濟南、寧海,遼陽行省的大寧,江浙行省的處州、建寧、延平,江西省的撫州、瑞州、韶州,湖廣行省的興國、郴州,河南行省的汴梁、安豐、汝寧,陝西行省的商州,雲南行省的威楚、大理、金齒、臨安、元江等地。產珠之所包括大都、南京、羅羅、水達達和廣州等地。產玉之所包括於闐和匪力沙。產銅之所包括腹裏地區的益都路,遼陽行省的大寧路和雲南行省的大理、澄江等地。鐵主要產於河東、順德、檀州、景州、濟南、饒州、徽州、寧國、信州、慶元、台州、衢州、處州、建寧、興化、邵武、漳州、福州、泉州、龍興、吉安、撫州、袁州、瑞州、贛州、臨江、桂陽、沅江、潭州、衡州、武岡、寶慶、永州、全州、常寧、道州、興元、中慶、大理、金齒、臨安、曲靖、澄江、羅羅、建昌等地。朱砂、水銀主要產於遼陽行省的北京路、湖廣行省的沅江、潭州路以及四川行省的思州等地。和林和會川因產碧甸子而著名。江浙行省的鉛山州、台州、處州、建寧、延平、邵武,江西行省的韶州、桂陽,湖廣行省的潭州是鉛、錫的主要產地。腹裏地區的廣平、冀寧,江浙行省的鉛山州、邵武路,湖廣行省的潭州路,河南行省的廬州、河南府都生產礬。而硝、鹼主要產於腹裏地區的晉寧路。

(二) 財政收入:糧食和錢帛

元代可以直接使用的國家資產則是財政收入中的糧食和錢帛。元代的財政收入主要分爲以稅糧、地租爲內容的糧食和以科差、手工業、商業稅費爲主的錢鈔兩部分組成,也有絲料、布匹、絹帛等。

元代稅糧是以徵收農民糧食爲主的税。民田所收穫的糧食是其主要來源

---

[1]《元史》卷九四《食貨志二》,2377—2379頁。

之一。北方税糧的徵收應始於太宗窩闊台時期。太宗時,規定每户科粟二石,後增爲四石。丙申年間,税糧制度得以定型,規定民户成丁每年繳納粟一石,驅丁五升,徵收丁税,不過有些地區則徵收地税。所謂"丁税少而地税多者納地税,地税少而丁税多者納丁税"[1]。至元元年規定僧、道、也里可温、答失蠻、儒户等種田者白地每畝繳納税糧三升,水地每畝繳納五升,軍户、站户除四頃免役田外,餘下的都要徵收税糧。至元八年,又擬定了西夏中興路、西寧州、兀剌海等三處的税糧和僧道户相同。江南的税糧則施行秋税、夏税二税法。成宗二年始定江南夏税之制,規定秋税只收税糧,而夏税收取木綿布絹絲綿等物。《元史》記載天下歲入糧數,總計一千二百一十一萬四千七百八石,其中腹裏地區税糧二百二十七萬一千四百四十九石,各行省所收税糧九百八十四萬三千二百五十八石,而以江浙行省税糧最多,達到四百四十九萬四千七百八十三石[2],占到各行省所收税糧的近一半。

普通官田的地租也是税糧的主要來源。如前所述,普通官田的經營往往採取租佃的形式,由百姓佃種,收取地租。所收地租即爲税糧。官田税糧以兩浙爲多,而兩浙又以浙西爲最。這是因爲該地官田數量較多,抑或該地土地肥沃,畝產量較高之故。至於普通官田所徵收税糧的具體數目,没有詳細的記載。但可以肯定的是,各地官田税糧在全部税糧中的比重不同。嘉興路所轄一府三縣全部税糧爲 681 552 石,其中官田税糧爲 396 330 石,占到全部税糧的 58% 强;然而慶元路全部税糧爲 130 552 石,其中官田税糧爲 48 075 石,約占全部税糧的 37% 弱[3]。

税糧一般是以地方行政單位徵收,並由徵收對象直接送到官府指定的倉庫繳納。每石糧食中還要增加一部分鼠耗。這些糧食中有相當一部分要經過海陸運輸運到御河沿岸的倉儲收納。

元代的科差是元代財政中錢鈔部分的重要來源。科差因"驗其户之上下而科"而得名,即科差按户等徵收。其包括絲料、包銀和俸鈔三項。絲料的徵收始於太宗丙申年。其規定每二户出絲一斤,和各路絲綫、顔色等一同輸送官府,同時每五户出絲一斤,給予所賜者。這就是二五户絲。包銀,又稱"包垜銀"。其徵收始於憲宗蒙哥元年,當時規定漢人民户繳納包銀六兩。憲宗五年減少到四兩,其中二兩徵收銀,二兩折物。至元四年,敕命包銀民户增一兩以給諸路官吏

---

[1] 《元史》卷九三《食貨志一》,2357 頁。
[2] 《元史》卷九三《食貨志一》,2360 頁。
[3] 陳高華、史衛民《中國經濟通史·元代經濟卷》,568 頁。

俸,所增加者即爲俸鈔。由《元史》記載看,元代的包銀由中統四年的五萬六千一百五十八錠,增加爲至元四年的七萬八千一百二十六錠。

手工業收入也是元代財政收入錢鈔部分的重要來源之一,其中鹽業收入在國家錢鈔收入中占第一位。"國之所資,其利最廣者莫如鹽。"[1]元代鹽業分爲大都河間、兩淮、兩浙、福建、廣東、廣海等海鹽區,河東解鹽區以及四川、雲南井鹽區。其中兩淮鹽產數量最多。《元史·食貨志》載天曆年間,全國產鹽總計二百五十六萬四千引,所獲得的鹽課鈔總計七百六十六萬一千餘錠。茶課大多來自於江南地區。大德七年,茶課增至二十八萬九千二百一十一錠。元代酒醋課的徵收始於太宗時期,"其後皆著定額,爲國賦之一焉"[2]。酒課的徵收遍佈除嶺北行省之外的所有行省。其中江浙行省酒課最多,達一十九萬六千六百五十四錠二十一兩三錢,其次是河南行省,所入爲七萬五千七十七錠一十一兩五錢。醋課以江浙行省所入爲第一位,達一萬一千八百七十錠一十九兩六錢,而處於第二位的腹裏地區醋課僅爲三千五百七十六錠四十八兩九錢。此外,利用開採礦產所得的金、銀、銅、鐵、鉛錫、礬、硝、麴等課程也是國家錢鈔收入的重要來源。

"商賈之有稅,本以抑末,而國用亦資焉。"[3]至元七年擬定商稅三十取一。天曆年間商稅所入者以江浙行省爲多,爲二十六萬九千二十七錠三十兩三錢,腹裏地區則以大都的商稅爲多,爲一十萬三千六錠一十一兩四錢。此外,曆日、契本、窯冶、門攤、漆課、曲課、薑課等額外課程"歲課皆有額,而此課不在其額中也。然國之經用,亦有賴焉"[4]。

(三) 都城、衙署與官員住房

蒙古如同契丹、女真族一樣,都是遊牧民族,最初其住所在行走的營帳中。元代建立後實行兩都巡幸制,皇帝每年往來於大都和上都之間。兩都的皇城、宮城以及官府衙署都是國家資產。

憲宗六年(1256)三月,劉秉忠接受忽必烈的命令,選擇桓州之東、灤水北岸

---
[1]《元史》卷九四《食貨志二》,2386頁。
[2]《元史》卷九四《食貨志二》,2394頁。
[3]《元史》卷九四《食貨志二》,2397頁。
[4]《元史》卷九四《食貨志二》,2403頁。

的龍岡興建新城,用了三年的時間,建成了開平城。中統四年改名爲上都。上都城由宮城、皇城和外城組成。皇城在全城的東南角,宮城在皇城的中部偏北。宮城中最主要的建築是大安閣,此外,還有洪禧殿、水晶殿、香殿、宣文閣、睿思閣和仁春閣等宮殿和宮學、官署等。皇城四角有高大的角樓臺基。皇城内街道主次分明,相互對稱,其中還有很多官署[1]。

至元三年,元朝統治者以修葺後的瓊花島爲基礎,由劉秉忠設計了新城。至元四年破土動工,十三年大都城建成。大都皇城、宮城的修造早於大都城。大都的皇城在全城的南部中央偏西。其東牆在今南、北河沿的西側,西牆在今西皇城根,北牆在今地安門南,南牆在今東、西華門大街以南[2]。皇城以太液池爲中心,東部是宮城和御苑,西邊是隆福宮、興聖宮和西御苑。宮城内以大明殿和延春閣爲主體形成了兩大建築群。隆福宮,又稱東宮,原爲皇太子真金的居所,後爲其妻所居。成宗時改爲隆福宮。後爲皇太子愛育黎拔力八達的住所。興聖宮是元武宗海山爲太后答己建造的住所。[3] 皇城之外,大都還設有衆多的中央衙署。中書省,"在大内前東五雲坊内",省堂大正廳,五間,"東西耳房,寬廣高明,錦梁畫棟,若屏障牆"[4]。還有斷事官廳三間、參議府廳三間、西右司廳三間、東左司廳三間、左右提控掾吏幕司三間、左右屬司幕三間、東檢校廳三間、西架閣庫正廳三間、東西司房六間等等。樞密院衙署在"武曲星之次",而御史臺衙署在"左右執法天門上"[5]。

各地路府州縣都有相關辦公用房。以鎮江路爲例,鎮江路總管府治所有屋一百二十間,江南浙西道肅政廉訪司分司有屋八十一間,行大司農司、通政院、打捕鷹坊總管府都有衙署,鎮守鎮江上萬户府衙署在總管府治西南月觀下,至元十二年改創,有屋七十七間。鎮江路轄録事司一、縣三。録事司擁有房屋四十三間。丹徒縣縣治在府治西南譙門外,有屋三十五間,並設有縣丞廳、主簿廳、尉司以及高資、開沙、圖山等三處巡檢司衙署。值得注意的是,縣治和縣丞廳、主簿廳、尉廳不在一處。如金壇縣縣治在縣城西北隅,縣丞廳則在縣治東,主簿廳在縣治東南,尉司廳在縣治西南。倉場庫務用房也爲數不少。其中行用交鈔庫有房屋九間,丹徒縣養濟院有房屋八十五間。鎮江路織染局有房屋一百一十五間,織染局以東的雜造局有房屋七十七間。而位於鎮江路治南譙門之西

---

[1] 關於元上都的研究,請參見陳高華、史衛民《元上都》,吉林教育出版社,1988年。
[2] 張寧《元大都的勘查與發掘》,《考古》1972年第1期。
[3] 參見陳高華《元大都的皇城和宮城》,《元史論叢》第十三輯。
[4] 《析津志輯佚》,北京古籍出版社,1983年,9—10頁。
[5] 《析津志輯佚》,32—33頁。

的司獄司尚有房屋三十三間[1]。

官用房舍以倉庫爲最多。"我朝倉庫之制,北部有上都、宣德諸處,自都而南,則通州、河西務、御河及外郡常平諸倉,以至甘州有倉。"[2]以集慶路(治今南京)爲例,至治元年設於龍灣的倉廒四十座,"以漕計至重,邦儲所資,爰作新倉","計屋二百間,收受江西、湖廣行省"[3]。

(四) 郵驛、車、馬、船等交通設施

蒙古前四汗時期,建立了貫通整個大蒙古國疆域的驛站系統。忽必烈滅掉南宋,統一全國以後,圍繞元大都建立了四通八達的驛站。驛站是官辦的交通設施。根據官方統計,嶺北行省設置驛站一百一十九處,吐蕃地區設置驛站二十七處,除此之外的腹裏地區以及九個行省共設立驛站一千四百處。其中腹裏各路站赤總計一百九十八處,江浙行省所轄驛站爲二百六十二處,河南江北行省所轄驛站一百九十六處,雲南行省則只有七十八處。

驛站設有專門的館舍、廄舍等。濟南路驛站"再分爲五區。區爲堂、爲廡、爲庖廚、爲廄庫"[4]。館舍和廄舍往往建在一起[5]。以鎮江路爲例,丹陽驛在宋代爲丹陽館。"混一後,屢加繕葺,館舍共一百九楹。使客之馳驛而至者,則西館處焉;其乘舟而至者,則東館處焉。馬廄在西館之西,凡四十五楹。"丹徒縣的西津短站在西津渡口,"以伺北來使客,屋凡八楹"。丹陽縣雲陽驛於至元十八年創置,"在丹陽縣雲陽橋之南,東臨漕渠,南面市河。水馬使客咸蒞焉,屋凡二十七楹。廄舍在雲陽橋漕渠之西,屋凡四十一楹"。呂城驛至元十八年創建,"爲屋大小二十九楹,水馬館亦並置"[6]。根據地理位置的不同,各地驛站大小也有所不同。小者只有館舍十餘間,多者達一百餘間。如浙東奉化奉川驛"計屋之楹至於百有五十"[7]。

"凡站,陸則以馬以牛,或以驢,或以車,而水則以舟。"驛站分爲陸站(又稱

---

[1] 俞希魯《至順鎮江志》卷一三《公廨》,516—561頁。
[2] 周少川、魏訓田、謝輝《經世大典輯校》第十《工典‧倉庫》,中華書局,2020年,796頁。
[3] 俞希魯《至順鎮江志》卷一三《公廨》,516—561頁。
[4] 胡祇遹《胡祇遹集》卷九《濟南新驛記》,魏崇武、周思成校點,吉林文史出版社,2008年,233頁。
[5] 陳高華、史衛民《中國經濟通史‧元代經濟卷》,253頁。
[6] 俞希魯《至順鎮江志》卷一三《公廨‧驛傳》,550—553頁。
[7] 戴表元《剡源戴先生文集》卷一《奉川驛記》,《四部叢刊》初編本,11頁。

旱站)和水站。陸站根據所使用交通工具的不同分爲馬站、牛站、驢站、車站、轎站等[1]。其中馬匹又分正馬和從馬(或稱備馬)。使臣和官員根據鋪馬劄子支用馬匹,所用馬匹的多少根據品級的不同有著嚴格的規定。驛站所用的轎子又分坐轎和臥轎,主要見於江浙行省、江西行省以及湖廣行省諸站,湖廣行省驛站也有車七十輛。據《元史》載車主要用於腹裹、河南行省、遼陽行省等地,用於裝載行李老小。皇慶二年兵部擬定行省平章給站車二輛、左右丞、參政一輛,其餘前往宣慰司都元帥府、廉訪司、宣撫司、總管府赴任官員不得支付[2]。遼陽行省有狗站一十五處,"原設站户三百,狗三千隻,後除絶亡倒死外,實在站户二百八十九,狗二百一十八隻"[3]。

水站的交通工具主要用船。各地船隻的管理方式不同。有用千字文編排管理者。如丹陽驛有船三十只,以"天、地、元、黄、宇、宙、洪、荒、日、月、盈、昃、辰、宿、列、張、寒、來、暑、往、秋、收、冬、藏、閏、余、成、歲、律、吕"爲號。遞運站有船二十只,以"地、黄、荒、辰、張、冬、致、巨、闕、珠、夜、光、鱗、推、位、咸、通、戎、大官、小官"爲號。有用星宿、天干、地支及八卦卦名編排管理者。雲陽驛有船三十只,以"天、地、角、亢、氐、房、心、尾、箕、斗、牛、女、虚、危、室、壁、奎、婁、胃、昴、畢、觜、參、井、鬼、柳、星、張、翼、軫"爲號。吕城驛有船三十只,以"甲、乙、丙、丁、戊、己、庚、辛、壬、癸、子、丑、寅、卯、辰、巳、午、未、申、酉、戌、亥、乾、坎、艮、震、離、坤、兑"爲號[4]。使臣取用站船也有著嚴格的標準。至元二十五年規定"三品以上與船三隻,四品、五品與船二隻;六品至九品及令譯史、通事、宣使人等與船一隻"。大德元年進一步規定:"一品、二品,船三隻。三品至五品,船二隻。六品至九品,令譯史、宣使等,船一隻。"[5]

驛站要給經過的使臣、官員提供祇應分例。祇應,蒙古語爲首思。窩闊台時期"使臣人等每人支肉一斤、面一斤、米一升、酒一瓶"[6]。中統四年規定"乘驛使臣換馬處,正使臣支粥食、解渴酒,從人支粥。宿頓處,正使臣白米一升、面一斤、酒一升、油鹽雜支鈔一十文"。冬季使臣還可日支炭五斤[7]。至元二十一年,正使臣雜支鈔增加爲日支三分,並規定正使臣宿頓處日支"米一升、面一

---

[1]《元史》卷一〇一《兵志四·站赤》,2583頁。
[2]《元典章》卷三六《兵部三·驛站·船轎·官員之任脚力》,1289—1290頁。
[3]《元史》卷一〇一《兵志四·站赤》,2592頁。
[4] 俞希魯《至順鎮江志》卷一三《公廨·驛傳》,551—552頁。
[5]《元典章》卷三六《兵部三·鋪馬·任回官員站船例》,1286—1287頁。
[6] 周少川、魏訓田、謝輝《經世大典輯校》第八《政典·驛傳一》,441頁。
[7]《元典章》卷一六《户部二·分例·使臣·定下使臣分例》,558—559頁。

斤、羊肉一斤、酒一升、柴一束、油鹽雜支鈔三分","從者每名支米一升",經過減半[1]。官府派出人員、司吏以及蒙古軍官等支酒肉米麵等物。除兩都地區外,大部分驛站的祇應都爲官撥祇應。因此驛站備有糧食、羊,以及席子、炊具、餐具等鋪陳什物。

(五) 官營手工業、畜牧業

元代官營手工業的規模很大。官營手工業的生產資料歸國家所有,其勞動者的身份或爲驅口、怯憐口,或爲官府所簽發的專業户計。元代專業户計如匠户、鹽户、茶户等都是世襲的。雖然官營手工業都屬國家資產,但其中有部分手工業產品要進入市場,其市場價值成爲國家錢鈔收入,如榷鹽、榷酒、榷茶、冶鐵等手工業。只有那些爲滿足宫廷、貴族和官府各部門需要的官府手工業,其產品不進入市場的官手工業才屬於非經營性國家資產。元代官府的非經營性手工業主要集中在中央官府各部門或各局院中。這些局院的匠户受到官府的統一管理,口糧由官府撥付。而其生產出的產品主要供宫廷、貴族、官府、軍隊消費之用。而這些非經營手工業絕大多數在北方[2]。

元代非經營性官府手工業中以織染類紡織業最爲發達。其中又以絲織業爲主,毛織業次之。軍器製造、器物製作規模也很龐大。紡織業的生產原料主要來源於官府通過賦稅的形式徵收而來的絲物,還有部分通過官府和買而獲得。官府絲織業的產品有紗、羅、綾、錦等。元代官絲織業早已有之。平定江南後,元代曾有"籍人匠四十二萬,立局院七十餘所,每歲定造幣縞、弓矢、甲冑等物"[3]。

元代官營手工業所生產的絲織品產量高,花色品種多樣。集慶路僅東織染局就管理人匠三千六户,織機一百五十四張,年造段疋四千五百二十七段,荒絲一萬一千五百二斤八兩[4]。鎮江路歲辦段匹五千九百一匹,其中織染局所造爲三千五百六十一匹,生帛局造一千八百三十匹,丹徒縣造五百一十匹,苧絲、胸背花絲綢爲織染局造,生帛局則僅生產斜紋絲綢,而雜造局所產軍器中包括

---

[1] 周少川、魏訓田、謝輝《經世大典輯校》第八《政典·驛傳三》,496 頁。
[2] 陳高華、史衛民《中國經濟通史·元代經濟卷》,200 頁。
[3] 王惲《秋澗先生大全集》卷五八《行工部尚書孫公神道碑並序》,《元人文集珍本叢刊》本,(臺北)新文豐出版公司,1985 年,178 頁。
[4] 張鉉《至正金陵新志》卷六《官守志·本朝統屬官制》,270 頁。

水牛皮甲七十六副,角弓四百五十,箭二萬一千二百支,絲弦八百,弓䈾、箭籙、革帶各二十二,手刀八十五,槍頭四十[1]。

元代官府對局院產品的規制和顏色有著嚴格的規定。如官府規定"係官段疋""一疋紗十兩絲,一疋羅一斤絲"[2]。鎮江路局院中所產的段匹中暗花的一千一百六十七,其中枯竹褐四百一,稈草褐二百三十,明綠一百五十九,雅青一百五十九,駝褐一百八十六,白三十二[3]。且嚴格監督局院生產的整個過程。至元二十八年的《至元新格》規定:"諸造作物料,須選信實通曉造作人員,審較相應,方許申索。當該官司體覆者亦如之。有冒破不實,計其多少為罪,已入己者驗數追償。""諸造作官物,工畢之日,其元給物料,雖經體覆而但有所餘者,須限十日呈解納官。限外不納者,從隱盜官錢法科。""諸局分課定合造物色,不許輒自變移。有上位處分改造者,即以見造生活比算元關物料,少則從實關撥,多則依數還官。"[4]

蒙古民族是遊牧民族,因此由蒙古建立的元代擁有數量眾多的官馬。"其牧地,東越耽羅,北逾火里禿麻,西至甘肅,南暨雲南等地,凡一十四處,自大都、上都以至玉你伯牙、折連怯呆兒,周回萬里,無非牧地。"[5]朝廷直屬牧地上放養的馬匹都是官馬,或稱"係官頭匹"。除此之外,大蒙古國建立後,採用"抽分"的方式在牧民和民間徵收馬匹和牛羊等。元朝建立後,這項制度被保留下來。抽分而來的馬牛羊即為官有。由於官馬左股烙有官印,故又稱"大印子馬"。官馬的管理比較嚴格,"已有備細數目",需要太僕寺等管理牧馬的部門差人點視。泰定二年即命太僕寺官及怯薛前往各地點視官馬數目及文冊。為了彌補馬匹的不足,官府往往主要通過強行購買和拘刷兩種方式,將民間馬匹據為官有。

二、元代國家資產管理機構

蒙古前四汗時期的國家資產管理名義上是也可札魯忽赤,實際的操縱者是札魯忽赤和必闍赤,地方上的國家資產管理機構是窩闊臺時期設立的諸路徵收課稅所。元朝建立後,國家資產的管理逐步制度化。中書省以及戶部、工部、兵

---

[1] 俞希魯《至順鎮江志》卷六《賦稅·造作》,256頁。
[2] 《元典章》卷五八《工部一·造作·講究織造段疋》,1957頁。
[3] 俞希魯《至順鎮江志》卷六《賦稅·造作》,255頁。
[4] 《元典章》卷五八《工部一·造作·段疋·至元新格(十一款)》,1953頁。
[5] 《元史》卷一〇〇《兵志三·馬政》,2553頁。

部等成爲國家資産的主要管理機構。地方行省及路府州縣都是地方上國家資産的管理機構。

　　大蒙古國建立之初,國家資産的管理意識並不強烈,各地的錢穀由諸路"長吏"兼領。針對中原"倉廩府庫無斗粟尺帛"的狀況,窩闊台汗接受了耶律楚材定中原稅額,以給國用的建議,開始在中原諸路開始徵收地稅以及酒醋、鹽、鐵、山澤之利[1]。太宗二年正月,定各路課稅,十一月,耶律楚材"以軍國大計,舉近世轉運司例,經理十路課稅,易司爲所,黜使爲長,相豐歉,察息耗,以平歲入"[2],設立十路徵收課稅所,掌管錢穀。這十路徵收課稅所分別是燕京、宣德、西京、太原、平陽、真定、東平、北京、平州和濟南。課稅使大多爲金元之際的儒士。徵收課稅所的稅賦徵收工作很順利,庚申年歲徵收銀一萬錠。隨著河南歸附,稅賦增加到銀二萬二千錠。於是撲買稅課之風漸行。所謂"撲買"就是用錢從官府手中購得徵稅權,其額度增加了一倍。太宗十二年,窩闊台又任命奧都剌合蠻爲提領諸路課稅所長官,"主漢民財賦"。

(一) 統籌管理國家資産的中央機構

　　元代建立後,制國用使司和尚書省短時間成爲經管國家資産的中央機構。制國用使司,或稱"制府",或稱"制司",設立於至元三年,廢於至元七年。阿合馬以中書省平章兼領使職。制司職掌爲"專總財賦"[3],"總領天下錢穀"[4]。"通漕運、謹出納、充府庫、實倉廩、百姓饒富、國用豐備,此制國用之職也。"[5]由此,徵收所得糧食的儲存和支出是制國用使司的重要職能之一。制國用使司依靠下屬的轉運司和提舉司來徵斂稅賦。此外,驛站分例的使用,弓箭等兵器的製作都是其職能[6]。

　　尚書省"爲總理財用"而設。至元七年,在阿合馬的倡議下,改制國用使司爲尚書省。原來制國用使司的官員也赴尚書省任職。尚書省的設立,是阿合馬利用忽必烈急於"富國"的心理而設立。尚書省設丞相三員、平章二員、右丞左

---

[1]《元朝名臣事略》卷五《中書耶律文正王》,姚景安點校,中華書局,1996年,76頁。
[2]《元朝名臣事略》卷一三《廉訪使楊文憲公》,257頁。
[3]《元史》卷一七三《崔斌傳》,4036頁。
[4] 魏初《青崖集》卷四《奏議·提舉交鈔官令户部兼領》,洪金富《元代臺憲文書彙編》,(臺北)中研院歷史語言研究所,2003年,408頁。
[5] 陳祐《三本書》,蘇天爵《國朝文類》卷一四,《四部叢刊》本,5頁。
[6] 參見張國旺《元代制國用使司述論》,《史學集刊》2008年第6期。

丞各四員、參政三員,與中書省並置。但這次尚書省存在的時間不長。至元九年正月,尚書省併入中書省。至元二十四年,財臣桑哥提議,尚書省復立。桑哥事敗後,尚書省隨之撤銷。武宗至大二年八月,復設尚書省,但隨著武宗於至大四年去世,尚書省也被撤銷。

中書省是統籌國家資產管理的機構,中書設右丞相和左丞相,"佐天子,理萬機"[1]。中書省宰執主要體現在議政和施政方面,並不負責國家資產的具體管理事務。但是"內外大小諸衙門除奉行本管職事外,一應干係軍、民、站、金場、銀冶、茶、鹽、鐵戶、課程、寶鈔、刑名、糧儲、造作、差役等事,毋得隔越中書省,輒便奏聞,從而攪擾"[2]。有時中書省宰執也具體分管錢穀等庶務。如延祐二年,中書省平章李孟、左丞阿卜海牙、參政趙世延領錢帛、鈔法、刑名,平章張驢、右丞蕭拜住、參政曹從革領糧儲、選法、造作、驛傳等。中書省具體負責國家資產由參議府下轄的左右司具體負責。左右司設於中統元年,至元十五年分置左司和右司。左司中的戶雜房、科糧房、銀鈔房、應辦房以及右司中的兵房、工房都是國家資產的管理機構。左司"戶雜房之科有七,一曰定俸,二曰衣裝,三曰羊馬,四曰置計,五曰田土,六曰太府監,七曰會總。科糧房之科有六,一曰海運,二曰儹運,三曰邊遠,四曰賑濟,五曰事故,六曰軍匠。銀鈔房之科有二,一曰鈔法,二曰課程。應辦房之科有二,一曰飲膳,二曰草料。"右司"兵房之科有五,一曰邊關,二曰站赤,三曰鋪馬,四曰屯田,五曰牧地"。而"工房之科有六,一曰橫造軍器,二曰常課段匹,三曰歲賜,四曰營造,五曰應辦,六曰河道"[3]。左右司的職能是"參贊宰臣,決理政務"[4]。

中書戶部、兵部和工部是元代最為重要的國家資產管理部門。中書省六部之設在元初經歷了複雜的嬗變過程。中統二年六月,中書省始設左三部和右三部,至元二年,則分為吏禮、戶、兵刑、工四部。次年又合為左三部和右三部。至元五年又分為四部,至元七年正月中書省四部改為尚書省六部,次年又合為四部。至元十三年,分為吏、戶、禮、兵、刑、工六部,成為定制[5]。

戶部掌全國戶口、錢糧和田土等經濟事務,關係到國計民生。"凡貢賦出納之經,金幣轉通之法,府藏委積之實,物貨貴賤之值,斂散准駁之宜,悉以任

---

[1]《元史》卷八五《百官志一》,2121頁。
[2]《元典章》卷二《聖政一·振朝綱》,32頁。
[3]《元史》卷八五《百官志一》,2123頁。
[4] 蘇天爵《滋溪文稿》卷二《災異建白十事》,陳高華、孟繁清點校,中華書局,1997年,437頁。
[5] 陳高華、史衛民《中國經濟通史·元代經濟卷》,48頁。

之。"[1]國家資產的徵收、出納、府庫的管理都由戶部管理。正如曾堅所言"凡天下萬物、籍帳、府庫、倉廩、寶貨、錢粟、布帛、委輸出納、登耗饒乏之數咸隸焉，其任重也"[2]。兵部掌管全國的驛站、屯田、牧地和鷹坊等事務，"凡城池廢置之故，山川險易之圖，兵站屯田之籍，遠方歸化之人，官司芻牧之地，駝馬、牛羊、鷹隼、羽毛、皮革之徵，驛乘、郵運、祗應、公廨、皂隸之制，悉以任之"[3]。工部掌管全國的官營手工業和營造之事，"凡城池的修浚，土木之繕葺，材物之給受，工匠之程式，銓注局院司匠之官，悉以任之"[4]。中央六部中以戶部、工部具體事務"至其繁劇"。

(二) 國家所有土地及礦產資源的管理機構

除戶部外，行省、路府州縣是管理元代官田的主要機構。最初大量官田均歸十路宣撫司管轄，後歸各行省以及路府州縣管理。各地所管轄官田數目有所不同。但大多通過租佃的形式向承租人徵收地租。此外，地方行政官員還有管理開種係官荒田之民的職能。

江南地區的官田以及山、蕩、池塘等田土有相當部分歸江淮財賦府和江浙財賦府管理。鎮江路官田中，"其所屬者三，曰有司、曰江淮財賦府、曰江浙財賦府。然屬本路者，則有官有民，而屬兩府者，則皆官田也"[5]。江淮財賦府是江淮等處財賦都總管府的簡稱，秩正三品。至元十六年，為管理宋謝太后、福王所獻事產以及賈似道、劉堅的田土所設，起初隸中宮，後隸皇太后宮，"以備宮壼之奉，而天子得以致孝養焉"[6]。大德四年這一機構曾撤銷，由地方有司掌管其賦稅，天曆二年復立，徵收這些田土的稅賦。其下設有揚州等處財賦提舉司、建康等處財賦提舉司、平江等處財賦提舉司以及杭州等處財賦提舉司[7]。江浙財賦府是江浙等處財賦都總管府的簡稱，隸屬中政院。中政院，"掌中宮財賦營

---

[1]《元史》卷八五《百官志一》，2126頁。
[2] 曾堅《中書省戶部題名記》，《析津志輯佚·朝堂公宇》，24—25頁。
[3]《元史》卷八五《百官志一》，2140頁。
[4]《元史》卷八五《百官志一》，2143頁。
[5] 俞希魯《至順鎮江志》卷五《田土》，188頁。
[6] 陳旅《安雅堂集》卷九《江淮等處財賦都總管府題名記》，《景印文淵閣四庫全書》本，(臺北)臺灣商務印書館，1986年，3頁。
[7]《元史》卷八九《百官志五》，2261頁。

造供給,並番衛之士,湯沐之邑",秩正二品[1]。江浙財賦府秩正三品,至大元年置,掌"江南沒入資産,課其所賦,以供内儲"。可知其所管轄的是籍沒朱清、張瑄兩家的資産。其下設平江、松江、建康等處提舉司三處和豐盈庫一處[2]。其管理的官田涉及建康路、常州路、鎮江路、揚州路、太平路、寧國路、徽州路、淮安路、平江路、松江府和慶元路等[3]。此外,隸屬於中宮的管領本投下怯憐口隨路諸色民匠打捕鷹坊都總管府和隸屬於皇太子的鄂州等處民户水陸事産提舉司等都是官田管理的重要機構。

　　元代屯田的管理機構較複雜,主要包括中央樞密院所轄各衛、大司農司、宣徽院以及各行省。樞密院,"掌天下兵甲機密之務","凡宮禁宿衛,邊庭軍翼,征討戍守,簡閱差遣,舉功轉官,節制調度,無不由之"[4]。但屯田以保證軍需是其重要的職能之一。樞密院所轄屯田通常由各衛來管理。右衛除掌宿衛扈從外,"兼屯田",下轄屯田左右千户所二,秩正五品。前衛也兼營屯田,設屯田千户所二。後衛下轄屯田千户所一。武衛親軍都指揮使司,"兼大都屯田等事",轄屯田千户所六。除五衛及武衛親軍所管屯田外,樞密院還設有左右翼屯田萬户府,"分掌斡端、别十八里回還漢軍,及大名、衛輝新附之軍,並迤東回軍,合爲屯田"[5]。此外,左右衛率府、右阿速衛親軍都指揮使司、延安屯田打捕總管府、忠翊侍衛親軍都指揮使司、宗仁蒙古侍衛親軍都指揮使司、山東河北蒙古軍大都督府、左右欽察衛、龍翊侍衛親軍都指揮使司以及宣忠扈衛親軍萬户府都轄有屯田千户所,來管理軍屯。大司農司所轄屯田的直接管理機構主要包括永平屯田總管府、營田提舉司以及廣濟署屯田。宣徽院屯田則由淮東淮西屯田打捕總管府、豐閏署、寶坻屯和尚珍署。各行省所轄屯田的管理機構並不一致。如遼陽行省所轄的屯田由大寧路海陽等處打捕屯田所,浦峪路屯田萬户府、金復州屯田萬户府,肇州蒙古屯田萬户府。河南行省所轄屯田除民屯外,主要由洪澤屯田萬户府、芍陂屯田萬户府以及德安等處軍民屯田總管府管轄。陝西行省所轄屯田主要由陝西屯田總管府、陝西等處萬户府以及貴赤延安總管府管理[6]。

　　元代的山川、湖泊一般歸地方官府管理。河流則由都水監和河渠司來管

---

[1]《元史》卷八八《百官志四》,2230頁。
[2]《元史》卷八八《百官志四》,2235頁。
[3]張岱玉《元朝江浙等處財賦都總管府散考》,《元代杭州研究文集》,杭州出版社,2012年,102頁。
[4]《元史》卷八六《百官志二》,2155頁。
[5]《元史》卷八六《百官志二》,2164頁。
[6]《元史》卷一〇〇《兵志三·屯田》,2565—2568頁。

轄。都水監,秩從三品,"掌治河渠並堤防水利橋樑閘堰之事"[1]。至元二十八年復立。爲了整治水利,還設有行都水監,江南則設有都水庸田司。從資料來看,河渠司主要設於北方,或因地方而設,或因河流而設。其中一些河渠司隸屬於大司農司或都水監管理,如亦集乃路河渠司則隸亦集乃路總管府[2]。此外,根據河流的情況,元代還設有河道提舉司。

元代的礦產資源一般來由專門的機構來管理。專司機構發給冶户工本和生活資料,冶户生產出的產品歸公。益都、淄萊等路的淘金總管府隸屬於太府監。至元二十四年江浙設立淘金提舉司,所轄金場凡七十餘所。湖廣行省的金則以金場轉運司管理。雲州銀冶於至元二十九年設立雲州等處銀場提舉司,江浙則於至元二十一年設立建寧南劍等處銀場提舉司。至元五年,曾設洞冶總管府管理大同鐵礦和冶鐵。後廢罷。至大元年,復立河東都提舉司管理包括大通、興國等在内的八個鐵場。大德元年,順德的鐵礦也設立都提舉司管理,後設順德廣平彰德等處提舉司,管轄神德、左村等在内的六場。衆多提舉司成爲管理礦產資源的主要機構。但也有部分礦產資源的開採由地方官府來負責。

(三)財賦收支管理機構

"凡天下貢賦之入,則有曰田賦户調、曰榷酤、曰關市之徵、曰山澤之徵、曰市舶之徵。茶鹽度量之出入,則有曰上供、曰賜予、曰吏禄、曰祠祀、曰邦交、曰繕治、曰軍食、曰養孤寡。"[3]中央統籌管理國家資產的諸如制國用使司、尚書省以及中書省户部均是元代財賦收入的管理機構。但財税收入一般由地方路府州縣委託里正、主首和社長催督。繳納賦税者需要到指定的倉庫交納。然後由地方官員通過陸運或海運運至御河沿岸或大都的諸倉收儲。

户部所轄四庫是最爲重要的府庫。天下上繳的錢鈔和物品都由四庫保存。大蒙古國時,"乙太府掌内帑之出納,既設左藏等庫,而國計之領在户部,仍置萬億等庫,爲收藏之府"。至元十六年,始爲提舉萬億庫,二十四年,升都提舉萬億庫,次年分立四庫,"以分掌出納。"[4]"四庫"爲都提舉萬億寶源庫,"掌寶鈔、玉

---

[1]《元史》卷九〇《百官志六》,2295頁。
[2] 張國旺《黑水城出土〈至順元年亦集乃路總管府辰字貳號文卷爲鹽麥秋田收成事〉釋補》,《中國社會科學院敦煌學回顧與前瞻學術研討會論文集》,上海古籍出版社,2012年。
[3] 王恪《中書省照算題名記》,《析津志輯佚·朝堂公宇》,32頁。
[4]《元史》卷八五《百官志一》,2131頁。

器";都提舉萬億廣源庫,"掌香藥、紙紮諸物";都提舉萬億綺源庫,掌"諸色段匹";而都提舉萬億賦源庫,"掌絲綿、布帛諸物"〔1〕。爲管理萬億寶源庫的出納金銀事務,至元二十七年設立了提舉富寧庫。户部之下還有大都宣課提舉司,"掌諸色課程,並領京城各市"〔2〕。大都宣課提舉司的前身大都税課提舉司由大都城兩税務合併而來。大都酒課提舉司則掌酒醋榷酤之事,設於至元十九年。京畿都漕運使司負責運送諸倉出納糧斛之事,下轄京城二十二倉以及通惠河運糧千户所。都漕運使司則掌"御河上下至直沽、河西務、李二寺、通州等處後攢運糧斛",下轄河西務十四倉、通州十三倉、河倉十七倉、直沽廣通倉三十處。

鹽業收入由大都河間等路轉運鹽使司、山東東路轉運鹽使司、河東陝西等處轉運鹽使司、兩淮都轉運鹽使司、兩浙都轉運鹽使司、福建等處都轉運鹽使司和廣東鹽課提舉司、四川茶鹽轉運司以及廣海鹽課提舉司管理,並送交萬億庫收納。諸轉運鹽使司歸中書省户部及各行省管轄。市舶收入則由市舶提舉司管理。至元十四年,元朝官府在慶元、上海、澉浦三處市舶司。至元十七年設立泉府司,"掌領御位下及皇太子、皇太后、諸王出納金銀事"〔3〕,實則爲皇帝及其親屬經營高利貸。泉府司後升爲泉府院。至大四年泉府院撤銷,市舶司則完全歸屬行省管轄。商税等税課則由地方上設立的税使司徵收。

皇后、諸王及太子的財賦則由特殊的機構來管理。皇后及皇太后的財賦收入由江淮財賦府和江浙財賦府管理。其財賦支出機構則有宣徽院,"掌供玉食。凡稻粱牲牢酒醴蔬果庶品之物,燕享宗戚賓客之事,及諸王宿衛、怯憐口糧食,蒙古萬户、千户合納差發,係官抽分,牧養孳畜,歲支芻草粟菽,羊馬價直,收受闌遺等事,與尚食、尚藥、尚醖三局,皆隸焉"〔4〕。下轄光禄寺(掌起運米麴諸事,領尚飲、尚醖局,沿路酒坊,各路布種事),尚舍寺(掌行在幃幙帳房陳設之事,牧養駱駝,供進愛蘭乳酪),尚食局(掌供御膳,及出納油麵酥蜜諸物)等機構。中政院則掌中宮財賦營造供給,並番衛之士,湯沐之邑〔5〕。此外,太府監領左右藏等庫,掌錢帛出納之數。度支監"掌給馬駝芻粟",利用監則掌出納皮貨衣物之事〔6〕。

---

〔1〕《元史》卷八五《五官志一》,2127頁。
〔2〕《元史》卷八五《百官志一》,2129頁。
〔3〕《元史》卷一一《世祖紀八》,227頁。
〔4〕《元史》卷八七《百官志三》,2203頁。
〔5〕《元史》卷八八《百官志四》,2230頁。
〔6〕《元史》卷九〇《百官志六》,2293頁。

地方上財賦收支機構由地方官府負責。以鎮江路爲例,其下轄的大軍倉原爲宋轉般倉,至元十二年整改後用來"受本路官民租糧",而香糯倉"以受本路及常州路上供香糯"[1]。亦集乃路則以廣積倉收儲官民租糧,支持庫則爲其錢鈔的出納機構,諸王分例、俸祿、軍用錢鈔和官用錢鈔均從此支出[2]。

(四) 都城、公廨管理機構

元大都建成後由大都留守司管理。最初大都設有宮殿府行工部,負責大都的建造和修整。大都留守司設立於至元十九年。起初"以留守司兼行工部"[3],"兼本路總管,知少府監事"。至元二十一年大都路總管府設立之後,少府監的職能併入大都留守司。這樣大都留守司的職能則確定爲:"掌守衛宮闕都城,調度本路供億諸務,兼理營繕內府諸邸、都宮原廟、尚方車服、殿廡供帳、內苑花木及行幸湯沐宴遊之所、門禁關鑰啓閉之事。"[4]其職能可以概括爲兩點:一是負責宮廷和都城的守衛,一是負責宮廷內各項建築、車服和花木之類的修繕[5]。大都留守司下轄掌管修建宮殿和大都造作等事務的修內司,掌內府諸王邸第異巧工作和修繕寺院的祇應司,掌內府宮殿、京城門戶、寺觀公廨營繕的器物局等機構。

元上都修造完成後,中統元年,設立了開平府。至元三年,詔上都路總管府遇車駕巡幸,"行留守司事"[6]。至元十九年設上都留守司兼本路都總管府。其"品秩職掌如大都留守司,而兼治民事"[7]。上都留守司下轄機構除與大都留守司相同的修內司、祇應司、器物局外,還設有掌守護東涼亭行宮和遊獵供需事務的尚供總管府和守護察罕腦兒行宮及供需事務的雲需總管府等。

工部設有提舉都城所,秩從五品,"掌修繕都城內外倉庫等事"[8],至元三年置。都城各機構所屬的房産或由轄下的管房提領所管理。《析津志輯佚·工局倉廩》載:"徽政院都事呈:禮部符奉中書省剳付:本部呈:徽政院至元二年奏

---

[1] 俞希魯《至順鎮江志》卷一三《宮室》,538頁。
[2] 李逸友《黑城出土文書(漢文文書卷)》,科學出版社,1991年,15頁。
[3] 《元史》卷一二《世祖紀九》,241頁。
[4] 《元史》卷九〇《百官志六》,2277頁。
[5] 參見陳高華、史衛民《中國政治制度通史·元代卷》,人民出版社,1998年,142頁。
[6] 《元史》卷六《世祖紀三》,111頁。
[7] 《元史》卷九〇《百官志六》,2297頁。
[8] 《元史》卷八五《百官志一》,2148頁。

准管房提領所,比依隆祥總管府管房提領所例,鑄到正九品銅印一顆,設官隸本院照磨所管,至正五年,撥付諸色府管領,於概管人户内選保提領、大使各一員,受院劄。房舍一千一百二十五間半,地土三十二頃三畝四分二釐。"[1]由此可知,徽政院和隆祥總管府等諸色府都設有管房提領所管轄房舍和地土。管房提領所秩正九品,由照磨所管轄,設提領、大使各一員,由本院來任命。

地方係官房舍基地或由地方有司管理。《至順鎮江志》載有司所管田土中即包括係官房舍基地。係官房舍的修理、維護和租賃也都由地方官府管理。至元二十一年,江淮行省咨中書省:"本省管下府州司縣多有係官房舍,但有損壞,官爲放支價錢,差撥人夫修理,更兼腹裏應有房舍,諸人出錢賃住。"[2]至元二十三年,浙西道按察司申南御史臺:"照得本道所轄八路,係官房舍甚多,皆亡宋官員廨宇及斷没逃避房屋……除已移牒各路,將應管係官房舍倒塌去處,從實計料,就便申覆合干上司照詳外,卑司切詳,不惟浙西一道,其江南州郡亦係一體,合無遍行合屬,計料修理,似爲不致日久損壞官物。"[3]

(五) 郵驛、車、馬、船等管理機構

元代對驛站的管理機構除兵部外,主要是通政院。元初驛站的管理並没有相應的機構。蒙古前四汗時期,"置驛以給使傳,設脱脱禾孫以辨奸偽"[4]。中統四年,"詔霍木海總管諸路驛,佩金符"[5]。脱脱禾孫是負責兼管驛站交通的官員,其職能主要是維持乘驛秩序,盤查馳驛使臣的乘驛資格,檢查乘驛者的行李有無違禁以及乘驛者行李是否超重[6]。

至元七年,設立諸站都統領使司,專門管理驛站事務。至元十三年,改都統領使司爲通政院,"專一管領站赤公事"[7]。次年分置大都、上都兩院,至元二十九年又設江南分院。至大四年,通政院罷,其漢地站赤事務歸兵部管理。兩都通政院則只管理達達站赤。延祐七年四月,"詔蒙古、漢人站,依世祖舊制,悉

---

[1]《析津志輯佚》,44—45頁。
[2]《元典章》卷五九《工部二·公廨·召賃係官房舍》,1997頁。
[3]《元典章》卷五九《工部二·公廨·修理係官房舍》,1999頁。
[4]《元史》卷八八《百官志四》,2230頁。
[5]《元史》卷五《世祖紀二》,93頁
[6] 党寶海《蒙元驛站交通研究》,昆侖出版社,2006年,107—108頁。
[7]《經世大典輯校》第八《政典·驛傳二》,464頁。

歸之通政院"[1]。通政院的職能主要包括站官的選拔和任命,驛站的規劃和建設,巡視驛站,直接處理相關事務,賑濟和補換站户以及分揀使臣等[2]。通政院還設有廩給司,至元十九年置,設提領、司令、司丞各一員,"掌諸王諸蕃各省四方邊遠飲食供張等事"[3]。驛站的祇應供給在仁宗驛站改制前由通政院管理,此後改歸兵部管理。英宗時期,祇應回歸通政院管理[4]。

各站都設有提領、副使等站官。元貞元年二月,規定:"各處行省站官提領受行省劄付,三年爲滿,副使從通政院於站户内差設,常令在職。"[5]江南驛站"每站設提領、副使各一員。提領一員,於慣曾勾當北人内選取,受行省劄付,勾當三周歲爲滿。若有成效,無過犯者,依驗受行省付身例,别定奪委用。副使,於本處站户上户内選知官事、爲衆推服者一名,受通政院劄付,常川勾當"[6]。其職能則是管理站户,飼養馬畜,管理車船等務。延祐五年,中書省兵部建言:"各站設置提領,止受部劄,行九品印,職專車馬之役。"[7]

地方官府也有協助管理站赤的義務。至元二十八年七月,"詔各路府州縣達魯花赤、長官,依軍户例,兼管站赤奥魯,非奉通政院明文,不得擅科差役"[8]。

(六) 官營手工業、畜牧業管理機構

官營手工業主要由局院來管理。這些局院主要分屬於工部、將作院、中政院、武備寺等系統,而以工部管轄局院最多。

工部下轄有負責繪畫佛像和土木刻削的梵像提舉司、掌管臘鑄的出臘局提舉司、掌管鑄造的鑄瀉等銅局、掌金銀製造的銀局、掌鑄鐵的鏇鐵局、掌"琢磨之工"的瑪瑙玉局,掌"攻石之工"的石局,"攻木之工"的木局、"董髹漆之工"的油漆局等以及諸司局人匠總管府"領兩都金銀器盒及符牌等一十四局事"、諸路雜造局總管府、"管領諸色人匠造作等事"的茶迭兒局總管府、大都人匠總管府、隨路諸色民匠都總管府和興和路尋麻林人匠提舉司等。工部所轄官營絲織業局

---

[1]《元史》卷一〇一《兵志四》,2591頁。
[2] 党寶海《蒙元驛站交通研究》,78頁。
[3]《元史》卷八八《百官志四》,2230頁。
[4] 党寶海《蒙元驛站交通研究》,78頁。
[5]《經世大典輯校》第八《政典·驛傳二》,547頁。
[6]《元典章》卷九《吏部三·站官·選取站官事理》,354頁。
[7]《元史》卷一〇一《兵志四》,2591頁。
[8]《元史》卷一〇一《兵志四》,2588—2589頁。

院最多。其中撒答剌欺提舉司是製作撒答剌欺的機構。所謂"撒答剌欺"原是中亞不花剌(屬烏茲別克斯坦)以北十四里的撒答剌地方出產的一種衣料[1]。別失八里局"掌織造御用領袖納失失等段"。冀寧路織染提舉司、晉寧路織染提舉司都是山西地區重要的織染業重要機構。此外，還設有南宫、中山織染提舉司、深州織染局、弘州人匠提舉司、納失失毛段二局、雲内州織染局、大同織染局、恩州織染局、保定織染提舉司、永平路紋錦等局提舉司、順德路織染局、彰德路織染局、懷慶路織染局、宣德府織染提舉司、東聖州織染局和陽門天城織染局等。而大都人匠總管府下還有掌"繡造諸王百官段匹"的繡局，"掌織諸王百官段匹"的紋錦總院和"掌織造紗羅段匹"的涿州羅局。隨路諸色民匠都總管府下則有織染人匠提舉司和大都等處織染提舉司等[2]。

將作院，"掌成造金玉珠犀象寶貝冠佩器皿，織造刺繡段匹紗羅，異樣百色造作"。至元三十年始置。所轄機構有"掌造寶貝金玉冠帽、繫腰束帶、金銀器皿，並總諸司局事"的諸路金玉人匠總管府，異樣局總管府和大都等路民匠總管府。其中諸路金玉人匠總管府轄金銀器盒提舉司、瑪瑙提舉司、金絲子局、浮梁磁局、畫局、大小雕木局、宣德隆興等處瑪瑙人匠提舉司、温犀玳瑁局、上都金銀器盒局、漆紗冠冕局和行諸路金玉人匠總管府等。異樣局轄異樣紋繡提舉司、綾錦織染提舉司、紗羅提舉司等官營手工業機構[3]。

中政院所轄翊正司之下設有管領隨路打捕鷹坊納綿等户提舉司，江浙等處財賦都總管府之下設有"掌織染歲造段匹"的織染局[4]。儲政院也設有織染局。江淮等處財賦都總管府之下設有杭州織染局、建康織染局、黄池織染局、陝西等處管領毛子匠提舉司。昭功萬户府都總使司之下的織染雜造人匠都總管府管轄有織染局、綾錦局、紋錦局、中山局、真定局、弘州蕁麻林納失失局、大名織染雜造兩提舉司等局院[5]。

武備寺是軍器製造的機構，"掌繕治戎器，兼典受給"。至元五年始立軍器監，二十年立衛尉院，改軍器監爲武備監，隸衛尉院。至大四年改爲武備寺。其下設有"掌平陽、太原等處歲造兵器，以給北邊征戍軍需"的廣勝庫、大同路軍器人匠提舉司、平陽路軍器人匠提舉司、太原路軍器人匠局、保定軍器人匠提舉司、真定路軍器人匠提舉司、懷孟河南等路軍器人匠局、汴梁路軍器局、益都濟

---

[1] 陳高華、史衛民《中國經濟通史·元代經濟卷》，205—206頁。
[2] 《元史》卷八五《百官志一》，2143—2152頁。
[3] 《元史》卷八八《百官志四》，2225—2230頁。
[4] 《元史》卷八八《百官志四》，2233—2236頁。
[5] 《元史》卷八九《百官志五》，2262—2263頁。

南箭局、彰德路軍器人匠局、大名軍器局、上都甲匠提舉司、遼河等處諸色人匠提舉司、上都雜造局、奉聖州軍器局、蔚州軍器人匠提舉司、廣平路甲局、東平等路軍器人匠提舉司、通州甲匠提舉司、薊州甲匠提舉司、欠州武器局、大都甲匠提舉司、大都箭局、大都弓匠提舉司、大都弦局等局院機構[1]。

除以上機構外，一些中央機構也轄有官手工業局院，如大都留守司等。

地方上的局院則由行省和路級機構管理。如鎮江路和慶元路便設有製作絲織品的織染局和生帛局，生產甲、弓、箭等的雜造局。集慶路設有東西織染局和軍器局[2]。

元代官營畜牧業最初由群牧所管理。群牧所設於中統四年。至元十六年改爲尚牧監，十九年又改太僕院，次年改衛尉院，二十四年罷，設太僕寺，屬宣徽院。大德十一年，改爲太僕院，隸中書省。至大四年，仍爲太僕寺。太僕寺的職能爲"典掌御位下、大斡耳朵馬"[3]。《元史·百官志六》稱太僕寺"掌阿塔思馬匹，受給造作鞍轡之事"，阿塔思馬即騸馬。至元二十四年後，設尚乘寺，"掌上御鞍轡輿輦，阿塔思群牧騸馬驢騾，及領隨路局院鞍轡等造作，收支行省歲造鞍轡，理四怯薛阿塔赤詞訟，起取南北遠方馬匹等事"[4]。宣徽院也有管理"蒙古萬户、千户合納差發，係官抽分，牧養孳畜，歲支芻草粟菽，羊馬價值"等事[5]。管理抽分是其重要職能之一。每年七八月間，宣徽院前往各地抽分羊馬。因在此過程中擾亂地方和站赤，於是至大四年，規定宣徽院只負責"迤北蒙古百姓每，各千户並各處口子里"[6]的抽分事宜。具體事務或由至大四年所設的尚牧所管理。尚牧所，秩從五品，設提舉二員、同提舉一員、副提舉一員[7]。另外，詹事院的典牧監掌東宮孳畜之事，徽政院典牧監則掌中宫位下孳畜之事[8]。

三、元代國家資產管理制度

元代國家資產管理制度主要是元朝建立後隨著衆多管理制度的完善而形

---

[1]《元史》卷九〇《百官志六》，2284—2288頁。
[2] 俞希魯《至順鎮江志》卷六，255頁；張鉉《至正金陵新志》卷六《官守志·本朝統屬官制》，南京出版社，1991年，270頁。
[3]《元史》卷一〇〇《兵志三·馬政》，2553頁。
[4]《元史》卷九〇《百官志六》，2288—2289頁。
[5]《元史》卷八七《百官志三》，2200頁。
[6] 方齡貴《通制條格校注》卷一五《厩牧》，443頁。
[7]《元史》卷八七《百官志三》，2200頁。
[8]《元史》卷八九《百官志五》，2245、2247頁。

成的。蒙古前四汗時期國家資產管理制度尚處於不完善的初級階段。

(一) 收支管理制度

　　元代收支制度主要限於錢穀等財政收入及官手工業產品。元代的錢穀主要來源於官府所徵收的官田地租、民田稅糧以及部分官營手工業盈利所得。元代稅糧、科差以及諸如酒醋課、商稅等部分課程的徵收大都以路府州縣爲單位，規定數額，強制完成。其中路總管府總領，逐級科斂。中統元年既規定："科放差發文字，只依一次盡數科訖，府科於州，州科於縣，縣科於民，並同此例。分作三限送納。"[1]並屢次規定"不得科斂百姓"。而作爲錢鈔收入的大宗，鹽課由直屬中書省或行中書省的大都河間、山東東路、河東陝西、兩淮、兩浙、福建等都轉運鹽使司徵收，茶課則由諸處榷茶轉運司徵收。與"昔之有國家者，藏富之所，散於列州"不同，元代則"藏富之所，聚於諸省"[2]。即元代的財稅都集中於行省。元初行省往往具有中書省派出機構的色彩，由此朝廷已經將各地財賦集中於朝廷了。隨著行省功能轉變爲地方最高行政機構，自然出現瞭解運京師、上供朝廷和各省留用的問題。實際上，各行省上供與留用整體上施行七三分成政策[3]。

　　倉庫是儲存錢谷的場所。"倉官交取糧食，庫官收支錢帛。"[4]谷帛徵收後存放於諸倉之中。其中京倉十七處，都倉十七處，各地還設有糧倉。倉官設有監支納、大使和副使等。錢鈔以及官手工業製品則於萬億庫中存放和出納，行省則設廣濟庫"以司出納"[5]。庫官也設有提領、大使和副使等。

　　元代對錢谷的保管有著嚴格的收納和庫管制度。至元二十二年的《考計收支錢物》針對湖南等處收支體例不一的問題，中書省制定了關於收支錢物的具體方案。此法令要求所收課程、茶鹽引價以及贓罰鈔等係官錢物由主管官司依例徵收，置立文簿，編立號數，出給憑證，寫明哪年，什麼錢物。如果是金銀，則要寫明成色。如是各種絲織品等，則要寫明規格，並如法守貯，隨時曝曬，不致損壞。所支官物則要有上級部門的檔，寫明原由、時間和料例。先支現有的，然

---

[1] 《元典章》卷三《聖政二・均賦役(二)》，72頁。
[2] 黃溍《金華黃先生文集》卷九《重修廣濟庫記》，《四部叢刊》初編本，9頁。
[3] 參見李治安《元代中央與地方財政關係述略》，《南開學報》1994年第2期。
[4] 《元典章》卷九《吏部三・倉庫官・倉庫貼補庫官對補》，331頁。
[5] 陶宗儀《南村輟耕錄》卷一〇《趁辦官錢》，中華書局，123頁。

後圓押勘合,擬定從哪項經費中撥付。同時要求各地置立收支文簿。徵收的貢產、官房、田土、牛馬、租課等係官之物也要置立文簿,呈請行省覆核。各地官錢的收支專門委任一名首領官和能幹的吏員掌管置立簿籍。各地申請的錢物只要合乎要求,便依例支給,如有不應支,或侵欺、移易、借貸,立限追徵還官,並追究刑事責任。各地每季度要向行省彙報所收錢物的原來管理者、收支情況以及現在剩餘情況。起運錢糧所用的木櫃、繩索需要結實牢靠,不能重複支用[1]。至元二十三年規定了租税帶收鼠耗糧米的分例:民田每石收鼠耗分例七升,而官田每石減半徵收。

至元二十八年頒佈的《至元新格》對倉庫收受和出納之法作了詳細的規定:"諸出納之法,須倉庫官面視稱量檢數,自提舉、監支納以下,攢典、合干人以上,皆得互相覺察。有盜詐違法者,陳首到官,量事理賞。其有侵盜錢糧並濫偽之物,若犯人逃亡,及雖在無財可追者,並勒同界官典、司庫、司倉人等一體均陪。""諸支納錢糧一切官物,勘合已到倉庫,應納者經十日不納,應支者經一月不支,並須申報元發勘合官司,隨即理會。其物已到倉庫未得勘合者,亦如之。""諸官物出給,先盡遠年。其見在數多,用處數少,不堪久貯者,速申當該上司,作急支發,毋致損敗,違者究治。""諸路收受差發,自開庫日爲始,本路正官一員輪番檢察,並要兩平收受,隨時出給官户朱鈔,無使刁蹬停留人難,諸州置庫去處並同。""諸倉收受米糧,並要乾圓潔浄。當該上司各取其樣,驗同封記,一付本倉收掌,一於當司存留,仍須正官時至檢校,其收支但與元樣,不同隨即究治。""諸倉庫錢物,監臨官吏取借侵使者,以盜論。與者,其罪同。若物不到官而虚給朱鈔者,亦如之。仍於倉庫門首出榜,常川禁治。""諸倉庫赤曆單狀,當該上司月一查照。但開附不明,收支有差,隨事究問。""諸倉庫局院疏漏,速申修理。霖雨不止,常須檢視,隨宜備禦,不致官物損壞。若收貯不如法,防備不盡心,曝曬不以時,致有損敗者,各以其事輕重論罪。所壞之物,仍勒陪償。"沿河倉庫則由漕運司官監視,"凡應干收支文憑,合有見在官物,皆須照算交點明白,別無短少濫偽之數"[2]。同時強調户部指定式樣,各地每季度將錢糧等物狀況彙報户部,由户部檢查,年終進行核算。

元貞元年要求各地對所存各種倉糧進行折算,如有短少的粳米、小麥,則由倉官追徵[3]。次年規定,各處倉庫由達魯花赤、長官專一提調,"所收錢糧如法

---

[1]《元典章》卷二一《户部七·支·考計收支錢物》,764—765頁。
[2]《元典章》卷二一《户部七·倉庫·至元新格》,750—751頁。
[3]《元典章》卷二一《户部七·倉庫·倉糧對色准算》,754—755頁。

收頓,不致損壞失陷。仍令正官收掌倉庫鑰匙,凡有收支,逐旋關納,仍令提調官輪番赴庫,牽照一切勘合文憑,比對赤曆單狀,計點實有見在,但有侵欺、短少,即將當該庫官。庫子人等監鎖追賠"[1]。大德十一年還規定收支錢糧之數去零就整。

　　元代財賦用於"應付軍人行糧、工匠口糧及造作、遞運、和雇和買錢帛等名項"[2]。此外,祭祀費用由本路支用。至元五年中書省擬定了祭祀所用錢物的標準:聖節支不過貳錠,乙亥日支破香錢等六兩,祭丁每歲祭擬支不過破鈔二十兩,祭社稷神擬支一周歲內不過破鈔二十兩,立春日擬支不過破鈔二十五兩,祀風雨雷神一年內不過破鈔一十兩,重午、重九拜天節擬支不過破鈔一十兩[3]。軍人鹽錢等也有明確的規定。元代規定軍人月支鹽一斤。元貞二年根據當時的價格支給中統鈔一錢六分九厘五毫。延祐時鑒於通貨膨脹等因素,每斤折支中統鈔二錢五分[4]。此外,各路每歲辦公紙札,"成造信牌、彩畫圖本、淹藏菜蔬、印色心紅","各路當館鋪陳什物、修補館房廨宇酒庫敖房、成造儀從置買諸物"所用的錢物,囚糧[5],以及建造橋樑、船隻所支祗應等物的出納都有嚴格的規定和具體的分例。

(二) 考課制度

　　"考課"即"考績"或"考功"。考課制度是中國古代朝廷對官員任職期間的政績進行考評並據以獎懲的制度。元代考課制度是在繼承金代制度的基礎上,隨著官僚體制的完備而逐漸建立並完善的。其主要工作由吏部根據官員離任時地方所給解由評判,並以此作爲官員升降職的依據。吏部根據"日月序遷"和"循名責實"兩方面的因素來決定官員的升降。

　　元代考課制度承於金代。至元元年八月,元廷頒佈條格,在確定官吏員數、品階、俸祿的同時,"計月日以考殿最"[6]。至元十四年規定了職官諸衙門、行省、宣慰司官,三十個月爲一考,一考升一等,而外任官三周年爲一考。至元二

---

[1]《元典章》卷二一《户部七·倉庫·關防錢糧事理》,752頁。
[2]《元典章》卷二一《户部七·支·准除錢糧事理》,768頁。
[3]《元典章》卷二一《户部七·支·擬支年銷錢數》,770—771頁。
[4]《元典章》卷二一《户部七·支·軍人鹽錢》,774—776頁。
[5]《元典章》卷二一《户部七·支·擬支年銷錢數(又)》,771—773頁。
[6]《元史》卷《世祖紀二》,98頁。

十二年,盧世榮定百官考課之法,規定"自今每歲終考課,管民官五事備具,内外諸司職任内各有成效者,爲中考","擬三十個月一次考功過爲殿最,以憑遷轉施行。"[1]此後又頒佈了軍官和捕盜官考課的法規。至元二十八年的《至元新格》中規定諸在朝職官,"以三十個月日爲任滿",外任官"以三周歲爲任滿",錢穀官則以"得代爲任滿",任滿後對其進行考核,已決定其升降。

考課中,管民官成爲考核重點。忽必烈即位之初,廉希憲即奏請"使考課黜陟"[2]。中統五年頒佈的聖旨中,即明確規定:"今擬於省並到州縣内,選差循良廉幹之人以充縣尹,給俸禄、公田,專一撫字吾民,佈宣新政。仍擬以五事考較而升殿:户口增、田野辟、詞訟簡、盜賊息、賦役平,五事備者爲上選,内三事成者爲中選,五事俱不舉者黜。"[3]縣尹所考核的五事中,墾荒官田數目的增減以及均平賦役均與國家資產有關。至正四年正月,定守令黜陟之法,將考核的内容由五事改爲六事:"曰學校興舉、農桑有成、盜賊屏息、詞訟減少、賦役均平、常平得法。"[4]針對國家資產相關的荒田開墾已經不再作爲考慮的標準,而農桑有成和學校興舉等項關於官田以及學田等的管理則被納入其中。所謂"國用民財,皆本於農","農桑衣食之本,公私歲計出焉",更爲"國家經賦之源"[5]。

元代對其他官員的考課則多以"任内各有成效"[6]爲主。由於官員職責的不同,對其考核的内容也不盡相同。以鹽官爲例,鹽運使及首領官負責賣鹽和鹽課鈔的辦納,故以原額爲基準的食鹽發賣的增虧爲其考核内容,而鹽場官和司屬官的職能是辦鹽課,故以煎辦鹽課在原額基礎上的增虧爲其考課内容。

元代的考核内容直接地反應在官員離任時的解由之中。解由,又作"給由",即官員離任時的證明文書。"考滿職除曰解,歷其殿最曰由。"[7]解由中除了官員的基本信息外,還對其在任期間他所掌管的提調巡禁等事務是否出現走私現象,是否有侵佔係官田糧等行爲,提調禁治段匹鹽貨等事是否有違法行爲,離任時所交管的廟宇、倉廠、斛斗、架閣青典、宣聖廟宇、使客鋪陳器物、牢房等與赴任時所接管的是否一致,以及到任以來的政績説明等内容[8]。解由一般由上司機構出給。以上相關内容"候各官任滿,於解由上明白開寫,以

---

[1]《元典章》卷二《聖政一·飭官吏》,40頁。
[2]《元史》卷一二六《廉希憲傳》,3090頁。
[3]《元典章》卷二《聖政一·飭官吏(一)》,39頁。
[4] 梁寅《石門集》卷一〇《策略二·考課》,《北京圖書館古籍珍本叢刊》本,書目文獻出版社,2000年,509頁。
[5]《元典章》卷二《聖政一·勸農桑》,53—55頁。
[6]《元典章》卷二《聖政一·飭官吏(二)》,40頁。
[7] 徐元瑞《吏學指南》,楊訥點校,浙江古籍出版社,1988年,42頁。
[8]《元典章》卷一一《吏部五·職制二·給由·給由體式》,397—401頁。

憑殿最"[1]。

元初,外任官員的解由應在送達吏部後,由吏部"爲照過名行移刑部,爲照粘帶俸月行移户部,爲辨驗宣敕文憑行移禮部",再由三部將意見回饋給吏部。此外,管民官的解由,與軍人奥魯有關者需要行移樞密院,與站赤有關者需要行移通政院,跟農桑有關者需要行移司農司。大德元年,爲解決這種繁瑣而效率低下的措施給求官之人帶來的不便,外任官的解由送達吏部後"不須行移各部,爲照過名,止行移刑部者",而管民官解由則由本管機構查驗"本管任内有無逃竄軍站户計、擅科差役騷擾不安,及提調農桑衣糧等各各數目,依例於解由内明白保結開申。"與此同時,由吏部參照金朝的制度,設立行止簿,來記録官員的功過,"吏部裏置立文簿,將各人歷過月日,但有合關防的事,標附在簿子上,就照了定奪"。[2] 行止簿的設立或與時任吏部主事的高昉的建議有關。延祐四年的《漏附行止》則規定了行止簿的操作程式:"臺院選用人員,到任之日,開具三代年甲、籍貫、脚色,禮任、得代月日,移文任所官司,開申合干上司,轉達吏部。省除人員,照勘備細歷仕,於元除卷内開寫,提調都事,每歲不過下年正月已裏,責令當該省掾書寫,將各各卷宗,具呈左司,關發到部,以憑附寫",而"其部選從七以下人員,奏准之後,照會到部,當該令史銓寫,即將元卷判送行止局"。[3] 行止簿中官員資料的分類方式則爲"凡資序之揚歷,功過之殿最,或以姓氏、或以地望、或以致身之途,類聚而群分"[4]。

元代負責考課的主要機構是吏部。"考課殿最之法"[5]是其職能之一。最初吏部並没有專門負責考課的衙署和官員。大德元年置立行止簿,設立行止局。後由吏部郎中、員外郎以及主事令史、書佐等置立行止簿。泰定四年的一件文書中規定了吏部官員考課的職責:"吏部員外郎、主事,職專稽考案牘。凡諸官員給由,並應敘人員告滿,置簿勾銷,主事拾日壹查勘,員外郎月終審校,次月初五日已裏,具檢過名件,報檢校官,擬定程限查照。"[6]爾後考功的管理則由吏部主事一名"專掌而迭理,一季則更一當次者"[7]。元統二年夏,在吏部主事李廷佐和宋存禮的主持下,修建了考功堂。後至元三年,吏部才專設考功郎

---

[1]《元典章》卷一一《吏部五・職制二・給由・任滿勘合給由(又)》,402頁。
[2]《元典章》卷一一《吏部五・職制二・給由・整治給由事理》,408頁。
[3]《至正條格・斷例》卷二《職制》,182頁。
[4] 歐陽玄《中書省吏部考功堂記》,《析津志輯佚》,23頁。
[5]《元史》卷八五《百官志一》,2126頁。
[6]《至正條格・斷例》卷二《職制・關防吏弊》,186頁。
[7] 歐陽玄《中書省吏部考功堂記》,《析津志輯佚》,22頁。

中、員外郎和主事各一員。至正元年,吏部置司績一員,正七品,"掌百官行止,以憑敘用蔭襲"[1]。

此外,元武宗時還仿照宋代的制度設立了考功印歷,用以手寫官吏的行跡,同樣作爲考核的依據。但是這種方法施行不長就因爲武宗去世而廢止了[2]。

(三) 審計制度

元代廢除了比部。其審計制度的創設大體可以分爲兩個時期。蒙古前四汗以及元世祖時期以鉤考爲主,爾後則以檢校爲主。

鉤考又稱"理算",即財務審計。元代的鉤考制度既吸收唐宋"勾復""磨勘"制度,又融合了蒙古的勾考舊俗,具有蒙漢二元制的特點[3]。史籍記載中較早有關大蒙古國鉤考或理算的事件是憲宗四年春,蒙哥汗派遣耶律鑄與帖木而忽赤核錢糧於燕京地區[4]。蒙古前四汗時期最爲典型的鉤考事件爲阿蘭答兒鉤考。憲宗七年十一月,蒙哥汗"遣阿蘭答兒、脱因、囊加臺等詣陝西等處理算錢穀"[5]。這次鉤考的範圍僅限於忽必烈所控制的陝西宣撫司、從宜所、河南經略司等,因此帶有明顯的政治目的,即蒙哥要奪回忽必烈對陝西、河南等地的財賦大權。

元世祖忽必烈即位後,在財臣阿合馬和桑哥的建議下也有大規模的鉤考錢穀的舉動。至元八年,罷諸路轉運司,立局考核逋欠,曾經"掌其事"的劉正就發現大都運司負銀課五百四十七錠,並追查到所欠銀課是運司司庫辛德柔冒名支領,最終將辛某繩之以法,課銀繳歸國庫[6]。至元十七年,阿合馬奏請對江淮行省一切錢穀進行理算,查出行省平章阿里伯等擅支糧四十七萬石。元初對江南錢糧的鉤考頻繁舉行,所謂"自平江南,十年之間,凡錢糧事八經理算"[7]。至元二十五年,桑哥主持國家財政期間進行的鉤考是規模最大的一次。這次鉤考涉及江淮、江西、福建、四川、甘肅、陝西、湖廣等七行省,所鉤考的內容即屯田或錢穀是否存在逋欠的行爲,而路府州縣成爲此次鉤考的主要對象。"是時公

---

[1]《元史》卷九二《百官志八》,2329頁。
[2] 武波《元代考課制度》,《史學月刊》2013年第8期。
[3] 李治安《元世祖朝鉤考錢穀述論》,《元代政治制度研究》,人民出版社,2003年,578頁。
[4] 危素《危太僕文續集》卷二《故翰林學士承旨耶律公神道碑》,《元人文集珍本叢刊》本,506頁。
[5]《元史》卷三《憲宗紀》,50頁。
[6]《元史》卷一七六《劉正傳》,4106頁。
[7]《元史》卷一三《世祖紀十》,281頁。

府之出納,無容復有餘羨。"[1]即路府州縣必須除官府所用經費外,大部分金帛錢糧解送朝廷,地方官府不得留存和設立小金庫。此外,元世祖時期還有過對於行省和中書省的鉤考。值得注意的是,這一時期的錢穀鉤考體現了元代對財政的中央集權,其目的更在於搜刮財富,其中更是摻雜了激烈的官僚集團内部的政治鬥争[2]。

元朝財政審計體系的建立則在世祖末和成宗初。元朝的中書省和行中書省都設有檢校所。其中中書省所設檢校官直隸中書省。至元二十八年"尚書省以户、工二部營繕出納之繁,奏設是官,以核其程書。官二員,吏四人,其署在省之東偏"。確切來講,元代的檢校官設於該年的八月。《元史》載八月"己巳置中書省檢校二員,秩正七品,俾考核户、工部文案疏緩者"[3]。至元三十年,檢校官添設二員,由此檢校官四員"分督省、左右司、六部及架閣倉庫文字之稽滯乖違者,而糾正之"[4]。官吏在東西曹閲畢公牘案卷後,在檢校廳斷决。至順二年,檢校廳徙治大都東南。各行省設立檢校官員數和時間不盡相同。所謂"其在行省者半之,比年兵興多事,添置遂無恒員"[5]。即一般説來各行省檢校官的數目應爲二員,然《元史》載各行省檢校官所設檢校所"檢校一員,從七品,書吏二員"[6]。就檢校官設立的時間而言,元貞元年十一月辛巳,置江浙行省檢校官二員[7]。四川行省檢校官設立於至正三年二月[8]。

元代的檢校官類似於唐代的勾檢,對錢糧進行稽查審核[9]。其職掌爲"掌檢校左右司、六部公事程期、文牘稽失之事"[10]。由此核查文卷是其主要工作。具體説來,"凡諸曹所治銓衡、賦税、禮樂、輿馬、刑政、營繕之屬,署牘參錯,旁午出入,山委林比,檢校悉得録其繆愆,稽考以爲重輕,上幕府議。一不合,則吏抱成案往來,力争可否。不得,則檢校並上堂立具列卷,前後反復辨論,必如律令乃已"。其中賦税、輿馬、營繕等項支出都是國家資産審計的重要内容。除檢校錢穀外,檢校官還有提出整改意見的義務。如大德十一年江浙行省檢校官在檢

---

[1] 虞集《道園學古録》卷一四《知昭州秦公神道碑》,《四部叢刊》初編本,10頁。
[2] 參見李治安《元世祖朝鉤考錢穀述論》,《元代政治制度研究》,577—594頁。
[3] 《元史》卷一六《世祖紀十三》,349頁。
[4] 虞集《中書檢校廳壁記》,《析津志輯佚·朝堂公字》,18頁。《中國歷史大辭典·遼夏金元卷》"檢校官"條據《元史·百官志一》認爲檢校官設於大德元年,誤。上海辭書出版社,1986年,426頁。
[5] 貢師泰《玩齋集》卷七《福建行省檢校官廳壁記》,《景印文淵閣四庫全書》本,第1215册,635頁。
[6] 《元史》卷九一《百官志七》,2308頁。
[7] 《元史》卷一八《成宗紀一》,397頁。
[8] 《元史》卷四一《順帝紀四》,867頁。
[9] 方寶璋《元代檢校和照磨官的審計職能》,《審計理論與實踐》2003年第1期。
[10] 《元史》卷八五《百官志一》,2125頁。

查出各宣慰司以及路府州縣有關錢糧的文卷中收支錢鈔若以市價支取,則有很多零錢,不便管理,於是江浙行省檢校官擬請今後支取錢糧數目以零就整[1]。具體説來,檢校官的工作,"諸錢穀之計,其各行省每歲須一檢校"[2]。

照磨的設置是元代審計制度的重要特點。元代上自中書省,下至地方州縣均設有照磨一官。照磨,掌磨勘錢穀出納之事,是相關機構内部審計的官員。設於中統元年的中書省照磨雖爲正八品,但其"掌磨勘左右司錢穀出納、營繕料例,凡數計、文牘、簿籍之事"[3]。最初中書省照磨爲二員,至元八年省爲一員,並有典吏八人。而户部所掌管全國財賦收納的四庫至元二十八年也因"錢帛事繁",設有四庫照磨。各行省則設有照磨所,設照磨一員,秩正八品。各路府州縣照磨則爲首領官。照磨的職級雖低,但是其掌管的事務卻十分重要。有時身兼提控案牘或獄丞等,然"金穀則欲燭照磨研,厲其隱失也"才是照磨的首要職能[4]。

值得注意的是,元朝還不定期地派出朝廷官員對各地進行不定時的審計。延祐元年在平章張閭的建議下對江浙、江西和河南等行省的田土進行經理。最初放榜昭告當地百姓,限四十日將自家田土彙報官府,並鼓勵百姓舉報佔用他人田土以及官田的行爲,給予一定的獎懲。但是由於施行比較倉促,並没有取得很好的結果。此外,元中後期所派出的奉使宣撫也有審計、整頓地方國有資產的因素。

(四)監察制度

元代監察制度的建立和完善是隨著中央集權制度的發展而發展的。元代的監察制度由以御史臺爲中心的監察機構來實現。其與以中書省爲中心的行政系統、以樞密院爲中心的軍政系統形成了鼎足而立的局面。

蒙古前四汗時期,並没有專門的監察機構。元初在漢人大臣的多次建議下,忽必烈於至元五年設立了御史臺,並訂立了三十六條臺綱,確定了御史臺的工作許可權。次年正月設立了四道按察司。元滅南宋後,先後設立了江南、河

---

[1]《元典章》卷二一《户部七·支·錢糧數目以零就整》,769頁。
[2]《元典章》卷二二《户部八·課程·至元新格(十一款)》,801頁。
[3]《元史》卷八五《百官志一》,2125頁。
[4] 許有壬《至正集》卷四三《御史臺照磨題名記》,《元人文集珍本叢刊》本,第七册,211頁。

西和雲南等行御史臺作爲御史臺的派出機構,同時設立江南八道提刑按察司。河西行臺在至元十年撤銷,雲南行臺於大德元年遷往陝西。自此,保存了江南、陝西兩處行御史臺,文獻中簡稱爲南臺和西臺。兩個行臺的分工是南臺"監江浙、江西、湖廣三省",而西臺"統漢中、隴北、四川、雲南四道"[1]。提刑按察司經過後來的調整,設有二十四道,後來改爲肅政廉訪司。二十四道肅政廉訪司具體説來包括內八道、江南十道和陝西四道。內八道即山東東西道、河東山西道、燕南河北道、江北河南道、山南江北道、淮西江北道、江北淮東道、山北遼東道,隸御史臺。江南十道隸江南行臺,包括江東建康道、江西湖東道、江南浙西道、淮東海右道、江南湖北道、嶺北湖南道、嶺南廣西道、海北廣東道、海北海南道、福建閩海道。西臺下屬的四道爲陝西漢中道、河西隴北道、西蜀四川道、雲南諸路道。肅政廉訪司下設有分司。總司坐鎮本司總管本道事務,分司則出司巡行。

　　御史臺"掌糾察百官善惡、政治得失"[2]。至元五年頒佈的《設立憲臺格例》明確規定"諸官司刑名違錯、賦役不均,擅自科差,及造作不如法者,委監察糾察","隨路總管府、統軍司、轉運司、漕運司、監司、及太府監並應管財物造作司分隨色文帳,委監察每季照刷"。"諸官吏將官物侵使或移易借貸者,委監察糾察"[3]。至元十四規定諸官司"賦役不均、戶口流亡、倉廩減耗、擅科差發,並造作不如法、和買不給價,及諸官吏侵欺盜用、移易借貸官錢"等事要行臺糾察[4]。至元六年頒佈的《提刑按察司條畫》顯示,提刑按察司的工作範圍很廣,其中涉及國家資產者包括監督漕運、驛站、倉庫、和買,照刷宣撫司、路總管府、統軍司、轉運司等其他官府的文案,糾察官民私鹽、酒麴及沮壞鈔法,勸課農桑,督促納稅,究治諸官府使用鋪馬不當等[5]。正如時人所稱,"提刑之職,一官吏、二風俗、三獄訟、四農桑、五學校、六文案、七人才"[6]。然而提刑按察司職掌的重點還是提點刑獄。與提刑按察司不同,至元二十八年所設肅政廉訪司的職掌則是民事、錢穀、官吏奸弊等事一切委之,其更注重糾劾奸弊。提刑按察司官員"分輪巡按",而肅政廉訪司則"監臨坐地"[7]。提刑按察司最初半年巡按一次。至元二十三年規定每年八月除按察使二員留守外,其餘官員每年八月巡按各道,至次年四月還司。

---

[1]《元史》卷八六《百官志二》,2179—2180頁。
[2]《元史》卷八六《百官志二》,2177頁。
[3]《元典章》卷五《臺綱一·內臺》,143—144頁。
[4]《憲臺通紀(外三種)》,王曉欣點校,浙江古籍出版社,2002年,20頁。
[5]《元典章》卷六《臺綱二·體察》,155—159頁。
[6] 胡祇遹《胡祇遹集》卷二一《政事》,394頁。
[7] 參見李治安《元代肅政廉訪司研究》,《元代政治制度史研究》,289—290頁。

監察系統對國家資產的管理體現在體察相關事務、彈劾相關官吏,照刷相關文卷。御史體察的範圍包括水旱災傷之外的一切事務。其對國家資產管理的體察有著具體的規定。至元六年規定,"邊關備禦不如法,及河渡、都水監、漕運司,軍器、鋪驛、倉庫、和買等事,並所部內應有違枉,並聽糾察"。而"各路民户合納絲銀、稅糧、差發,照依已立限期征納,不得違限並征,仰常切體究"[1]。至元二十五年規定提刑按察司體察倉庫"巡按官所到,凡倉庫收貯官物及造作役使工匠去處,須管遍歷巡視,用心體察。有收貯不如法,並侵盜、移易、損壞官物,及諸造作役人不應者,隨即糾治,申臺呈省"[2]。

彈劾官吏侵佔、冒支、損壞國家資產的行爲是監察部門的重要職能之一。大都路固安州、東安州等地官吏曾克扣鹽折粟價錢。李二寺通濟、廣濟二倉倉官露天屯放糧食,且不爲用心管理,致使倉庫倒塌,損壞官糧九千八百餘石。涿州站官私自使用供給使臣的祗應錢。漕運司失陷官糧。如此衆多涉及國家資產的相關違錯行爲都遭到監察御史的彈劾[3]。

照刷文卷是指對地方官府的文卷進行審核。各地文卷檔案保留有諸多國家資產管理的內容。因此照刷文卷也是管理國家資產,避免國家資產流失和濫用的重要方式。元代"自中書省已下諸司文卷,俱就御史臺照刷"[4],而"各處行省文卷,每年臺裏差監察照刷去來"[5]。行省以下地方官府的文卷則由提刑按察司(後改爲肅政廉訪司)照刷。監察系統對刷卷的時間也有安排。江南各道廉訪司巡按刷卷自五月出至次年五月還司,造成很多不便。於是大德三年規定江南各道廉訪司九月初出司,次年四月初還司。以照刷轉運司文卷爲例,至元五年規定轉運司文卷每季照刷,次年設立提刑按察司後則改爲每上下半年各照刷一次。至元二十一年盧世榮上臺後,一度廢止了按察司照刷文卷的工作。至元二十五年,照刷文卷得以恢復,並規定轉運司文卷年終照刷。然而其他官府文卷則仍然上下半年照刷,特別強調"凡干礙動支錢糧並除户免差事理,雖文卷完備,數目不差,仍須加意體察"[6]。元代還規範了照刷程式,頒佈了刷卷首尾相見的體式,限定了照刷文卷的默記字樣等等。

---

[1]《元典章》卷六《臺綱二·體察·察司體察等例》,155頁。
[2]《元典章》卷六《臺綱二·體察·察司合察事理》,161—162頁。
[3] 王惲《秋澗先生大全文集》卷八八《彈固安州官吏剋落鹽折粟價錢事狀》《彈東安州官吏剋落鹽折粟價錢事狀》《彈李二寺倉損壞官糧事狀》《彈涿州站官私使祗應錢事狀》,《憲臺通紀(外三種)》,413—414、419、415—416頁。
[4]《元典章》卷六《臺綱二·照刷·省部赴臺照刷》,178頁。
[5]《元典章》卷六《臺綱二·照刷·行省令史稽遲監察就斷》,182頁。
[6]《元典章》卷六《臺綱二·體察·察司合察事理》,161頁。

刷卷的目的在於發現問題,糾正過錯。刷卷中發現的問題主要有"稽遲"和"違錯"兩類。稽遲即沒有及時處理者,違錯則是出現違法過錯者。文卷中發現的問題有很多與國家資産管理有關。管理宫廷飲食的宣徽院曾經拒絶御史臺刷卷。至順元年,御史臺指出宣徽院由於無人兼管,"出納無法,侵欺作弊,蠹耗了財物",最後文宗同意除宫廷"大鍋子裏準備的茶飯酒醴"外,"其餘宣徽院並所管收支錢物等文卷,監察每依體例照刷者"[1]。

四、元代國家資産管理的經驗教訓與啓示

元朝實現了中國歷史上前所未有的統一,疆域較之此前擴大。其制度存在蒙漢二元的特點决定了其既需要保證朝廷的運行,同時還要顧及蒙古貴族的利益。因此其對國家財政的需求十分巨大。國家資産是否能滿足國家運行的需要則尤爲關鍵。元代在實現管理國家資産管理方面體現出一些明顯的特徵,可以爲後代所借鑒。

(一) 集中統一的管理制度是元代國家資産管理的核心内容

元代的財政管理體系與前代不同,其始終貫徹集中統一的管理制度。元代税課的徵收施行路總管府總領下的逐級科斂方式,即"府科於州、州科於縣、縣科於民"[2],路總管府再把收納的財賦送往行省,每年都有大量糧食收入由各行省通過海路運往國庫收屯。作爲國家收入大宗的鹽茶榷貨則設有直屬於中書省或行省的鹽運使司和茶運司等直接管理,所得收入則直接運送國庫。由此"昔之有國家者,藏富之所,散於列州。而今也,藏富之所,聚於諸省"[3]。至於中央與地方財政分配的比例,在大德十一年九月中書省的奏請中可以明確地看到。中書省臣言"帑藏空竭,常賦歲鈔四百萬錠,各省備用之外,入京師者二百八十萬錠"[4]。可知全國歲鈔收入上供京師者與各省的比例爲七比三。

---

[1]《憲台通紀(外三種)》,79頁。
[2]《元典章》卷三《聖政二·均賦役(中統元年)》,71—72頁。
[3] 黄溍《金華黄先生文集》卷九《重修廣濟庫記》,9頁。
[4]《元史》卷二二《武宗紀一》,488頁。

元代管理機構中，中書省作爲統一管理國家資產的核心機構，中書戶部作爲具體執行機構，各行省則作爲中書省的派出機構負責財物管理。包括皇太后、皇太子等的財賦的管理機構則是宣徽院、中政院等。這樣使全國的國家資產基本上控制在朝廷手中，能夠應付國家正常財物所需和臨時出現的一些事務，保證國家機器的正常運轉。

元代集中統一的國家資產管理體制還體現在一系列具體出納細則的制定。如起初，各路官員出行因地域不同，所乘鋪馬多少不同。其實元代對於官員赴任所需鋪馬，早有明文規定，即三品五匹，四品、五品四匹，六品、七品三匹，八品以下只給兩匹。至元八年，規定了隨路總管府監捕蝗蟲的達魯花赤、總管給鋪馬三匹，同知、治中、府判給二匹，各路運司每季度所差課稅押運官、庫子給鋪馬二匹，各路交鈔庫官因公給馬二匹，各路局院因公給馬一匹，運司所差差撥稅糧、考校課程的吏員給馬三匹等。至元二十五年規定三品以上，正從不過五人，馬五匹；四品、五品，正從不過四人，馬四匹；六品到九品，正從不過三人，馬三匹。元貞二年，又規定了走水路官員支給站船的情況：一品、二品，船三隻；三品至五品，船二隻；六品至九品，令譯史、宣使等，船一隻。再如國家對使臣祗應的規定。中統四年規定使用鋪馬的使臣，於換馬處，正使臣支粥食、解渴酒，於住宿之處，正使臣支白米一升、面一斤、肉一斤、酒一升、油鹽雜支鈔一十文，冬日支炭五斤，自十月初一日爲始，明年正月二十日結束。又如元朝官府還對官府衙署的規格作了規定，具體規定爲路總管府一級的廨宇正廳一座五間，七檁六椽。司房東西各五間，五檁四椽，門樓一座，三檁兩椽。而州的辦公用房爲正廳一座，五檁四椽，兩耳房各一間，司房，東西各三間，三檁兩椽。縣級辦公機構正廳無耳房，其他和州相同。此外，已有辦公用房的不必再行起蓋，如有損壞的，則計料修補。除辦公用房外，官員房舍則利用原有房舍。官員到任則撥付相應的房舍，供官員居住，而離任時歸還。如此統一細緻的規定便於操作和施行，從而將國家資產牢牢地掌控在朝廷手中。

（二）嚴密的審計監察制度是元代國家資產管理的重要保障

有元一代，朝廷設立了由各部門照磨審計，中書省和行省檢校所檢校，監察御史巡按、刷卷，地方官員依據考課進行獎懲的制度，加之朝廷隨時派員糾察，從不同層面限制和約束了官員的行爲，確保了國家資產管理的合理支配和使用。

照磨審計是元代審計制度的特點。照磨的設置之普遍爲前所未有,照磨雖然秩級較低,但其權力卻很大。在内部審計過程中發現經濟上的違法亂紀行爲,則要上報。擔任江南浙西道廉訪司照磨的劉濟"劾其使貪縱不法,事聞,使坐斥去"[1]。各行省所設檢校所隨時檢校的措施也在某種程度上保證了行省之下各級部門的財賦得以合理使用。檢校的職責在於"儉者正,繆者繩,過者抑之,稽滯者董之,顛倒錯亂者釐而治之"[2]。蘇志道擔任中書省檢校官期間"陳便益,正愆繆,黜奸贓吏,核濫出金穀若干,六曹吏爲悚畏",他曾經查出工部、户部二曹濫用財物"數千,收之"[3]。

監察御史的巡按、按問,特別是刷卷制度的施行能夠發現地方官員在財賦出納、經費使用方面的問題,使官員將財賦據爲己有或違法使用經費時慎之又慎,從而有效地保證了國家資産管理的有效和合理性。

元代針對辦課官員制定了量化的考核標準。元貞二年,中書省曾奏聞"管辦錢的人每,辦上額外中增一分,與賞,更添名分"[4]。而至治元年對運司運使、首領官、鹽場官等以額辦十分爲率,按在"原額"基礎上增虧比例而決定升降賞罰的辦法易於操作,在某種程度上刺激了官員的辦課熱情[5]。元代官員的解由最終都要經過御史臺等監察部門的審核,最終根據考核的結果給予賞賜和懲罰。與此同時,元朝官府頒佈的關於官員贓罪以及違犯國家資産管理規定的懲罰體系也在某種程度上限制了官員侵吞和浪費國家資産的行爲。

元代中後期,朝廷開始委派奉旨宣撫。奉旨宣撫的設立與元中後期吏治腐敗的愈演愈烈有關。其職能之一即爲懲治貪贓。而其中必然關係到國家資産管理的内容。奉使宣撫的身份是皇帝任命,代表皇權的欽差大臣,而其懲辦貪贓雷厲風行,從嚴從重[6],在某種程度上了有效地遏制了濫用國家資産的行爲。

(三) 節浮費以豐財用——部分統治者提倡節用

元代由於蒙古舊俗和正常官府運行需要巨大的費用是不争的事實。然而

---

[1] 黄溍《金華黄先生文集》卷九《江浙行中書省左右司都事劉君墓誌銘》,1頁。
[2] 劉仁本《羽庭集》卷五《送江浙行省檢校官章君彦復序》,第1216册,83頁。
[3] 許有壬《至正集》卷四七《蘇公神道碑銘》,228頁。
[4] 《元典章》卷九《吏部三・局院官・增餘課鈔遷賞》,348頁。
[5] 《至正條格・斷例》卷一〇《增虧鹽課升降》,校注本,(首爾)韓國學中央研究院,2007年,290頁。
[6] 李治安《關於元代中後期的奉使宣撫》,《元代政治制度史》,549—571頁。

怎樣有效地使用國家資産，一些大臣提出"量入爲出"，"節浮費以豐財用"和"省浮費"的建議。王惲曾指出："今國家財賦，方之中統初年歲入何啻倍蓰，而每歲經費終不阜贍者，豈以事勝於財，過有所費故也。爲今之計，正當量入爲出，以過有舉作爲戒，除饗宗廟、供乘輿、給邊備、賞戰功、救荒歲外，如冗兵妄求浮食冗費，及不在常例者，宜撿括一切省減，以豐其財。財豐事勝，食足氣充，以政則取以戰則勝，以柔則服，將何爲而不成，何求而不獲。"[1]元末的蘇天爵也指出"節用愛民，有國之常經"，如"罷不急之工役，止無名之賞賜、裁官吏之冗員，減僧道之好事，凡百用度，務令樽節。庶幾國用既充，民無橫斂，感召和氣，莫急於此"[2]。

統治者提倡節用，根據"量入爲出"的原則，保證財賦的收支平衡。如至大時，有商人向統治者推銷美珠，仁宗愛育黎拔力八達對大臣們説，我所穿的衣服不喜歡裝飾珠璣，"生民膏血，不可輕耗"，你們這些大臣應該給我廣泛推薦賢能之人，"以恭儉愛人相規，不可以奢靡蠹財相導"[3]。李孟指出"錢糧爲國之本，世祖朝量入爲出，恒務撙節，故倉庫充牣。今每歲支鈔六百餘萬錠，又土木營繕百餘處，計用數百萬錠，内降旨賞賜復用三百餘萬錠，北邊軍需又六七百萬錠，今帑藏見貯止十一萬餘錠，若此安能周給。自今不急浮費，宜悉停罷"。於是元仁宗聽從了李孟的建議，停止了一切營繕工程。至順元年，知樞密院事燕不憐奏請依照舊制給予撥付鷹坊芻粟。元文宗圖帖睦爾強調"國用皆百姓所供，當量入爲出"。最終朝廷没有給與鷹坊芻粟[4]。可見元世祖、元仁宗、元文宗等皇帝都曾宣導節儉，並踐行節用。

一些地方官員也在節用作出了楷模。如天曆時，王士弘受命擔任工部尚書。當時朝廷在用兵之際，軍器供給十分繁重。王士弘組織人員對軍事器械進行維修，而不是置辦新品，最終"百須悉備，且省浮費數十萬"[5]。

（四）使用無度、監管不善造成國有資産的大量浪費和流失

元代國家資産雖然有集中統一的管理制度和涉及多層面的審計監察制度，

---

[1] 王惲《秋澗先生大全文集》卷三五《上世祖皇帝論政事書》，484頁。
[2] 蘇天爵《滋溪文稿》卷二六《災異建白十事》，437—438頁。
[3]《元史》卷二四《仁宗紀一》，537頁。
[4]《元史》卷三四《文宗紀三》，769頁。
[5] 釋大訢《蒲室集》卷一〇《王可毅尚書歷任記》，第1204册，590頁。

同時上自皇帝、下至臣僚都踐行節儉。但是由於元代政治制度蒙漢二元的特點,導致國家資產支出數目巨大,大多情況下入不敷出。統治者甚至不惜動用鈔本,從而使看似完美的管理制度流於形式,而無法施行,造成國家資產管理不善,國家經濟的通貨膨脹,最終導致元朝的滅亡。

元朝國家資產的支出主要有包括俸祿、宮廷開支、各級官府日常開支及賑濟災民在内的官府日常財政支出,包括養軍、賞賜戰功、戰爭和邊備費用在内的軍費開支,包括修建都城、官府以及水利設施在内的工程建造開支,因蒙古舊俗賞賜諸王、公主、駙馬等的歲賜和朝會賜齎等[1]。元世祖時,"國家宮室廪祿之費,宗藩歲賜之常,加以南圖江漢,西鎮川蜀,東撫高麗而來日本,歲不下累萬計"[2]。元初十路課稅所、轉運司、制國用使司以及後來兩次立尚書省的目的都是聚斂財物,以給國用。即便是這樣,至元二十九年,中書省官員奏報這一年的財政收支狀況,額辦收入"凡二百九十七萬八千三百五錠",實際税收僅爲一百八十九萬三千九百九十三錠,然"自春至今(十月——筆者按),凡出三百六十三萬八千五百四十三錠,出數已逾入數六十六萬二百三十八錠矣"[3]。入不敷出的現象一直持續到元朝滅亡。

在國家資產出納中,無度的消費主要集中於賞賜、佛事、土木、冒濫支請等。至順元年,中書省臣説:"近歲帑幣空虛,其費有五,曰賞賜,曰佛事,曰創置衙門,曰冒濫支請,曰續增衛士鷹坊。"[4]

元朝皇帝大規模的賞賜佔有相當的比重。根據蒙古舊俗,蒙古部落所獲得的土地、錢物等歸全體貴族成員所有。爲此蒙元時期皇帝根據傳統習俗既要給予蒙古宗王和貴族土地,又要給予他們頒發金銀錢鈔。元太宗窩闊臺時,成吉思汗的子、弟所獲得的歲賜額均爲銀一百錠,緞三百匹。元世祖時,歲賜額不斷調整,較之此前有了很大的提高。數額巨大的歲賜造成了元朝官府無力給付,於是歲賜逐漸轉爲朝會賜齎。成宗時增加了朝會賜齎的比例。此後由於經費不足,朝會賜齎的標準有所下降,但數目依然龐大。在常額之外,還有很多額外的賞賜甚至比常額還要多。這些賞賜的給予則取決於皇帝與宗王及貴族的關係,帶有很大的隨意性。

大興土木耗費了大量的國家資產。元武宗時,土木大盛。當時"創城中都,

---

[1] 參見陳高華、史衛民《中國經濟通史·元代經濟卷》,512—526頁。
[2] 魏初《青崖集》卷四《奏議》,《景印文淵閣四庫全書》第1198册,755頁。
[3] 《元史》卷一七《世祖紀十四》,368頁。
[4] 《元史》卷三四《文宗紀三》,760頁。

崇建南寺,外則有五臺增修之擾,内則有養老宮展造之勞。括匠調軍,旁午州郡,或渡遼伐木,或濟江取材,或陶甓攻石,督責百出"[1]。至大四年土木營繕百餘處,"計用數百萬錠"[2]。元朝的很多皇帝和皇后等都信奉佛教,因此頻繁的佛事活動所需花費數額巨大。

元朝解決財政收支平衡,填補財政虧空主要有兩個途徑。一是征斂於民,加重了百姓的負擔,從而激化了官府與民衆之間的矛盾。一是動用鈔本。元代在全國推行紙幣制度。大德二年,朝廷既動用至元鈔本二十萬錠。至大最初兩年,動用鈔本的數額已經累計達到一千零六十萬三千一百餘錠。動用鈔本必將造成紙幣的貶值,通貨膨脹,從而影響百姓生活和社會經濟。

朝廷對國家資產的監管不善也是國家資產流失的原因。如前所述,元世祖初期的理財由於制度並不完善,更多將財權委於個別官員。王文統、阿合馬、盧世榮、桑哥都是元世祖重用的理財之臣。元世祖時期,至元七年尚書省的設立與阿合馬爭取財權獨立,從而擺脱監察系統的約束有關。就以上財臣而言,其權力不限於財權。其膨脹的權力使之能夠左右朝廷的衆多決策,爲所欲爲,從而使國家資產的管理帶有濃重的個人色彩。元中後期權臣當道,監察系統職能在權臣面前明顯弱化,從而爲官員侵吞國家資產大開方便之門,造成國有資產的大量浪費和流失。

〔張國旺,中國社會科學院古代史研究所副研究員〕

---

[1] 張養浩《張養浩集》卷一一《時政書》,李鳴、馬振奎校點,吉林文史出版社,2008年,104頁。
[2] 《元史》卷二四《仁宗紀一》,547頁。

程端禮經世致用思想探析[*]

蔡春娟

程端禮(1271—1345),字敬叔,號畏齋,浙江鄞縣(今寧波)人。他一生致力於教書育人,歷任廣德路建平縣儒學、池州路建德縣儒學教諭,信州稼軒書院、建康江東書院山長,鉛山州儒學教授,以將仕佐郎、台州路儒學教授致仕。[1] 著《讀書分年日程》一書以資學者讀書應試,就讀何書、如何讀這兩個問題,將當讀書目詳以節目,分之以年,程之以日,以期達到理學與舉業兼顧、成德與事業兼得的效果。這部書充分體現了程端禮的教育思想,前人對此也多有研究。[2] 程端禮師從南宋進士史蒙卿,傳承朱子明體達用之旨。他留給後人的,除了《讀書分年日程》及豐富的教學思想外,經世致用思想亦非常鮮明。本文擬對程端禮的經世致用思想加以初步探析。

一、經世致用思想的形成

(一) 史蒙卿的影響

程端禮出身四明,此地本是陸學興盛的地區,傳承程朱理學的只有黃震、

---

[*] 基金項目:國家社會科學基金重大委託項目"中華思想通史"(20@ZH026)階段成果。
[1] 黃溍《金華黃先生文集》卷三三《將仕佐郎台州路儒學教授致仕程先生墓誌銘》,《四部叢刊初編》本。
[2] 寧俊偉《〈程氏家塾讀書分年日程〉與元代的教育思想》,《高校理論戰綫》2007年第6期,第46—49頁;張傳燧《程端禮及其〈讀書分年日程〉的教學思想》,《教育史研究》創刊二十周年暨中國教育史研究六十年學術研討會論文集,2009年,1605—1609頁;黃漢昌《程端禮與〈讀書分年日程〉》,《中國學術思想研究輯刊》11編,第31冊,(臺灣)花木蘭文化出版社,2011年。

史蒙卿二人。黄氏主於躬行,而史氏務明體以達用。[1]在當時學術多元的環境中,程端禮選擇師從史蒙卿,傳承朱子明體達用之旨,可見他對明經窮理治學的偏向。他的思想很大程度受到史蒙卿的影響。如他一生極力提倡的朱子讀書法六條——居敬持志、循序漸進、熟讀精思、虛心涵泳、切己體察、著緊用力,即史蒙卿所授。[2]朱子讀書法原順序爲:循序漸進、熟讀精思、虛心涵泳、切己體察、著緊用力、居敬持志,史蒙卿、程端禮師徒將"居敬持志"提到首位,突出主敬、尚志的作用,應是受到陸學影響,也體現出當時朱陸會同的趨勢。[3]程端禮將這一思想滲透於他的課程規劃中,他認爲兒童到十五歲,"即當尚志,爲學以道爲志,爲人以聖爲志"。[4]在《讀書分年日程》中,他引述史蒙卿關於爲學、修行的言論:"學問進修之大端,其略有四:一曰尚志,二曰居敬,三曰窮理,四曰反身。"史蒙卿對這四點有詳細的闡釋:(一)爲士莫先於尚志,苟志不立,而惟流俗之徇、利欲之趨,則終身墮於卑陋而不足與詣高明光大之域。(二)此志既立,便當居敬以涵養其本原。使志氣清明,義理昭著,而人欲自然退聽。以此窮理,理必明;以此反身,身必誠。乃學問之本原也。(三)夫既知涵養其本原,則當稽之聖賢,講之師友,察之事物,驗之身心,以究析其精微之極至。(四)既知所以窮理矣,則必以其所窮之理,反之於身,以踐其實。日用之間,微而念慮,著而云爲,其當然者,皆天理之公,其不當然者,皆人欲之私也。於此謹而察之,無少間斷,使人欲日以銷泯,天理日以純熟,則不知不覺中已得聖賢之道。

史蒙卿這四條進修要點,與朱熹居敬持志、熟讀精思、虛心涵泳、切己體察涵蓋的主旨基本一致,順序也與他改動後的朱子讀書法六條治學精神吻合,都重在居敬尚志、窮理至聖。而窮理至聖的歸結點在於用世,即史蒙卿所言:"窮則獨善其身,可以繼往聖而開來學;達則兼善天下,可以參天地而贊化育,其功用有不可勝窮者"[5]。

總之,史蒙卿重視尚志,重視窮理反身、學以致用的思想,對程端禮思想的形成起了重要引導作用。

---

[1]黄溍《金華黄先生文集》卷三三《將仕佐郎台州路儒學教授致仕程先生墓誌銘》,《四部叢刊初編》本。
[2]《畏齋集》卷四《送馮彦思序》,《景印文淵閣四庫全書》,(臺北)商務印書館,1986年,1199册,673頁。
[3]參見李曉宇《〈朱子讀書法〉六條目的傳衍與變異》,《朱子學刊》2015年第2輯,27—38頁。
[4]《讀書分年日程》卷一,《四部叢刊續編》本,葉15b。
[5]《讀書分年日程·綱領》"朱子讀書法",《四部叢刊續編》本,葉19b。

(二) 事功學派的影響

程端禮自幼讀書亦受到浙東事功學派的影響。他回憶年少讀書時,當讀到南宋薛季宣的事蹟,極爲仰慕:"余少讀薛常州行述,竊欣慕之。蓋其學本濂洛,其自得之實於經無不合,於事無不可行,涖官文武,應機處變,政無巨細,靡不曲當。雖董子之名田,諸葛之治軍,殆無以易。其僚屬不知其爲儒者。"[1]文中薛常州,即薛季宣,永嘉人,號艮齋,其學主禮樂制度,於禮樂兵農莫不該通委曲,以求見之事功。程端禮對薛季宣的欣慕,表明他自幼即嚮往"於經無不合,於事無不可行"的讀書涖事人生。對於元代社會流傳的"庸儒"、儒無用等言論,他認爲正是由於士人重詩書而略事功,才使得俗吏嗤儒爲不足用。[2]言語中透露出對事功的看重。

(三) 許衡的影響

讀程端禮文集,可以發現他對許衡非常推崇,將之視爲接續孔、孟、朱熹,在元代傳承程朱理學的重要人物。如在《儒史説》《奉化州重修儒學記》等文中言:"聖朝自許文正公得朱子之學,以光輔世祖皇帝,天下學者始知讀朱子所釋之經,知真儒實學之所在。"[3]"自孔子設教,集堯舜群聖以爲經,謂不讀書賊夫人之子。自朱子集濂洛諸儒之成以釋經,一洗漢儒傳注之弊,六經之教,千載之下,如日行天。自先正許文正公以朱子學光輔世祖皇帝,肇開文運,天下學校,自髫齓,經非朱子説不講。"[4]程端禮年少讀書之時,正是許衡執掌國子學,在學校教育中推廣朱子《小學》《四書》,奠定元代學校以程朱理學爲教學内容的時期。許衡的教育思想對他當也產生了重要影響,他編《讀書分年日程》一書,自小學開始的讀書順序,亦是按照朱熹《小學》然後《四書》的順序,與許衡所主張的一致。許衡傳承朱子理學,最重要的特點在於躬行踐履、施於日用,將深奧的

---

[1]《畏齋集》卷三《送薛學正歸永嘉序》,《景印文淵閣四庫全書》1199册,661頁。
[2]《畏齋集》卷三《送宋主簿詩卷序》,《景印文淵閣四庫全書》1199册,656頁。
[3]《畏齋集》卷六《儒史説》,《景印文淵閣四庫全書》1199册,695頁。
[4] 程端禮《奉化州重修儒學記》,載王元恭《至正四明續志》卷七《學校·奉化州儒學》,《宋元方志叢刊》第7册,6539—6540頁。

理學知識拉進百姓的生活日常,對理學在元代的普及起了重要作用。元人歐陽玄、宋濂評價許衡爲學,都指出他"明體適用""以明體達用爲主"。[1]奉許衡爲楷模的程端禮,教學中繼承許衡的教學思想,亦重視明體達用之旨,並希冀自己也能成爲普及朱子理學的有功之人。

二、經世致用思想的體現

(一)理學與舉業畢貫於一

理學與舉業畢貫於一,是程端禮編寫《讀書分年日程》的宗旨,也是他貫穿該書始終的教育思想。[2]他在該書自序中言:"今明經一主朱子説,使理學與舉業畢貫於一,以便志道之士。漢、唐、宋科目所未有也,誠千載學者之大幸。"[3]元代科舉以《四書》《五經》爲考試內容,且規定以程朱等理學家的注釋爲標準答案。程端禮認爲,如此使得探究理學之"道"以修身至聖的過程,與準備科舉應試的過程二者合一。在這種狀況下,學者只需專心治經,立下儒者之大本,那麼應試科舉獲取功名便是水到渠成。因此,他在《日程》中規劃了詳盡的讀經計劃,讀經佔了小學到大學的大部分時間,即使在寫字、讀史、作文之日程中,亦規劃出復習或讀經的時間。而所有的讀經、看史、作文的學習歷練,都是爲科舉應試打基礎,待基礎穩固,再專門教以"作科舉文字之法",以應對科舉。這就是程端禮"理學與舉業畢貫於一"的思想基礎及其在《日程》中的措置。這種觀點不唯端禮,在當時爲《日程》撰寫序跋的趙世延、薛觀的文字中亦可看到。曾任中書平章、南臺御史中丞趙世延曰:"使家有是書,篤信而踐習如規,一旦工夫純熟,上焉者至於盡性知天,下焉者可以決科取仕。"[4]程端禮同鄉好友、儒學教授薛觀曰:"其始之讀也,惟務明經修行,以立儒者之大本,若不知世之有作文應舉事者。及其應舉也,則又初不外此以爲業。其爲文也,又皆沛乎其直寫胸中之真見,而不假牽合傅會無用之虛辭。又可因其有言,而責其有德

---

[1] 淮建利、陳朝雲點校《許衡集》卷一四《後學宋濂祭文》,中州古籍出版社,2009年,342頁;陳書良、劉娟點校《歐陽玄集》卷九《元中書左丞魏國公謚文正許先生神道碑》,嶽麓書社,2010年,98頁。
[2] 從教育學的角度論述程端禮該思想的,詳見張傳燧《程端禮及其〈讀書分年日程〉的教學思想》,《教育史研究》創刊二十周年暨中國教育史研究六十年學術研討會論文集,2009年,1605—1609頁。
[3] 程端禮《讀書分年日程序》,《四部叢刊續編》本《讀書分年日程》卷首。
[4] 趙世延《讀書分年日程序》,《四部叢刊續編》本《讀書分年日程》卷首。

有業,故科舉之行或不行,學者之應舉或不應舉,皆不可以無此書也。使朱子復生,思救士習之弊,不能易此矣。"[1]

可見,程端禮對讀書人的希冀是,既能明經修行以至聖,又能獲取功名成爲治國安邦的佐治人才,體現出鮮明的學以致用思想。

(二) 儒體吏用

當然,決科取仕獲得功名畢竟是少數人的幸運。當時大多數讀書人的出路基本上有二條:一是擔任教職或童子師,這樣的身份符合傳統社會的觀念,也是大多數讀書人的選擇;二是擔任吏職。對於儒人充吏,雖然當時已經大行於世,但在傳統知識人的心中,仍然是難以釋懷的包袱。對此,程端禮提出了"儒體吏用""以儒術行吏事"的説法。他説:"儒爲學者之稱,吏則仕之名也,名二而道一也。儒其體,吏其用也。"[2]儒體吏用,他認爲偏重任何一方、捨棄任何一方都是不可取的,章句儒與文法吏,其弊等同。又曰:古代學與事一體,儒與吏不分,而真儒之效始白。[3]主張現世應"以儒術行吏事",這樣既能解決庸儒、章句儒不足用之弊,而儒士從吏,可使"真儒之道漸見於吏治",對改善吏治、清明政治也有益處。[4]並且,還能打破儒吏界限,使得以儒從吏變得合理且必要,從而卸掉傳統士人心中的包袱。他特別強調,"以儒術行吏事",不應說成"以儒飾吏事"。因爲"飾",即文飾,有以儒者章句爲文法之助的意味。他以漢武帝時倪寬、張湯之例,指出以張湯之深文已能取博士弟子員爲廷尉獄吏,奚俟於寬?倪寬是行吏事而非飾吏事也。[5]他在送阮受益和陸千里出任吏職的序文中,列舉古今以吏起身、功業照映史册之名人事蹟激勵後生輩,指出即使聖人孔子猶爲季氏吏,你們不要糾結所從事的是否吏事,而應以受民愛戴,以治得民作爲任事的目標。[6]在送別浙東帥掾朱子中的序文中,更是明確提出:"士生今日,能知明體適用,任之以事而事治者,可不謂之賢乎哉?"[7]

---

[1] 薛觀《程氏讀書分年日程跋》,《四部叢刊續編》本《讀書分年日程》卷末。
[2] 《畏齋集》卷六《儒吏説》,《景印文淵閣四庫全書》1199册,695頁。
[3] 《畏齋集》卷四《送浙東帥掾朱子中考滿序》,《景印文淵閣四庫全書》1199册,670頁。
[4] 《畏齋集》卷四《送宋鉉翁詩序》,《景印文淵閣四庫全書》1199册,676頁。
[5] 《畏齋集》卷四《送浙東帥掾朱子中考滿序》,《景印文淵閣四庫全書》1199册,670頁。
[6] 《畏齋集》卷三《送奉化吏目陸千里序》《送浙東元帥府阮照磨序》,《景印文淵閣四庫全書》1199册,661、662頁。
[7] 《畏齋集》卷四《送浙東帥掾朱子中考滿序》,《景印文淵閣四庫全書》1199册,670頁。

此外，程端禮反對傳統的鄙商觀念，認爲以儒術行理財之職並不可恥，反而非常必要。他指出："周以冢宰制國用，《洪範》八政先貨，古之制也。"[1]世人對理財觀念的轉變，始自陳平謂錢穀非宰相所職，後世遂以理財爲恥。王安石變法，政首理財，也引起士人不滿。然而，士人卑小官，鄙理財，導致小人用事而民生困。在送虞誠原、任懷可出任務官時，他以"晉管庫士可爲大夫，漢倉庫吏子孫以爲氏"語，激勵兩人學以致用，使民熙物阜，指出這也是實現治國安民之一途。[2]

（三）重視制度、治道的探究

《日程》重視讀經窮理，也非常重視制度、治道的探究。如要求生員讀史時留心治道之得失、紀綱之修廢，制度之因革，以及刑賞、國用、稅斂、兵力、民生、風俗、外夷等各方面知識。[3]此外，在歲歲删修《日程》的過程中，他還將元代朝廷新頒布的《大元通制》《成憲綱要》等書隨時列入參考書目，[4]讓學者對當代政治、法制有所瞭解。這些與政治、民生相關内容的設置，表明程端禮希冀讀書人能對社會現實問題有所關注，並能培養他們的治事能力，將來走上社會蒞官臨民，可以任事而事治，成爲經濟干才。

總之，程端禮反對當時重文辭、爲科舉而習經演文的功利學風，追求明經窮理、修身至聖的扎實學風。他倡導明體達用，主張根柢儒學以求世用，在明經修行的基礎上兼備治事、理事才能，成爲治國安邦的佐治人才。

〔蔡春娟，中國社會科學院古代史研究所副研究員〕

―――――――――

〔1〕《畏齋集》卷三《送劉謙父海運所得代序》，《景印文淵閣四庫全書》1199册，658頁。
〔2〕《畏齋集》卷四《送虞誠原夾浦代歸序》、卷三《送任懷可赴鉛山務官序》，《景印文淵閣四庫全書》1199册，665頁、659頁。
〔3〕《讀書分年日程》卷二，《四部叢刊續編》本，葉1b—2a。
〔4〕這兩部書編成於元英宗(1321—1323)以後，係延祐二年(1315)《日程》成書之後加入。

元代鹵簿制度初探
——以元英宗行鹵簿爲中心

鄭葉凡

　　鹵簿制度作爲古代中國輿服制度的特殊形式,彰顯帝王權威的同時,也是身份品階的具體體現。蔡邕《獨斷》中謂:"天子出,車駕次第謂之鹵簿。有大駕,有小駕,有法駕。"並詳述了這三者運用場合的區別:"大駕,公卿奉引,大將軍參乘,太僕御,屬車八十一乘,備千乘萬騎……法駕,公卿不在鹵簿中,唯河南尹、執金吾、洛陽令奉引,侍中參乘,奉車郎御,屬車三十六乘,北郊明堂,則省諸副車。小駕,祠宗廟用之。"[1]在以後的歷史中,鹵簿制度也在不斷發展,作爲郊祀場合的重要組成部分,各朝各代對於鹵簿的具體實施都有不同的規定。

　　五代時期,雖設鹵簿,但十分混亂。宋朝建立後,在宋太祖朝重新設置鹵簿,"造於乾德之四年,而告備於開寶之三年,越明年,謁款圓丘,實始用之"[2]。這次的鹵簿因"悉以綜絲施繡文代彩畫之服",因此被稱爲"繡衣鹵簿"。整個繡衣鹵簿的規模"凡馬步儀仗,總萬有一千二百二十有二人"。後來又不斷發展,"曰大駕,曰法駕,曰鸞駕,曰黃麾仗。或施之躬郊,或用之封祀,或設之朝覲"。但北宋的鹵簿在"靖康之難"中遭金人掠奪,靖康二年(1127)夏四月,"金人以帝及皇后、皇太子北歸。凡法駕、鹵簿,皇后以下車輅、鹵簿、冠服、禮器、法物,大樂、教坊樂器,祭器、八寶、九鼎、圭壁、渾天儀、銅人、刻漏,古器、景靈宮供器,太清樓秘閣三館書、天下州府圖及官吏、內人、內侍、技藝、工匠、娼優,府庫畜積,

---
[1] 蔡邕《獨斷》卷下,四部叢刊三編影明弘治十六年刊本,葉9a。
[2] 周必大《廬陵周益國文忠公集》全集九三《詞科舊稿》卷三《繡衣鹵簿記》,國家圖書館藏清道光28年(1848)刻本,葉6a—6b。

爲之一空"[1]。爲此,紹興十三年(1143)宋高宗南郊祭天地時,參照"繡衣鹵簿",再重制鹵簿。

但在元朝,由於其特殊的蒙漢二元體制,儒家禮制在元代發展緩慢而曲折,直到中晚期才慢慢建立起較爲完整的祭祀制度。[2]輿服制度本身在元代也經歷了"從本俗"到"蒙漢融合"的過程,鹵簿制度作爲主要在祭祀場合使用的特殊形式,同樣經歷了這個過程。

元朝直到元英宗親祀太廟時才始行鹵簿制度,正如《元史·輿服志一》所說:"元初立國,庶事草創,冠服車輿,並從舊俗。世祖混一天下,近取金、宋,遠法漢、唐。至英宗親祀太廟,復置鹵簿。"[3]

英宗行鹵簿一事在元朝祭祀和輿服制度發展過程中有著重大的意義,但關於此事仍有很多模糊和混亂之處,因此,本文將以英宗行鹵簿一事爲中心,兼及鹵簿之制在武宗和仁宗朝的情況進行探討,以期明晰鹵簿制度在元中期得以實行的整個過程。

一、武宗和仁宗時期:曾巽申參與擬定鹵簿之制

在元英宗朝以前,鹵簿之制在武宗和仁宗時期先後得以擬定,關鍵人物就是後來對英宗時期行鹵簿有重要影響的曾巽申。曾巽申字巽初,廬陵人,在元中期的禮樂制定過程中發揮了重要作用,其事蹟在劉岳申《送曾巽初進郊祀鹵簿圖序》[4]和虞集《曾巽初墓誌銘》[5]中有詳細記載。關於曾巽申,李鳴飛《元武宗尚書省官員小考》考訂了廬陵曾氏兄弟曾德裕和曾巽申二人事蹟,論述了曾巽申在武宗時期進鹵簿之事。[6]劉曉《元代郊祀初探》[7]也對曾巽申在武宗和仁宗時期的事蹟,尤其是曾在武宗至大三年(1310)南郊和英宗行鹵簿過程中的事蹟作了探討。但關於曾巽申獻書的具體過程等事仍有討論空間。曾巽申

---

[1]《宋史》卷二三《欽宗本紀》,中華書局,1985年,436頁。
[2]具體參見馬曉林《元代國家祭祀研究》,南開大學2012年博士論文。
[3]《元史》卷七八《輿服志一》,中華書局,1976年,1929頁。
[4]劉岳申《申齋劉先生文集》卷一《送曾巽初進郊祀鹵簿圖序》,《元代珍本文集彙刊》影清嘉慶抄本,74—76頁。
[5]虞集《道園學古錄》卷一九《曾巽初墓誌銘》,《四部叢刊初編》影明景泰翻元小字本,葉2a—5a。
[6]李鳴飛《元武宗尚書省官員小考》,《中國史研究》2011年第3期。
[7]劉曉《元代郊祀初探》,《隋唐遼宋金元史論叢》2015年。此外,承蒙劉曉老師指點,《永樂大典》殘文中仍有曾巽申的佚文,或即《郊祀禮樂書》。在劉老師此文注釋中也提及此點。

的墓誌銘詳細記録了他在武宗時期的事蹟：

> 至大天子出獨見，親祠太室，而祠官儒生言制度考文者，彬彬然而來。時則有若廬陵曾君巽初著《鹵簿圖》五卷、《書》五卷、《郊祀禮樂圖》五卷、《書》三十卷，上之江西行省，行省丞相幹直善之。二年，以其書上聞，中書省下其事太常、禮部會議，皆以其書爲然。太常禮儀使田忠良等以告中書丞相，丞相以告天子。有詔，太常以圖書與著書人入見，而巽初得對玉德殿。上曰：“禮樂之盛如此，皇帝之所以尊也。而儒士之用心亦勞矣。太常其命以官。”於是太常奏爲大樂署丞。未幾，議立圓丘方澤，奉太祖皇帝以配天，凡從祀壇墠、玉帛、犧牲、樂，與博士雜議，巽初引援考據，沛然有餘，有司習於禮者咸推讓焉。是年，郊於圓丘，天大寒雪，執事者多不勝，而巽初在壇上，領群工登歌作樂，音節諧亮，世其藝者不能及也。明年，武宗皇帝賓天，而太常緩禮樂之議，會其兄德裕告病歸，同還西江之上。[1]

關於曾巽申上書的時間，此處没有明顯記載，但提到了至大年間武宗親祀太廟一事，劉岳申《送曾巽初進郊祀鹵簿圖序》言“上臨御之二載，有意稽古禮文之事……明年，親祀太室……廬陵布衣曾巽申，敘次古今郊祀鹵簿，既成書則圖而進之”。[2]兩處時間對照，應當是至大二年正月武宗受尊號親祀太廟，[3]消息傳出，曾巽申向江西行省獻書，同爲廬陵人的劉岳申作序相贈。

“議立圓丘方澤”之事即至大三年十月重提祭祀南郊和北郊之事，[4]“郊於圓丘”則是在至大三年十一月丙申。[5]曾巽申獻書後，得行省丞相幹赤賞識，幹赤於至大二年、三年間上書中書省，曾巽申在受召見後，被任命爲從七品的太樂丞，參與了至大三年十一月的南郊，在至大四年武宗死後回鄉。

儘管武宗至大三年並未親祀南郊，而至大三年十月的親祀太廟也未見行鹵簿之記載，[6]但曾巽申所獻《鹵簿圖》和《郊祀禮樂圖》等圖册書籍在禮部和太常禮儀院等相關部門和官員處傳閲，獲衆人肯定，對郊祀禮儀的製定肯定產生了影響。

---

[1] 虞集《道園學古録》卷一九《曾巽初墓誌銘》，葉 2a—2b。
[2] 劉岳申《申齋劉先生文集》卷一《送曾巽初進郊祀鹵簿圖序》，74 頁。
[3] 《元史》卷二三《武宗本紀二》：“(至大二年春正月)辛卯，皇太子、諸王、百官上尊號曰統天繼聖欽文英武大章孝皇帝。乙未，恭謝太廟。”509 頁。
[4] 《元史》卷二三《武宗本紀二》：“冬十月甲辰朔……三寶奴及司徒田忠良等言：‘曩奉旨舉行南郊配位從祀，北郊方丘、朝日夕月典禮。臣等議，欲祀北郊，必先南郊。今歲冬至，祀圓丘，尊太祖皇帝配享，來歲夏至，祀方丘，尊世祖皇帝配享，春秋朝日夕月，實合祀典。’有旨：‘所用儀物，其令有司速備之。’又言：‘太廟祠祭，故用瓦尊，乞代以銀。’從之。”527 頁。
[5] 《元史》卷二三《武宗本紀二》：“丙申，有事於南郊，尊太祖皇帝配享昊天上帝。”530 頁。
[6] 《元史》卷二三《武宗本紀二》：“(至大三年冬十月)庚戌，恭謝太廟。”527 頁。

曾巽申再一次參與擬定鹵簿是在仁宗時期。曾巽申其時任翰林國史院編修官，閒暇之餘致力於補訂郊祀禮儀等：

> （延祐元年）史館留爲編修官。編摩多暇，尤得悉心文學。著《周易治鑑》，及充廣郊祀鹵簿舊説，繪中道、外仗等圖，備極精贍。而斡赤丞相入爲翰林承旨，因入見，以其名聞，有旨召見。斡赤丞相番直，命巽初以其書待於驂龍門下。上方盥，未御膳，斡赤丞相言臣所薦進圖書人候進止廷中，傳旨召入，遍閲其圖，問人馬物色甚悉，曰："後當有用。"敕秘府藏之，而命斡赤丞相傳旨，命巽初爲學士。巽初不敢當，力辭。遂循進奏爲翰林應奉文字、知制誥兼國史院編修官。[1]

上述曾巽申經補充後新繪製中道、外仗等鹵簿圖，中道圖可能是留存至今的《大駕鹵簿圖書中道》，圖上寫有《大駕鹵簿中道官吏人物名數篇》，見下圖：

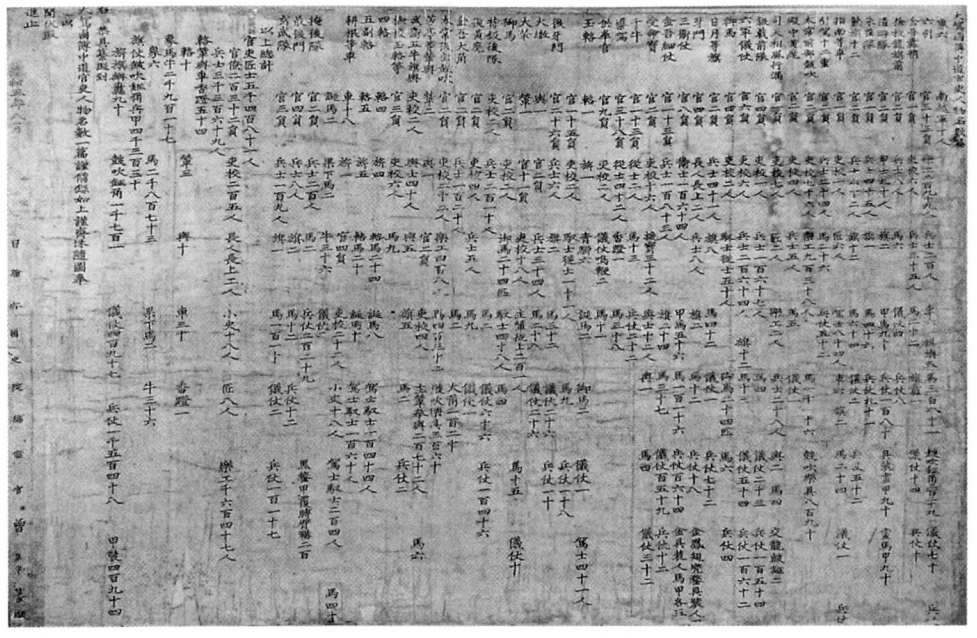

圖1　大駕鹵簿圖書中道[2]

據上圖，最後有"延祐五年八月□日，翰林國史院編修官臣曾巽申纂進"等字。此外，《秘書監志》也記録了此次敬獻事件：

---

[1] 虞集《道園學古録》卷一九《曾巽初墓誌銘》，葉 2b—3a。
[2] 參見中國國家博物館編《中國國家博物館館藏文物研究叢書·繪畫卷·風俗畫》，上海古籍出版社，2007 年，14—25 頁。劉曉《元代郊祀初探》也對此圖和曾巽申獻圖一事有討論。

延祐六年九月初一日,也先帖木兒怯薛第二日文德殿后鹿頂殿內有時分,斡赤丞相、鄭司農等對速古兒赤也先帖木兒院使、唆南院使、相哥失里司農、帖木歹院使、續院使等官有來。斡赤丞相奏:"翰林國史院編修官曾巽申小名的秀才將他自做到大駕鹵簿圖二軸、書十册,上位根底呈獻過。"奉聖旨:"教續院使將去,與秘書監譚秘卿將往秘書監裏好生收拾者,後頭用著去有。"麼道聖旨了也。欽此。[1]

此處對於此次敬獻記錄得非常詳細,"大駕鹵簿圖二軸"應當就是中道、外仗等圖。[2]惟時間不一致,此處爲"延祐六年九月初一日"。筆者推測,圖上字樣爲曾巽申延祐五年(1318)八月寫下,但等到機會敬獻則在延祐六年九月初一,推薦其獻圖的還是斡赤。這已是曾巽申第二次向仁宗獻圖,但仁宗表面誇讚,實際上再次將圖書收進了秘書監。仁宗朝也未實行過親祀,[3]鹵簿之制無用武之地,直到其子英宗行鹵簿,這些圖書才得以重見天日。儘管曾巽申在武宗和仁宗兩朝參與擬定的鹵簿施行未果,但在相關部門處肯定產生了一定影響,爲英宗行鹵簿做了準備。

二、元英宗行鹵簿的原因和過程

(一) 原因

雖有武宗和仁宗朝的擬定在前,但鹵簿之制之所以會在元英宗時期得以施行,與英宗朝獨特的政治背景和元英宗及其從臣的個人特徵密切相關。學界相關的研究已非常多,綜合現有的研究和史料看,元英宗行鹵簿有以下三個具體原因。

首先,與元英宗及其身邊大臣的崇儒有關。這點在許多研究著作中均已有相關表述。如蕭功秦《英宗新政與"南坡之變"》論述了英宗較前幾位皇帝更深

---

[1] 王士點撰、高榮盛點校《秘書監志》卷五《秘書庫》,浙江古籍出版社,1992年,97頁。
[2] 陳鵬程《舊題〈大駕鹵簿圖書・中道〉研究——"延祐鹵簿"年代考》,《故宮博物院院刊》1996年第2期。他認爲此圖中的鹵簿的確切年代是皇祐五年,非曾巽申所繪,且有殘缺。但其關於元朝避諱的說法有誤,元朝頒佈避諱後,只是避諱皇帝全名,並非其中的個別字。
[3] 馬曉林《元代國家祭祀研究》認爲仁宗不熱衷親祀和立北郊,與武仁授受政治事件的影響有關。92—93頁。

的漢化背景和其心腹拜住對漢文化的推崇,並指出了拜住對英宗親祀太廟的影響。[1]此外,白壽彝、陳得芝主編《中國通史》第八卷《中古時代·元時期》[2]和韓儒林《元朝史》[3]等著作均指出了此點。在崇儒風氣和心理影響下,再加上身邊侍臣對漢族禮樂的追求,使得英宗也對漢文化中五禮之一祭祀的各種制度產生了興趣,並有了更多的瞭解。

其次,與英宗在"武仁授受"背景下的政治目的有關。劉曉《"南坡之變"芻議——從"武仁授受"談起》[4]和《元代郊祀初探》兩篇文章均論及仁宗背棄"叔侄相傳"盟約、傳位給英宗後,英宗面臨著對於其繼位合法性的質疑,使得他對皇家祭祀和朝廷禮儀異常關注,欲通過鹵簿來彰顯皇帝形象。

最後,行鹵簿與元英宗本人性格也密切相關。英宗在承受著"武仁授受"的政治包袱的同時,又遭受太皇太后答己等人的控制,性格扭曲暴虐。上述劉曉等學者的研究中指出了這點。[5]《中國通史·中古時代·元時期》一書對此有精彩表述:"或許恰恰是由於長期受太皇太后的壓抑,他(指元英宗)似乎比在他之前的任何一位皇帝都熱衷於表現天子的威嚴。史稱'英宗臨朝,威嚴若神;廷臣懍懍畏懼';又稱當時'禁衛周密,非元勳貴戚,不得入見'。"[6]鹵簿制度作爲輿服制度的一種,等級分明、規模宏大,標明身份品階之差,彰顯帝王權威,無疑能很好地滿足英宗欲在群臣中樹立威儀的心理需求。

(二) 過程

關於英宗施行鹵簿的整個過程,各種史料記載紛雜不一,細節模糊,在此試做整理。

1. 英宗行鹵簿的鋪墊——恭謝太廟儀式與時享太廟儀式

鹵簿主要用於天子躬行郊廟祭祀的場合,因此鹵簿的制定與天子親祀的實行有密切關係。但實際上,親祀儀式極爲繁瑣,歷代帝王親祀次數屈指可數,在

---

[1] 蕭功秦《英宗新政與"南坡之變"》,《元史論叢》第2輯,中華書局,1983年,148—149頁。
[2] 白壽彝總編、陳得芝主編《中國通史》第8卷《中古時代·元時期上》,上海人民出版社,1997年,467—483頁。
[3] 韓儒林《元朝史》,人民出版社,2008年,25頁。
[4] 劉曉《"南坡之變"芻議——從"武仁授受"談起》,《元史論叢》第12輯,內蒙古教育出版社,2010年,56頁。
[5] 此外,王頲《元英宗朝政治與南坡之變》也論述了此點,《暨南史學》第1輯,2002年11月。
[6] 白壽彝總編、陳得芝主編《中國通史》第8卷《中古時代·元時期上》,482頁。

元代更是如此。但熱衷漢族禮制的武宗和英宗多次親祀太廟,史稱"武宗親享於廟者三,英宗親享五",[1]而武宗在位僅四年(1308—1311),英宗在位僅三年(1321—1323)。英宗對於太廟祀儀,尤其是親祀之儀格外重視,爲此制定了恭謝太廟儀式和時享太廟儀式。太廟祭祀分爲正祭和告祭,"正祭,則時享、禘祫是也。告祭,則國有大事告於宗廟是也"。[2]在元代,自武宗受尊號恭謝太廟後,[3]在後來幾朝多次因爲皇帝受尊號和皇太后、皇后受册寶等原因恭謝太廟,恭謝太廟儀式就用在此類告祭場合。而時享太廟儀式自然用在正祭場合,指在春夏秋冬各季的孟月祭祀太廟。這兩種儀式的制定就爲後來鹵簿的制定奠定了基礎。在此分別梳理。

恭謝太廟儀式的制定。延祐七年正月仁宗駕崩,英宗於當年三月即位,十月"丙寅,定恭謝太廟儀式"[4]。這次制定的儀式裏應當包括了帝王出行的儀軌制度。雖然由於史料缺失,已不得而知英宗具體何時下令定恭謝太廟儀式,但是,此前幾個月應當一直在籌畫此事。因爲,延祐七年七月,"英宗命禮儀院使八思吉斯傳旨,令省臣與太常禮儀院速制法服"[5]。又規定"禁獻珍寶制袞冕"[6]。説明英宗此時已在籌畫製造相應的袞冕、法服等儀物,臣僚們可能有大量敬獻,英宗對此加以禁止。然後,在當年八月,"中書省會集翰林、集賢、太常禮儀院官講議,依秘書監所藏前代帝王袞冕法服圖本,命有司制如其式"。説明在七月份傳旨製造後,八月份相關部門協商製造事宜。總而言之,在延祐七年十月和十月的前幾個月,恭謝太廟儀式在制定的過程中,與此同時也在加緊製造相應儀物。在延祐七年十月,儀式制定完畢,緊接著,當年十一月,英宗按照儀式恭謝太廟。《元史》的"祭祀志"中對此次的儀式有較詳細記録:

> 十一月丙子朔,帝御齋宫。丁丑,備法駕儀衛,躬謝太廟,至欞星門駕止,有司進輦不御,步至大次,服袞冕端拱以俟。禮儀使請署祝,帝降御座正立書名。及讀

---

[1]《元史》卷七二《祭祀志一》,1779—1780頁。但據《元史本紀》,武宗四次親祀太廟,分別爲:大德十一年七月壬申,因即位;至大二年春正月辛卯,因受尊號;至大二年十二月乙卯,因上太祖成吉思汗尊謚、廟號和其皇后孛兒帖尊謚,以及上睿宗拖雷尊謚、廟號和其皇后唆魯和帖尼尊謚;至大三年冬十月戊申,因上皇太后答己尊號。英宗五次親祀太廟,分別爲:延祐七年十一月丁丑;至治元年春正月丙戌;至治元年冬十月庚戌;至治元年冬十二月戊申,因受尊號;至治二年春正月丁丑。

[2]馬端臨撰,上海師範大學古籍研究所、華東師範大學古籍研究所點校《文獻通考》卷九九《宗廟考九·祭祀時享》,中華書局,1986年,3046頁。

[3]《元史》卷七四《祭祀志三》:"至大二年春正月乙未,以受尊號,恭謝太廟,爲親祀之始。"1836頁。

[4]《元史》卷二七《英宗本紀一》,606頁。亦見於《元史》卷七四《祭祀志三》:"(延祐七年十月)丙寅,中書以躬謝太廟儀注進。"1837頁。

[5]《元史》卷七七《祭祀志六》,1933頁。

[6]《元史》卷二七《英宗本紀一》,604頁。

祝,敕高贊御名。至仁宗室,輒歔欷流涕,左右莫不感動。退至西神門,殿中監受圭,出降没階乃授。[1]

另外,虞集的《曾巽初墓誌銘》中也記録了此次儀軌:

> 七年,英宗皇帝大駕自上都還,即親祠太室,始服衮冕。大駕之至廟也,有司倉卒,凡旗幢傘蓋之屬,就以立仗行,皆重大,率數人持一物,天子製通天冠、絳紗袍服之,而輅弗素具,遂易常服御馬而往,弗稱上意。[2]

從上述描述可知,此次恭謝太廟的出行儀軌是法駕。法駕在蔡邕的《獨斷》中與"大駕""小駕"並稱,都是鹵簿的一種。但在元朝人的記述中,大駕、法駕和鹵簿幾者之間的從屬關係比較混亂。如《元史》的《輿服志》中記載:"至秦並天下,兼收六國車旗服御,窮極侈靡,有大駕、法駕以及鹵簿。"[3]此處將大駕、法駕和鹵簿並稱,三者無從屬關係。而《元史·祭祀志》中,非常詳細地記録了親祀時享的儀式,在"車駕出宫"儀式中,"所司備法駕鹵簿於崇天門外"。[4]此處,"法駕"指鹵簿的規格。鑒於用詞混亂的情況的存在,又考慮到幾乎所有相關史料都稱英宗至治二年親祀太廟才始行鹵簿,本文姑且站在此種立場,以"法駕"非"鹵簿"展開論述。但無論如何,此次恭謝太廟的法駕儀式可視爲後來英宗行鹵簿的前奏,爲後來鹵簿的制定和實施提供了一定的參考。

時享太廟儀式。延祐七年十月戊午,英宗自上都回到大都後"詔太常院臣曰:'朕將以四時躬祀太室,宜與群臣集議其禮。此追遠報本之道,毋以朕勞於對越而有所損。其悉遵典禮。'"[5]十一月,"甲辰,太常進時享太廟儀式"[6]。正式實施是在至治元年正月,"丙戌,始以四孟月時享,親祀太室。禮成,坐大次謂群臣曰:'朕纘承祖宗丕緒,夙夜祗栗,無以報稱,歲惟四祀,使人代之,不能致如在之誠,實所未安。自今以始,歲必親祀,以終朕身。'"[7]雖然關於此次時享太廟儀式的具體内容已不得而知,但從《元史》記載的"親祀時享儀"和"親謝儀"中的"車駕出宫"和"車駕還宫"儀式中,可以發現這兩種祭祀的出行儀式基本一

---

[1]《元史》卷七四《祭祀志三》,1837頁。
[2] 虞集《道園學古録》卷一九《曾巽初墓誌銘》,葉3a。
[3]《元史》卷七八《輿服一》,1929頁。
[4]《元史》卷七四《祭祀志三》,1848頁。
[5]《元史》卷二七《英宗本紀一》,606頁。
[6]《元史》卷七四《祭祀志三》,1837頁。
[7]《元史》卷七四《祭祀志三》,1837頁。

致,也爲後來鹵簿制度的制定奠定了基礎。

此外,《元史·祭祀志》中有"親祀時享儀"和"親謝儀"的詳細記載,這些儀式的主要框架很可能就是在英宗時期制定。[1]因《元史·祭祀志》的主要史源是《太常集禮》和《經世大典·禮典》,二書於文宗時期先後撰成,其所依據的應當主要是英宗時期的制度,並在此基礎上有所增删。

2. 鹵簿的製定、演練與實施

在恭謝太廟儀式和時享太廟儀式製定後,鹵簿制度的製定也緊接著提上了日程。延祐七年十二月,"辛未,拜住進鹵簿圖,帝以唐制用萬二千三百人耗財,乃定大駕爲三千二百人,法駕二千五百人"[2]。至治元年(1321)秋七月,"庚辰,鹵簿成"[3]。

鹵簿儀式確定後,英宗接受拜住等人的意見,受尊號而親祀太廟,由此開始了鹵簿演練和具體人選的選拔。至治元年十一月,"庚寅,拜住等言:'受尊號,宜謝太廟,行一獻禮。世祖亦嘗議行,武宗則躬行謝禮。'詔曰:'朕當親謝。'命太史卜日,樞密選兵肄鹵簿。"[4]關於樞密選兵,在《元史·兵志》中有較爲詳細的記載:"英宗至治元年十一月,命有司選控鶴衛士,及色目、漢軍以備鹵簿儀仗。"[5]選用兵士的數量可以參考該年十二月的記載:"十二月,定鹵簿隊仗,用軍士二千三百三十人,萬户、千户、百户四十五員。仍議用軍士一千九百五十人,萬户、千户、百户五十九員,以備儀仗。"[6]

經過演練後,至治二年春正月,英宗"親祀太廟,始陳鹵簿,賜導駕耆老幣帛"[7]。這是元朝歷史上第一次舉行鹵簿儀式,翰林院衆人忙於撰文,其中就有至治元年以第一登進士第的宋本:

> 時英廟制鹵簿,舉親祀禮,翰苑制撰紛冗。公初由甲科入館職,雅爲學士元文敏公復初、侍講袁文清公伯長所知,命公當筆者十七人[八]。公平昔記問該洽,才情精敏,行詞務温雅宏麗,不敢苟簡毫髮。[8]

---

[1]《元史》卷七四《祭祀志三》和《元史》卷七四《祭祀志四》,1847—1849頁、1859—1860頁。
[2]《元史》卷二七《英宗本紀一》,609頁。
[3]《元史》卷二七《英宗本紀一》,613頁。
[4]《元史》卷二七《英宗本紀一》,614—615頁。
[5]《元史》卷九九《兵志二》,2535頁。
[6]《元史》卷九九《兵志二》,2535頁。
[7]《元史》卷二八《英宗本紀二》,619頁。
[8] 宋褧《燕石集》卷十五《故集賢直學士大中大夫經筵官兼國子祭酒宋公行狀》,《北京圖書館古籍珍本叢刊》第92册,書目文獻出版社,1998年,230頁。

宋本其時供職翰林院，又受到元明善和袁桷的賞識，與袁桷尤其交好，宋本作爲館伴使送安南使臣回國時，袁桷曾作詩相贈。[1] 此次恰逢盛典，宋本文采出衆，承擔了大量撰文之務。

三、元英宗時期鹵簿儀物和儀式

（一）鹵簿儀物的由來

英宗時的鹵簿儀物一部分可能來自府庫收藏的宋朝祭祀鹵簿儀物。在元朝入臨安前後，曾兩次收繳亡宋圖書和禮樂鹵簿等用具。第一次是至元十三年（1276）二月，在伯顔入臨安前，"丁未，詔諭臨安新附府州司縣官吏士民軍卒人等曰：'……秘書省圖書，太常寺祭器、樂器、法服、樂工、鹵簿、儀衛，宗正譜牒，天文地理圖册，凡典故文字，並户口版籍，盡仰收拾。'"隨後，伯顔派遣宋内侍王埜入宫，"收宋國衮冕、圭璧、符璽及宫中圖籍、寶玩、車輅、輦乘、鹵簿、麾仗等物"[2]。第二次是當年的三月，伯顔入臨安後，"遣郎中孟祺籍宋太廟四祖殿，景靈宫禮樂器、册寶暨郊天儀仗，及秘書省、國子監、國史院、學士院、太常寺圖書祭器樂器等物。"[3]經過這兩次搜刮，宋朝鹵簿輿服等應該都入了元朝府庫收藏，直到英宗制儀物時，秘書監等收藏的宋代器物就成了參考，或直接取用。如前所述，英宗欲定恭謝太廟儀式時，有關官員以"秘書監所藏前代帝王衮冕法服圖本"爲參考。

另一部分儀物應當是英宗時期新造。前已論述，爲舉行恭謝太廟儀式的法駕，延祐七年七月，英宗命禮儀院使八思吉斯傳旨，令省臣與太常禮儀院速製法服。在當年八月，中書省會集翰林、集賢、太常禮儀院官討論，按照秘書監所藏前代帝王衮冕法服圖本，製作各項儀物。英宗後來行鹵簿時可能也用到了此次新造的一些儀物，畢竟鹵簿規模龐大，十分耗財，不可能全部重造，部分可能取用府庫已收藏的儀物。當時鹵簿儀物的製造主要在江浙一帶，"凡旗幟之繡繪者作於閩浙，人馬鎧甲披彩飾者作於江西"[4]。時任杭州總管的于九思就曾奉

---

[1] 袁桷著，楊亮校注《袁桷集校注》卷七《送宋誠夫押送交趾使之武昌》，中華書局，2012年，359頁。
[2] 《元史》卷九《世祖本紀第六》，178—179頁。
[3] 《元史》卷九《世祖本紀第六》，180頁。
[4] 虞集《道園學古録》卷一九《曾異初墓誌銘》，葉3a。

命督造鹵簿法物:"所造鹵簿法物事尤重,自始作至訖功,公皆躬督視之。"[1]但製造儀物需要時間,鹵簿輿服中的重要器具"五輅"就來不及製造:

> 至治元年,英宗親祀太廟,詔中書及太常禮儀院、禮部定擬製鹵簿五輅。以平章政事張珪、留守王伯勝、將作院使明里董阿、侍儀使乙剌徒滿董其事。是年,玉輅成。明年,親祀御之。後復命造四輅,工未成而罷。[2]

可見,除了"玉輅"製成並用於鹵簿外,其餘四輅後因英宗遇刺皆停工,當時被任命造其他四輅的就是曾巽申,其墓誌銘也詳述了此事:

> 有詔留守造五輅,留守召衆工謀之。皆曰:"自建都於茲,凡宮殿城池園囿,與車服戈甲弓矢,金木玉石齒革羽毛之工,靡不精巧,老於事者,或至年七八十,皆無不更歷,獨以爲輅古禮器,誠不知其法,奈何?"省官考工殊憂之,乃曰:"必欲爲之,無如曾應奉者。"命巽初專董其事,按圖指授,動中繩墨,工人咸悅,將成,又請習馬以備駕,朝廷尤重其先慮。未幾,國有大故,事遂已,而巽初亦歸。[3]

還有的儀物來自英宗時期臣僚的敬獻。如前所述,英宗在延祐七年七月曾"禁獻珍寶製袞冕",說明當時有很多人敬獻珍寶用於製儀物。

最後,鹵簿儀物也是各種文化元素混雜的產物,其中出現了衆多在漢式鹵簿中沒有的儀物。如象轎,象牙製成、書國字、背書漢字的外辦牌,加金浮屠的傘蓋等等。[4]象轎是元代皇帝出行儀衛中的重要乘輿,許多學者都對此有過專門研究,在此不贅述。[5]外辦牌即宮內舉行各種典禮時,司儀人員奏告宮外已準備就緒之牌,[6]元朝於外辦牌正面書八思巴字,極富自己的特色。而加金浮屠的傘蓋則體現了元朝宮廷崇佛的特點。[7]

---

[1] 黃溍《金華黃先生文集》卷二三《元故中奉大夫湖南道宣慰使于公行狀》,《中華再造善本》影印元刻本,葉13b。
[2] 《元史》卷七八《輿服志一》,1946頁。
[3] 虞集《道園學古録》卷一九《曾巽初墓誌銘》,葉3a—3b。
[4] 參見《元史》卷七九《輿服志二》,1975—1994頁。
[5] 參考王頲《馬可波羅所記大汗乘象實事補釋》,《元史論叢》第8輯,24—32頁;陳高華、史衛民《元代大都上都研究》下篇"元上都"第二章"兩都巡幸與交通",中國人民大學出版社,2010年,184—185頁。
[6] 薛虹等主編《中國皇室宮廷詞典》,吉林文史出版社,1998年,160頁。
[7] 《元史》卷七九《輿服志二·儀仗》:"諸傘蓋,宋以前皆平頂,今加金浮屠",1961頁。

(二) 制鹵簿的依據

首先,鹵簿製作肯定參考了曾巽申所撰鹵簿圖書及其意見。如上所述,延祐七年十一月,英宗曾備法駕恭謝太廟,但對法駕儀衛十分不滿意,後來,"丞相拜住、太常八昔吉思奏取秘書所藏巽初圖書,而鹵簿大興矣"[1]。

除此之外,主要以本朝已定儀注爲基礎,又繼續參考了一些唐宋制度。鹵簿本身是郊廟祭祀的一部分,要想瞭解英宗時期製鹵簿的總體思路還可以從郊廟祭祀之禮製定的思路出發。《元史·祭祀志》對此有比較詳細的説明:

> 《禮經》出於秦火之後,殘缺脱漏,所存無幾。至漢,諸儒各執所見。後人所宗,惟鄭康成、王子雍,而二家自相矛盾。唐《開元禮》、杜佑《通典》,五禮略完。至宋,《開寶禮》並《會要》與郊廟奉祠禮文,中間講明始備。金國大率依唐、宋制度。聖朝四海一家,禮樂之興,政在今日。況天子親行大禮,所用儀注,必合講求。大德九年,中書集議,合行禮儀依唐制。至治元年已有祀廟儀注,宜取大德九年、至大三年並今次新儀,與唐制參酌增損修之。侍儀司編排鹵簿,太史院具報星位,分獻官員數及行禮並諸執事官,合依至大三年儀制亞終獻官,取旨。[2]

成宗大德九年(1305),因地震星變等天災,哈剌哈孫奏言需攝祀宗廟社稷,因此當時翰林、集賢、太常等官商討制定了相關儀注,主要依唐制。武宗時期則是因尚書省改革,施行了一些儒家祭祀儀式,至大三年(1310),欲定北郊從祀和朝日夕月禮儀,禮部等擬定了相關制度。此外,加上英宗繼位初製定的恭謝太廟儀注和時享太廟儀注,再繼續參考唐宋等前代禮制,英宗時期的相關禮制最終形成。至於所參考的唐宋制度,其來源之一爲當時秘書監等機構收藏的宋代禮制書籍、圖册和實物等。袁桷在參與編修宋遼金史時,列了當時搜集到的禮書,主要包括以下幾種:

> 一,禮樂,歷代帝王不相沿襲。自聶崇義作《三禮圖》,多有舛誤。樂自王朴、李照、胡瑗、范鎮、魏漢津、房庶,皆有異同。史志所載,止於一時,而諸家所陳,罔有記

---
[1] 虞集《道園學古録》卷一九《曾巽初墓誌銘》,葉3a。
[2] 《元史》卷七二《祭祀志一》,1790—1791頁。

載。其樂志止詳於《樂髓新經》，禮書若《元豐集議》，未之有載。其書尚在，可備討論，今具於後：

《開寶通禮》《開寶通禮義纂》《分門禮選》《禮閣新編》《太常新禮》《慶曆祀儀》《太常因革禮》《郊廟奉祀禮文》《政和五禮》《大饗明堂禮》，《鹵簿記》本院止有宣和、《濮議》《東饗議》。[1]

最後，當時私人收藏的一些書籍和古畫也是重要的參考依據。如拜住曾向程鉅夫出示過其所藏《古輦圖》，爲此，程鉅夫特作《古輦圖》一文，對此圖內容詳加描述。[2] 鹵簿中的"輦"的製造可能就參考了拜住所藏的《古輦圖》。此外，貢師泰爲畫家柯九思所藏《五輅圖》寫的跋文，言此圖爲宣和舊本，並描述了所繪內容和五輅制度，稱此圖將獻於太常製定鹵簿之用："熙賜得此，他日上之太常，獻之禮官，庶將備一代製作之盛典。"[3]

綜上，之所以英宗朝只經過了短短一兩年的醞釀和準備即成功舉行了鹵簿儀式，既因爲有武宗、仁宗時期嘗試未遂而留下的成果在，也是元朝禮制長期發展的自然結果，爲此次鹵簿得以成功製定奠定了基礎。

（三）行鹵簿的具體儀式

關於祭祀時的出行儀軌，如前所述，《元史》中的"親祀時享儀"和"親謝儀"中的"車駕出宮"和"車駕還宮"雖然有詳細記載，但無法確定這些儀式是英宗時製定和採用的，還是有後來的加工，僅作參考。此外，《元史》中的"崇天鹵簿"，應當是用於南郊祀天，非用於太廟祭祀，因此其與現在討論的英宗享太廟的鹵簿無關。

關於英宗時期行鹵簿的儀式，《元史》卷七八《輿服志第一》作如下記述：

> 至英宗親祀太廟，復置鹵簿。今考之當時，上而天子之冕服，皇太子冠服，天子

---

[1] 袁桷《清容居士集》卷四一《修遼金宋史搜訪遺書條列事狀》，《中華再造善本》影印元刻本，葉35b—36a。

[2] 程鉅夫《程雪樓文集》卷二五《古輦圖》："右畫古輦一，荷者百人，扶者十人，輦腳八人，輦階十二人，執杖而前者一人，後者二人，奉席一人，蓋鹵簿圖中之一事耳。……東平王孫、太常禮儀院使拜住公出以示余，因敘著如右。"《元代珍本文集彙刊》影清宣統二年陶氏覆刻明洪武本，（臺北）中央圖書館，1970年，975頁。

[3] 貢師泰《貢師泰集》卷八《跋五輅圖》，丘居里、趙文友校點《貢氏三家集》，吉林文史出版社，2010年，356頁。

之質孫,天子之五輅與腰輿、象輅,以及儀衛隊仗,下而百官祭服、朝服,與百官之質孫,以及於士庶人之服色,粲然其有章,秩然其有序。大抵參酌古今,隨時損益,兼存國制,用備儀文。於是朝廷之盛,宗廟之美,百官之富,有以成一代之製作矣。[1]

上述記載説明了當時鹵簿服飾之整齊有序,且指出鹵簿中並非全是漢式,還兼存國俗,如質孫服。但是,"天子之五輅"的説法有誤,如前所述,五輅在英宗時只造了玉輅。

另外,拜住的神道碑中對此有更詳細的記載:

始備大駕鹵簿,建太常十有二旂,列黄麾仗五千人,上服通天冠、絳紗袍,出自崇天門。衆庶聚觀,儀衛文物之盛,莫不感歎,以爲三代禮樂復見於今。及行事,王攝太尉。被袞冕,執圭瓚,祼獻禮成,還宫。王率群臣稱賀於大明殿,推恩錫賚有差。[2]

由上述可知,英宗當時冠服爲通天冠和絳紗袍,還需執圭瓚,禮成後還宫坐於大明殿並行封賞。關於英宗此次赦賞的記載有很多。如當時的監察御史李謙亨等因强諫英宗造壽安山寺一事遭杖、黥刑,並被流奴兒幹,[3]因此次行鹵簿大典得以寬刑,量移近里。許有壬《言監察御史李謙亨等量移》中即記載了此次大典的赦賞條例:

欽惟今上皇帝,以上聖之資,舉曠世之典。被服袞冕,躬祭太廟;製作鹵簿,聳動神人。大禮告成,有生胥慶。推恩臣下,罔有崇卑,内外四品以下職官,普減一資,至於至治二年以前入役者,考滿入流日,皆與優減。天休所被,踴躍難勝。若有在官得罪而情或可矜者,亦宜量加渐濯,祭統所謂明惠之必均也。比者監察御史李謙亨、成珪……若蒙發還原籍,唯復量移近里。[4]

至於英宗御輿,在論述鹵簿儀物時已説明至治二年親祀乘坐的是玉輅。其時在國子學任職的柳貫爲此次鹵簿大典的撰文也指出了這點,並渲染了當時的

---

[1]《元史》卷七八《輿服志一》,1929—1930頁。
[2] 黄溍《金華黄先生文集》卷二四《中書右丞相贈孚道志仁清忠一德功臣太師開府儀同三司上柱國追封鄆王謚文忠神道碑》,葉4b—5a。
[3]《元史》卷二一《英宗本紀一》:"監察御史觀音保、鎖咬兒哈的迷失、成珪、李謙亨諫造壽安山佛寺,殺觀音保、鎖咬兒哈的迷失,杖珪、謙亨,竄於奴兒幹地。"610頁。
[4] 許有壬《至正集》卷七四《言監察御史李謙亨等量移》,《元人文集珍本叢刊》第7册影印清宣統三年石印本,333頁。

宏大場面：

> 端門初啓蹕聲齊，五使中行八寶隨。大輅戒嚴催引仗，淑旗分道聽鳴鑾。參差繡夾迎陽動，蹀躞金珂窣地垂。宗祀光輝承孝饗，思成還欲詠周詩。[1]

最後，元朝第一次舉行如此龐大的鹵簿儀式，像柳貫一樣撰文歌詠此次鹵簿大典的漢人臣僚還有很多。袁桷當時也作《鹵簿詩》，今已不存，但有王褘爲這首《鹵簿詩》所作跋文："蓋鹵簿者，治世之巨典，華夏之偉觀，故昔人將以鋪張其盛，必著之於圖，載之於記，而未有紀之以詩者。以詩紀鹵簿，吾於袁公此作有徵焉。讀其詩，非特度制儀章可以概見，而國家一代文明之象，固焕然目睫間矣。"[2]此外，胡行簡《題袁叔正學士鹵簿儀後》謂："英宗皇帝承重熙累洽之餘，肇修鹵簿，人物儀衛之盛，蔚然爲一代偉觀。沛國袁叔正氏紀之歌詠，使太平盛典與《雅》《頌》相爲悠久，漢唐不足倫矣。"[3]袁叔正即袁遵道，《秘書監志》中記道："袁遵道字叔正，沛縣人。延祐六年六月初二日以文林郎上。"[4]《明一統志》言其"性穎悟，年十六能誦五經，累官翰林學士致仕"。[5]結合兩處記載，說明袁遵道應是通經博學之人，最後官至翰林學士，並爲此次鹵簿撰文。

總而言之，儘管英宗時期的鹵簿儀注並未留存下來，但通過這些詩文的歌頌亦可一窺當時鹵簿儀式的盛況。同時，英宗以後的文宗和順帝兩朝親郊三次，其出行禮儀，很可能就利用了英宗時期製定的鹵簿。順帝即位前，史稱"中書右丞闊里吉思迎帝於靜江。至良鄉，具鹵簿以迓之"[6]。鹵簿本身極其繁瑣，如此倉促之時能否原原本本按鹵簿儀仗迎接值得懷疑，但也説明自英宗行鹵簿後，鹵簿在元後期有其用武之地。

四、元英宗行鹵簿的幾位參與人員

鹵簿制度作爲一種漢式祭祀禮儀，其提出、製定和實施肯定離不開中書省、

---

[1] 柳貫《柳待制文集》卷五《新制〈太常鹵簿〉成正月九日天子始駕玉輅朝饗太廟共睹盛儀喜而有賦》，《中華再造善本》影印元至正十年餘闕浦江刻明永樂四年柳貴補修本，葉6a—7a。
[2] 王褘《王忠文公集》卷十七《跋至治鹵簿詩》，文淵閣四庫全書本，葉5b—6a。
[3] 胡行簡《樗隱集》卷六《題袁叔正學士鹵簿儀後》，文淵閣四庫全書本，葉4b。
[4] 王士點撰、高榮盛點校《秘書監志》卷十《題名》，196頁。
[5] 李賢、彭時等修撰《明一統志》卷十八《徐州·人物》，明弘治十八年(1505)建陽慎獨齋刻本，葉24b。
[6] 《元史》卷三八《順帝本紀一》，816頁。

翰林、集賢、太常禮儀院等的參與,其中一些人表現突出,如前文反復提及的拜住和曾巽申等。

拜住是木華黎後人,安童之孫,其事蹟在《元史·拜住傳》和黄溍爲其撰寫的神道碑[1]中均有詳細記載,很多研究著作也對其有過討論,在此不一一贅述。拜住喜愛漢文化,對禮樂刑政、學校教化等事十分上心。《元史·拜住傳》稱其"每退食必延儒士諮訪古今禮樂刑政、治亂得失,盡日不倦"[2]。在延祐二年,拜住即爲太常禮儀院使。[3] 拜住作爲英宗心腹,非常受信任和重用,其意見對英宗產生了很大影響,太廟親享之禮的舉行和鹵簿制度的實施都有拜住的建言和參與。如在親享太廟之事上,"拜住奏曰:'古云禮樂百年而後興,郊廟祭享此其時矣。'帝悦曰:'朕能行之。'預敕有司,以親享太室儀注禮節,一遵典故,毋擅增損"[4]。在行鹵簿之事上,拜住也十分積極,如上所述,他曾進《鹵簿圖》於英宗,還曾收藏有《古輦圖》。在至治二年親享太廟、行鹵簿後,英宗"見羽衛文物之美,顧拜住曰:'朕用卿言舉行大禮,亦卿所共喜也。'對曰:'陛下以帝王之道化成天下,非獨臣之幸,實四海蒼生所共慶也。'"[5] 總而言之,拜住作爲英宗心腹,在鹵簿的舉行中發揮了重要作用,他和英宗兩個人實際上主導了這個元朝歷史上第一次行鹵簿的過程。

而綜合前述,曾巽申實際上在整個元中期鹵簿施行過程中發揮了非常重要的作用。他在武宗和仁宗時期雖然三次薦行鹵簿而未遂,但他在鹵簿一事上的意見和影響力持續到了英宗時期,拜住等人奏取他的圖書肯定也是當時有人向其推薦了曾巽申。有了曾巽申的鹵簿圖書,才能如此迅速地推行鹵簿之制。而且據他的墓誌銘,曾巽申本人並不貪功,一心於鹵簿之事,"與巽初同事者,或冒其功得大官,而巽初亦不以介意"[6]。

此外,還有一些人也參與其中,以下略舉幾位。

曹元用。曹元用字子貞,號超然居士,世居阿城(今山東東阿),徙汶上(今山東濟寧),具體事蹟和仕宦履歷在其墓誌銘中有詳細記載,墓誌銘的撰寫者即前述的宋本。[7] 曹元用精通禮制與其好讀書密切相關。《元史·曹元用

---

[1] 黄溍《金華黄先生文集》卷二四《中書右丞相贈孚道志仁清忠一德功臣太師開府儀同三司上柱國追封鄆王諡文忠神道碑》。
[2] 《元史》卷一三六《拜住傳》,3300頁。
[3] 《元史》卷一三六《拜住傳》:"仁宗即位,延祐二年,拜資善大夫、太常禮儀院使。"3300頁。
[4] 《元史》卷一三六《拜住傳》,3302頁。
[5] 《元史》卷一三六《拜住傳》,3302頁。
[6] 虞集《道園學古録》卷一九《曾巽初墓誌銘》,葉3a。
[7] 《翰林侍講學士曹元用墓誌銘》爲其墓誌銘《大元故翰林侍講學士通奉大夫知制誥同修國史兼經筵講官曹公墓誌銘》録文,收録於《濟寧歷代墓誌銘》,齊魯書社,2011年,48—53頁。

傳》形容其"幼嗜書,一經目,輒成誦;每夜讀書,常達曙不寐"[1]。英宗時,其任太常禮儀院經歷,在元英宗欲行鹵簿時,"其輿服、鹵簿、親祀儀注,率公裁定"。[2]此外,曹元用身爲精通禮樂之人,還曾爲太廟之制和朝會之儀提建議。

元永貞。元永貞爲高麗人,但其家族很早就扎根中原,且元永貞與拜住關係極好。關於元永貞生平事蹟,周清澍《〈元朝名臣事略〉史源探討》有過討論,但認爲其生平不詳。[3]事實上,綜合楊翮《送元太常序》和其他零散史料,可以還原出其生平經歷,此處不贅述。[4]元永貞修鹵簿的事蹟主要記載於楊翮《送元太常序》,現將相關記述摘録如下:

> 粵在仁宗皇帝,崇尚文學,乃高勾麗元公獻賦闕下,擢爲太常博士。英宗皇帝肇興盛典,時大丞相嘗爲禮官,入告出獻(猶),爰修鹵簿儀衛,相皇帝親享太廟,而元公實爲大丞相所尊禮。考驗故實,其爲功居多。聞實章著,光於朝廷,九命而貳憲節於江東。未幾,有詔進僉太常院事,名號因華顯矣。惟成周之禮,分寓六官,三百有六十之屬,咸以禮稱。逮至秦漢,始立奉常以專其官,其爲任至重。今天子明聖在上,贊興禮樂,非元公其誰賴!今以始皇元之制,將其炬煒焕燁,上配隆古,秦漢不足稱已。故方綸誥既敷,天下聞者,罔既欣悦。是宜有以導揚休美,垂之方來。[5]

從上述記述可知,元永貞時爲太常博士,熟知禮樂故實,當拜住協助制定鹵簿時,他也出力甚多,且楊翮對其評價極高:"今天子明聖在上,贊興禮樂,非元公其誰賴!"此外,高麗文人李齊賢及崔誠之在至治三年正月曾向"元郎中"致書——《同崔松坡贈元郎中書》,請求營救忠宣王。"元郎中"即元永貞,李齊賢言其"以端愨雄深之質。文之以禮樂詩書,高冠博帶,優遊東閣,潤色伊周而彌縫房杜,亦可謂得青雲知己,以行其道者矣"[6]。與《送元太常序》中描繪的其通曉禮樂故實的說法相符合。

陳柏。陳柏字新甫,號雲嶠,泗州(今江蘇盱眙)人,爲南宋降將陳氏家族後

---

[1]《元史》卷一七二《曹元用傳》,4026頁。
[2] 載於曹元用墓誌銘。
[3] 周清澍《〈元朝名臣事略〉史源探討》,收於劉迎勝主編《元史及民族與邊疆研究集刊》第29輯,上海古籍出版社,2015年,22—23頁。
[4] 關於元永貞生平事蹟,筆者另有《元永貞族屬和生平事蹟鉤沉》(未刊稿)詳述其人。
[5] 楊翮《佩玉齋類稿》卷四《送元太常序》,文淵閣四庫全書本,葉8b—9a。
[6] 李齊賢《益齋亂稿》卷六《同崔松坡贈元郎中書》,收於《益齋先生文集》,韓國:景仁文化社,1999年,316—320頁。

人,陳奕之孫。[1]爲人慷慨不羈,通曉禮樂。仁宗時,陳柏任侍儀舍人,"草儀前殿,贊禮明廷,俯仰進退,郁郁乎有文"[2]。在英宗行鹵簿期間,陳柏表現活躍,對答如流:"是以英皇肇行鹵簿,既閑習於綿蕝之初,皇上親祀太室,妙對揚於顧問之頃,博聞洽禮之士無以加焉。"[3]陳柏後來在順帝時還擔任太常太祝一職,被派往江浙監造祭器。

儘管篇幅有限,只能暫舉幾例,但不難發現,鹵簿的成功舉行既與英宗身邊的近臣拜住密切相關,也離不開當時的漢人儒士和臣僚們的支持。

結語

綜上所述,在至治二年正月舉行的鹵簿儀式是元朝歷史上第一次行鹵簿,由元英宗和拜住主導,得到了大批漢族官僚的支持,是有著深厚漢文化素養的元英宗欲鞏固繼位合法性、彰顯個人威儀的一種方式。鹵簿的正式舉行看似只經過了英宗時短短一兩年的醞釀,實則在武宗和仁宗時期已有多次未遂嘗試,曾巽申在其中發揮了重要作用。鹵簿制度也是元代禮制經過長期發展的必然結果,在元代禮制發展史上佔有重要地位,對元代中晚期的祭祀制度也有深遠的影響。鹵簿的製定以元朝已有的一些祭祀制度爲基礎,還採納了當時通曉禮樂的漢人臣僚等的建議。追溯其源,元朝的鹵簿在唐宋之制的框架下,又兼備國俗,是一個雜糅混合的產物。此外,通過衆多漢人儒士和官僚的歌頌,英宗的形象在漢人儒士的筆下也愈發高大、理想化,接近儒士心目中的帝王形象。這些歌頌文章也使後人今天得以一窺當時鹵簿舉行時的盛況。

〔鄭葉凡,北京大學歷史學系博士研究生〕

---

[1] 關於陳柏生平事蹟考證參見筆者《元人陳柏事蹟考》(未刊稿)。
[2] 虞集《道園類稿》卷二十《陳雲橋省親詩序》,《元人文集珍本叢刊》第五册影印明初覆刊元撫州路學刊本,(臺北)新文豐出版公司,1985年,528頁。
[3] 虞集《道園類稿》卷二十《陳雲橋省親詩序》。

元代巡按御史權力
——以糾察官吏、上書言事爲中心的考察

展可鑫

至元五年(1268),忽必烈詔置御史臺於上都,至元九年移置大都,簡稱內臺。至元十四年,元朝設行御史臺監臨江南之地,後改稱江南諸道行御史臺,簡稱南臺;至元二十七年又設雲南行臺,大德元年(1297)移雲南行臺於京兆,改爲陝西行臺,簡稱西臺。內臺、行臺皆設有數量衆多的監察御史,負責糾察官吏奸邪、巡按地方等事。元朝在至元六年設立提刑按察司以監察地方,至元二十八年改爲肅政廉訪司,均簡稱憲司。內臺、行臺及各道憲司組成了規模龐大而嚴密的全國監察網。

御史臺設立時,規定監察御史每季巡按照刷各路總管府、統軍司等機構文卷。[1] 按察司設立後,大多數路府州縣文卷逐漸劃歸按察司照刷,監察御史主要負責照刷行省等高級別衙門文卷。至元二十五年,元朝規定監察御史上下半年巡按照刷行省等機構文卷,[2] 後又改爲每年九月巡按地方。巡按御史職責繁雜,主要負責糾察各級官吏、上書言事、審録罪囚、舉薦人才等。而糾察官吏和上書言事是其兩項主要職責。學界對元代監察御史巡按問題有較多研究,[3] 涉及巡按御史種族構成、出巡日期、職責等方面,對巡按御史糾察官吏、上書言事的權力也多有討論。然而這些研究並不系統,一些觀點尚有待商榷。

---

[1] 《元典章》卷五《臺綱一·內臺·設立憲臺格例》,陳高華等點校,中華書局、天津古籍出版社,2011年,143頁。

[2] 《元典章》卷五《臺綱一·內臺·監察合行事件》,148頁。

[3] 洪金富《元代監察制度的特色》,《成功大學歷史學報》1975年第2期,237—253頁;郝時遠《元代監察制度概述》,《元史論叢》第3輯,中華書局,1986年,92—104頁;李治安《元代行御史臺述論》,《元代政治制度研究》,人民出版社,2003年,251—275頁。

筆者擬在前人研究基礎之上，系統討論元代巡按御史這兩方面權力存在的問題，並嘗試分析這些問題的歷史淵源，敬請專家批評指正。

一、糾察官吏多受掣肘

巡按御史糾察貪贓枉法官吏，有時是根據官吏百姓等的控告，但主要是通過照刷案牘發現其中存在的問題。許有壬曾指出："刷磨案牘，特簿書期會之末。然而刑獄之重輕，金穀之出納，舞弄於巧密之内，包括乎繁冗之中。"[1]巡按御史如果不能照刷某一機構文卷，相關機構中多數貪官污吏必然也難以由此察知。御史臺設立時頒佈的《設立憲臺格例》規定："該載不盡應合糾察事理，委監察並行糾察"。[2]至大二年(1309)，元廷又規定："應有印信衙門每的文卷，都照刷者"。[3]元朝多次重申類似規定，監察御史似乎被授予了極其廣泛的糾察、照刷權力。吴澄在《送監察御史劉世安赴行臺序》中寫道："(監察御史——引者注)服七品之服，而自一品以下之官府莫不畏憚。地無遠近，事無大小，官之得失，民之利病，有聞無不得言，有言無不得行。"[4]但上述規定並未認真落實，吴澄所言也過於誇大。部分巡按御史確實糾劾了不少貪官污吏，其中包括一些高官權貴，如内臺御史王興祖，"按河南，廉得其省參知政事宜匨陌丁酗虐民吏數事，劾罷之"；[5]楊焕"爲御史南臺，糾副僉不法者四人，方面貪暴者一人，笞逐憲吏之誣罷人官者二人，其分司官亦自劾而去。西臺，按雲南省臣贓，悉置之法"。[6]又如篤烈圖爲南臺御史時，"按治湖廣、江浙，咸有聲。威順王素不法，漁奪山澤之利尤甚。民苦之，出數百里告漁奪狀。公一無所貸，還之民。論奏王罪，例降爵土，王憂悸不知所爲。會赦，免"。[7]上述巡按御史糾劾貪官污吏的記載非常簡略，省去了很多細節。實際上，巡按御史對貪官污吏的糾彈，並非如此簡單且順利，而會受到頗多限制。

---

[1] 許有壬《至正集》卷七四《文案稽遲》，《元人文集珍本叢刊》第7册，新文豐出版公司，1985年，334頁。
[2] 《元典章》卷五《臺綱一·内臺·設立憲臺格例》，145頁。
[3] 劉孟琛等編撰《南臺備要·整治臺綱制》，王曉欣點校《憲臺通紀(外三種)》，浙江古籍出版社，2002年，178頁。
[4] 吴澄《吴文正公集》卷一四《送監察御史劉世安赴行臺序》，《元人文集珍本叢刊》第3册，273頁。
[5] 柳貫《亡友王君景先墓誌銘並序》，魏崇武、鍾彦飛點校《柳貫集》，浙江古籍出版社，2014年，273—274頁。
[6] 許有壬《至正集》卷六二《故正議大夫兵部尚書致仕楊公墓誌銘》，287頁。
[7] 王逢《梧溪集》卷三《故内御史捏古氏篤公挽詞有序》，李軍點校，北京師範大學出版社，2016年，156頁。

《設立憲臺格例》規定監察御史可以糾彈官吏非違,但似乎並未授予監察御史直接處理違規官吏的權力。至元六年九月,元朝規定:"監察州郡巡按,遇有官吏所犯事重,或職官有犯者,報臺定奪。外,公吏人等稽遲怠慢,詳情約量施行。"[1]監察御史在巡按地方時,如果發現官吏犯有大錯,或職官有違規之事,須申報御史臺處置;而吏員公事稽遲,察詢清楚後可斟酌處理。在較長時期內,巡按御史似乎不能直接處理違規官吏,"各處行省文卷,每年臺裏差監察照刷去來。裏頭尋出令史每錯了、遲了底勾當來呵,取了招伏,回來這臺裏定了罪過,第二年再差監察每去呵,斷來。比及斷去底人到呵,他每都使見識回避了,不曾斷底"。[2]巡按御史察知行省吏員稽遲違錯,須將吏員認罪文書帶回內臺(行臺)定罪,然後明年再由其他巡按御史前去處理。由於相關吏員往往設法躲避處罰,故至元二十八年十二月,元廷規定:"今後差監察,各處行省照刷出稽遲、違錯底輕罪過呵,教監察就便斟酌斷者。外,但犯贓底,罷役底,重些個底罪過,申臺定奪呵……"[3]巡按御史照刷出行省吏員稽遲違錯,可就便斷罪;貪贓等重罪則由內臺(行臺)處理。元貞元年(1295)十月,元廷規定:"行省官主着行的勾當有錯呵,監察每申臺者。令史取受,覷面皮,差錯公事,遲誤了文書呵,監察與行省官一同審問,重罪的也申行御史臺者,輕罪的就行省裏一同斷罪者。"[4]在此規定下,行省官有時會偏袒犯錯吏員,巡按御史權力被嚴重侵奪。因此大德五年三月,又規定:"監察每照刷出行省令史稽遲違錯,輕罪就便斷決,重事申臺者。"[5]

　　元代巡按御史無權直接處理違紀憲司官員、首領官。《元史·刑法志》曰:"諸內外臺,歲遣監察御史刷磨各省文卷,並察各道廉訪司官吏臧否,官弗稱者呈臺黜罰,吏弗稱者就罷之。"[6]巡按御史體察(體覆)各道憲司官員、首領官聲迹,然後呈報各臺黜陟。延祐四年(1317)四月,規定:"今後各道書吏,比及監察去呵,有聲迹不佳的,從司官即便退罷。"[7]巡按御史若察知憲司書吏過錯,憲司官應立即將其黜退,至於憲司其他吏員,也應如此處理。

　　元朝設立御史臺時,規定監察御史負責照刷樞密院文卷,但對刷卷的類別和違錯官吏的處理都做了一些限制。元代樞密院負責天下兵甲機密等事,行樞

---

[1] 《元典章》卷六《臺綱二·按治·監察巡按照刷》,174 頁。
[2] 《元典章》卷六《臺綱二·按治·行省令史稽遲監察就斷》,182 頁。
[3] 《元典章》卷六《臺綱二·按治·行省令史稽遲監察就斷》,182 頁。
[4] 《元典章》卷六《臺綱二·體察·戒飭司官整治勾當》,168 頁。
[5] 《元典章》卷二《聖政一·肅臺綱二》,36 頁。
[6] 《元史》卷一〇二《刑法志一》,中華書局,1976 年,2617 頁。
[7] 趙承禧編纂《憲臺通紀·風憲官鈐束吏屬》,王曉欣點校《憲臺通紀(外三種)》,66 頁。

密院係因戰事需要而設,主要設立於世祖朝、文宗朝和順帝朝。文宗朝先後設立四個行院,除嶺北行院外,其他行院存在時間極短,在局勢不穩、戰事激烈的情況下,監察御史不太可能有時機照刷此三行院文卷。而嶺北行院存續三十九年,以常理推測,其文卷應由監察御史照刷。[1]由於樞密院掌管軍事機要,所以元廷對監察御史照刷樞密院文卷做了一些限制。大德二年七月,御史臺官奏稱:"在前世祖皇帝時分,月吕魯那演奏來軍的數目休交照刷者體例裏,院裏天下軍馬總數目,皇帝知道,院官裏頭為頭兒的蒙古官人知道。外處行省裏頭軍馬數目,為頭的蒙古省官每知道。這般文卷也不照刷。更這邊關機密,不合教多人每知道的勾當,這般文卷,監察也不照刷。"[2]據此,監察御史無權照刷樞密院、行省軍馬總數目文卷及邊關機密文卷。行院廢罷後,監察御史在照刷行省文卷時,也不能涉及上述内容。監察御史對行院文卷的照刷,多在巡按各地時進行。至元二十九年,元廷規定巡按御史在照刷行院文卷時,如果發現吏員稽遲違錯等事,可以按照處理行省吏員之方式直接斷罪,[3]至於行院官員違錯,應無直接處理之權。

在較長時期內,元代監察御史無權照刷宣政院、宣徽院、内史府等機構文卷,而在獲得相應權力後,仍會受到一些阻礙,監察工作也經常時斷時續。元朝在杭州設有行宣政院,負責"江南諸省地面僧寺功德詞訟等事"。[4]大德五年七月,成宗詔命"御史臺檢照宣政院並僧司案牘",[5]而大德七年宣政院官奏請"御史臺並廉訪司官人每休照刷者",[6]試圖阻止監察機構照刷宣政院文卷。武宗在位期間尊崇藏傳佛教,宣政院權勢較盛,至大二年六月,皇太子上言稱:"宣政院文案不檢核,於憲章有礙,遵舊制為宜。"[7]則在此之前監察機構照刷宣政院文卷的權力遭到剥奪。延祐六年十月,元廷規定:"杭州立了行宣政院衙門,文卷交監察每照刷有。官人每、首領官做無體例勾當,依着行省官、首領官犯罪的例,臺裏着文書説將來者。其餘但有俸人每做無體例勾當呵,交廉訪司他每根底依着體例亦就追問。"[8]南臺巡按御史如果察知行宣政院官員、首領

---

[1] 有關元代行樞密院的設置、沿革、職責等,可參看蕭啓慶《元朝的區域軍事分權與政軍合一:以行院與行省為中心》,《元代的族群文化與科舉》,聯經出版公司,2008年,271—295頁;於月《元代樞密院研究》,北京大學博士學位論文2017年,127—159頁。
[2] 趙承禧編纂《憲臺通紀·照刷樞密院文卷》,43頁。
[3] 《元典章》卷六《臺綱二·按治·行院令史稽遲與行省令史一體斷罪》,183頁。
[4] (至正)《金陵新志》卷六《官守志·大元統屬官制》,至正四年集慶路儒學溧陽州學溧水州學刻本,16a頁。
[5] 《元史》卷二〇《成宗紀三》,436頁。
[6] 《元典章》卷三九《刑部·刑制·刑名·和尚犯罪種田》,1347頁。
[7] 《元史》卷二三《武宗紀二》,512頁。
[8] 劉孟琛等編撰《南臺備要·糾問行宣政院官吏》,188頁。

官過錯，須呈報南臺定奪，違錯吏員則可直接處理。[1]元代宣徽院負責掌供皇室玉食等事，延祐七年四月，仁宗規定："今後宣徽院並它每管着的司屬的文卷，依體例交照刷者"。[2]但至治三年(1323)，英宗又規定："除內府文卷外，其餘內外大小諸衙門，凡行文案，監察御史、肅政廉訪司並行照刷。"[3]內府即宣徽院，可知監察御史被剝奪了照刷宣徽院及所屬機構文卷的權力。但宣徽院錢物收支龐大，官吏多從中貪贓舞弊，以致財物盡耗。故至順元年(1330)六月，文宗規定："我的大鍋子裏準備的茶飯酒醴，教依在先定制者。其餘宣徽院並所管收支錢物等文卷，監察每依體例照刷者。"[4]宣徽院文卷中除了供給文宗的茶飯酒醴等文卷外，其他文卷復由監察御史照刷。此外，內史府掌管晉王府事務，監察御史在較長時期內無權照刷其文卷，但內史府官吏工作懈怠，事務日漸廢弛。故至正六年(1346)，順帝規定："今後將這裏的並斡耳朵思內史府及司屬衙門文卷，依着其餘衙門例，教監察御史照刷。"[5]上述機構部分文卷，由巡按御史在巡按地方時照刷。巡按御史照刷這些機構文卷的權力是不穩定的，受到元朝統治者個人意志的強烈影響，反映了君主個人家政機關擴大爲政權統治機構後與傳統監察制度間難以調和的矛盾。

二、上書言事多不能直達皇帝

監察御史對皇帝的進諫和對官吏的糾彈，統稱爲"言事"。元代巡按御史察知吏員違錯，基本可以直接處理；如果犯罪官員級別較高或情形比較嚴重等，須要上章彈劾，呈送行臺或內臺，部分最終由皇帝決定如何處置。元代巡按御史一般不能直接向皇帝提出彈劾。御史臺設立時，忽必烈下詔稱："臺官職在直言，朕或有未當，其極言無隱，毋憚他人，朕當爾主。"[6]而王惲爲內臺御史時，曾在論奏事狀中寫道："今憲臺雖立，或有所論執，卒不能上達，得開陳利害於前。"[7]王

---

[1] 有關杭州行宣政院與監察機構之間的關係，也可參看鄧銳齡《元代杭州行宣政院》(《中國史研究》1995年第2期，89—90頁)一文，但其所列與筆者有些許不同。
[2] 《元典章·新集·朝綱·御史臺·照刷·照刷宣徽院文卷》，2037頁。
[3] 劉孟琛等編撰《南臺備要·振擧臺綱制》，190頁。
[4] 趙承禧編纂《憲臺通紀·照刷宣徽院文卷》，79頁。
[5] 唐惟明編撰《憲臺通紀續集·照刷內史府文卷》，王曉欣點校《憲臺通紀(外三種)》，126頁。
[6] 《元史》卷六《世祖紀三》，118頁。
[7] 王惲《烏臺日事·論立司諫等官事狀》，楊亮、鍾彥飛點校《王惲全集匯校》卷八七，中華書局，2013年，3571頁。

憚於至元五年到八年間爲内臺御史,可知在此期間,巡按御史奏章不能直達皇帝,忽必烈的詔諭並未認真落實。有元一代,絶大多數巡按御史的奏章都不能直達皇帝。如果巡按御史曾是皇帝的怯薛,可以"宿衛舊臣"的身份,直接向皇帝上奏,[1]但也會受到一些限制。如姚天福曾是忽必烈的怯薛,至元十一年拜内臺御史,後劾奏阿合馬奸狀,忽必烈諭之曰:"爾後有違太祖聖訓,及干朕之紀綱者,許令直達,罄所願言。"[2]可知,此前即使曾爲皇帝怯薛之巡按御史,所上奏章也不能直達皇帝,而以情理推之,此後也不可能一一直達皇帝。至元二十四年之前,巡按御史的奏章有時須要呈省送部研究後,再上奏皇帝。因此葉李建議:"監察陳言,外臺咨稟,事關軍國,利及生民,便合奏聞,以廣視聽,不應一例呈省送部講究,遂成文具。合依至元五年立臺條畫:'應有合稟事理,仰本臺就便聞奏。'"[3]忽必烈同意了此建議。

絶大多數情況下,元代巡按御史的彈劾奏章,須首先呈送内臺或行臺,由臺官決定是否繼續上報。行臺巡按御史的奏章,應主要由行臺御史大夫、中丞審核,然後經行臺御史大夫署字後咨送内臺。如順帝時朵爾直班曾爲西臺御史大夫,"時御史大夫也先帖木兒師敗於河南,西臺御史蒙古魯海牙、范文等十二人劾奏之。朵爾直班當署字,顧謂左右曰:'吾其爲平章湖廣矣。'"[4]行臺咨送内臺的奏章和内臺巡按御史的奏章是否上奏,由内臺臺官商議決定。如至正七年,順帝詔令:"監察御史題説的文書,臺官每不看過,徑直我根底教聽讀有。今後監察御史不揀甚麼題説的文書有呵,恁臺官每先看過,合奏的我根底奏者,不合奏的恁結絶者"。[5]根據規定,行臺和内臺巡按御史的彈章在上奏皇帝之前,還必須經掌印御史大夫蓋章。如脱脱於後至元四年拜第二御史大夫,後"河南范孟矯殺省臣,事連廉訪使段輔,伯顏風臺臣言漢人不可爲廉訪使。時別兒怯不花亦爲御史大夫,畏人之議己,辭疾不出,故其章未上。伯顏促之急,監察御史以告脱脱。脱脱曰:'別兒怯不花位吾上,且掌印,我安敢專邪?'"[6]

元代巡按御史的奏章除經御史大夫等高級别臺官審核外,還會受到其他監察官吏的審查。如王思誠於至正十二年後任西臺治書侍御史,"初,監察御史有封事,自中丞以下,惟署紙尾,莫敢問其由,事行,始知之,思誠曰:'若是,則上下

---

[1] 《元史》卷一二四《鎖咬兒哈的迷失傳》,3046頁。
[2] 王惲《大元中奉大夫參知政事稷山姚氏先德碑銘》,《王惲全集彙校》卷五一,2394頁。
[3] 《元典章》卷五《臺綱一·内臺·臺察咨稟等事》,146頁。
[4] 《元史》卷一三九《朵爾直班傳》,3359頁。
[5] 唐惟明編撰《憲臺通紀續集·分揀奏事》,130頁。
[6] 《元史》卷一三八《脱脱傳》,3342頁。

之分安在！'凡上章，必拆視，不可行者，以臺印封置架閣庫"。[1]據此，在一些情況下，治書侍御史可以打破中丞以下不得拆視御史封事的舊規，決定巡按御史彈章的去留。又如大德初，謝讓爲西臺都事，"凡御史封章及文移，其可否一決於讓"。[2]此言雖略有誇大，但行臺、内臺都事審查監察御史奏章的情況，在元代確實比較常見。如尚文於至元二十二年拜内臺都事，後"南臺御史封章言帝春秋高，宜禪位於皇太子，皇后不宜外預。太子聞之懼。公因祕之，以杜讒隙"。[3]此外，逯魯曾"辟御史臺掾，掌機密。監察御史劾中丞史顯夫簡傲，魯曾開實封於大夫前曰：'中丞素持重，不能與人周旋，御史以人情劾之，非公論。'由是皆知其直"。[4]可知，御史臺掾史有時也能拆視監察御史奏章，而不受到責罰。由於較多監察官吏都可能查看巡按御史奏章的内容，因此如果巡按御史彈劾高官權貴，就非常容易洩露消息，招致打擊報復。如趙世延於至元二十六年擢内臺御史，後"與同列五人劾丞相桑哥不法。中丞趙國輔，桑哥党也，抑不以聞，更以告桑哥。於是五人者，悉爲其所擠，而世延獨倖免"。[5]終元之世，監察御史上奏程序中存在的這些問題並未得到解決。[6]

元朝皇帝經常鼓勵監察員上書言事，言事多少也是考核要求之一，但監察官員卻經常因言事而遭到處罰。如至治元年正月，"帝欲以元夕張燈宫中，參議中書省事張養浩上書諫止，帝遽命罷之，曰：'有臣若此，朕復何憂。自今朕凡有過，豈獨臺臣當諫，人皆得言。'"[7]英宗采納了張養浩的諫言，並鼓勵百官進諫，但同年二月，"監察御史觀音保、鎖咬兒哈的迷失、成珪、李謙亨諫造壽安山佛寺，殺觀音保、鎖咬兒哈的迷失，杖珪、謙亨，竄於奴兒干地"。[8]又如后至元六年，順帝援引忽必烈時期的聖旨，規定："監察御史題說的是呵，行也者，不是呵，那裏肯損着他每。"[9]但此後不久，内臺御史成遵在所上"臺察四事"中指出："二曰左遷御史，杜塞言路；三曰御史不思盡言，循敘求進。"[10]由於巡按御史言事的機密性得不到保障，經常因洩露糾彈内容，而遭到權臣的打擊報復，元

---

[1]《元史》卷一八三《王思誠傳》，4215頁。
[2]《元史》卷一七六《謝讓傳》，4109頁。
[3] 宇術魯翀《平章政事致仕尚公神道碑》，蘇天爵編《國朝文類》卷六八，《四部叢刊初編》本。
[4]《元史》卷一八七《逯魯曾傳》，4292頁。
[5]《元史》卷一八〇《趙世延傳》，4163頁。
[6] 有關元代監察御史的上奏程序，洪金富在《元代監察制度的特色》（244—246頁）一文中有簡要討論，但洪氏所論過於簡略，對上奏程序的討論也不全面。
[7]《元史》卷二七《英宗紀一》，610頁。
[8]《元史》卷二七《英宗紀一》，610頁。
[9] 唐惟明編撰《憲臺通紀續集·勉勵臺察》，105頁。
[10]《元史》卷一八六《成遵傳》，4279頁。

朝皇帝又經常偏袒權臣，以致很多御史不願上書言事，而是通過履行其他風險較低的職責來完成考核要求。

三、金制影響元代巡按御史制度

元代巡按御史權力存在的這些問題，與元朝特殊的政權結構、制度運行方式有很大關係。元朝統治者漢化程度較低，對監察制度的認識比較膚淺，僅將監察機構視爲監察官吏的一個普通工具，而且元朝君臣關係帶有強烈的主奴色彩，大臣不過是君主的家臣或奴婢，皇帝有時甚至以個人好惡隨意裁撤監察機構，監察官員糾劾權臣時，皇帝也經常罔顧事實而加以打壓，巡按御史職責難以正常行使，權力經常停留在紙面，巡按效果並不理想。元制對前代制度多有繼承與發展，其中以金制對元代巡按御史制度的影響最大，但金代巡按御史制度存在時間較短，問題也比較多。

隋初始置監察御史，其前身爲晉朝設立的檢校御史，二者監察的主要對象是中央及京城事務。唐代監察御史最多時設十五名，主要負責中央監察事務，地方監察事務近乎兼職，出巡州縣大多是前去處理已經發生的重大刑事案件和官吏貪贓不法等事。[1] 宋代監察御史最多時設有六員，多數時期僅設三四員，主要負責監察中央六部、百司政務等，很少巡察地方，地方監察事務主要由轉運司、提點刑獄司等機構負責。

元代監察御史定期出巡之制，源自金朝。最遲自大定二年（1162）開始，金朝已不時派遣監察御史巡按地方，或考核官吏、刺訪善惡，或詳讞冤獄、糾舉不法。[2] 大定二十九年設立提刑司以監察地方，承安四年（1199）改提刑司爲按察司，而貞祐三年（1215）便將其裁撤。提刑司、按察司存在期間，監察御史仍是巡按地方的重要力量，二者工作也由監察御史等官覆核。[3] 金代監察御史出巡地方的頻率並不高，承安四年完顏匡等在上奏時提到："聖朝舊無提刑司，皇

---

[1] 徐連達、馬長林《唐代監察制度述論》，《歷史研究》1981年第5期，133—134頁；何汝泉《唐代前期的地方監察制度》，《中國史研究》1989年第2期，20—30頁；胡寶華《唐代監察制度研究》，商務印書館，2005年，123頁。

[2] 陳昭揚《金代監察御史的選任制度及其運作——以官員組成爲中心的考察》，《東吳歷史學報》第28期，2012年，6頁。

[3] 余蔚《金代地方監察制度研究——以提刑司、按察司爲中心》，《中國歷史地理論叢》第25卷第3輯，2010年7月，13—14頁。

統、大定間每數歲一遣使廉察，郡縣稱治。"[1]泰和三年(1203)章宗詔令"監察等察事可二年一出"，[2]宣宗南遷開封後，於興定元年(1217)詔令"每歲兩遣監察御史巡察"，[3]但七年後金朝便爲蒙古所滅。

金朝對巡按御史權力的限制比較多，皇帝經常偏袒高官權貴，巡按御史屢遭打壓，糾察貪贓枉法官吏的效果並不理想。金朝是女真族爲統治民族的王朝，大量女真勳臣貴族把持着中央到地方的軍政要職，在較長時期內，監察御史無權糾察女真權貴與猛安謀克，即使獲得皇帝允准後，也多受掣肘。如女真貴族完顏斜哥"前在雲內受贓，御史臺劾奏，上謂宰臣曰：'斜哥今三犯矣，蓋其資質鄙惡如此。'令強幹吏鞫之。獄成，法當死。上曰：'斜哥祖父秦王宗翰有大功，特免死，杖一百五十，除名。'久之，復起爲勸農副使"。[4]金朝諸帝中以世宗最爲賢明，被譽爲"小堯舜"，然完顏斜哥三犯死刑，世宗皆一一寬恕。此後世宗多次批評甚至處罰巡按時未能糾劾勳臣權貴違法行爲的監察御史，[5]但直到世宗晚期，仍不時出現"達官貴要多行非理，監察未嘗舉劾"的情況[6]。這種現象並非僅存在於世宗朝，其他時期也多有發生。如泰和四年，章宗對御史中丞孟鑄指出："御史責任甚重，往者臺官乃推求細故，彈劾小官，至於巨室重事，則畏徇不言。"[7]在多變的皇帝態度和複雜的政治環境影響下，監察御史巡按時對糾察高官權貴必然多所斟酌，因此逐漸將工作重心轉向刷磨諸司案牘等瑣細事務上。金代監察御史巡按制度雖然存在很多問題，但與唐宋時期"奉敕乃巡"、時存時廢的情況相比，發生了較大改變，對地方事務的介入程度也有所深入，爲監察御史巡按制度在元朝的繼續發展提供了一定經驗。

元制對金制多有繼承與發展，監察御史巡按制度便是如此，元代監察御史定期出巡地方、不同民族御史相參巡歷等重要巡按形式皆襲自金朝。元制對金制也做了一些改動，如將監察御史數量逐漸增至七十四員，主要以行省劃分監察巡按區域，監察例行巡按的頻率增加到最少一年一次等。經過這些調整，監察御史對地方事務的介入程度較金朝更爲深入。但元代監察御史巡按制度在一些方面與金朝相比又有所退步，如金、元兩朝都對巡按御史處理官吏的權力

---

[1]《金史》卷九八《完顏匡傳》，中華書局，1975年，2166頁。
[2]《金史》卷一一《章宗紀三》，262頁。
[3]《金史》卷五四《選舉志四·廉察》，1205頁。
[4]《金史》卷七四《完顏斜哥傳》，1700頁。
[5]《金史》卷八《世宗紀下》，180頁；《金史》卷七三《完顏守能傳》，1691—1692頁；《金史》卷九五《董師中傳》，第2113頁；《金史》卷九六《梁襄傳》，2137頁。
[6]《金史》卷八《世宗紀下》，180頁。
[7]《金史》卷一〇〇《孟鑄傳》，2202頁。

做了一些限制,而元代監察御史這方面的權力則要更低一些。如金代雷淵曾爲監察御史,"出巡郡邑所至有威譽,奸豪不法者立箠殺之。至蔡州,杖殺五百人,時號曰'雷半千'"。[1]其中奸豪不法者應多爲地方豪族、下層官吏,這雖然可能是金朝晚期的一種特殊情况,但巡按御史大規模處死奸豪的做法,在元代似未得一見。

　　從長時段來看,自秦以御史爲主要監察官以來,御史臺每年派官員例行出巡,都是非常罕見的。唐宋時期雖有監察御史出巡地方之規定,但時存時廢,並不長久,在巡按時間、區域、對象等方面也存在諸多限制。監察御史定期巡按地方之規定,始自金朝,在元代尚屬新鮮事務,制度規定上存在很多空白,尤其是如何處理巡按御史與地方機構的關係,以及如何確定巡按御史權力的合理界限。金代監察御史巡按制度存在很多問題,元朝難以從中獲取足夠經驗,無法找到一個完善的制度範本加以模仿,需要不斷摸索。元朝統治者大多疏於政事,實際制定政策者也未能構建出較爲完善的巡按制度,監察御史巡按制度在初創時就存在一些問題,此後雖然有所調整,但制度運行的慣性很大,巡按御史權力存在的問題始終未得到妥善解決。從執行效果來看,元朝對監察御史巡按制度的摸索是不成功的。明代監察御史巡按制度有較大發展,解決了元制存在的一些問題,但巡按御史權力過大,對地方事務的介入過於深入,反而害政擾民,加速了明朝滅亡。[2]清代監察御史巡按制度僅存在於順治一朝,其他諸帝對監察御史巡按制度的印象似乎都不太好,[3]監察御史巡按制度在清代未能繼續發展,最終退出歷史舞臺。

四、結語

　　元代巡按御史職責繁多,其中糾察官吏、上書言事是兩個主要職責。拙文通過系統分析巡按御史這兩方面職責的行使情况,指出巡按御史權力受到很多限制。這些限制突出表現在以下兩個方面:一是巡按御史的權力相對有限,只能直接處理級別較低的官吏;二是巡按御史的彈劾奏章大多不能直達皇帝,須

---

[1]《金史》卷一一〇《雷淵傳》,2435頁。
[2] 有關明代巡按御史的職責、權力等,可參看張治安《明代監察制度研究》,五南圖書出版有限公司,2000年,99—119、219—239頁。
[3] 賈若釩《清初巡按制度述論》,中國人民大學碩士學位論文,2006年,44—48頁。

要經過多層審核,成功率並不高。鄭介夫曾在大德七年所上《太平策》中指出:"國家立御史臺,立肅政廉訪司,不揀甚麼勾當,並令糾彈,凡有取問公事,諸人無得沮壞。今所糾劾者,僅可施之小官下吏,若據要津、憑城社者,莫敢誰何,縱令言之,亦不聽之。"[1]鄭氏所言,大致符合元代情況。

元代巡按御史只能直接處理級別較低的犯罪官吏,即使是專門委以處理某事者,也只能處置部分犯罪官員,巡按御史彈劾級別較高官員,大多需要獲得臺官的支持才有可能成功。巡按御史糾彈貪官污吏,所上奏章大多不能直達皇帝,一般情況下,須要經過御史中丞、御史大夫等官員的審核,有時甚至還會受到都事、內臺掾史等官吏的審查。巡按御史言事的機密性得不到保障,經常因泄露糾彈內容,而遭到權臣的打擊報復,元朝皇帝又經常偏袒權臣,以致很多巡按御史不願上書言事。至於巡按御史審錄罪囚、舉薦人才等權力的行使情況,雖然並不在拙文討論範圍之內,但以情理推測,恐怕也並不樂觀。總體來看,監察御史巡按工作雖然發揮了一定作用,但由於在實際執行過程中存在很多限制,所起作用是比較有限的。

〔展可鑫,北京大學歷史學系博士研究生〕

---

[1] 鄭介夫《太平策》,黃淮、楊士奇等編《歷代名臣奏議》卷六七《治道》,臺灣學生書局,1964年,951頁。